RECHERCHE

DE LA

NOBLESSE DE CHAMPAGNE.

Paris. — Typographie de Firmin Didot frères, fils et Cⁱᵉ, rue Jacob, 56.

NOBILIAIRE DE CHAMPAGNE.

RECHERCHE

DE LA

NOBLESSE DE CHAMPAGNE

PAR M. DE CAUMARTIN,

INTENDANT EN CHAMPAGNE,

SUR LES GÉNÉALOGIES DRESSÉES OU REVUES

PAR CHARLES-RENÉ D'HOZIER,

JUGE D'ARMES DE FRANCE,

COMPRENANT LA CONTINUATION DE LA RECHERCHE,

PAR M. LARCHER,

INTENDANT EN CHAMPAGNE;

PRÉCÉDÉE DE DEUX NOTICES HISTORIQUES ET SUIVIE D'UN COMPLÉMENT GÉNÉALOGIQUE.

PREMIÈRE PARTIE.

PARIS,

LIBRAIRIE DE FIRMIN DIDOT, FRÈRES, FILS ET Cᴵᴱ,

ÉDITEURS, IMPRIMEURS DE L'INSTITUT, RUE JACOB, 56.

M DCCC LXVIII.

Réimpreſſion textuelle de l'édition de Châlons, chez JACQUES SENEUZE, 1673.

INTRODUCTION.

La Roture est l'état naturel des hommes. La Noblesse est une qualité tout accidentelle et qui doit être prouvée par ceux qui prétendent la posséder. *Nobilitas est quasi qualitas adventitia, quæ nobis non inest a natura, ideoque non præsumitur : et qui se nobilem asserit, probare debet, tanquam hujusmodi qualitas paucis insit.* Ce principe de l'ancien jurisconsulte Baldus a été reproduit sous cette forme par de La Roque : « Celui qui se dit gentilhomme, quelque ancienneté qu'il ait, le doit prouver : car bien que chacun soit estimé libre, parce que la liberté vient de la nature, il n'est pas pour cela estimé noble, d'autant que cette qualité vient du droit des gens (1). »

Sous l'ancienne monarchie, alors que la noblesse dispensait des tailles et concédait maints priviléges, les usurpations de titres furent fréquentes, et le pouvoir royal tenta inutilement et à diverses reprises de remédier à un abus qui non-seulement altérait la hiérarchie sociale, mais encore privait le fisc d'une notable partie de ses revenus. Les édits demeuraient impuissants : d'abord respectés, ils étaient impunément violés, à la faveur des troubles civils et des guerres extérieures qui désolèrent la France pendant les quinzième et seizième siècles. Les usurpations étaient d'ailleurs singulièrement facilitées par l'usage passé en droit de changer à volonté de nom et d'armes, et de substituer au nom patronymique celui d'une seigneurie.

Nous croyons à propos de citer ici les principales ordonnances formulées par l'ancienne législation contre les usurpateurs de noblesse.

Charles VIII décida, par des lettres patentes de 1484, que ceux-là seuls seraient réputés nobles de race qui établiraient leur ascendance noble jusqu'à la quatrième génération. Il enjoignit expressément à tout noble de dresser une fois en sa vie sa généalogie, appuyée sur des actes probants.

Au seizième siècle, Henri II, par son ordonnance donnée à Amboise le 26 mars 1555, interdit l'usurpation des titres, à peine pour les contrevenants d'une amende de mille livres.

L'article 110 de l'ordonnance de Charles IX, donnée à Orléans au mois de janvier 1560, s'exprimait en ces termes : « Et où aucuns ufurperont fauffement & contre la vérité le nom

---

(1). *Traité de la Noblesse*, ch. 64.

& titre de nobleſſe, prendront ou porteront armoiries timbrées, ils feront par nos juges mulctés d'amendes arbitraires, & au paiement d'icelles contraincts par toutes voies. »

En 1568, un édit révoquait tous les anoblissements concédés par le Roi depuis quelques années, bien qu'ils eussent été vérifiés par les cours souveraines et accordés pour la plupart moyennant finance. Cette mesure avait été dictée par l'appauvrissement du fisc que les usurpateurs de noblesse privaient de ses revenus.

Les défenses contre les usurpations furent réitérées par les édits de juin et juillet 1576, de septembre 1577, par l'article 257 de l'ordonnance de Blois, par les articles 1 et 11 de l'édit du mois de mars 1583.

L'édit de Henri IV, du mois de mars 1600, interdit encore « à toutes perſonnes de prendre le titre d'Eſcuyer & de s'inſinuer au corps de la nobleſſe ». Mais cet édit eut le tort de réduire les preuves de filiation noble à deux degrés, en déclarant noble quiconque prouvait « être fils & petit-fils d'un qualifié noble. » C'était ainsi légitimer des usúrpations antérieures et leur donner trop promptement le bénéfice de la prescription.

La faculté pour la bourgeoisie d'acquérir les fiefs, et le désir de se soustraire aux charges de l'impôt, tout autant que les besoins de la vanité, finirent par introduire une confusion telle dans l'état des personnes qu'il n'était plus possible de distinguer ceux qui devaient contribuer aux charges publiques de ceux que la Constitution en exemptait. Les qualifications et exemptions viagères, affectées à l'exercice de certaines charges de finances et d'épée, augmentèrent encore le désordre. Le Tiers État lui-même jugea qu'il était temps de remédier à un état de choses devenu intolérable. Les cahiers de 1614 contenaient entre autres vœux : « Ordonner que tous anobliſſements faits depuis le règne de Henri II par argent ou ſans cauſes valables ſoient revoquez : enſemble les arreſts qui ont été donnés en Cours de Parlement, Chambre des Comptes & Cour des Aydes pour lesdits anobliſſements, d'autant que tous lesdits arreſts ne ſont donnez que pour exemption de paiement des Tailles, & à l'avenir ne donner lettres d'ano-bliſſement, ſi ce n'eſt pour cauſe légitime & grands ſervices, & déclarer qu'il ne ſera procédé à la vérification d'icelles par les officiers auxquels l'adreſſe en ſera faite, que les magiſtrats ou Eſchevins des lieux de la réſidence des Impetrans n'ayent cité ouys ou légitimement appelez, pour procurer, articuler & vérifier faits contraires à ceux ſur leſquels lesdites lettres auroient été fondées, & n'auront aucune force & vertu & demeureront ſans effet. »

Ce cri d'alarme du Tiers État, joint aux plaintes non moins intéressées de la véritable noblesse, fut l'origine de la célèbre Recherche de 1666, qui devait prendre enfin sous Colbert le caractère administratif et sérieux que l'habile ministre donnait à tous ses actes.

En principe, à part la noblesse de race, dont l'état remontait aux premiers temps de la monarchie, le droit d'anoblir étant un droit de souveraineté, appartenait exclusivement au Roi. L'ordre de la noblesse en France se divisait en trois catégories : Les nobles de race ou de naissance, les anoblis et les pourvus d'offices conférant la noblesse personnelle.

La noblesse qui s'acquérait par la naissance, nous n'avons guère besoin de le dire, était celle qui venait de la descendance et filiation, et qui passait du père au fils né en légitime mariage et se continuait dans les descendants par mâle, jusqu'à ce qu'elle fût éteinte, soit par faute de mâles, soit par actes de dérogeance.

Ceux des nobles de cette catégorie auxquels on contestait leur qualité, devaient justifier par titres authentiques la possession et jouissance de leur noblesse, c'est-à-dire articuler des faits de généalogie, et prouver par des actes publics, contrats de mariage, extraits baptistaires, partages nobles entre frères et sœurs, et testaments, que leur père et aïeul avaient la qualité de nobles. Les anoblis par lettres vérifiées au Parlement, à la Chambre des Comptes et à la Cour des Aydes, étaient dans la même obligation de représenter leurs titres à ceux qui avaient mission de contester leur état. Ainsi, comme on le voit, avant les édits et ordonnances qui réglementèrent la recherche de 1666, c'était la jurisprudence sortie de l'édit de mars 1600, que nous avons signalé plus haut, qui régissait la matière.

C'est ici le lieu de rappeler le rôle des trois juridictions auxquelles étaient soumises les lettres d'anoblissement octroyées par le souverain.

Pour que l'anobli pût jouir du contenu auxdites lettres, il fallait qu'elles fussent vérifiées et enregistrées en la Chambre des Comptes, en la Cour des Aydes et au Parlement.

En la Chambre des Comptes, parce que toutes les concessions royales y devaient être enregistrées, et que d'ailleurs les impétrants y devaient finances.

En la Cour des Aydes, pour l'exemption des tailles et autres subsides.

Au Parlement, en raison des partages nobles et autres droits de noblesse dont la discussion pouvait être portée au Parlement.

Arrivons à la Recherche de 1666. On a souvent répété que cette mesure n'avait eu d'autre motif et d'autre résultat que de favoriser le fisc. On s'est évidemment mépris et l'on a confondu la Recherche des usurpateurs avec une autre opération, la Recherche des armoiries. Entamée quelques années plus tard, celle-ci, comme nous l'avons fait remarquer ailleurs, eut un caractère essentiellement fiscal, et la question d'argent en fut le principal mobile. Ce ne fut rien autre chose qu'un impôt déguisé prélevé sur la vanité : les preuves en abondent dans les instructions ministérielles que reçurent à ce sujet les intendants.

Il n'en fut pas ainsi dans l'affaire de la Recherche des usurpateurs, et l'on ne voit rien de pareil dans les considérants des divers arrêts qui réglementèrent la poursuite, non plus que dans la correspondance de Colbert avec ses agents. Conçue dans un esprit de justice et de moralité, la Recherche eut pour double but de mettre la noblesse à l'abri des usurpations, et surtout de ramener au droit commun de l'impôt et des servitudes féodales tous ces bourgeois enrichis, acquéreurs de fiefs, usurpateurs de titres et d'armoiries, contre les prétentions desquels s'élevait l'intérêt commun des contribuables. Quant au fisc, il profita médiocrement des amendes dont il lui fallut partager le produit avec les traitants... Car, si dès l'abord il y eut un côté fiscal, ce fut d'avoir confié l'exécution de la Recherche à des traitants, qui, s'occupant surtout de leur intérêt privé, perdirent souvent de vue l'intérêt public.

Quoi qu'il en soit, dès les premières années du règne de Louis XIV, les règlements des 15 mars 1655, 10 décembre 1656, 8 février 1662 et 5 juillet 1664 avaient attribué aux Cours des Aides la recherche des faux nobles. Mais ce mode entraînait des lenteurs et des frais de procédure dont les véritables nobles se plaignirent hautement.

L'action des Cours des Aides ayant donc manqué ou dépassé le but, des arrêts du Conseil des 8 août 1664, 22 mars 1666, et 5 mai 1667 suspendirent les poursuites et nommèrent à la continuation de la Recherche des commissaires, départis en chaque province, qui, sous l'autorité des intendants, eurent la charge de mettre en demeure les véritables gentilshommes et les prétendus usurpateurs, de représenter leurs titres.

Malgré la précision des instructions de Colbert, les commissaires départis dans les provinces éprouvèrent à leur tour des difficultés imprévues dans l'accomplissement de leur mission. L'autorité des intendants ne couvrit pas toujours suffisamment leurs décisions, qui étaient renvoyées au Conseil du Roi. Ces Conflits réitérés nécessitèrent plusieurs mesures contradictoires. Une lettre de Colbert jette un véritable jour sur le but de la Recherche et sur les minces résultats que dans certaines provinces obtenait son exécution :

COLBERT A M. TUBEUF, INTENDANT DE BOURGES ET DE MOULINS.

Saint-Germain, 1er Décembre 1673.

« J'apprends par votre lettre du 25 du mois paffé que la recherche qui a été faite des ufurpateurs des titres de nobleffe dans l'étendue des deux généralités de Bourges et de Moulins a efté prefque inutile, puifque vous ne vous apercevez point du principal fruit que le Roy a voulu procurer à fes fujets en faifant cette recherche, qui a efté de faire impofer à la taille tous ceux qui feroient déclarés ufurpateurs; d'autant que, foit par la raifon que vous dites, que les plus riches fe font fait décharger par arreft du confeil, foit parce que vous n'avez aucune connoiffance de ceux qui ont efté jugés par M. d'Herbigny, foit que ceux que vous avez jugés vous-même fe foient maintenus dans l'exemption qu'ils avoient ufurpée par leur fauffe qualité, vous ne voyez pas que cette recherche ayt produit aucun foulagement aux fujets du Roy. Mais il eft très-important que vous donniez toute voftre application à ce que Sa Majefté en retire tout le fruit qu'elle s'en eft promife, & que vous recherchiez avec foin, dans toutes les élections, ceux qui font de cette qualité pour les faire impofer à la taille l'année prochaine fans y manquer. Je ne crois pas qu'en vous y employant avec application vous trouviez qu'il y en ayt eu beaucoup qui ayent efté defchargés par arreft du confeil fans fondement, & pour peu de diligence que vous vouliez faire, vous recouvrerez des mémoires de tous ceux qui ont été condamnés par M. d'Herbigny.

« A l'égard de ceux que vous avez condamnés, je veux croire que vous n'aurez pas manqué de les faire impofer à la taille depuis le temps de leur condamnation. Je vous prie de confidérer cette affaire comme très-importante, & qui peut avoir des fuites avantageufes au fervice du Roy, & de me faire fçavoir par toutes vos lettres ce que vous y avancerez. »

Mais le Bourbonnais et le Berry n'étaient pas les seules provinces où la Recherche rencontrât de sérieux obstacles : le mécontentement, les plaintes arrivaient de toutes parts, et les faux nobles n'étaient pas seuls en péril : d'honnêtes gentilshommes, de temps immémorial réputés tels, se trouvaient inquiétés, et étaient mis en état de suspicion, comme paroiffant *dubiæ nobilitatis*. Les preuves demandées aux termes des arrêts n'étaient pas toujours faciles à fournir. En effet, tous les individus se qualifiant nobles, écuyers, chevaliers, comtes ou marquis étaient tenus de justifier par titres originaux et authentiques que leurs pères ou aïeux prenaient ces qualités dès l'année 1560. Cette exigence seule n'eût point été trop rigoureuse sans doute, mais ils avaient également à prouver leurs descentes et filiations avec possession de fiefs, emplois et services de leurs auteurs, par contrats de mariage, aveux, partages, actes de tutelle et autres documents authentiques et sans la moindre trace de dérogeance. De là une infinité de tracasseries et de réclamations, si bien que le 1ᵉʳ décembre 1670, Colbert adressait aux intendants cette dépêche significative :

« Monfieur, le Roi recevant tous les jours des plaintes de vexations & d'abus qui fe commettent dans la recherche des ufurpateurs des titres de noblefle, Sa Majesté a réfolu de la faire ceffer. Pour cet effet, elle m'a ordonné de vous faire favoir que fon intention eft que vous ne faffiez plus donner aucune affignation aux particuliers, ni faire de pourfuites pardevant vous pour raifon de ladite recherche, & que vous ne rendiez aucun jugement fans ordre exprès de Sa Majefté, fi ce n'eft pour l'inftruction des interlocutoires qui vous ont été renvoyés par ordonnance de MM. les Commiffaires généraux, que vous parachèverez inceffamment pour les renvoyer auffitôt. »

Enfin le pouvoir obsédé sembla tout à fait renoncer à l'entreprise, et un arrêt du 6 janvier 1674 révoqua les commissaires et suspendit toute recherche.

Mais cette reculade du gouvernement n'était ni dans les instincts de Louis XIV, ni dans les habitudes de Colbert. Ces tâtonnements, ces hésitations ne pouvaient qu'enhardir les prétendus nobles, qui renouvelèrent leurs usurpations et les poussèrent jusqu'au scandale. Les choses allèrent si loin qu'une déclaration du 4 septembre 1696 rétablit à nouveau la Recherche devant les commissaires départis dans les provinces, tant de ceux qui avaient usurpé après avoir été condamnés que des usurpateurs nouveaux ou qui n'avaient point été recherchés. La déclaration royale remettait en vigueur toutes les prescriptions des anciennes ordonnances et statuait que l'exhibition des preuves requises aurait lieu dans les deux mois à partir du jour où chaque famille aurait été assignée. Ceux qui ne purent satisfaire à ces preuves furent condamnés à une amende proportionnée à la durée de la jouissance des exemptions usurpées, et dont le maximum était de deux mille livres. Toutefois, tous les six mois à partir de leur condamnation ils pouvaient en appeler au Conseil d'État ou à la Commission extraordinaire, et s'y faire réintégrer dans la noblesse, si dans cet intervalle ils avaient pu recueillir de nouveaux titres et compléter leurs preuves.

Gabriel Le Noir, avocat au Parlement et au Conseil du Roi, fut chargé de la révision générale de la Recherche : il eut pour mission de contredire les titres et productions de tous ceux dont la noblesse avait été suspectée, de revoir toutes les questions soumises, soit aux commissaires généraux du Conseil, soit aux intendants et commissaires départis dans les provinces. Le Noir recueillit les pièces de chaque dossier avec la copie des ordonnances de maintenue et les états des particuliers condamnés comme usurpateurs : mais ce ne fut que plus tard qu'aux termes des arrêts du Conseil des 15 mars 1669 et 2 juin 1670, le tout fut envoyé à la Bibliothèque du Roi pour y être conservé comme monument historique de l'époque.

A la fin de 1662, Colbert voulut utiliser les recherches et les documents envoyés par les intendants. Il fit commettre à cet effet Pierre de Clairambault, généalogiste des ordres du Roi. Clairambault, conseiller de marine, connu de longue main de Colbert comme ayant passé une partie de sa vie dans l'étude et la recherche des documents héraldiques, eut la garde du dépôt et la direction des travaux. Ce choix excita un vif mécontentement dans la famille d'Hozier, qui, seule jusqu'alors préposée à ces sortes de fonctions, se croyait en droit d'en exercer le monopole.

Colbert avait la ferme volonté de faire exécuter et imprimer le Catalogue général de la noblesse, d'après les clauses de la Recherche de 1666, et celle de la noblesse de Champagne déjà publiée pouvait servir de point de départ. Malheureusement, le grand ministre mourut au mois de septembre 1683, et le travail à peine ébauché resta en suspens.

Gabriel Le Noir ne s'était point dessaisi de la part de documents qui lui avaient été remis : disposés par ordre de provinces, ces documents formaient cinquante volumes : il avait tenté à plusieurs reprises l'impression de cette collection, résumé de l'ensemble de toute la Recherche, et prétendait en faire une affaire de librairie dont le produit lui eût profité. Ce fut Fleuriau d'Armenonville qui s'opposa à l'entreprise, par la raison que le recueil, bien que disposé par Le Noir, était la propriété du Roi. Effectivement, dit Clairambault lui-même dans une de ses notes que nous avons sous les yeux, ce travail pouvait être utile pour la perfection du Catalogue général tel que l'avait compris Colbert, et il semble que le Roi pouvait très-bien s'en rendre maître en dédommageant les héritiers de Le Noir de ce que celui-ci y avait dépensé du sien. C'est, en effet, ce qui se réalisa, et les cinquante volumes colligés par Le Noir furent réunis au dépôt général de la Recherche.

Clairambault dressa du tout un inventaire détaillé qui témoigne assez du zèle et de l'intérêt qu'il mettait à ces matières. Si l'on s'en rapporte à ses notes sur l'ensemble du travail de Le Noir, ce volumineux recueil ne présentait pas toujours l'ordre et la méthode qu'il eût été nécessaire d'y trouver. On y voyait entre autres irrégularités des copies signifiées par des huissiers qui ne se donnaient pas la peine d'écrire correctement les noms propres, des copies de jugements signées et reçues par les intendants sur papier non timbré, de longues listes de personnes à assigner dont ne se trouvait pas le dossier. Puis une volumineuse correspondance des commissaires départis, pour rendre compte au contrôleur général (M. de Pontchartrain), à l'intendant des finances (alors M. de Caumartin lui-même), aux traitants généraux et à M. Le Noir, des dits, contredits, et de l'état des instances et de la procédure.

De tous ces recueils, ajoute Clairambault, ceux qui paraissent le mieux en ordre sont toujours les trois volumes imprimés, tant de la Recherche de 1666 en Champagne par M. de Caumartin, qu'en 1697 par M. Larcher, et en Picardie par M. Bignon. — Quoi qu'il en soit, sur le compte rendu à d'Armenonville, alors garde des sceaux, il fut conclu que ces recueils n'étaient pas en état d'être imprimés, mais qu'ils appartenaient au Roi.

Plus tard, en 1727, fort de l'appui du chancelier de Daguesseau, Clairambault renouvela ses tentatives pour l'impression du Catalogue général de la noblesse de France, depuis si longtemps en projet. Voici une lettre de l'illustre chancelier qui prouve l'intérêt qu'il prenait à cette affaire :

Lettre de Monseigneur le Chancelier à Monsieur Clairambault.

Paris, 18 Octobre 1727.

« Je vous envoye votre mémoire, Monsieur, avec des apostilles sur quelques endroits qui m'ont paru avoir besoin d'estre changés ou retranchés. Quand vous y aurez mis la dernière main, vous n'aurez qu'à l'envoyer à M. Desforts. Je vous en demande aussy une copie, &

j'appuyeray très-volontiers l'exécution d'un projet dont je fens la haute importance, autant que je connois le mérite de celuy qui peut feul le conduire à la perfeçtion.

« *Signé :* DAGUESSEAU. »

Nous n'avons ni l'espace ni le loisir de faire ici l'histoire et la description de chacune de ces recherches; cette histoire trouvera sa place ailleurs. Qu'il nous suffise de dire que l'ensemble de ce travail se composait de plus de quatre cents volumes, dont il ne nous reste qu'un catalogue sommaire et quelques volumes imprimés. Qu'est devenue cette mine si précieuse de renseignements pour les familles? Ce n'est point au garde du dépôt qu'il faut en imputer la ruine. Clairambault, mort en 1740, n'assista point à la dévastation du cabinet des titres, et quand arriva la révolution, son successeur ne sut point soustraire ces monuments de l'ancien régime à la haine implacable des hommes de cette sinistre époque. Aujourd'hui, qu'il est de mode, non point d'amnistier, mais de glorifier Robespierre et la Montagne, on en est venu jusqu'à traiter de billevesée ce que, avec l'abbé Grégoire, on appela un instant le *vandalisme révolutionnaire*. M. Henri Bordier, dont l'érudition et la bonne foi sont hors de toute contestation, tout en signalant, dans son livre intitulé *les Archives de la France,* les ruines amoncelées dans nos archives provinciales, sous le régime de la Terreur, croit être en mesure d'assurer qu'à Paris les pertes furent insignifiantes. « On peut être à peu près assuré, dit-il, qu'à Paris la destruction n'a porté que sur des documents qui ne méritaient pas d'exciter de grands regrets. » C'est le cas de dire ici : Comment l'entendez-vous ? — En présence des faits, les dénégations sont impossibles. La Bibliothèque du Roi, le cabinet des titres en particulier, furent livrés en holocauste aux passions haineuses de la démagogie. Et ce qui est triste à dire, c'est que le pillage et les brûlements, des titres de la noblesse notamment, furent provoqués par un membre de la haute aristocratie, le marquis de Condorcet, dont les biographes ont jugé convenable de passer la motion sous silence. La voici telle que nous la fournit dans ses colonnes, souvent citées et si peu lues toutefois, l'irréfragable Moniteur :

Séance du mardi 19 juin 1792.

M. CONDORCET. « C'est aujourd'hui l'anniversaire de ce jour mémorable où l'assemblée constituante, en détruisant la noblesse, a mis la dernière main à la défense de l'égalité politique. Attentifs à imiter un si bel exemple, vous l'avez poursuivi jusque dans les dépôts qui servent de refuge à son incorrigible vanité. C'est aujourd'hui que dans la capitale la raison brûle aux pieds de la statue de Louis XIV ces *immenses volumes* qui attestaient la vanité de cette caste. D'autres vestiges en subsistent encore dans les bibliothèques publiques, dans la chambre des comptes, dans les archives des chapitres à preuve, et dans les maisons des généalogistes. Il faut envelopper ces dépôts dans une destruction commune. Vous ne ferez point garder, aux dépens de la nation, ce ridicule espoir qui semble menacer l'égalité. Il s'agit de combattre la plus ridicule mais la plus incurable de toutes les passions. En ce moment même, elle médite encore le projet de deux chambres ou d'une distinction de grands propriétaires, si favorables à ces hommes qui ne cachent plus combien l'égalité pèse à leur nullité personnelle. Je propose en conséquence de décréter que tous les départements sont autorisés à brûler les titres qui se trouvent dans les divers dépôts. »

« L'assemblée, après avoir voté l'urgence, adopte à l'unanimité les conclusions de M. Condorcet, et décrète que tous les titres généalogiques qui se trouveront dans un dépôt public, *quel qu'il soit*, seront brûlés. »

C'est armé de ce décret qu'il fut procédé, par toute la France, aux autodafés démocratiques, et que le cabinet des titres de la Bibliothèque du roi en particulier fut atteint dans ce qu'il avait de plus précieux pour l'histoire de la noblesse française. C'était au surplus le but de la mesure.

C'est chose lamentable à constater aujourd'hui que l'effroyable lacune faite dans nos archives historiques en vertu du décret provoqué par Condorcet. Le cabinet des titres de la Bibliothèque en a été tout particulièrement victime. Pour ne parler que du fonds connu sous la désignation de *Mélanges Clairambault,* plus de cinq cents magnifiques manuscrits grand in-folio ont été livrés à l'exécuteur des hautes œuvres, et de ces cinq cents volumes faisait partie toute la Recherche de 1666. Il ne nous resterait de cette grande opération du règne de Louis XIV qu'un vague souvenir, sans les dépêches conservées des intendants, qui la mentionnent, et sans une notice de la main de Clairambault que nous avons retrouvée égarée dans un des volumes sauvés du recueil en question. C'est de ces notes que nous entendons nous aider pour faire ultérieurement l'histoire de la Recherche de 1666. Nous nous bornerons ici à ajouter quelques mots sur ce *Nobiliaire de Champagne* auquel l'intendant Caumartin a prêté son nom.

Malgré toutes les entraves mises à la Recherche, il est certain qu'en plusieurs provinces elle se poursuivait activement et sans sérieuse opposition. Nous ne voyons pas qu'en Champagne notamment, sauf quelques dossiers laissés en suspens comme insuffisamment fournis de preuves, l'opération ait été trop difficultueuse. Caumartin, chargé de la diriger, la poussa avec une extrême vigueur : commencé en 1666, son travail fut clos le 17 avril 1672. Il se composait de 489 maintenues, qui, après plus mûr examen, furent réduites à 481.

Aux termes de l'article XVII de l'arrêt du 22 mars 1666, il était dit qu'aux soins et diligence des intendants, il serait à la fin de chaque recherche dressé un catalogue contenant les noms, surnoms, armes et demeures des gentilshommes reconnus tels, lesquels catalogues seraient enregistrés aux bailliages respectifs de chaque recherche.

C'est ce catalogue, qu'avant de quitter l'intendance de Champagne, Caumartin fit imprimer et publia sous deux formats différents, — l'un grand in-folio, pour accompagner le recueil des généalogies dressées ou reconnues par d'Hozier, sur la production des preuves, — l'autre sous le format in-8, destiné plus particulièrement au public, *Chaalons, Seneu{e,* 1673.

La plupart des généalogies qui devaient composer le recueil des maintenues étaient dressées en forme de placards, et soumises tout imprimées à l'examen de Charles d'Hozier, qui les approuvait ou les rejetait, suivant l'occurrence. Nous avons dit que les maintenues avaient été réduites au nombre de 481. Ce chiffre était loin de représenter l'état complet de la noblesse de Champagne, aussi la recherche fut-elle continuée sous les successeurs de Caumartin, en 1696 par Larcher, et en 1718 par Lescalopier, qui du reste ne délivra qu'un petit nombre des maintenues.

Le recueil des généalogies que nous donnons ici sous le titre de *Nobiliaire de Champagne* comprend donc non-seulement les 481 maintenues qui composent le procès-verbal de Caumartin, mais aussi les notices que nous avons pu recueillir des maintenues de l'intendant Larcher. Comme l'impression de ces généalogies a le plus souvent précédé, au lieu de suivre, la production devant l'intendant, il est arrivé que plus tard plusieurs familles condamnées ou repoussées, ont glissé leurs généalogies parmi les maintenues. Il nous suffira, en réimprimant le tout, d'indiquer par une note celles de ces notices qui ne se trouvent comprises dans aucune des maintenues légales.

Les maintenues de l'Intendant Lescalopier, continuateur de la Recherche en 1718, et celles du Conseil d'État, après refus de la part des Intendants en Champagne, pourront trouver leur place dans un volume complémentaire.

L'intéressante notice que M. Éd. de Barthélemy a consacrée à l'Intendant Caumartin, et qu'il a bien voulu destiner à l'édition nouvelle du *Nobiliaire de Champagne,* nous fait une sorte d'obligation de joindre à l'étude qui précède quelques notes sur Charles d'Hozier, l'utile auxiliaire de Caumartin. Ce n'est point une biographie que nous prétendons écrire; la vie de d'Hozier fut trop longue, signalée par trop de travaux, mêlée à trop d'intérêts et d'événements, pour que nous entreprenions de la raconter. Nous n'en voulons extraire que ce qui se rattache à l'œuvre dont nous nous occupons, et à laquelle il a consacré ses soins et sa science toute spéciale.

Car, il faut bien le répéter, si la Recherche de Champagne a été de toutes les recherches la plus régulière et la mieux fondée en preuves, il faut en attribuer l'honneur à Charles-René d'Hozier, qui vérifia les titres produits et dressa les généalogies, en apportant dans une tâche aussi délicate une extrême sincérité et une intelligence remarquable.

Fils de Pierre d'Hozier et de Marguerite de Sérigny, Charles-René d'Hozier avait hérité des aptitudes merveilleuses de son père pour les études historiques. Né le 24 février 1640, d'abord religieux novice à l'abbaye de Sainte-Geneviève pendant quatre années, puis sieur de la Garde, il fut pourvu des fonctions de généalogiste des écuries du Roi et de juge-garde de l'Armorial Général de France, qu'il remplit concurremment avec Louis-Roger d'Hozier, son frère, jusqu'à ce que ce dernier, devenu aveugle, fût pensionné par le Roi.

Malgré tous les soins que donna Charles-René à la rédaction des généalogies qui composent la recherche de la noblesse de Champagne, ou peut-être par cet excès même de soins, il ne put éviter de s'attirer de nombreuses inimitiés. Il avait à lutter à la fois contre les prétentions de la vanité et les prétentions de l'intérêt, car une illustre origine était pour les familles une cause d'exemption des tailles. Aussi, lorsque la Recherche fut imprimée, les jalousies en éveil firent remarquer que certaines maisons de Champagne avaient été favorisées. Le fait était vrai : c'étaient celles qui étaient alliées à l'intendant, ou celles de ses subdélégués. On ne manqua pas de faire retomber sur d'Hozier la responsabilité d'une partialité, très-restreinte d'ailleurs, due uniquement à l'influence directe de l'intendant et peut-être même en conformité avec ses ordres.

Bien mieux que celle des poëtes, la race des gentilshommes mérite l'épithète d'irritable. On connaît l'aventure de Dom Pelletier, l'auteur des *Anoblis de Lorraine,* qui, pour n'avoir pas suffisamment chanté l'illustre origine de certaines familles, fut si bien bâtonné qu'il mourut des suites de cette « correction ». Charles-René d'Hozier en fut quitte à meilleur marché, mais il ne put échapper aux épigrammes.

Le temps même ne parvint pas à désarmer la critique et, lors de l'affaire de Baluze et de l'*Obituaire de Brioude,* affaire qui faillit compromettre le crédit de d'Hozier, une satire trahissait encore les vieilles rancunes dont il était l'objet. Voici les premiers vers assez prestement tournés de cette pièce que nous regardons comme inédite :

> D'un bel efprit vous avez la figure,
> Monfieur d'Hozier, & toute l'encolure,
> Pour tel auffy depuis longtemps paffez
> Parmi les gens que vous anobliffez.
> Je m'en rapporte à toute la Champagne,
> Qui fut pour vous un pays de Cocagne,
> Quand fuftes clerc d'un fameux Intendant.
> Je dis clerc, oh ! mais clerc très-important,
> Un de ces clercs qui redreffent leur maiftre,
> Un clerc enfin.... tel que vous pouvez eftre... &c. (1).

Le satirique, on le voit, reconnaît lui-même le rôle important que joua Charles-René d'Hozier dans la Recherche de la noblesse de Champagne, et, tout en raillant, témoigne qu'il fut plus que le secrétaire de l'Intendant Caumartin.

Ce travail mit en relief le remarquable talent de d'Hozier et lui mérita les faveurs de Louis XIV, par les ordres duquel il composa plusieurs ouvrages (2). Il fut fait chevalier de la religion et des ordres militaires de Saint-Maurice et de Saint-Lazare de Savoie, par le duc de Savoie, à la recommandation du Cardinal d'Estrées en 1681, et il en reçut la croix des mains du marquis Ferrero. Il ne se démit de l'office de juge d'armes, généalogiste de la maison du Roi, garde de l'Armorial Général de France, qu'après cinquante ans d'exercice, c'est-à-dire au mois de mai 1711, en faveur de Louis-Pierre d'Hozier, son neveu.

Dans le cours de ce long exercice, Charles-René eut, d'après son témoignage, l'occasion « de dresser plus de 2000 preuves littérales de noblesse et de les certifier au Roi ». La connaissance qu'il avait des familles et de leur histoire était très-approfondie et les services qu'il a rendus aux plus grandes publications de ce genre ne paraissent pas avoir été justement reconnus. Il s'est plaint vivement par une note en marge d'un exemplaire de la Bibliothèque historique du P. Lelong, déposé aujourd'hui à la Bibliothèque impériale, que M. Du Fourny,

(1) Une explication est ici nécessaire : Baluze avait, sur les instances du cardinal Emmanuel-Théodore de Bouillon, écrit l'histoire de la maison d'Auvergne. Il y avait inséré des fragments d'un ancien cartulaire et d'un obituaire de Brioude, qui prouvaient que les Bouillon descendaient en ligne directe des anciens ducs de Guyenne, comtes d'Auvergne. Baluze avait-il voulu soutenir les prétentions du cardinal de Bouillon qui se disait indépendant de Louis XIV, et fondait son droit sur ce qu'il était né d'une maison souveraine dans la principauté de Sedan, avant l'échange de cette souveraineté? Le Roi en jugea ainsi, et fit instruire le procès de Baluze qui, par arrêt du 20 juin 1710, fut condamné à l'exil ; ses biens furent confisqués et l'ouvrage supprimé. Successivement interné à Rouen, à Blois, à Tours et à Orléans, il n'obtint son rappel qu'en 1713. Le satirique demande dans la suite de cette satire pourquoi d'Hozier, qui avait été le collaborateur de Baluze, n'avait pas partagé sa disgrâce.

(2) Charles-René d'Hozier a laissé : *Remarques sur l'Histoire de Charles IX, de Varillas,* dans l'édition de Paris, 1684, 2 volumes in-4°. Il passa, disent ses biographes, huit mois à corriger la première édition et à faire disparaître les erreurs historiques si nombreuses que l'auteur avait commises. — La *Généalogie de la maison de Conflans,* Châlons, sans date, in-f°. — La *Généalogie de la maison de La Fare,* Montpellier, 1695, in-f°, celle de la maison de Fay, 1721, in-4°, et un ouvrage resté manuscrit : *Recherches des Armoiries de Bourgogne.* On connaît encore de lui deux mémoires, l'un sur les titres à produire pour les pages de la grande écurie, Paris, 1713, in-4°, l'autre pour les pages de Madame la Dauphine, in-4°, s. l. ni d.

l'un des éditeurs de la seconde édition de l'*Histoire généalogique des grands officiers de la couronne*, du P. Anselme, mise au jour en 1712, eût profité des notes, corrections, observations en nombre considérable déposées sur son exemplaire de la première édition, sans qu'aucun des éditeurs eût songé à consigner nulle part l'obligation qu'on lui avait.

Charles-René n'avait pas eu d'enfants de son mariage avec Marie-Edme Terrier, veuve d'Éloy Rossignol, valet de chambre et valet de garde-robe ordinaire du Roi, et fille de Charles Terrier, qu'il avait épousée le 16 août 1682.

L'infatigable généalogiste, malgré ses travaux et ses services nombreux, se retirait dans un état voisin de l'indigence. A la fin de sa carrière, son avoir consistait tout entier dans son cabinet, créé et successivement enrichi par trois générations d'hommes adonnés aux mêmes études, aux mêmes recherches. L'ambition de Charles-René d'Hozier était de céder au Roi, contre une pension viagère réversible, en tout ou en partie, sur sa femme, et après elle sur son neveu, ce cabinet, l'honneur de sa maison. La protection de madame de Maintenon, qu'il s'était depuis longtemps ménagée, lui devait faciliter cet arrangement. On ne lira pas sans intérêt les deux lettres ou suppliques dans lesquelles le descendant de Pierre d'Hozier expose sa gêne et les préoccupations que lui causent après sa retraite la position précaire de sa fortune et l'avenir de son neveu.

D'Hozier à Madame de Maintenon en lui envoyant un placet pour le Roi.

« Du 1er Juin 1714.

« MADAME,

« J'ofe vous repréfenter que dans l'âge où je fuis de 75 ans, avec la plus petite fortune que l'on puiffe avoir, quoiqu'il y ait plus de 50 ans que je travaille, & qu'il y en ait près de trente que vous m'honorés de voftre bienveillance & de voftre eftime, cependant tout ce que j'ai pu mettre enfemble par mon œconomie eftant à l'hoftel de ville, diminué d'un cinquiefme, & n'eftant point payé de cinq années complettes de la penfion de 2000 l. qu'il a pleu au Roy de me donner par voftre protection, dans la fituation que je prends la liberté de vous faire connoître, Madame, comme après moy, ma femme & mon neveu pourront à peine avoir de quoi vivre, avec quelque petite commodité; ces raifons, qui peuvent toucher la bonté de voftre cœur, m'obligent à vous fupplier tres humblement, Madame, de vouloir bien demander au Roy que par ces confiderations il lui plaife de partager ladite penfion de 2000 l., la moitié pour ma femme, pendant fa vie, & l'autre pour mon neveu après moi, avec cette claufe que ladite penfion reviendra en entier à mon neveu, après la mort de ma femme. Le Roy fit, il y a quelques années, une pareille grâce au feu Sr Vigan, Gouverneur des Pages de la petite écurie, pour fa femme & fes enfants, par égales portions. Si vous croyez, Madame, qu'un homme que vous avez toujours aprouvé dans fa conduite mérite encore que vous le protegiez avec fa famille, fur la fin de fa vie, j'efpere que vous voudrés bien ne me pas refufer le fecours que j'ofe vous demander. Eux & moi reffentirons ce nouveau bienfait avec la plus vive & la plus parfaite reconnoiffance, & tant que je vivrai, je ne cefferai de faire des vœux pour la durée d'une vie auffi précieufe que la voftre.

« J'ai l'honneur d'eftre avec le plus profond refpect, Madame,

« Voftre très humble, très obéiffant & très obligé ferviteur,

D'HOZIER.

« 1er Juin 1714.

« 1er Juin 1714.

« Sire,

« Charles d'Hozier, Genealogifte de la Maifon de Voftre Majefté, lui repréfente très humblement qu'il y a plus de 5o ans qu'il travaille avec des témoignages honorables de la fatisfaction & de la confiance de Voftre Majefté, mais que le peu de bien qu'il a pu amaffer par fon œconomie dans le cours de fa longue vie, eftant tout fur l'hoftel de ville & de la penfion de 2000 l. qu'il plaift à Voftre Majefté de luy donner, luy en eftant deu cinq années entieres; dans la fituation où il fe trouve, fon neveu de fon nom, que Voftre Majefté a reçu en furvivance des charges du fupliant, & fa femme, qui eftoit veuve du feu Sieur Roffignol, vivant Garçon de la Chambre de Voftre Majefté, ne pouvant trouver qu'à peine de quoi fubfifter après lui, il fuplie très humblement Voftre Majefté que, pour leur en donner le moyen, il lui plaife de partager lad. penfion de 2000 l., moitié pour fa femme, pendant fa vie, & l'autre moitié pour fondit neveu, avec cette claufe que par la mort de ladite dame d'Hozier cette penfion reviendra en entier au neveu dudit fupliant pour le mettre plus en eftat de continuer & de rendre fes fervices avec la mefme fidelité, la mefme probité & le mefme zèle que ledit fupliant & feu fon pere les ont rendus, depuis cent ans de fuite, tant à Voftre Majefté qu'au feu Roi, fon pere, de glorieufe memoire, dans l'exercice du mefme miniftere; & le fupliant continuera fes vœux pour la confervation de Voftre Majefté & pour la continuation des profpérités de fon regne. »

Ce ne fut toutefois qu'après la mort de Louis XIV, et trois ans après ces lettres, que René-Charles d'Hozier put voir se réaliser ses modestes espérances. Par acte passé le 22 novembre 1717, devant Lefèvre, notaire à Paris, il donna à la Bibliothèque du Roi tous les manuscrits et documents généalogiques qu'il avait recueillis et qui composaient son cabinet. Pour le récompenser de cette donation, le Roi porta à trois mille livres la pension de deux mille livres que le feu Roi lui avait déjà accordée le 25 mars 1699, et créa une pension viagère de mille livres en faveur de Marie-Edme Terrier, ainsi qu'il appert d'un arrêt du Conseil d'État, rendu le 22 décembre 1717.

Charles-René d'Hozier mourut à Paris, le 13 février 1732, âgé de quatre-vingt-douze ans.

Louis PARIS.

NOTICE HISTORIQUE

SUR

M. DE CAUMARTIN.

Un arrêt du Conseil d'État, du 23 mars 1666(1), décida qu'il serait procédé dans tout le royaume à une recherche des faux nobles : un second arrêt, du 19 janvier 1667, fut promulgué sur le même sujet (2). Quelques jours après la publication du premier de ces documents, Colbert expédiait à tous les Intendants des provinces la circulaire suivante, que nous croyons inédite : elle présente un grand intérêt pour apprécier la portée et la valeur de cette recherche, qui provoqua une vive sensation et causa une réelle satisfaction aux vrais nobles, comme le disait très-naïvement Mᵐᵉ de Sévigné, écrivant à son cousin Bussy : « Il y a plaisir en ces occasions-là de ne rien oublier : elles ne se rencontrent pas tous les jours. » Elle amena un assez grand nombre de condamnations, mais elle échoua malheureusement en définitive par la faute des agents subalternes emportés par leur âpreté, comme ils devaient faire trente ans plus tard, lors de la confection du Grand Armorial, dans lequel les fermiers inscrivirent, de gré ou de force, des centaines de roturiers de la plus humble condition.

« *Mémoire de M. Colbert pour fervir d'inftruction aux Intendans dans la recherche de la Nobleffe* (3).

« Meffieurs les Intendans des provinces ou généralitez, eftant arrivez aux lieux de leur département, feront fçavoir aux Collecteurs des tailles & aux Commis à la recepte des fubfides & deniers royaux, dont les nobles fe prétendent exempts, qu'ils ayent à leur envoyer les noms de tous ceux qui, fous prétexte de nobleffe, s'en prétendent exempts dans chaque parroiffe; lefquels nobles ou foydifant tels feront affignez à comparoir dans un temps devant M. l'Intendant,

---

(1) Voir Ifambert, tome XVIII.
(2) *Œuvres de Colbert*, par P. Clément, tome II, p. 760.
(3) Bibl. Impér. Man. f. Clérembault. Mélanges, tome 157, fol. 2325. Ce document n'était pas connu du savant académicien auquel nous devons par la publication de la correspondance de Colbert l'un des recueils les plus importants pour l'histoire administrative de la France.

& s'ils laissent passer ce temps sans avoir eu acte de leur comparution & en faire apparoir aux Collecteurs & Commis aux recèptes, ils seront imposez aux tailles & autres contributions.

« Ces nobles ou soydisant tels, comparant devant MM. les Intendans, déclareront leurs noms, surnoms, âges, qualitez, armes & blasons ; diront s'ils sont aisnés ou puisnés de leurs maisons, quelles sont les branches de mesmes noms & armes qu'ils reconnoissent, & diront le lieu de leur habitation & de quel bailliage il est ; ensuite de quoy, produisant leurs titres, il en sera fait un inventaire par abrégé, contenant la qualité de chaque acte & son énoncé, avec la datte, la qualité & les noms de tous ceux qui y sont mentionnez. Cet inventaire se fera par cahiers séparez qui seront cottez par bailliages, & à la teste d'iceulx sera mis : Un tel, d'un tel bailliage, est comparu le tel jour, lequel a dit estre de telle maison & porter telles armes, reconnoistre telles & telles branches pour estre de sa mesme famille, & a produit les tiltres suivans. — Et pour procéder à l'inventaire des piéces, il fauldra commencer par celuy qui justifie la filiation de la partie appelée, & ainsy remonter les degrez jusques au plus ancien. Si l'on n'a pas le loisir de dresser cet inventaire sur-le-champ, on retiendra les tiltres pour y travailler avec plus de loisir, & on donnera jour à la partie pour les venir retirer, après avoir ouy la lecture & signé l'inventaire, cette signature estant nécessaire pour empescher qu'on ne puisse changer ces tiltres à l'avenir & en supposer d'autres plus avantageux, aussy bien que la déclaration des armes qu'on change assez souvent pour les conformer à celles d'autres familles plus illustres, d'un nom équivoque ou synonime.

« Il sera bon de faire des copies de tous ces inventaires rangez par bailliages & de les envoyer à . . . . signées de M. l'Intendant, pour les faire mettre par ordre & pour en dresser des généalogies où l'on joindra les connoissances qu'on en a par d'autres actes qui serviront pour en justiffier la vérité ou la fausseté.

« Quant à ceux qui pour n'estre contribuables ou taillables, à cause de leur demeure dans les villes franches, se pourroient mettre à couvert de la recherche, l'on les découvrira par des actes qu'ils ont passez, au sujet desquels ils seront assignez pour justiffier de leur qualité en la forme cy-devant énoncée, & il sera dit en teste de l'inventaire : Un tel résidant dans une telle ville, comme dessus.

« La dernière recherche des nobles ayant tellement occupé MM. de la Cour des Aydes, qu'ils se sont dispensés de cotter les tiltres & les degrez, comme ils faisoient autrefois, il sera bon d'inventorier avec les arrests qui seront produits les tiltres sur lesquels ils auront esté obtenus.

« Et à l'esgard de ceux qui ont esté annoblis ou dont l'annoblissement a commencé par celuy de leurs pères ou ancestres, ils donneront pareillement des copies vérifiées sur originaux par M. l'Intendant qui les envoyera signées de sa main avec les autres inventaires, & il en fera de mesme des lettres & arrests de réhabilitation.

« Sa Majesté n'ayant eu dessein de comprendre les gentilshommes d'illustre maison dans cette nouvelle recherche, que pour rendre la loy générale, & pour la faire généralement observer par leur exemple, MM. les Intendans les conviant d'obéir & de satisfaire à la déclaration par l'intérest qu'ils ont au rétablissement de leur ordre, qui est le principal motif de cette recherche, leur pourront dire que le Roy desirant estre informé de la dignité de chacune famille en particulier pour y apporter quelque distinction dans les occasions qui se présenteront, ils ont intérest d'estre compris dans le nombre des nobles avec l'advantage qu'ils méritent, & pour y satisfaire ils leur demanderont tout ce qu'ils ont de principaulx tiltres, dont ils feront faire inventaire comme dessus, & s'il s'en trouve de beaux & curieux, ils en demanderont copie, ou la feront faire, la vériffieront & envoyeront pareillement fignée de leur main. Il n'y en a pas un qui ne foit affez fenfible à cette propofition pour chercher tout ce qui fe pourra trouver de fa maifon.

« Comme les archives des Abbayes & autres églifes font le dépoft des plus illuftres antiquités, l'occafion eftant favorable pour en demander communication & pour faire des extraits des cartulaires, qui feroient d'un grand efclairciffement pour noftre hiftoire, quoyque les moynes en foient extrêmement jaloux, on pourra prendre prétexte que plufieurs nobles allèguent des tiltres de ces cartulaires qu'on demande à vériffier fous un bon récépiffé, & par ce moyen l'on prendra copie de ces extraits des cartulaires & des fondations particulières, avec les dattes, les noms & les qualitez des tefmoins, & on pourra prendre auffy la copie des tombeaux & épitaphes des Eglifes. .

« Et de tout cela mis en ordre on fera des recueils très curieux pour la bibliothèque du Roy, où l'on verra toutes les nobleffes du royaume, avec leurs armes & généalogies véritables, en y adjouftant les recherches de tous les curieux.

« Fait à S. Germain en Laye, ce trentième jour d'Avril 1666.

« *Signé* : COLBERT. »

L'état déplorable des finances, joint au besoin incessant d'argent, avait déterminé Colbert à recourir à ce moyen extrême, non pas tant pour porter remède aux usurpations nobiliaires qui se multipliaient avec une rare audace, que pour empêcher les troubles que ces usurpations provoquaient dans la perception des finances. Tous les nobles étaient affranchis du payement des tailles, or une foule de faux nobles abusaient de leur influence locale pour bénéficier du même privilége, qui leur tenait encore plus à cœur que d'avoir un banc dans le chœur de l'église paroissiale et de recevoir l'encens de la main de monsieur le curé. L'édit du 22 mars 1666 pouvait amener un excellent résultat, mais son exécution fut déplorable. Comme je l'ai dit, on s'en remit à des agents secondaires, à des fermiers qui usèrent de violences, souvent malversèrent & acceptèrent de l'argent pour fermer les yeux sur des nobleffes parfaitement fausses, si bien que le 1ᵉʳ décembre 1670, Colbert expédia aux Intendants cette dépêche, qui annulait en fait l'arrêt du 22 mars :

« Monfieur, le Roy recevant tous les jours des plaintes de vexations & abus qui fe commettent dans la recherche des ufurpateurs des titres de nobleffe, Sa Majefté a réfolu de la faire ceffer. Pour cet effet, elle m'a ordonné de vous faire favoir que fon intention eft que vous ne faffiez plus donner aucune affignation aux particuliers, ni faire de pourfuites par devant vous pour raifon de ladite recherche ; & que vous ne rendiez aucun jugement fans ordre exprès de Sa Majefté, fi ce n'eft pour l'inftruction des interlocutoires qui vous ont efté renvoyées par ordonnance de MM. les Commiffaires généraux, que vous paracheverez inceffamment pour les renvoyer auffitôt (1). »

C'eft ce qui explique le petit nombre des familles insérées dans les procès-verbaux des diverses recherches. L'œuvre entreprise sur une large échelle aurait pu amener, avec des agents

(1) Nᵒ 29, tome II des *Lettres, instructions et mémoires de Colbert*, publiés par M. Pierre Clément.

intelligents et intègres, des résultats considérables. C'est précisément ce qui distingue la recherche de Champagne.

M. Le Fèvre de Caumartin, Intendant de la Généralité de Châlons, fut chargé de la diriger et il commença ce travail au mois de janvier 1667, secondé par M. Lallemand, vicomte de Lestrée, procureur général aux eaux et forêts de Champagne, en qualité de procureur du roi spécial pour la recherche, et par Charles-René d'Hozier, avec lequel il était lié particulièrement, et qui rédigea lui-même toutes les généalogies, dont les originaux, imprimés sur parchemin, portaient la signature de l'Intendant.

La première partie de la Recherche fut terminée à la fin de l'année 1668 : elle embrassait environ cinq cent cinquante familles; dix autres, d'abord ajournées, y furent ajoutées le 10 décembre 1670, d'autres obtinrent cette faveur pendant les trois années suivantes, mais toutes avaient été assignées avant la circulaire du 1ᵉʳ décembre 1670 : le volume parut en 1673. D'autres familles encore eurent gain de cause devant la cour des aides, à laquelle elles appelèrent directement. Enfin, en 1697, l'Intendant Larcher fut chargé de reprendre ce travail, & de 1697 à 1702 un certain nombre de familles furent maintenues par ce magistrat, investi de mêmes pouvoirs que M. de Caumartin.

Louis Le Fèvre naquit le 6 juillet 1624 : son père était Louis Le Fèvre, seigneur de Caumartin, de Boissy, etc., conseiller au grand conseil, puis maître des requêtes, président aux requêtes du palais et enfin conseiller d'État ; sa mère, Madeleine de Choisy, fille d'une Le Charon. Pourvu de très-bonne heure d'une charge de conseiller au parlement de Paris, il se lia étroitement avec le célèbre coadjuteur de Retz, qui était cousin germain de Claude de Bossut, seigneur d'Escri, époux de sa tante Anne Le Fèvre. « Il avoit déjà quelque amitié pour moi, dit Retz dans ses *Mémoires*, mais nous n'étions en nulle confidence. Il s'unit intimement avec moi le lendemain de l'éclat de La Boulaye & entra dans mes intérêts lorsqu'on me croyoit abîmé (21 décembre 1649). » Pendant la Fronde, M. de Caumartin joua naturellement un rôle important par suite de cette liaison. Nous le voyons en 1650 agir activement auprès de la duchesse de Chevreuse et de Monsieur pour empêcher l'accommodement du coadjuteur avec les princes, et entretenir ses hésitations à l'égard de la cour, « ce qui nous perdra tous en nous entraînant dans un parti dont le reffentiment fera toujours plus à craindre que la reconnaiffance ne fera à efpérer, » disait Caumartin, à ce que raconte Retz. Il en écrivait tous les matins, à ce qu'il paraît, à madame de Chevreuse, et tous les soirs il insinuait à Monsieur le peu de sûreté qu'il y avait à la cour et les inconvénients que l'on trouverait avec les princes; « il employoit fort habilement la maxime qui ordonne de faire voir à ceux qui font naturellement faibles toutes fortes d'abîmes, parceque c'eft le vrai moyen de les obliger à fe jeter dans le premier chemin qu'on leur ouvre. » Caumartin en même temps pressait vivement Retz de poursuivre activement le chapeau cardinalice pour conquérir une situation qui le mît à l'abri des intrigues de ses ennemis : « Voilà ce que M. de Caumartin & ceux qui m'aimoient véritablement me prêchoient depuis le matin jufqu'au foir. » Il le décida également à entraîner le duc d'Orléans dans cette voie « en lui tenant les yeux ouverts par des peurs modérées, mais fuccelfives »; il réussit si bien qu'en peu de temps

Monsieur crut qu'il était de son honneur et de son intérêt de procurer à M. de Retz le chapeau que Mazarin devait être amené, par le besoin de se concilier le parti du coadjuteur,
sinon à lui donner, du moins, pour employer l'expression de Caumartin, « à lui laisser tomber
sur la tête ». Le jeune magistrat montra dans ces difficiles circonstances, au milieu de ces
inextricables intrigues, une rare habileté, et ce fut encore lui qui parvint à faire signer par
Monsieur le traité relatif à la mise en liberté des Princes : or rien n'était plus difficile, parce
que nul homme n'était irrésolu au degré du duc d'Orléans. « Caumartin avoit le traité dans
fa poche avec une écritoire de l'autre coté : il attrapa Monfieur entre deux portes, il lui mit une
plume entre les doigts & il figna, à ce que Mademoifelle de Chevreufe difoit en ce temps-là,
comme il auroit figné la cédule du fabbat, s'il avoit eu peur d'y être furpris par fon bon ange. »

Le coadjuteur avait raison de considérer M. de Caumartin comme un de ses « véritables
amis »; il ne se démentit jamais et redoubla au contraire de dévouement à mesure que la position du bouillant prélat devenait plus difficile. Caumartin s'occupait de plus en plus de ses
affaires; il lui offrit une somme de dix mille livres, en 1652, pour armer une garde de cent-
vingt Anglais afin de se mettre en garde contre les menaces du prince de Condé. Caumartin
était avec MM. de Brissac, de Bellièvre et de Montrésor, les amis particuliers du coadjuteur,
unis avec lui d'intérêt et d'amitié, « qui étoient de mon fecret, ajoute-t-il, & avec lefquels je
concertois de bonne foi ce que j'avois à faire ». Au mois d'octobre 1652, cet ami fidèle
partit pour le Poitou, où il épousa, le 5 novembre, Marie-Urbaine de Sainte-Marthe, fille
unique d'un lieutenant général au présidial de Poitiers, et avant de s'éloigner, faisant bon
marché de son intérêt personnel, il donna des conseils sages et précis à Retz, qui les résume
en ces termes : « Il m'avoit dit plufieurs fois qu'il étoit rude mais néceffaire que nous pâtif-
fions même de la mauvaife conduite de nos ennemis; qu'il y auroit plus d'avantage à tirer
pour les particuliers; qu'il ne falloit plus fonger qu'à fauver le vaiffeau, dans lequel il pourroit fe remettre à la voile felon les occafions; & que ce vaiffeau, qui étoit moi, ne pouvoit fe
fauver en l'état où les affaires étoient tombées par l'irréfolution de Monfieur, qu'en prenant
le large & en fe jetant à la mer du côté de Levant, c'eft-à-dire de Rome. Je me fouviens qu'il
ajouta le propre jour qu'il me dit adieu, ces propres paroles : « Vous ne vous foutenez plus
que fur la pointe d'une aiguille; & fi la cour connoiffoit fes forces à votre égard, elle vous
pousseroit comme elle va poufser les autres; votre courage vous fait tenir une contenance qui
la trompe & qui l'émeut: fervez-vous de cet instant pour en tirer tout ce qui vous eft bon
pour votre employ à Rome : elle fera fur cela tout ce que vous voudrez. »

Pendant son absence, Caumartin écrivit souvent aux amis particuliers du coadjuteur, notamment à Guy Joly, pour le prier d'entretenir Retz dans les idées que nous venons de rapporter : quelques-uns de ces messieurs ne professaient pas un détachement personnel aussi
complet, et Montrésor notamment s'y résignait difficilement : il chercha même à persuader au
coadjuteur que son fidèle conseiller préparait secrètement quelque accommodement avantageux par l'entremise de la Palatine, avec laquelle il était intimement lié. Retz ne se laissa
pas ébranler, et Caumartin d'ailleurs ne demeura pas longtemps en Poitou, puisque nous
savons qu'il était à Paris au moment de l'arrestation du coadjuteur (19 décembre) et qu'il es-
saya par tous les moyens de le détourner de se rendre au Louvre (1). Dès que le prélat fut en-

(1) *Mémoires* de Guy Joly.

fermé à Vincennes, Caumartin redoubla de zèle : « il fit dans cette occafion tout ce que l'amitié la plus véritable & tout ce que l'honneur le plus épuré peuvent produire ». Et il ne ralentit pas un jour pendant les quinze mois que dura cette captivité : il écrivait deux fois par semaine régulièrement au prisonnier et en recevait autant de lettres. Après la mort de Mgr. de Gondy (21 mars 1654), c'est lui qui fit faire des actes utiles pour la prise de possession du siége archiépiscopal au nom de Mgr. de Retz : il travaillait sans cesse à amener sa délivrance et pressait de toutes ses forces le président de Bellièvre en ce sens. Quand le nouvel archevêque fut transféré au château de Nantes, c'est encore M. de Caumartin qui fut l'un des amis qui l'attendaient au sortir de son carrosse (avril 1654).

M. de Caumartin venait cependant de perdre sa femme le 15 janvier précédent. Il resta à Nantes recherchant tous les moyens de rendre possible l'évasion de Retz. Peu après le gouvernement se décida à sévir contre lui, et cinquante archers furent dépêchés pour procéder à son arrestation (1) : il parvint à se soustraire aux recherches de l'exempt en se cachant dans un trou de la muraille, derrière une tapisserie de l'hôtel qu'il habitait. Il s'empressa alors de prendre le chemin de la Franche-Comté et se réfugia chez sa mère qui y demeurait; il passa ensuite quelque temps chez le baron de Languet, sur la frontière, jusqu'à ce que M. de Bellièvre lui eût offert un asîle sûr dans un des châteaux qu'il possédait aux environs de Paris.

M. de Caumartin paraît avoir vécu dans une retraite relative après ces quelques années étrangement agitées. Du moins n'entend-on plus parler de lui jusqu'au moment où le roi le choisit comme garde des sceaux pour les Grands Jours tenus en Auvergne pendant l'année 1666 et qui causèrent à cette époque une si profonde émotion. Il était alors maître des requêtes et il avait attiré l'attention de Colbert par sa grande aptitude pour le travail et son tact exquis dans toutes les questions personnelles que soulevaient ces diverses recherches exécutées dans la province, et qui aboutissaient souvent aux solutions les plus graves. Caumartin fit peu parler de lui pendant cette pénible mission, mais Fléchier lui rend pleinement justice dans la relation qu'il nous en a laissée : « Il a fu fi bien mêler la civilité d'un galant homme, dit-il, avec la gravité d'un juge, les divertiffements avec la bienféance, & la dépenfe avec la modeftie, que ceux qu'il condamnoit même fe louoient de lui, & que tout le monde trouvoit à faire bonne chère & fe divertir chez lui, d'une manière que les heureux trouvoient fort agréable, & que les malheureux ne pouvoient pas défapprouver. Il vit comme trois fcènes différentes dans fa maifon : au commencement, tous les confeillers des Grands Jours y étoient fort affidus, & il fe piquoit d'y tenir une table qui étoit fort propre & qui pouvoit même s'appeler quelquefois magnifique. La conteftation de la préfidence étant furvenue, & ces Meffieurs, à la perfuafion de quelques uns des plus zélés, s'étant interdit la fréquentation & la familiarité qu'ils avoient avec lui, les principaux de la ville prirent leur place & témoignèrent une amitié fort tendre & fort fincère; la troifième fut celle de la nobleffe qui, s'étant venue rendre à Clermont, après avoir vu qu'on ne vouloit pas dépeupler l'Auvergne, & qu'on faifoit quartier à bien des gens, ne trouvoit point de maifon plus commode que la fienne, & où l'on reçût le monde avec plus d'accueil. La politique du préfident, à ne lui donner aucune part du fecret des affaires, lui donnoit occafion de fervir avec plus de hardieffe ceux qu'il pouvoit affifter honnêtement. Enfin il fe

(1) *Mémoires de Guy Joly.*

ménagea fi bien & avec tant de modération dans le différend de la préfidence, qu'il fit toujours connaître que c'étoit un différend de charges qui ne devoit point paffer jufqu'aux perfonnes, & s'acquit l'eftime de toute l'Auvergne. »

M. de Caumartin avait réclamé la suppléance de la présidence des Grands Jours en cas d'empêchement de la part de M. de Novion, président de la commission, dont la santé était délicate et qui comptait assez de parents dans la province pour être plus d'une fois récusé. Cette question avait naturellement préoccupé M. de Caumartin, et, en prenant congé du roi, il avait cru, d'après le conseil de Colbert, devoir lui en parler. Louis XIV lui répondit qu'il avait donné ses ordres à ce sujet et qu'il les recevrait après l'ouverture de la Chambre. Le 26 novembre 1665, en effet, M. de Novion reçut l'ordre d'enregistrer la commission royale attribuant à M. de Caumartin la présidence en cas de récusation ou d'absence; en même temps Colbert lui écrivait qu'il « lui confeilloit en ami de n'attendre pas de nouveaux ordres à ce fujet ». L'émoi fut grand parmi les parlementaires indignés de la seule pensée de pouvoir être présidés par un maître des requêtes : on intrigua pendant trois semaines sans se soucier du tort que ce retard pouvait causer aux affaires pendantes. M. de Caumartin montrait une très-grande patience, vivant avec ses collègues dans la meilleure intelligence, tenant table ouverte chez lui, faisant des joyeuses parties de campagne, de sorte que tous reconnaissaient que le choix du roi eût été vraiment excellent si M. de Caumartin avait appartenu à la compagnie. M. de Novion aborda franchement la question avec lui et le pria de se désister de ses prétentions pour mettre fin à ces difficultés, « toutes de charge & non pas de perfonnes ». Caumartin demeura ferme; il répondit « qu'étant dans la même commiffion que MM. les confeillers, & ayant l'honneur de la préfider fans conteftation, il ne troubloit point l'ordre de la juftice & ne faifoit aucun tort aux juges de prétendre de les préfider en fon abfence; qu'il feroit bien malheureux d'entreprendre fur les droits du parlement, où il a eu l'honneur d'être affez longtemps, & pour lequel il confervera toujours tout le refpect & toute la déférence qu'il doit; mais qu'il croyoit que le parlement céderoit à la raifon, à l'exemple & à l'autorité du roi; & que meffieurs qui jugent fi bien toutes chofes, donneroient eux-mêmes un bel exemple de juftice en recevant un ordre qu'un roi fi grand & fi jufte leur envoie, bien loin de s'obftiner à ce refus; que la cour s'étoit déclarée en fa faveur fans beaucoup de follicitations de fa part, ni de celle de fes amis; que l'arrêt & la lettre avaient été expédiés fi promptement après fon arrivée qu'on n'avoit pas eu le loifir d'importuner les miniftres, & qu'il étoit aifé de croire que ce n'étoit pas fon ambition ni fon empreffement, mais le choix & la délibération du prince ». M. de Caumartin parla longtemps encore pour affirmer qu'il n'avait nullement brigué cet honneur, pour se montrer très-peiné d'être en lutte avec des personnes dignes de la plus haute estime, mais aussi pour déclarer nettement sa ferme résolution de vouloir faire exécuter les ordres du roi.

Les choses traînèrent encore : M. de Novion prétendait qu'à Paris on ne s'en préoccupait déjà plus, quand, au moment d'entrer dans ses salons, où il donnait bal et comédie, il reçut une lettre impérative de Colbert : il assembla à la hâte les membres de la commission et au plus chaud de la discussion survint M. de Caumartin : les nombreux invités arrivèrent : la contestation se prolongea devant eux et jeta un grand froid au milieu de la fête. Caumartin se retira : le lendemain ses collègues lui firent mille caresses, mais lui demandèrent la permission de ne plus aller chez lui : il avait été décidé la veille qu'on cesserait d'afficher une aussi grande intimité avec lui pour faire croire à la cour qu'il existait entre eux une dissidence, explicative de l'attitude prise, au sujet de la présidence. « M. de Caumartin, de fon côté, leur témoignoit en riant que c'étoit un état malheureux que d'être retranché de la plus douce fociété qu'il y eût au monde, et que cette excommunication politique le touchoit fort, mais qu'il fe confoloit fur fon innocence, quand il voyoit que fon feul crime étoit d'être maître des requêtes & eux confeillers. »

La noblesse du pays, heureuse d'une scission qui se produisit si intempestivement au sein de la commission chargée de l'inquiéter, prit naturellement parti pour M. de Caumartin, auquel ses collègues, individuellement, témoignaient toutes les attentions possibles. Sa position grandit considérablement, et bien plus encore quand son avis prévalut dans l'arrêt prononcé sur l'affaire du comte de Montvallat; c'était effectivement en grande partie à cause du désir des conseillers de lui témoigner la confiance que leur inspirait son jugement. Tout se tendit de nouveau quand, sur une lettre de cachet formelle, l'avocat général Talon reçut l'ordre de procéder, sans aucune remise, à l'enregistrement de la commission pour la présidence de M. de Caumartin. Les conseillers, en entourant leur résistance de toutes les formules imaginables de respect, décidèrent qu'on prierait le roi d'adresser cet arrêt au parlement. Talon agit de tout son pouvoir sur M. de Caumartin pour obtenir de lui des concessions en lui faisant savoir l'irritation du roi et les périls auxquels le parlement s'exposait par cette ridicule obstination. Caumartin maintint ses droits, mais il fut le plus raisonnable, déclarant « qu'il feroit fâché que l'autorité du roi fût commife en fa confidération, & que S. M. exerçât contre eux des féverités qui lui fiffent tant foit peu de peine; que pour lui il aimait bien mieux recevoir quelque expédient raifonnable qui ne lui fût point défavantageux, ni à fa compagnie, & dont S. M. fût fatisfaite ». Les conseillers persistèrent à prier le roi de soumettre l'enregistrement au parlement. Caumartin ne souleva aucune opposition, et les Grands Jours se terminèrent sans solution, mais aussi sans que M. de Novion ait manqué à présider.

M. de Caumartin s'était transporté à Clermont avec sa femme et son fils aîné qui avait alors Fléchier pour précepteur. C'est à cette circonstance que nous devons ces piquants mémoires sur les Grands Jours de l'Auvergne, auxquels nous avons emprunté les détails que l'on vient de lire.

C'eft à cette période aussi que se rapporte cette lettre, inédite, adressée de Clermont, le 13 octobre 1665, par Caumartin au chancelier Séguier, et qui constate avec quelle prudence le garde des sceaux des Grands Jours d'Auvergne agissait dans l'exercice de ses difficiles fonctions.

« MONSEIGNEUR,

« Quand le Roy employe des perfonnes auffy peu efclairées que je le fuis, & qui ont autant de peur de fe mefprendre en exécutant fes ordres, il vous expofe à bien des importunitez, puifque, dans tous les doutes qui furviennent, nous fommes obligés d'avoir recours à vous comme à la fource de la juftice, de nous régler par vos lumières, & d'apprendre le véritable fens des loix de vous, Monfeigneur, qui eftes la loy vivante & le véritable interprète des intentions de Sa Majefté. Permettez-moy donc de vous déduire une difficulté que j'ay dans la fonction du fceau. Je vois que le Roy ne veut point abolir de crimes commis dans l'eftendue des Grands Jours, mais je ne fçay s'il entend exclure pareillement toutes les grâces que l'on doit donner au petit fceau pour les cas qui font tout-à-fait rémiffibles par les loix & par les ordonnances. J'ay creu jufques à préfent que ce n'eftoit pas là l'intention du Roy, ces lettres eftant à proprement parler pluftoft de juftice que de grâce, & une formalité que nous obfervons en France, que toutes les fois qu'il y a mort d'homme, foit qu'elle foit arrivée par cas fortuit, ou dans une légitime défenfe, il faut avoir recours au Prince pour en accorder le pardon, & ce n'eft point aux compagnies fouveraines à le fuppléer. Il me femble auffy, Monfeigneur, que je vous ay toujours ouy tenir que l'on peut librement accorder ces fortes de lettres qui font en connoiffance de caufe, parce qu'elles engagent les coupables à fe repréfenter à juftice, & lors on examine fi le cas eft rémiffible, & s'il eft conforme aux charges. Il eft vray que fouvent un accufé déguife un fait & a recours à ces lettres pour reculer le jugement de fon procès par des chicanes. C'eftoit peut-eftre l'intention du fieur de la Motte Canillac, lorfqu'il m'en a fait demander par toute fa famille avec des inftances & des clameurs toutes extraordinaires, comme fi c'eftoit la dernière injuftice de luy fermer les voyes de droit, qui font ouvertes à tous les fujets du Roy. Je luy ay accordé des lettres fur un cas tout à fait rémiffible qui ne fera peut-eftre pas conforme aux charges, mais ce n'a efté qu'après avoir fait paffer un appointement entre l'accufé & l'accufateur que l'on dict eftre préfentement d'accord enfemble, par lequel ils employent pour moyens d'obreption & de fubreption, & refponfe à iceux tout ce qui eft au procès; de manière que les lettres ayant efté leues ce matin à l'audience, le procès n'eft point hors d'eftat, & elles n'empefcheront pas qu'on ne le juge cette femaine (1). J'ay creu par cette conduite fatisfaire à tout, en faifant voir qu'on ne refufe point les chofes de juftice, & retranchant en même temps tous les moyens de chicaner. J'attendray, Monfeigneur, que vous me prefcriviés comme j'en dois ufer à l'advenir & j'exécuteray toujours vos ordres avec grand refpect, eftant

« Monfeigneur,

« Voftre très humble & très obéiffant ferviteur,

« DE CAUMARTIN (2). »

Après avoir rempli cette importante mission, M. de Caumartin fut nommé intendant de la généralité de Champagne en résidence à Châlons, précisément au moment où l'on allait commencer dans cette province la recherche des faux nobles (janvier 1667). Il remplaçait M. de Machault, et il avait sous sa direction douze élections, dont les circonscriptions représentent actuellement dix arrondissements. La Champagne était alors dans un état déplorable, comme on peut trop aisément le constater en lisant les dépêches adressées en 1665 à Colbert par M. d'Herbigny, intendant des finances, chargé d'une mission spéciale dans ces

(1) La famille de Canillac était particulièrement signalée dans la province à la vindicte publique. Le vicomte de la Motte Canillac était, suivant Fléchier, « le plus innocent de tous les Canillac ». Il fut arrêté cependant le 25 septembre. Sa femme et sa fille recoururent aux plus pressantes prières et présentèrent les faits incriminés sous un jour très-réellement rémissible, ce qui décida M. de Caumartin à accorder les lettres dont il parle dans cette dépêche, malgré MM. de Novion et Talon; mais tout le monde applaudit à cette mesure qui donnait satisfaction à une famille considérable, tout en ne blessant pas la justice. Le procès fut instruit, et le vicomte fut condamné à mort le 23 octobre. Il fut exécuté le jour même, et l'on regretta, comme le fit M. de Caumartin, cette excessive rigueur.

(2) Bibl. Imp., fonds français, 17406, folio 156.

contrées (1). Caumartin ne se départit pas de sa prudence habituelle, et nous le voyons continuer à soumettre tous ses doutes au chancelier Séguier, sans vouloir se charger d'une dangereuse responsabilité. Nous citerons comme preuve à l'appui cette lettre, datée de Châlons le 23 septembre 1667 :

« MONSEIGNEUR,

« J'avois efperé, lorfque je fuis venu en Champagne, que j'y recevrois quelquefois l'honneur de vos commandemens & que cet employ me feroit naiftre des occafions extraordinaires de vous rendre compte de ma conduitte & d'attendre vos ordres pour la régler. Mais jufqu'à préfent, Monfeigneur, j'ay efté fi malheureux qu'il ne s'eft rien paffé dont je puffe profiter fans fcrupule & fans crainte de vous importuner. Les vacations au Parlement de Metz, qui ne s'affemble qu'au premier d'Octobre, & l'abfence de M. le Duc de Mazarin, retardent encore l'exécution des ordres du Roy & des voftres, que vous m'avez fait l'honneur de m'adreffer ; comme je crois que M. Hotman n'aura pas manqué de vous en rendre compte, fuivant la lettre que je lui avois efcritte fur ce fujet, je prendray feulement la liberté de vous faire reffouvenir que, fi vous défirez y employer un commiffaire d'épée, comme je ne doute pas que vous ne vouliez que ce foit un officier de la couronne, vous avez fur cette frontière M. le maréchal de Schulemberg qui n'en eft qu'à deux journées. J'attends, Monfeigneur, ce qu'il vous plaira m'ordonner là-deffus, & cependant je ferai l'impofition de la taille dans une partie de la province. Je croy que vos gens vous auront témoigné que je ne vais point à Troyes, que je n'envoie querir voftre procureur, pour fçavoir de luy s'il n'y a rien où le zèle d'un intendant auffi attaché à voftre fervice que je le fuis, peut eftre bon à quelque chofe. Et je fuis perfuadé, Monfeigneur, que vous me faittes bien la juftice de croire qu'il n'y en a point dans la robbe qui vous honore plus parfaitement ny qui foit plus reconnaiffant que moy de toutes les bontés que vous m'avez fait l'honneur de me témoigner. Ajoutés-y, Monfeigneur, celle de m'employer pour voftre fervice, afin que je puiffe mériter la qualité que j'auray toute ma vie, Monfeigneur, etc. (2). »

La recherche de la nobleffe caufa à M. de Caumartin de grands embarras dans sa généralité. Outre les roturiers qui voulaient simuler la noblesse pour profiter des exemptions et des priviléges, il y avait les fonctionnaires qui payaient d'audace comme ce prévot royal que Caumartin condamna à quatre mille livres d'amende et à l'exil, en expliquant ainsi ses motifs dans une lettre adressée à Colbert le 14 avril 1669 : « Il s'eftoit moqué de toutes les cotes d'office & exemptoit même fes parents. Il s'adjugeoit à luy-même la double dixme de fa paroiffe fous des noms empruntés ; il avoit fait des levées affez confidérables depuis quinze ou feize ans dont il ne rendoit point compte à la communauté. Il avoit encore commis mille autres friponeries ; mais il s'eftoit rendu fi fouple & fi agréable à la nobleffe voifine qu'il n'y en avoit point qui n'euft follicité pour luy (3). » Outre ces difficultés, Caumartin en avait à vaincre de toutes fpéciales à la province : je veux parler de prétentions des roturiers champenois, fils de mères nobles, à être nobles eux-mêmes. Nous allons résumer brièvement cette question, au sujet de laquelle nous sommes d'accord avec l'enseignement professé à l'Ecole impériale des chartes, et qui nous paraît intéressante à préciser.

(1) *Correspondance administrative sous Louis XIV*, par M. Depping et notre *Histoire de diocèse ancien de Châlons*, tome I, p. 62 et suiv.
(2) Bibl. Imp. fonds français, 17410, folio 30.
(3) *Corresp. adm. sous Louis XIV*, tome III, p. 172.

On a toujours répété que l'article XX de la coutume établie le jour de Noël l'an 1224 par le comte de Champagne portait que : « Il eſt de coutume en Champaigne que ſe enfans nobles demeurent de pere & de mere, ſoient nobles, ou de pere ou de mere; ſe il y a hoir aiſné, il doit avoir l'advouerie de ceulx qui ſont ſoub-aagiés. » Forts de ce texte, les bourgeois champenois firent insérer dans diverses coutumes de la province, rédigées au XVIᵉ siècle, la clause que les enfants de père *ou* de mère noble seraient également nobles. Quelques réclamations eurent lieu de la part des gentilshommes ; mais on traîna les choses en longueur et la clause resta. La question se représenta naturellement lors de la recherche confiée à M. de Caumartin, et les préposés refusèrent d'admettre les nobles maternels, comme on disait. Cette contestation amena une grande émotion et ne contribua certainement pas peu à décider le gouvernement à rédiger la circulaire du 22 mars 1670. Plusieurs prétendus nobles maternels recoururent au Conseil d'État. Un sieur Desmaret, publia en 1669 un mémoire, fort rare aujourd'hui, dans lequel il invoquait le long temps depuis lequel la noblesse par la femme était admise, ajoutant que d'ailleurs, si l'on craignait pour l'avenir de voir la confusion s'établir entre les deux noblesses, on n'avait qu'à décider que les nobles par la ligne paternelle auraient seuls droit à la qualification d'écuyers, tandis que ceux par la ligne maternelle n'auraient droit qu'à la qualification de noble homme. Le Conseil d'État reçut l'ordre de ne pas se prononcer, et les préposés, de suspendre les poursuites, sans cependant reconnaître les prétentions des réclamants. Les choses en restèrent là, et cette contestation fut la cause qui empêcha la recherche des faux nobles en Champagne d'amener des résultats sérieux ; l'opinion publique était fixée, comme le prouve ce billet adressé par M. d'Argenson au lieutenant général du présidial de Troyes, le 19 décembre 1694 (1) : « Je vous envoie la ſurféance pour ſix ſemaines comme vous le déſirez. Mais ſi votre nobleſſe ne vient que du côté maternel, comme les traitants me l'apprennent, je crains que vous ne ſoyez pas bien fondé, et que cette eſpèce de nobleſſe ne reçoive de grandes difficultés dans l'eſprit de meſſieurs les commiſſaires. »

La Roque avait indiqué, comme existants de son temps, quatre textes anciens des fameuses coutumes de 1224, et mon frère, Anatole de Barthélemy, les a retrouvés tous les quatre parmi les manuscrits de la Bibliothèque Impériale ; deux sont du XIVᵉ siècle et deux du XVᵉ, tous par conséquent bien antérieurs à la rédaction des coutumes de la province qui n'eurent lieu dans les divers bailliages que dans la première moitié du XVIᵉ siècle. Or cette coutume, que le comte de Champagne aurait solennellement promulguée en 1224, est tout simplement un recueil d'arrêts compilés par quelque légiste champenois ; le plus ancien date bien de 1224, mais le dernier est de 1299. Puis, voici le texte vrai du non moins célèbre article XX : « Coutume eſt en Champaigne que ſe enfans demorent de pere & de mere, ſoient noble ou de poeſte : ſe il y a hoir aiſné, il doibt avoir l'advouerie de ceulx qui ſont ſoubs-aagiés. » Les bourgeois du seizième siècle interpolèrent le mot *noble* après le septième mot, et substituèrent aux mots : *ou de poeſte*, ceux de : *ou de père ou de mère*. Mais ils ont, malheureusement pour eux, omis de supprimer l'article VI du même recueil qui dévoile toute leur supercherie :

« Encore l'uſe on en Champaigne, que, ſe noble femme prant home de poeſte à mari, li ſires de qui elle tient de fié ne le prent à hommaige ſe il ne vuelt. Et ſe la damoiſelle a hoirs après ſon décès, ils ſont desheritès, & li ſires prent tout le fié en ſon domaine, *pour ce que*

(1) Bibl. Impér. Coll. de Champagne, vol. 125, folio 107.

li enfans fuyent la pire condicion. Et convient qu'ils foient taillables & de main-morte, *fe leur pere en eftoit.* » Et nous lisons également dans la *Coutume de la cité & ville de Reims,* imprimée chez Héricart, en 1628, article II : « Celuy qui eft né en loyal mariage de pere & de mere nobles, ou de pere noble feulement, encore que la mere fut de roturiere condition, eft noble & jouyft des priviléges de nobleffe. Au contraire, s'ils font iffus de pere non noble & de mere noble, font réputés non nobles. » — Article IV : « Femme noble mariée à homme roturier ne jouyft des priviléges de nobleffe conftant le mariage (1). »

Caumartin, et après lui Larcher, demeurèrent constamment fidèles à cette jurisprudence ; ils n'admirent l'anoblissement par la femme que pour quelques familles originaires de la partie du Barrois, mouvant du parlement de Paris, et où cette exception existait effectivement. Il était légal dans cette portion des États du duc de Lorraine que le fils d'un père roturier et d'une mère noble pouvait relever la nobleffe maternelle, à condition : 1° que dans le délai de quarante jours après la mort de son père, s'il était majeur, de six mois, s'il était mineur, il déclarerait sa résolution de relever le *nom*, les armes et la noblesse de sa mère ; 2° qu'il renonçait au tiers de la succession paternelle ; 3° qu'il obtiendrait des lettres patentes confirmatives de son souverain. C'est dire clairement que cette exception constituait la substitution d'une famille qui s'éteignait, et ne provoquait pas l'anoblissement d'une famille roturière, puisque cette famille roturière disparaissait.

M. de Caumartin s'occupa activement des nombreuses questions administratives de son intendance ; il eut à lutter avec le jansénisme qui avait pris de fortes racines dans le diocèse de Châlons, et il fut heureusement secondé par un des évêques les plus éclairés de ce temps, Monseigneur de Vialart, qui fut l'un des trois commissaires choisis par le pape, en 1668, pour terminer l'affaire du formulaire. En 1671, M. de Caumartin eut l'honneur de recevoir la cour pour le mariage du duc d'Orléans avec la princesse Palatine, lequel fut célébré dans la cathédrale de Châlons le 8 novembre. Mais le souvenir capital qu'il laissa dans son intendance fut la direction qu'il donna à la recherche des faux nobles, pour laquelle il déploya, stimulé probablement par d'Hozier, une sévère rigueur. Nous en trouvons la preuve dans une lettre écrite par madame de Sévigné, le 14 août 1668, à son cousin Bussy-Rabutin : « M. de Caumartin met en ordre tous les titres de la nobleffe de Champagne ; les Coligny, les Étanges & plufieurs autres ont paru à l'envi. Il en eft à nos Rabutins : il me paroit de conféquence qu'ils aient de quoy fe parer auffi bien que les autres. M. de Caumartin a dit qu'il étoit perfuadé qu'il y avoit des titres pour deux nobleffes : cette exagération prétendue m'a paru une médifance. » Et le 28, elle lui répond : « J'ai reçu ce que vous m'avez envoyé touchant notre maifon : je fuis entétée de cette folie. M. de Caumartin eft très curieux de ces recherches. Il y a plaifir en ces occafions-là de ne rien oublier : elles ne fe rencontrent pas tous les jours. »

M. de Caumartin quitta en 1673 l'intendance de Champagne pour occuper le poste de conseiller d'état. Il habita dès lors Paris et son château de Boissy-Saint-Léger près de Grosbois, fréquenta la société la plus lettrée et la plus polie de son temps. Nous le voyons fidèle au cardinal de Retz, et très-lié avec madame de Sévigné ; la marquise le cite toujours comme l'un des « trois fidèles amis », et c'est chez lui qu'elle fit ses adieux au cardinal quand ce

(1) Voir *l'Intermédiaire des chercheurs et des curieux,* numéro du 10 décembre 1867, et le cours de M. L. Tardif à l'École des chartes en 1864-1865.

dernier se décida à se retirer à Saint-Mihiel. « J'y fus dîner lundy, écrit-elle à sa fille le 19 juin 1675, je le trouvai au milieu de ses trois fidèles amis (1); leur contenance triste me fit venir les larmes aux yeux; & quand je vis fon Éminence avec fa fermeté, mais avec fa tendreffe & fa bonté pour moi, je ne pus foutenir cette vue. Après le dîner nous allâmes caufer dans les plus agréables bois du monde; nous y fûmes jufqu'à fix heures dans plufieurs fortes de converfations fi bonnes, fi tendres, fi aimables, fi obligeantes, & pour vous & pour moi, que j'en fuis pénétrée. » Caumartin accompagna Retz jufqu'à Jouarre; il continua depuis à voir très-intimement madame de Sévigné, se plaisant probablement à parler longuement de l'absent avec elle. « Je vis hier au fôir, écrit-elle, le 6 juillet 1676, à sa fille, le cardinal de Bouillon, Caumartin & Barillon; ils parlèrent fort de vous; ils commencent, difent-ils, à fe raffembler en qualité de commenfaux; mais hélas! le plus cher nous manquera. » Cette intimité devait être très-grande si l'on en juge par la liberté de langage du grave conseiller d'état plaisantant avec la marquise, par exemple à l'occasion de la tentative de suicide de la Brinvillers (2). La marquise avait d'ailleurs un motif de plus de liaison avec lui, à cause de la parenté de M. de Caumartin avec le comte de Guitaut, qui avait épousé mademoiselle de Verthamon, sœur de la seconde femme de l'ancien intendant de Champagne (3). M. de Guitaut habitait Époisse en Bourgogne où Caumartin venait assez souvent; il était lié également avec le marquis de Pomponne, et il était chez ce dernier avec la marquise de Sévigné quand Pomponne « parti le matin de cette maison ministre et secrétaire d'état, revint le même soir de Paris, denué de tout et simple particulier. »

Cette liaison sur la fin se refroidit sensiblement. Une première fois la marquise écrivant à M. de Guitaut, lui dit : « Vous ferez & très fagement & très politiquement de ne rien réveller de ce que vous favez à M. de Caumartin » (7 octobre 1679). Puis, le 7 mars suivant : « Je n'ai affurément point fu cette dernière maladie de madame votre femme. M. de Caumartin ne me voit point, & ne m'a pas crue digne de me donner part d'une nouvelle où je prends tant d'intérêt. » Et la marquise ne prononce plus le nom de Caumartin sinon pour parler en fort bons termes du mariage du marquis de Saint-Ange quelques mois plus tard. « Ce mariage eft afforty en perfeĉtion, dit-elle; c'eft juftement le contraire de *fottes gens, fotte befogne*. Le bon efprit y paroît en tout & partout. » Il faut peut-être attribuer ce refroidissement au caractère de madame de Caumartin, au sujet de laquelle madame de Sévigné écrit le 12 octobre 1677, parlant aussi de sa sœur Guitaut : « Ces fœurs là ont d'étranges têtes, quoique la Guitaut foit pleine de mille bonnes chofes, il y a toujours la marque de l'ouvrier. » Elle était très-dévote et aimait fort le sermon : Bourdaloue et l'abbé Trouvé la charmaient, et en cette circonstance mesdames de Sévigné et de Caumartin unissaient leurs efforts pour grandir la réputation de leur ami.

M. de Caumartin mourut d'apoplexie le 3 mars 1687, et madame de Sévigné ne mentionna même pas ce triste événement; sa femme lui survécut jusqu'au 29 octobre 1722. Ils laissèrent de nombreux enfants, six filles qui, grâce aux soins de leur frère, contractèrent toutes de brillantes alliances, ce qui faisait écrire par madame de Sévigné à madame de

(1) Les trois fidèles amis étaient : d'Hacqueville, Caumartin et le fils de ce dernier ou l'abbé de Pontcarré.
(2) Lettre de Mᵐᵉ de Sévigné du 6 mai 1676.
(3) Ce second mariage avait été célébré le 29 février 1664.

Guitaut : « M. de Caumartin vous mariera toutes vos nièces, quand il y en auroit une douzaine ! »

De ce second mariage étaient nés quatre fils et cinq filles :

1. Louis-François Le Fèvre, seigneur de Boissy, puis de Caumartin, après la mort, sans postérité mâle, de son frère aîné, né du premier lit, successivement conseiller au grand conseil et maître des requêtes; il fit souche, et son dernier descendant, qui fut aussi le dernier rejeton de cette famille, mourut à Londres en 1803, après avoir été conseiller au parlement de Paris et intendant de Franche-Comté.

2. Jean-François-Paul, né à Châlons, le 16 septembre 1668, chevalier de Malte de minorité, abbé de Buzai à l'âge de sept ans, par la démission du cardinal de Retz, son parrain; ce fut un homme d'un grand savoir et d'un mérite véritable; il fut reçu à l'Académie française à vingt-six ans, en 1694, à l'Académie des Inscriptions en 1701; il occupa successivement les évêchés de Vannes, de Saint-Malo et de Blois.

3. Félix, seigneur de Maisy, capitaine de frégate, né en 1672, mort le 28 février 1696.

4. Paul-Victor, seigneur d'Argouges, chevalier de Malte, commandant les galiotes du Pô pendant la guerre du Milanais.

5. Jeanne-Baptiste, mariée, le 10 janvier 1690, à Barthélemi de Mascranny, seigneur de la Verrière, maître des requêtes.

6. Marguerite, mariée, le 12 janvier 1693, au marquis d'Argenson, garde des sceaux.

7. Madeleine, mariée, le 8 mars 1693, à Jacques de la Cour, seigneur de Baleroy, maître des requêtes.

8. Antoinette, mariée, le 17 juillet 1696, à François d'Auléde de Lestonac, marquis de Margaux.

9. Mélanie, mariée, le 7 février 1702, à Jérôme de Goujon, marquis de Thuisy, maître des requêtes.

M. de Caumartin avait apporté une grande attention à l'éducation de sa nombreuse famille; rien ne lui coûtait pour procurer à ses enfants les maîtres les plus variés et les plus habiles. Chacun d'eux avait un précepteur particulier, « trouvant que ce n'étoit pas trop d'un homme tout entier, dit un contemporain, quelque vigilant qu'il fût, pour former un seul élève ». Lui-même, il surveillait assidûment les progrès de ses enfants, les interrogeant souvent, et se complaisant au milieu de ses graves occupations dans ce travail comme dans le plus agréable délassement.

Il nous faut parler un peu du fils de M. de Caumartin et de mademoiselle de Sainte-Marthe, qui fut associé par son père à ses travaux et s'occupa activement, à ce que dit Saint-Simon, de généalogies, et dut prendre, par conséquent, une certaine part à la rédaction de procès-verbaux de la Recherche de Champagne. M. de Caumartin confia l'éducation de Louis-Urbain à Fléchier qui lui inculqua profondément le goût du travail et des études historiques, et qui en fit un gentilhomme accompli, d'après le jugement de madame de Sévigné, laquelle ajoutait qu'il était « le plus joli garçon du monde (1) ». Il porta d'abord le nom de Boissy et épousa, fort jeune, Marie-Jeanne Quentin de Richebourg, fille unique de Charles Quentin, seigneur de Richebourg et de Saint-Ange, maître des requêtes, et de Marie Feydeau; nous avons vu comme la marquise approuvait ce mariage qui fut célébré à Saint-Ange, près de Fontainebleau, terre considérable qui échut à M. de Boissy, lequel porta dès lors le titre de marquis de Saint-Ange : le château était fort beau et les fêtes de la noce, pour lesquelles M. de Guitaut quitta Époisses, durèrent trois jours. Sa parenté avec le chancelier Pontchartrain (1) lui procura une rapide et brillante carrière : il le nomma de bonne heure conseiller d'État et intendant des finances, et il fut tout-puissant tant que Pontchartrain occupa le contrôle général. M. de Saint-Ange aimait le monde et se piquait d'y faire bonne figure, mais mes lecteurs le connaîtront mieux et plus agréablement si je cède la parole à Saint-Simon qui trace ce portrait après la mort du marquis de Saint-Ange, arrivée le 2 décembre 1720 :

« C'étoit un grand homme très bien fait & de fort bonne mine; on voyoit bien encore qu'il avoit été beau; il avoit pris tous les grands airs & les manières du maréchal de Villeroy, & s'étoit fait par là un extérieur parfaitement ridicule & rebutant. Il avoit l'écorce de hauteur d'un fot grand feigneur; il en avoit auffi le langage & le ton d'un courtifan qui fe fait parade de l'être : ces façons lui aliénoient beaucoup de gens. Il étoit proche parent & ami intime du chancelier de Pontchartrain, il eut toute fa confiance : tant qu'il fut contrôleur général, toute la finance paffoit par fes mains. C'eft ce qui gâta encore fes façons. Le dedans étoit tout autre que le dehors; c'étoit un très-bon homme, doux, fociable, ferviable, & qui s'en faifoit un plaifir, qui aimoit la règle & l'équité autant que les befoins & les lois financières le pouvoient permettre; & au fond honnête homme, fort inftruit dans fon métier de magiftrature & dans celui de finance, avec beaucoup d'efprit, & d'un efprit accort, gai, agréable. Il favoit infiniment d'hiftoire, de généalogie, d'anciens événements de la cour. Il n'avoit jamais lu que la plume ou le crayon à la main ; il avoit infiniment lu, & n'avoit jamais rien oublié de ce qu'il avoit lu, jufqu'à en citer le livre & la page. Son père, auffi confeiller d'État, avoit été l'ami le plus confident & le conseiller du cardinal de Retz. Le fils, dès fa première jeuneffe, s'étoit mis par là dans les compagnies les plus choifies & les plus à la mode de ces temps-là. Cela lui avoit donné le goût & le ton, & de l'un à l'autre il paffa fa vie avec tout ce qu'il y avoit de meilleur en ce genre. Il étoit lui-même d'excellente compagnie, & avoit beaucoup d'amis à la cour & à la ville. Il fe piquoit de connoître, d'aimer, de fervir les gens de qualité, avec lefquels il étoit à fa place, & point du tout glorieux & parfaitement libre des chimères de la robe, avec cela très-honorable & même magnifique, point conteur, mais très-amufant, & quand on vouloit un répertoire le plus inftrudif & le plus agréable. Il aimoit & faifoit fort bonne chère & il n'avoit pas été indifférent pour les dames. C'eft le premier homme de robe qui ait hafardé de paroître en juftaucorps & manteau de velours dans les dernières années du Roy. Ce fut d'abord une huée à Verfailles : il la foutint & s'y accoutuma; nul autre n'ofa l'imiter de longtemps, & puis, peu à peu, ce n'eft plus que velours pour les magiftrats, qui d'eux a gagné les avocats, les médecins, les notaires, les marchands, les apothicaires & jufques aux gros procureurs. »

Saint-Simon parle encore de la véritable érudition de Caumartin, de sa prodigieuse mémoire, en insistant aussi sur sa passion pour les honneurs et les préséances, et il raconte toutes les demarches qu'il fit pour obtenir le pas sur tous les conseillers d'État institués après sa nomination comme intendant, ce qu'il gagna par l'influence de Pontchartrain. Il rapporte en-

---

(1) Le chancelier avait épousé en 1668 Marie de Maupou, dont la mère était sœur de Charles Quentin de Richebourg.

core une piquante anecdote dont Caumartin fut le malencontreux héros. Le parlement venait
d'admettre le duc de Berwick comme duc et pair, et le duc de Tresmes donnait en l'honneur du nouvel élu un grand dîner auquel assistaient la plupart des ducs et quelques amis,
entre autres le marquis de Saint-Ange. Quoique il fût intelligent à coup sûr et d'un esprit véritable, il se lança dans un récit dont il ne reconnut pas l'inconvenance en pareille occasion.
Il se mit à parler d'un procès qu'il avait anciennement jugé relativement à un cas de bâtar-
dise, se complaisant sur les détails, sur les difficultés de l'affaire, sur la sévérité des lois.
« Chacun baissa les yeux, poussa son voisin avec un silence profond que Caumartin prit
pour attention à la singularité du fait et aux grâces de son débit. Le duc de Tresmes voulut
rompre les chiens plusieurs fois : à toutes Caumartin l'arrêtoit, hauffoit le ton & continuoit.
Ce récit dura bien trois bons quarts d'heure. On s'étouffoit de manger ou de mâcher; perfonne n'ofa boire de peur d'un éclat de rire involontaire; on en mouroit & dans la même
crainte on n'ofoit fe regarder. Jamais Caumartin, engoué de fon hiftoire & du plaifir de tenir
le dé, ne s'aperçut d'une fi énorme difparate. Berwick à qui, comme à l'homme du jour,
il adreffa fouvent la parole, comprit bien qu'il avoit totalement oublié qui il étoit & ne s'en
offenfa jamais, mais le pauvre Trefmes en étoit que la fueur lui tomboit du vifage. »

Louis-Urbain de Caumartin, qui porta les titres de marquis de Saint-Ange et de comte de
Moret, ne laissa pas de parenté. Il avait reporté toute son affection sur ses jeunes sœurs, et nous
avons vu avec quelle ardeur il s'occupait de les marier, ce qui faisait encore dire à madame
de Sévigné, qui se servit plusieurs fois de son crédit auprès de Pontchartrain, et eut toujours
à se louer de lui : « On dit des merveilles de ce mariage de Madeleine Le Fèvre avec M. de
la Cour de Balleroy, » écrit-elle à madame de Guitaut; « on croit qu'il s'en prépare encore un
autre, & puis encore un autre jufqu'à ce qu'il y en ait cinq; car M. de Caumartin les marie
avec une facilité qui devroit s'étendre jufques à mefdemoifelles vos filles. »

Nous ne prolongerons pas cette notice et nous dirons seulement que c'est l'intendant de
Caumartin qui inspira ces vers à Boileau-Despréaux, vers qui me paraissent résumer digne-
ment les titres de cette honorable famille au respect de la postérité :

> Chacun de l'équité ne fait pas son flambeau;
> Tout n'est pas Caumartin, Bignon et Daguesseau.

ÉDOUARD DE BARTHÉLEMY.

Courmelois, 23 juillet 1868.

AU ROY.

SIRE,

C'EST une maxime generale & reconnuë dans tous les Etats du monde, que la Majefté du Prince eft la fource de toute la Nobleffe, qui peut rendre des fujets illuftres, & diftinguer leur pofterité d'avec les autres Familles. Ainfi quand V. M. a mis une partie de fes foins à purifier la Nobleffe de tout ce qui s'y étoit meflé d'étranger & de faux, Elle a fait fans doute une action digne de fa Grandeur & de fa Juftice, & qui merite d'eftre contée entre tant de grandes chofes que l'Europe luy a veu faire.

Il étoit aifé de prévoir, SIRE, qu'aprés avoir rétably l'ordre dans les Finances, remis les Loix & la Juftice dans leur force & dans leur pureté; éteint la fureur des combats particuliers; reprimé les violences dans les Provinces; rendu la Paix à l'Eglife, & réüny les Theologiens dans la défenfe commune de la verité; reduit les grandes Armées à garder les Loix d'une exacte difcipline; recompenfé les gens de Lettres, & relevé la gloire de tous les beaux Arts, V. M. prendroit un foin particulier de la Nobleffe, & regleroit cette principale partie de l'Etat, aprés avoir reformé toutes les autres.

Il étoit de la fageffe de V. M. de feparer les veritables Nobles, d'avec ceux qui ne l'étoient pas; de faire un jufte difcernement des Titres d'une poffeffion legitime, d'avec une injufte ufurpation, des droits d'une naiffance illuftre, d'avec les pretentions d'une vanité mal fondée; de ce qui eft l'ouvrage de la Majefté du Prince ou de la vertu des fujets, d'avec ce qui n'eft que l'ouvrage de l'ambition & de l'impofture. La Noblesse étant la plus brillante marque de la vertu ou militaire, ou civile, & la plus belle recompenfe qu'elle puiffe trouver hors d'elle mefme, il y auroit eu du défordre à laiffer cette marque & cette recompenfe à des gens qui ne fçauroient montrer dans toute leur Genealogie, aucune trace de cette vertu.

Cette gloire que tant d'excellens hommes ont acquife à leur pofterité au prix de leur fang, de leur repos, & même de leur vie, ne devoit elle coûter à d'autres que de la fraude & de la temerité? N'étoit-il pas jufte que ceux qui s'étoient élevez à une condition qu'ils n'avoient pas meritée, retombaffent dans l'obfcurité de leur naiffance, & qu'apres avoir dérobé le feu du Ciel, comme ce Promethée de la Fable, ils ne pûffent non plus que luy joüir du fruit de leur larcin? S'il leur eut efté permis de s'ennoblir de la forte, chacun eut efté l'Artifan de fa Nobleffe, le menfonge eut efté confondu avec la verité. Les Roys auroient perdu le plus beau Fleuron de leur Couronne, & le peuple fur qui feroit tombé tout le poids des charges publiques auroit en vain murmuré contre ces faux Nobles, & contre leurs immunitez pretenduës.

Vôtre M. SIRE, qui non feulement imite les vertus des Roys fes Predeceffeurs, mais qui les furpaffe encore par des actions inimitables, n'a pû fouffrir plus long-temps ce defordre dans fon Royaume. Elle a remis dans leur rang ceux qui en eftoient fortis, Elle a rejetté fur eux les charges qu'ils devoient porter, & leur oftant cette exemption pleine & entiere qu'ils s'étoient eux mefmes accordée, Elle n'a pas voulu qu'ils fe rendiffent plus heureux, par ce qu'ils étoient ou plus riches, ou plus hardis. Ainfi par une même Ordonnance, Elle a reglé le bien public, & l'avantage des particuliers, la confervation de la veritable Nobleffe, l'augmention des Finances, & le foulagement des peuples.

Vôtre bonté, SIRE, n'a pas eu moins de part que vôtre Juftice en cette exacte recherche. Vous avez voulu connoître l'origine des Maifons, leur antiquité, leurs alliances, les dignitez qu'elles ont poffedées, le luftre qu'elles ont acquis, les fervices qu'elles ont rendus, afin que fous un Regne auffi equitable que celuy de V. M. le merite ait fon prix, & que la recompenfe des belles actions paffe des Peres jufqu'aux enfans.

C'eft par cette connoiffance que V. M. difpofe des emplois, & fait le choix des perfonnes qui les doivent remplir. Elle fçait que l'on doit efperer davantage de ceux qui font d'une Famille plus illuftre, parce qu'ils ont plus de motifs, & plus de raifons de bien fervir. Car outre ces fentimens de force & de valeur, qui fe communiquent avec le fang, & raniment la vertu des grands hommes en la perfonne de leurs defcendans; la paffion d'acquerir de la gloire, le defir naturel de conferver celle qui leur eft acquife, l'exemple de leurs ayeux, la honte de dementir leur fang, & de fe rendre indignes de leur propre nom, les excitent inceſſamment, & les rendent capables des plus grandes choſes.

Toutes ces raiſons, SIRE, m'ont perfuadé que ce pourroit eſtre une choſe agreable à V. M. & utile au public, de mettre dans un Recüeil toutes les Maiſons des Gentils-hommes de Champagne, & de faire imprimer leurs Genealogies, avec les extraits des Titres reconnûs & verifiez ſur les originaux. Les perſonnes de qualité auront ſans doute de la joye, qu'on expoſe aux yeux de tout le monde cette ancienne vertu qui brille dans leurs Maiſons depuis tant de ſiecles. Ils regarderont ce Recüeil comme un Titre que l'impreſſion rendra incorruptible, qui malgré le malheur. des temps ſe conſervera pour eux ſans qu'il leur en coûte ny ſoin ny peine, & qui fera voir un jour aux deſcendans de ceux qui vivent aujourd'huy les preuves de leur Nobleſſe, & leur Genealogie, verifiée par un Commiſſaire du plus ſage, & du plus grand Monarque du monde.

Il m'a ſemblé, SIRE, qu'on devoit cette juſtice à la Nobleſſe de cette Province, & qu'il eſtoit raiſonnable de prendre quelque ſoin de luy conſerver ſes Titres, puis qu'elle s'eſt ſi ſouvent expoſée pour la conſervation de l'Etat. Cette Nobleſſe eſt toute de cœur & de zele pour ſon Prince, aſſiduë dans le ſervice, perſeverante dans les travaux, propre à obeïr & à commander. Elle a produit de grands Capitaines, & d'illuſtres Officiers de la Couronne; & l'on n'y trouve point de ces Maiſons Nobles, mais pareſſeuſes, qui laiſſent paſſer pluſieurs generations ſans rendre aucun ſervice, & qui ne ſe diſtinguent du peuple que par la Chaſſe, par l'oiſiveté, ou par la violence. Aux premiers bruits de guerre toute la Champagne eſt en armes; les Gentils-hommes y ſont tous aguerris. On diroit qu'ils ne ſont nais ſur cette frontiere, que parce qu'ils ont plus de courage pour la deffendre, & qu'ils ne ſont en veuë des ennemis, que parce qu'ils ſont tousjours preſts à donner ou à ſoutenir les premiers aſſauts. On peut ajouter que comme il n'y a point de Nobleſſe qui ſe ſoit renduë plus illuſtre, il n'y en auroit point auſſi de plus nombreuſe ny de plus floriſſante, ſi pluſieurs Maiſons conſiderables n'y euſſent pery dans les guerres.

C'eſt ce qui m'oblige, SIRE, de preſenter à V. M. ce Recüeil de Genealogies : Elle y trouvera d'un coſté des Maiſons tres-illuſtres, dont les Branches ſe ſont reſpanduës en diverſes Provinces; de l'autre, des Familles mediocres, & qui n'ont préciſement que ce qui leur eſt neceſſaire pour joüir du Privilege de Nobleſſe. Mais cette inégalité qui ſe trouve neceſſairement dans toutes les Provinces du Royaume, eſt en general tres-utile & tres-avantageuſe, puis qu'elle fournit des ſujets pour toute ſorte d'emplois, &

qu'elle forme avec cette difference de parties un corps entier & bien compofé, qui ne fçauroit fubfifter avec des parties parfaitement égales. On fçait d'ailleurs ce que font toutes les chofes dans leurs principes; que ces grands fleuves, qui rendent les Provinces par où ils coulent, fi riches & fi fameufes, ne font en leurs fources que des ruiffeaux peu confiderables; & que ces arbres prodigieux qui s'élevent jufqu'aux nuës, & qui font une fi grande ombre, n'ont efté autrefois que des glands ou des noyaux. Outre qu'on peut dire icy que tout ce qu'on y trouve de mediocre eft recompenfé ou par des alliances ou par des fervices; ou fortifiez par un merite perfonnel capable de produire avec le temps tout ce qu'il y a de plus êclatant dans les plus anciennes Familles.

J'ay cru, SIRE, que V. M. ne defapprouveroit pas que je luy rendiffe ce compte public de mon employ. Je pourrois l'affeurer que j'ay fuivy toutes fes intentions en executant fes Ordres, & que je me fuis conduit par cet efprit de douceur, d'exactitude & de juftice, qu'elle infpire à tous ceux qui ont l'honneur d'entrer dans fes Confeils, & d'eftre employez dans fes affaires, il ne me refte que d'affeurer icy V. M. que perfonne n'eft avec plus de paffion, plus de zele, & plus de refpect que moy

DE V. M.

Le tres-humble, tres-obeïffant & tres-fidel
ferviteur & fujet

CAUMARTIN.

AU ROY.

SIRE,

C'EST une maxime generale & reconnuë dans tous les Etats du monde, que la Majefté du Prince eft la fource de toute la Nobleffe, qui peut rendre des fujets illuftres, & diftinguer leur pofterité d'avec les autres Familles. Ainfi quand V. M. a mis une partie de fes foins à purifier la Nobleffe de tout ce qui s'y étoit meflé d'étranger & de faux, Elle a fait fans doute une action digne de fa Grandeur & de fa Juftice, & qui merite d'eftre contée entre tant de grandes chofes que l'Europe luy a veu faire.

Il étoit aifé de prévoir, SIRE, qu'aprés avoir rétably l'ordre dans les Finances, remis les Loix & la Juftice dans leur force & dans leur pureté; éteint la fureur des combats particuliers; reprimé les violences dans les Provinces; rendu la Paix à l'Eglife, & réüny les Theologiens dans la défenfe commune de la verité; reduit les grandes Armées à garder les Loix d'une exacte difcipline; recompenfé les gens de Lettres, & relevé la gloire de tous les beaux Arts, V. M. prendroit un foin particulier de la Nobleffe, & regleroit cette principale partie de l'Etat, aprés avoir reformé toutes les autres.

Il étoit de la fageffe de V. M. de feparer les veritables Nobles, d'avec ceux qui ne l'étoient pas; de faire un jufte difcernement des Titres d'une poffeffion legitime, d'avec une injufte ufurpation, des droits d'une naiffance illuftre, d'avec les pretentions d'une vanité mal fondée; de ce qui eft l'ouvrage de la Majefté du Prince ou de la vertu des fujets, d'avec ce qui n'eft que l'ouvrage de l'ambition & de l'impofture. La Nobleffe étant la plus brillante marque de la vertu ou militaire, ou civile, & la plus belle recompenfe qu'elle puiffe trouver hors d'elle mefme, il y auroit eu du défordre à laiffer cette marque & cette recompenfe à des gens qui ne fçauroient montrer dans toute leur Genealogie, aucune trace de cette vertu.

Cette gloire que tant d'excellens hommes ont acquife à leur pofterité au prix de leur fang, de leur repos, & même de leur vie, ne devoit elle coûter à d'autres que de la fraude & de la temerité? N'étoit-il pas jufte que ceux qui s'étoient élevez à une condition qu'ils n'avoient pas meritée, retombaffent dans l'obfcurité de leur naiffance, & qu'apres avoir dérobé le feu du Ciel, comme ce Promethée de la Fable, ils ne pûffent non plus que luy joüir du fruit de leur larcin? S'il leur eut efté permis de s'ennoblir de la forte, chacun eut efté l'Artifan de fa Nobleffe, le menfonge eut efté confondu avec la verité. Les Roys auroient perdu le plus beau Fleuron de leur Couronne, & le peuple fur qui feroit tombé tout le poids des charges publiques auroit en vain murmuré contre ces faux Nobles, & contre leurs immunitez pretenduës.

Vôtre M. SIRE, qui non feulement imite les vertus des Roys fes Predeceffeurs, mais qui les furpaffe encore par des actions inimitables, n'a pû souffrir plus long-temps ce defordre dans fon Royaume. Elle a remis dans leur rang ceux qui en eftoient fortis, Elle a rejetté fur eux les charges qu'ils devoient porter, & leur oftant cette exemption pleine & entiere qu'ils s'étoient eux mefmes accordée, Elle n'a pas voulu qu'ils fe rendiffent plus heureux, par ce qu'ils étoient ou plus riches, ou plus hardis. Ainfi par une même Ordonnance, Elle a reglé le bien public, & l'avantage des particuliers, la confervation de la veritable Nobleffe, l'augmention des Finances, & le foulagement des peuples.

Vôtre bonté, SIRE, n'a pas eu moins de part que vôtre Juftice en cette exacte recherche. Vous avez voulu connoître l'origine des Maifons, leur antiquité, leurs alliances, les dignitez qu'elles ont poffedées, le luftre qu'elles ont acquis, les fervices qu'elles ont rendus, afin que fous un Regne auffi equitable que celuy de V. M. le merite ait fon prix, & que la recompenfe des belles actions paffe des Peres jufqu'aux enfans.

C'eft par cette connoiffance que V. M. difpofe des emplois, & fait le choix des perfonnes qui les doivent remplir. Elle fçait que l'on doit efperer davantage de ceux qui font d'une Famille plus illuftre, parce qu'ils ont plus de motifs, & plus de raifons de bien fervir. Car outre ces fentimens de force & de valeur, qui fe communiquent avec le fang, & raniment la vertu des grands hommes en la perfonne de leurs defcendans; la paffion d'acquerir de la gloire, le defir naturel de conferver celle qui leur eft acquife, l'exemple de leurs ayeux, la honte de dementir leur fang, & de fe rendre indignes de leur propre nom, les excitent inceffamment, & les rendent capables des plus grandes chofes.

Toutes ces raifons, SIRE, m'ont perfuadé que ce pourroit eftre une chofe agreable à V. M. & utile au public, de mettre dans un Recüeil toutes les Maifons des Gentils-hommes de Champagne, & de faire imprimer leurs Genealogies, avec les extraits des Titres reconnûs & verifiez fur les originaux. Les perfonnes de qualité auront fans doute de la joye, qu'on expofe aux yeux de tout le monde cette ancienne vertu qui brille dans leurs Maifons depuis tant de fiecles. Ils regarderont ce Recüeil comme un Titre que l'impreffion rendra incorruptible, qui malgré le malheur des temps fe confervera pour eux fans qu'il leur en coûte ny foin ny peine, & qui fera voir un jour aux defcendans de ceux qui vivent aujourd'huy les preuves de leur Nobleffe, & leur Genealogie, verifiée par un Commiffaire du plus fage, & du plus grand Monarque du monde.

Il m'a femblé, SIRE, qu'on devoit cette juftice à la Nobleffe de cette Province, & qu'il eftoit raifonnable de prendre quelque foin de luy conferver fes Titres, puis qu'elle s'eft fi fouvent expofée pour la confervation de l'Etat. Cette Nobleffe eft toute de cœur & de zele pour fon Prince, affiduë dans le fervice, perfeverante dans les travaux, propre à obeïr & à commander. Elle a produit de grands Capitaines, & d'illuftres Officiers de la Couronne; & l'on n'y trouve point de ces Maifons Nobles, mais pareffeufes, qui laiffent paffer plufieurs generations fans rendre aucun fervice, & qui ne fe diftinguent du peuple que par la Chaffe, par l'oifiveté, ou par la violence. Aux premiers bruits de guerre toute la Champagne eft en armes; les Gentils-hommes y font tous aguerris. On diroit qu'ils ne font nais fur cette frontiere, que parce qu'ils ont plus de courage pour la deffendre, & qu'ils ne font en veuë des ennemis, que parce qu'ils font tousjours prefts à donner ou à foutenir les premiers affauts. On peut ajouter que comme il n'y a point de Nobleffe qui fe foit renduë plus illuftre, il n'y en auroit point auffi de plus nombreufe ny de plus floriffante, fi plufieurs Maifons confiderables n'y euffent pery dans les guerres.

C'eft ce qui m'oblige, SIRE, de prefenter à V. M. ce Recüeil de Genealogies : Elle y trouvera d'un cofté des Maifons tres-illuftres, dont les Branches fe font refpanduës en diverfes Provinces; de l'autre, des Familles mediocres, & qui n'ont précifement que ce qui leur eft neceffaire pour joüir du Privilege de Nobleffe. Mais cette inégalité qui fe trouve neceffairement dans toutes les Provinces du Royaume, eft en general tres-utile & tres-avantageufe, puis qu'elle fournit des fujets pour toute forte d'emplois, &

qu'elle forme avec cette difference de parties un corps entier & bien compofé, qui ne fçauroit fubfifter avec des parties parfaitement égales. On fçait d'ailleurs ce que font toutes les chofes dans leurs principes; que ces grands fleuves, qui rendent les Provinces par où ils coulent, fi riches & fi fameufes, ne font en leurs fources que des ruiffeaux peu confiderables; & que ces arbres prodigieux qui s'élevent jufqu'aux nuës, & qui font une fi grande ombre, n'ont efté autrefois que des glands ou des noyaux. Outre qu'on peut dire icy que tout ce qu'on y trouve de mediocre eft recompenfé ou par des alliances ou par des fervices; ou fortifiez par un merite perfonnel capable de produire avec le temps tout ce qu'il y a de plus êclatant dans les plus anciennes Familles.

J'ay cru, SIRE, que V. M. ne defapprouveroit pas que je luy rendiffe ce compte public de mon employ. Je pourrois l'affeurer que j'ay fuivy toutes fes intentions en executant fes Ordres, & que je me fuis conduit par cet efprit de douceur, d'exactitude & de juftice, qu'elle infpire à tous ceux qui ont l'honneur d'entrer dans fes Confeils, & d'eftre employez dans fes affaires, il ne me refte que d'affeurer icy V. M. que perfonne n'eft avec plus de paffion, plus de zele, & plus de refpect que moy

DE V. M.

Le tres-humble, tres-obeïffant & tres-fidel
ferviteur & fujet

CAUMARTIN.

PROCEZ VERBAL

DE

M. DE CAUMARTIN.

OUIS-FRANÇOIS LEFEVRE DE CAUMARTIN, CHEVALIER, SEIGNEUR de Caumartin, de Boissy, d'Argouges, &c., Conſeiller du Roy en ſes Conſeils, Maiſtre des Requeſtes ordinaire de ſon Hoſtel, Intendant de Juſtice, Police, Finances & Armées de Sa Majeſté en la Province de Champagne & Brye, Commiſſaire départy pour l'execution de ſes Ordres dans leſdites Provinces. SA MAJESTÉ, Nous ayant commis, par l'Arreſt de ſon Conſeil du 22 Mars 1666, pour la recherche des Uſurpateurs du Tiltre de Nobleſſe, & ordonné qu'il ſeroit fait un Catalogue des veritables Gentilshommes, contenant leurs noms, ſurnoms, Armes & demeures, pour eſtre ledit Catalogue regiſtré dans les Bailliages, & y avoir recours à l'avenir : Nous avons, au mois de Janvier 1667, commencé à proceder à la recherche, examen & verification des Tiltres de toutes les perſonnes de la Generalité de Chaalons, qui pretendent eſtre Nobles, & ce ſuivant ledit Arreſt, dont la teneur s'enſuit.

Le ROY ayant en execution des anciennes Ordonnances & des Reglemens des Tailles, fait expedier pluſieurs Declarations regiſtrées és Cours des Aydes, pour faire la recherche des Uſurpateurs du Tiltre de Nobleſſe, comme importante aux veritables Gentilshommes, & au foulagement des taillables, & en conſequence fait travailler à l'inſtruction & Jugement des inſtances par aucunes deſdites Cours, & par des Commiſſaires choiſis du corps d'icelles, leſquels ont rendu divers Arreſts ſur ce ſujet, ſans beaucoup d'utilité pour Sa Majeſté ny pour le public, mais au contraire ont produit quantité de vexations, par la malice d'aucuns de ceux qui ont eſté prépoſés à ladite recherche, & des Procureurs & autres Officiers ſubalternes, leſquels ont fait tant de chicannes, que ſouvent il s'eſt rencontré qu'aprés un ſejour de huit ou dix mois des veritables Gentilshommes à la ſuitte deſdites Cours, enfin ils ont eſté declarez tels, mais en payant des eſpices & autres frais ſi exceſſifs, qu'ils en ont eſté fort incommodés, contre l'intention de Sa Majeſté, laquelle pour y remedier ſe ſeroit trouvée obligée de donner Arreſt en ſon Conſeil, le premier jour de Juin dernier, pour ſurſeoir ladite recherche, juſqu'à ce que par Elle en fut autrement ordonné. Depuis lequel temps Sa Majefté s'eftant fait informer des abus qui avoient donné lieu à ladite inftance, & des moyens qu'il y auroit pour les faire ceffer, en changeant la forme de l'execution defdites Déclarations ; Elle auroit jugé à propos de faire faire fans frais la reprefentation des Tiltres dans chacune Generalité, pardevant les Sieurs Commiffaires départis par Sa Majefté, aufquels Elle ordonneroit d'y travailler diligemment & exactement, fans pour ce faire fouffrir aucun prejudice aux veritables Gentilshommes ; Sa Majesté voulant que pour les diftinguer des Ufurpateurs, il foit fait un Catalogue, contenant les noms, furnoms, Armes & demeures defdits Gentilshommes, pour eftre regiftré dans les Bailliages, & y avoir recours à l'âvenir : lequel Ordre a efté reconnu fi raifonnable & neceffaire, que les Eftats de la Province de Bourgogne l'ont ainfi demandé par leur dernier Cahier prefenté à Sa Majefté, qui leur a efté accordé. Et voulant pourvoir à ce que ladite recherche des Ufurpateurs foit faite dans toutes les Provinces de ce Royaume, nonobftant la furfeance portée par ledit Arreft du Confeil du premier Juin dernier, aux conditions cy-aprés expliquées ; Ouy le rapport du Sieur Colbert, Confeiller au Confeil Royal, & Controlleur general des Finances.

I. SA MAJESTÉ ESTANT EN SON CONSEIL, a levé & ofté la furfeance de la recherche des Ufurpateurs du Tiltre de Nobleffe, portée par ledit Arreft du premier Juin ; et en conféquence, Ordonne Sa Majefté que par les Sieurs Commiffaires par Elle départis en fes Provinces, il fera proceddé à la continuation de ladite recherche, auquel effet ils feront affigner és Villes de leur refidence ordinaire, ou en chacune Eflection, les veritables Gentils-hommes, & les pretendus Ufurpateurs, pour reprefenter leurs Tiltres, mefme les Arrefts rendus, tant au Confeil, Requeftes de l'Hoftel, Cour des Aydes, qu'autres jurifdictions, & les pieces fur lefquelles ils ont efté rendus, en faveur de quelques particuliers declarez Nobles, pour eftre le tout communiqué à ceux qui feront prépofez par Sa Majefté à la pourfuite de ladite recherche : laquelle verification de Tiltres fera promptement & exactement faite par lefdits Sieurs Commiffaires.

II. Voulant Sa Majefté que ceux qui fe trouveront fuffifans pour la juftiffication de la Nobleffe defdits Gentilshommes, leur foient incontinent rendus & fans frais.

III. Et quant à ceux defdits pretendus Ufurpateurs qui fouftiendront leur Nobleffe, & laquelle neanmoins fera conteftée par lefdits prépofez, ils feront retenus pour eftre envoyez és mains de Me. François Rozée, Greffier des Commiffions extraordinaires, Commis par Sa Majefté pour travailler fous les Sieurs Commiffaires par Elle deputez audit Confeil, pour examiner & faire raport des procez verbaux defdits Sieurs Commiffaires départis, contenant les conteftations des parties.

IV. Et quant aux Arrefts de maintenües obtenus par quelques particuliers, lefdits Commiffaires départis, aprés les avoir communiquez aux prépofez à ladite recherche, enfemble les pieces fur lefquelles ils ont efté rendus, il en fera pareillement dreffé des procés verbaux, en cas de conteftations, pour eftre envoyez au Confeil, avec l'avis defdits Sieurs Commiffaires, qui contiendront ce qu'ils eftimeront devoir eftre payé pour l'amende, en cas que les particuliers fuccombent, & foient declarez Roturiers, pour fur le tout ordonner par ledit Confeil ce que de raifon.

V. Et pour éviter les frais des voyages de ceux qui feroient obligez de venir à la fuite du Confeil, pour l'inftruction & Jugement de leurs affaires : Sa Majesté donne pouvoir aufdits Sieurs Commiffaires départis aux Provinces, de juger deffinitivement, tant ceux qui fe laifferont contumacer, que ceux qui fe defifteront du Tiltre de Nobleffe : lefquels feront par eux condamnez à telle amende qu'ils arbitreront, eû égard à leurs facultez, ou au benefice qu'ils auront eu de leur ufurpation, & aux deux fols pour livre de peine comminatoire, s'ils le jugent à propos.

VI. Déclarant Sa Majefté que ceux qui feront ainfi jugez par lefdits Sieurs Commiffaires, ne fe pourront pourvoir contre leurs Jugemens, ailleurs qu'audit Confeil, & fix mois aprés la fignification d'iceux à perfonne ou domicile : lequel temps paffé, ils n'y feront plus receus, & cependant feront lefdits Jugemens executez par provifion.

VII. Ordonne Sa Majefté que fur deux extraits de Contracts, ou autres actes faits en Juftice ou pardevant Notaires, de quelque qualité qu'ils foient, ou un feul de Partage, Donation, Teftament, & Contract de Mariage, où les parties contractantes auront figné & pris indeuëment la qualité de Chevalier, ou d'Efcuyer, ils feront condamnez comme Ufurpateurs, fuivant lefdites Declarations & Reglemens de la Cour des Aydes de Paris, faits en execution d'icelles.

VIII. Et pour avoir une plus ample preuve de ceux qui ont ufurpé ladite qualité, Ordonne Sa Majefté que tous Notaires & Greffiers feront tenus de donner la communication de tous leurs Regiftres, Protocolles & Minuttes, aux prépofez à ladite recherche à la premiere fommation qui leur fera faite, & de leur délivrer les extraits qui feront par eux demandez, en leur payant trois fols par chacun, fans que lefdits Greffiers & Notaires en puiffent cacher aucun, à peine de trois cens livres d'amende, qui fera payée fans déport, en vertu des Ordonnances defdits Sieurs Commiffaires départis.

IX. Seront declarez Ufurpateurs ceux qui par leur authorité fe font fait mettre au nombre des Exempts dans les Rolles des Tailles, & qui auront pris la qualité de Chevalier, ou d'Efcuyer, par un feul acte figné d'eux, lequel avec un extrait du Rolle des Tailles, fuffiront pour eftre convaincus d'ufurpation.

X. Les veuves & enfans des pretendus Ufurpateurs feront tenus de declarer pardevant lefdits Sieurs Commiffaires départis, quinzaine apres la fignification qui leur fera faite de leur Ordonnance, s'ils entendent foûtenir la qualité de Noble ; et en ce cas qu'ils en foient deboutez, feront condamnez à l'amende & aux defpens, fuivant la liquidation qui fera faite par lefdits Sieurs Commiffaires.

XI. Ceux qui n'eftans pas Nobles de race, & qui font entrez dans les charges de la Maifon de Sa Majefté, couchez & employez fur les Eftats, regiftrez en la Cour des Aydes de Paris, depuis le mois de Juillet 1664, & qui ont pris la qualité d'Efcuyer, avant leur reception, & aprés s'eftre démis de leurfdites charges, feront condamnez comme Ufurpateurs, s'il n'y a ordre de Sa Majefté au contraire.

XII. Pareillement ceux qui ont pris la qualité d'Efcuyer, avant que d'entrer dans les charges de Maire & Efchevins des Villes, qui joüyffent du Privilege de Nobleffe, feront auffi condamnez comme Ufurpateurs ; et de mefme ceux qui ont acquis le Privilege, & y ont dérogé en exerçant la charge de Procureur poftulant, conjointement ou feparément d'avec celle d'Avocat, ou fait trafic, ou autre acte dérogeant à Nobleffe.

XIII. Que les Officiers des Marefchauffées, à l'exception des Prevofts generaux & Provinciaux, & leurs Lieutenans anciens, fervans prés leurs perfonnes, lefquels n'eftans Nobles de Race, & qui ont neanmoins pris la qualité d'Efcuyer, feront traitez comme Ufurpateurs.

XIV. Ordonne Sa Majefté que, où les Prépofez à ladite recherche donneront leur defiftement fur la principalle ou nouvelle production des particuliers qui fe trouveront Nobles, ils ne feront condamnez aux defpens, pourveu que lefdits defiftemens foient donnez quinzaine aprés la communication defdites productions.

XV. Eт en cas que lefdits prépofez conteftent mal à propos, ils feront condamnez aux defpens par lefdits Commiffaires, fuivant la liquidation qui en fera par eux faite.

XVI. Eт d'autant qu'il y a plufieurs inftances d'infcriptions de faux pendantes és Cours des Aydes, Sa Majefté les a évoquées, & évoque à Elle & à fon Confeil, & icelles renvoyées & renvoye pardevant lefdits Sieurs Commiffaires départis, pour les juger en dernier reffort, enfemble les infcriptions de faux qui pourront eftre formées par les parties, en execution du prefent Arreft, & ce dans les plus prochains Prefidiaux, ou avec nombre de graduez reglez par l'Ordonnance, aufquels Sa Majefté attribuë toute Cour, jurifdiction & connoiffance; auquel effet les Greffiers & Clercs des Confeillers, & autres Officiers defdites Cour des Aydes, qui ont entre leurs mains les pieces fur lefquelles lefdites infcriptions de faux ont efté formées, feront contraints par corps de les fournir audit Rozée, Greffier des Commiffions extraordinaires, aprés deux fommations faites aufdits Greffiers & Clercs, à la diligence des parties intereffées.

XVII. Eт afin que les veritables Gentilshommes foient perfuadez que la reprefentation de leurs Tiltres n'eft que pour leur avantage, Sa Majesté ordonne qu'à la fin de ladite recherche, il fera fait un Catalogue contenant les noms, furnoms, Armes & demeures defdits veritables Gentilshommes, pour y eftre regiftré en chacun Baillage, & y avoir recours à l'avenir.

XVIII. Ordonne en outre Sa Majefté que fur toutes les condamnations qui feront faites contre lefdits Ufurpateurs, par le Confeil, ou par lefdits Sieurs Commiffaires départis, mefme fur les Arrefts des Cours des Aydes cy-devant rendus, il fera expedié des Rolles audit Confeil, fur les avis defdits Sieurs Commiffaires départis; en vertu defquels Rolles, le Treforier des revenus Cafuels delivrera fes Quittances à ceux & ainfi qu'il luy fera ordonné par Sa Majefté: lefquelles Quittances feront controllées au Controlle general des Finances; faifant deffenfes aux particuliers condamnés, de payer fur autre acquit, à peine de payer deux fois.

XIX. Eт fera le prefent Arreft executé nonobftant oppofitions ou appellations quelconques, dont fi aucunes interviennent, Sa Majefté s'eft refervé la connoiffance en fondit Confeil, & icelle expreffément interdite & deffenduë à toutes fes Cours des Aydes & autres Juges, à peine de nullité, & de caffation de tout ce qui fera fait & ordonné au contraire. Faiт au Confeil d'Eftat du Roy, Sa Majefté y eftant, tenu à Saint-Germain-en-Laye, le vingt-deuxiéme jour de Mars 1666. Signé, DE GUENEGAUD.

Eт encore fuivant l'Arreft du Confeil, Sa Majefté y eftant, du 13 Janvier 1667, par lequel Elle ordonne que tous les Annoblis par Lettres depuis le premier Janvier 1614 jufques au jour de la Declaration du mois d'Aouft 1664, feront impofez aux Tailles, declarant neanmoins Sa Majefté qu'elle n'entend point comprendre les Annoblis qui auront obtenu des Lettres de confirmation fur des expofez veritables, & regiftrées és Chambres des Comptes & Cour des Aydes, depuis ladite Declaration du mois d'Aouft 1664.

Eт encore fuivant l'Arreft du Confeil d'Eftat, Sa Majefté y eftant, du 13 Janvier 1667, par lequel le Roy ordonne qu'en rapportant par les prépofez à la recherche des Ufurpateurs du Tiltre de Nobleffe, un extrait d'un Contract ou autre acte paffé pardevant Notaires, où la partie contractante aura figné, et pris indeuëment la qualité d'Efcuyer, ou de Chevalier, ils feront declarez Ufurpateurs.

Eт encore fuivant l'Arreft du Confeil d'Eftat, Sa Majefté y eftant, dudit jour 13 Janvier 1667, par lequel le Roy ordonne que les Gentilshommes qui auront fuffifamment prouvé leur Nobleffe, & qui neanmoins fe trouveront avoir dérogé par Baux à Fermes, ou autrement, directement ou indirectement, feront condamnez à l'amende felon leurs biens & facultez, &

le benefice qu'ils auront tiré defdites dérogeances, & feront impofez aux Rolles des Tailles, jufques à ce qu'ils ayent obtenu des Lettres de rehabilitation, deuëment veriffiées.

Et encore fuivant l'Arreft du 21 Mars 1667, par lequel Sa Majefté ordonne que les particuliers affignez pardevant les Commiffaires qui auront efté cy-devant condamnez par Arreft de la Cour des Aydes, ou par Jugement defdits Sieurs Commiffaires, feront jugez deffinitivement par lefdits Sieurs Commiffaires.

Et encore fuivant l'Arreft dudit Confeil, du 5 May 1667, portant que par lefdits Sieurs Commiffaires départis dans les Provinces, les inftances de Nobleffe feront inftruites & jugées deffinitivement, fauf l'appel audit Confeil.

Et encore fuivant les Arrefts du Confeil d'Eftat, Sa Majefté y eftant, des 10 May & 13 Octobre 1667, par lefquels le Roy fait deffences aux Prépofez à ladite recherche, de faire aucunes pourfuittes contre ceux qui fervent actuellement dans fes Trouppes de Cavallerie, ou d'Infanterie.

Et encore fuivant l'Arreft du Confeil d'Eftat du Roy, Sa Majefté y eftant, du 3 Octobre 1667, par lequel le Roy ordonne que ceux qui auront produit des groffes de Contracts & autres actes dattez depuis 1530 jufques en 1560, contre lefquels il y aura infcription de faux, feront tenus d'en faire rapporter les Minuttes; et à faute de ce faire, les groffes feront rejettées, & les Produifans condamnez comme Ufurpateurs.

Et encore fuivant l'Arreft, du 17 Juin 1667, par lequel le Roy ordonne que tous les particuliers employez aux Rolles des Tailles, comme exempts, feront leurs declarations aux Greffes des Eflections, s'ils entendent joüyr de ladite exemption, ou comme Nobles, auquel cas ils feront obligez de reprefenter leurs Tiltres pardevant les Sieurs Commiffaires, deputez par Sa Majefté pour la recherche des Ufurpateurs du Tiltre de Nobleffe.

Et encore fuivant l'Arreft, du 13 Fevrier 1669, par lequel Sa Majefté ordonne aux Sieurs Commiffaires départis, dans les Provinces de continuër la recherche des Ufurpateurs de Nobleffe.

En vertu & en execution defdits Ordres & Arrefts de Sa Majefté & de fon Confeil, tous ceux qui ont pris la qualité d'Efcuyer dans la Generalité de Chaalons, ayant efté affignez pardevant Nous à la requefte de Me. Pierre Lallemant, Sieur de Lestrée, Procureur du Roy en ladite Commiffion, pourfuitte & diligence de Me. Jacques Duret : NOUS AURIONS diligemment leu, examiné & veriffié tous les Tiltres produits pardevant Nous, & declaré Nobles & Efcuyers, tous ceux cy-apres nommez, dont Nous avons inferé dans le prefent procez verbal, les Armes et l'origine de leurs Maifons, fuivant les declarations qu'ils en ont fait en noftre Greffe, enfemble leurs Genealogies, que Nous leur aurions ordonné de Nous fournir imprimées, contenant les extraits des Tiltres par eux produits pardevant Nous ; en marge defquelles Genealogies Nous leur avons delivré les Jugemens par Nous rendus :

Sçavoir,

D'AGUERRE (orig. de Guyenne). — Louis d'Aguerre, Seigneur de Cours, y demeurant, Election de Reims. François, Vicomte de Villette, demeurant à Vieux-lez Ecry.

D'or à trois Pies au naturel.

AGUISY (orig. de Champagne). — Nicolas d'Aguify, Sieur de Rumes.

Charles d'Aguify, Sieur de Juffancourt. Antoine d'Aguify, & Guillemette d'Aguify, fille de Jean d'Aguify.

Jeanne de Blond, veuve de Nicolas d'Aguify, Sieur de Laugny.

D'argent à trois Merlettes de fable, les deux du chef affrontées & l'autre en pointe.

AIGREMONT (orig. de Champagne). — Jean d'Aigremont, Sieur du petit Mefnil & Chaumefnil, y demeurant, Election de Bar-fur-Aube.

> *D'argent au Lion de gueules.*

ALENDUY (orig. de Champagne). — Philippes d'Alenduy, Seigneur d'Herbigny, demeurant à Ige.
Jean, Sieur du Champ de la Grange, Election de Rethel, &
Philippes, Sieur d'Herbigny, demeurant à Logny-Bogny, Election de Reims.

> *D'azur à trois Pots d'argent, deux & un.*

ALICHAMP (orig. de Champagne). — Jeanne du Mefnil, veuve d'Honoré d'Alichamp, Seigneur d'Efpagne, y demeurante, Election de Troyes.
François-Honoré, Jean-Georges, & Marie-Angelique d'Alichamp, fes enfans.

> *D'azur au Chevron d'or, accompagné de trois Rofes de mefme.*

ALIGRET (orig. de France). — Jeanne de Vauclerois, veuve de Charles d'Aligret, Sieur d'Villy, y demeurante, Election d'Efpernay.
Charles d'Aligret, Sieur d'Villy; Louis & François d'Aligret, fes enfans.

> *D'azur à trois Aigrettes d'argent.*

ALONVILLE (orig. de Beauffe). — Edme d'Alonville, Sieur d'Arnancourt, demeurant à la Chefe, Election de Bar-fur-Aube, & Anne d'Alonville, fa fœur, veuve d'Eftienne de Hallé, Seigneur de l'Ifle.

> *D'argent à deux Fafces de fable.*

AMBLY (orig. de Champagne). — Jean-Louis d'Ambly, Seigneur dudit lieu, y demeurant, Election de Rethel.
François, Baron Defayvelles, y demeurant.
Anne de Rofieres, veuve de Philippes-Foucault d'Ambly, Seigneur de Taurteron :
Henriette Adrienne, fa fille.

> *D'argent à trois Lionceaux de fable.*

ANCIENVILLE (orig. de Champagne). — Louis d'Ancienville, Seigneur de Villers-aux-Corneilles, y demeurant.
Et Françoife d'Ancienville, fa fœur, Election de Sezanne.

> *De gueules à trois Marteaux de Maffon, d'argent, dentelés & emboutés d'or.*

ANGLURE (orig. de Champagne). — Arnould-Saladin d'Anglure, Marquis de Coublanc, y demeurant, Election de Langres.
Angelique d'Afpremont, veuve de François d'Anglure, Prince d'Amblize, Marquis de Sy.
Louis-Abfalon, Marquis de Sy; Charles-Henry, Prince d'Amblize; Jean-Henry d'Anglure, freres.
Nicolas-Charles d'Anglure, Comte de Bourlémont.

> *D'or, femé de Grillots d'argent, foutenus de Croiffant de gueules.*

ANTOINE (orig. de Champagne). — François-Antoine, Sieur de la Villeneuve-au-Frefne, & du Mefnil-Fouchart, y demeurant, Election de Bar-fur-Aube.

> *D'or à trois Ecreviffes de gueules.*

ARBAUD (orig. de Provence). — Antoine d'Arbaud, Seigneur de Porcheres, demeurant à Fay, Election de Vitry.

> *D'azur au Chevron d'argent, au Chef d'or, chargé d'une Etoille de gueules.*

ARGILLIERES (orig. de Picardie). — Antoine, Seigneur d'Argillieres; Charles-Henry, Sieur du Frenoy; Pierre, Sieur d'Abecour, & Henry, Sieur de Courgeraines.

> *D'or à la Fafce de gueules, accompagnée de trois Trefles de mefme.*

ARGY (orig. de Champagne). — Louis d'Argy, Seigneur de Villerzy, demeurant à Juftines, Election de Reims.
Charles d'Argy, Sieur de Marolles, demeurant à Tourne, & Charles d'Argy, le jeune, fon frère, demeurant audit Tourne, Election de Reims.

> *D'argent au Lion de fable, armé & lampaffé de gueules.*

ARNOULT (orig. de Champagne). — François d'Arnoul, Seigneur de Salon, demeurant à l'Hermite, Election de Sezanne.
Anne le Gaftelier, veuve de Lifander d'Arnoult, demeurant à Raday.
Alexandre d'Arnoult; Antoine, & Alexis d'Arnoult.
Marie d'Arnoult, veuve de Louis de Brunetot, demeurante à Efpernay.

> *D'argent au Chevron de gueules, accompagné de trois Cœurs de mefme.*

ARRAS (orig. de Champagne). — Acham d'Arras, Sieur d'Haudrecy.
Robert d'Arras, Vicomte de Poüilly.
Et Marguerite d'Arras, demeurant à Haudrecy, Election de Rethel.

> *D'argent au Chevron d'azur, accompagné en chef de deux Blairiers affrontez de fable, becqués & pattés de gueules.*

ARTIGOITY (orig. de Bifcaye). — Arnoult Baron d'Artigoity & de Meuze, y demeurant, Election de Langres.

> *D'azur à l'Anille d'argent.*

ASPREMONT (orig. de Lorraine). — Abfalon-Claude-Jean-Baptifte d'Afpremont, Marquis de Vendy.
Madeleine de Fabert, veuve de Jean, Seigneur de Laubrefle : Abraham-Jean-Louis, & Jean, Seigneur de Laubrefle; Charlotte, Anne, Louife & Innocente, fes enfans.

> *De gueules à la Croix d'argent.*

AUBELIN (orig. de Beauffe).—Jacques Aubelin, Sieur de Nuifement, demeurant à la Madelene-lez-Vertus, & Nicolas Aubelin, Seigneur de Cuperly, demeurant au Jardinet, Election de Chaalons.

D'azur au Chevron d'argent, accompagné en chef de deux Eftoilles d'or & en pointe d'une Tefte de Cerf de mefme.

D'AUBLIN (orig. de Champagne). — Guillaume d'Aublin, Seigneur de la Barre, demeurant à Roizy, Election de Reims.

D'argent à la Bande de gueules, chargée de trois Befans d'or.

AUGER (orig. de Champagne).—Guy-Aldonce d'Auger, Seigneur de Manimont, y demeurant, Election de Rethel.

D'azur à la Fafce d'or.

DE L'AUMOSNE (orig. de Champagne). — Claude des Champs, veuve de François de l'Aumofne, Seigneur de Raucourt.

Georges, Philippes, Nicolas & Charlotte de l'Aumofne, enfans dudit deffunt & de ladite des Champs, demeurans audit Raucourt, Election de Chaumont.

D'azur à trois Fafces d'or, enfeuillées de fcies, & trois Rofes de mefme en chef.

L'AUMOSNIER (orig. de Picardie). — Jacques & Henry l'Aumofnier, Sieurs de Varennes, y demeurans, Election de Reims.

D'or à trois Hures de Sanglier de fable.

D'AUNAY (orig. de Champagne). — Louis d'Aunay, Sieur de Morambert & de Frampas, y demeurant.

Charles d'Aunay, Sieur de Reges, y demeurant, Election de Troyes.

Henry d'Aunay, Sieur de Frampas & Morambert, qui ont fait leur Genealogie feparée de celle de

Leon d'Aunay, Sieur de Fligny en partie, Election de Bar-fur-Aube, lequel en a auffi faite une.

D'azur au Cocq d'or.

AUTRÉ (orig. de Champagne). — Robert d'Autré, Seigneur de Saint-Gobert, demeurant à la Neufville, Election d'Efpernay.

De gueules à la Fafce de cinq Fufées d'argent.

AUTRY (orig. de Barrois).—Charles, Baron d'Autry, y demeurant, Election de Reims.

De gueules au Sautoir d'or.

D'AVANNES (orig. de Bourgogne). — Pierre d'Avannes, Seigneur de Villers, y demeurant, Election de Troyes.

De gueules à trois Quintes-feüilles d'or; écartelé de fable, au Sautoir d'or, accompagné de quatre Grillons de mefme.

AVENNES (orig. de Champagne). — Louis d'Avennes, Seigneur d'Harmonville.

Eftienne d'Avennes, auffi Seigneur dudit Harmonville.

Margueritte d'Avennes, veuve du Sieur de Bohan, demeurant à Harmonville, Election de Reims.

D'or à trois Fafces de fable, chargées de fix Befans d'or, pofez trois, deux & un.

AVERHOULT (orig. d'Artois). — Jean d'Averhoult, Seigneur de Guincourt, y demeurant, Election de Vitry.

Fafcé d'or & de fable de fix pieces, au Franc-quartier d'hermines.

AVOGADRE (orig. de Piedmont). — Edme-François d'Avogadre, Seigneur du Mottoy, demeurant à la Motte, Election de Troyes.

Elizabeth d'Acelle, veuve de Louis d'Avogadre, Seigneur de Brion, &

Honoré d'Avogadre, Sieur de la Motte, demeurant au Puits, Election de Bar-fur-Aube.

Echiqueté de gueules & d'or, coupé de gueules, à trois Fafces ondées d'or.

AVRILLOT (orig. de Champagne). — Gafpart d'Avrillot, Sieur de Chaffaut & d'Effey, Election de Langres.

Nicolas d'Avrillot, Sieur de Beauregard.

D'azur à trois Etoilles d'or, & une Tefte de More de fable, bandée d'argent, pofée en abyfme.

BACHELIER (orig. de Champagne). — Henry Bachelier, Sieur du Moncel, Treforier de France, demeurant à Chaalons.

D'azur à la Croix dentelée d'or, cantonnée de quatre Paons roüans, affrontez d'argent.

BAILLET (orig. du Clermontois). — François Baillet, Seigneur des Planches, y demeurant.

Claude Baillet, Seigneur de Daucourt, y demeurant, Election de Chaalons.

D'argent à un Loup Cervier au naturel, au chef d'azur, chargé de deux Molettes d'or.

BALATHIER (orig. de Dauphiné). — Roger de Balathier, Seigneur de Lantage.

Jacques de Balathier, Chevalier de Malthe.

Charles de Balathier, demeurant audit Lantage, Election de Bar-fur-Aube.

Et Antoine de Balathier, freres.

De fable à la Fafce d'or.

BALAYNE (orig. de Brie). — Arnault de Balayne, Seigneur de Champaudos, &

Claude, fon frere, Sieur dudit lieu, y demeurans, Election de Sezanne.

D'argent à la Fafce crenelée de gueules.

BALEINE (orig. de Champagne). — Charles de Baleine, Seigneur de Suzemont, y demeurant, Election de Bar-fur-Aube.

> *D'argent au Lion de fable, lampaffé & couronné de gueules.*

BALIDART (orig. de Champagne). — Charles-Marcel de Balidart, Seigneur de Feligny, a fait une Genealogie feparée de celle de
Guy de Balidart, Seigneur de Fligny.
Nicolas de Balidart, Seigneur de Fligny, y demeurant, Election de Bar-fur-Aube.
Et Joachim de Balidart, Sieur de Doncourt, demeurant à Vernonvilliers, Election dudit Bar-fur-Aube.

> *D'argent à la Fafce de finople, accompagnée de fept Merlettes de fable, quatre & trois.*

BARADAT (orig. de Navarre). — François de Baradat, Seigneur de Damery, y demeurant, Election d'Epernay.
Gafpart, Vicomte de Verneüil, y demeurant, mefme Election.

> *D'azur à la Fafce d'or, accompagnée de trois Rofes d'argent, deux & une.*

BARBIN (orig. de Brie). — Mathias Barbin, Baron de Broyes, y demeurant, Election de Sezanne.

> *D'azur au Chevron d'or, accompagné de deux Rofes d'argent en chef & d'un Lion d'or en pointe.*

LA BARGE (orig. de Champagne). — François de la Barge, Seigneur de Vougrey, demeurant à Lantages, Election de Bar-fur-Aube.
Et Jacob de la Barge, Seigneur de Champeaux & de Vandieres, y demeurant, Election d'Efpernay.
Jacob de la Barge, Seigneur de Villé, demeurant à Coizard, Election de Chaalons.

> *D'argent à la Bande de fable, accompagnée en chef d'une Couronne de mefme.*

BATAILLE (orig. de Champagne). — Jean de Bataille, Seigneur de Chaltray, demeurant à Vilvenart, Election de Chaalons.

> *D'azur à trois Fafces crenelées d'or.*

BAUDA (orig. de la Principauté de Sedan). — Efdras Bauda, demeurant à Chaumont-Saint-Quentin, Election de Rethel.

> *D'or à trois Bandes de gueules.*

BAUDIER (orig. de Champagne). — Antoine de Baudier, Seigneur de Virginy, y demeurant, Election de Reims.

> *D'argent à trois Teftes de More de fable, tortillées du champ.*

BAUSSANCOUR (orig. de Champagne). — Louis de Bauffancour, Seigneur du petit Mefnil & Chaumefnil.

Jeanne de Rommecour, veuve de François de Bauffancour.
Guy, Bernard, Nicolle & François de Bauffancour, fes enfans.
Antoinette de Ballidart, veuve de Charles de Bauffancour.
Marie Maillet, veuve de Pierre de Bauffancour.
Gafpart de Bauffancour, & Claude de Bauffancour, fille, tous demeurans au petit Mefnil, Election de Bar-fur-Aube, lefquels ont fait leur Genealogie feparée de celle de
Marie Heudelot, veuve de Gabriel de Bauffancour, Sieur de Balignicourt, & René de Bauffancour, fon fils.

> *D'argent au Lion de fable, la queuë fourchée paffée en fautoir, chargé d'une Eftoile d'or fur l'efpaule feneftre.*

BAVRE (orig. de Bourgogne). — Claude de Bavre, Seigneur de Chargey, demeurant à Saquenay, Election de Langres.
Et Barbe de Bavre, fa fœur.

> *Ecartelé d'argent, au premier & dernier à trois Hermines de fable, au deux & trois à trois Fafces de gueules.*

BAZIN (orig. de Champagne). — Jean-Baptifte Bazin, Seigneur de Bercenay, demeurant audit lieu, Election de Troyes.

> *D'azur à trois Couronnes d'or.*

BEAUFORT (orig. d'Ardenne). — Henry de Beaufort, Sieur de Launoy, demeurant à Ambly-fur-Aifne, Election de Rethel.
Didier de Beaufort, Seigneur de Maujoüy, demeurant à Givry, Election de Reims.
Jacques de Beaufort, Sieur de la Loge, Vicomte du haut Saint-Remy.
Et Louis de Beaufort, Sieur de Moivre, demeurant à haut Saint-Remy, Election de Reims.

> *D'argent à trois Bandes de gueules.*

BEAUFORT (orig. du comté de Foix). — Menault de Beaufort, Sieur de Launay, Doyen des Confeillers du Prefidial de Chaalons.

> *D'azur au Fort d'argent, planté dans des Ondes de mefme.*

BEAUJEU (orig. de Champagne). — Antoine de Beaujeu, Seigneur de Chambroncourt & d'Epizon, demeurant audit Chambroncourt, Election de Chaumont.

> *De gueules à cinq Fafces d'argent.*

BEAULIEU (orig. de Champagne). — Jean de Beaulieu, Seigneur de la Jeffe, demeurant à Vaudron, Election de Bar-fur-Aube.

> *D'azur à un Vol d'argent, furmonté de deux Etoilles d'or.*

BEAUMONT (orig. de Champagne). — Charles-Claude de Beaumont, Seigneur de Saint-Eftienne, Vicomte de Chaumufy.
Et François, fon frere.

D'azur à l'Ecuffon d'argent en abyme, à la Bande de gueules brochant fur le tout.

BEAUREPAIRE (orig. de Champagne). — Claude de Beaurepaire, Seigneur de Coizard, y demeurant, Election de Chaalons. Claude, Charles, & François de Beaurepaire, fes enfans.

D'azur à l'Anneau chafonné d'or, à la Bordure denchée de mefme.

BEAUVAIS (orig. de Flandres).— Louis de Beauvais, Seigneur d'Autruches, y demeurant, Election de Rethel.

D'argent à trois Pals de gueules.

BEAUVAU (orig. d'Anjou). — Françoife d'Alaumont, veuve de Samuel de Beauvau, Seigneur de Vatimont.
Jacques et Louis de Beauvau, Seigneurs d'Efpenfe, y demeurans, Election de Chaalons.
Antoinette de Beauvau, veuve d'Henry de la Marche-des-Comtes, Baron de l'Echelle, demeurant à Fontaine-Denis, Election de Sezanne.
Salomon de Beauvau, Seigneur de Pothieres.
Margueritte Pafquet, veuve de Maximilian de Beauvau, Seigneur de Bignipont, y demeurant, Election de Chaalons.
Charles de Beauvau, Madelene & Antoinette, filles.
Blanche Raulet, veuve de Pierre de Beauvau, Seigneur de Merigny.
Maximilian de Beauvau, Seigneur dudit Merigny, demeurant à Villiers en Argogne, Election de Chaalons.

D'argent à quatre Lionceaux cantonnez de gueules, couronnez, armez & lampaffez d'or.

BECU (orig. de Champagne). — Marie le Lieur, veuve de Louis de Becu, Seigneur de Flaucourt.
Et Claude, Nicolle, Margueritte, Françoife et Henriette, fes enfans.
Claude de Becu, Seigneur de Flaucourt.

D'argent à trois Corbeaux de fable.

BEFFROY (orig. de Champagne).— Jean de Beffroy, Seigneur de la Greve, demeurant à Olizy, Election de Reims.
Philippes, Seigneur de Sauffeüil, demeurant à Germont-fur-Bar, Election de Rethel.
Nicolle de Sandras, veuve de Pierre de Beffroy, Seigneur de Novion, demeurante à Aubreüil, Election de Reims.
Antoine, Seigneur de Coigny.
Jean laifné, Seigneur de Sauffeüil.
Pierre & Jean le jeune.
Nicolas & Ferry de Beffroy, fes enfans.

De fable au Lion d'argent, armé & lampaffé de gueules.

LE BEGAT (orig. de Bourgogne). — François le Begat, demeurant à Jaffeyne, Election de Bar-fur-Aube.
Françoife d'Anneau, veuve de Charles le Begat, Seigneur de Chalette.
Daniel, Charles, Marie & Marguerite le Begat, fes enfans, demeurans audit Chalette, Election de Bar-fur-Aube.

De fable à la Croix engreflée d'argent, cantonnée au un & quatre d'une Etoille de mefme.

LE BEL (orig. de Champagne). — Barbe d'Y, veuve de Hierofme le Bel, Seigneur de Sors, Confeiller au Prefidial de Reims, y demeurante.

D'argent à la Fafce d'azur, chargée de trois Boucles d'or, accompagnée en chef de deux Hures de Sanglier de fable, deffendues d'argent, & d'une Etoille en pointe.

BELANGER (orig. de Poitou). — Charles de Belanger, Seigneur de Blacy.
Louis de Belanger, Sieur dudit lieu, & de Fontenay, y demeurant, Election de Troyes.
Marie le Fevre, veuve de Philippes de Belanger, Seigneur de Torotte.
Jacques, Philippes, Marie, Elizabeth, Anne, Marie de Belanger, fes enfans, demeurans à Blacy, Election de Vitry.

D'azur au Chevron d'or.

DU BELLAY (orig. de Champagne). — Salomon du Bellay, Seigneur de Soify-au-bois.
Louis du Bellay, Seigneur de Chevigny.

D'argent à la Bande fuzelée de gueules, accompagnée de fix Fleurs de Lis d'azur, trois en chef pofées deux & une, & trois en pointe mifes en bande.

BELLOY (orig. de Picardie). — Hercules, Comte de Belloy & de Montaguillon, Seigneur de Villenauxe, Lieutenant General pour Sa Majefté au Gouvernement de Champagne & Brie, demeurant audit Villenauxe, Election de Troyes.

D'argent à trois Fafces de gueules.

BENAIST (orig. de Touraine). — Antoinette de Benaift, veuve de Laurent Bruflé, Seigneur de la Fontaine, y demeurante, Election de Sezanne.

D'or à l'Aigle deployée de gueules.

BEREY (orig. d'Efcoffe). — Edme de Berey, Seigneur de Vaudes, y demeurant, Election de Troyes.
Jean de Berey, demeurant au bas Villeneuve, Election de Troyes.
Charles de Berey, leur frere, &
Jacqueline de Berey, demeurante à Cuffangy, Election de Bar-fur-Aube.

D'azur au Chevron d'argent, accompagné de trois Molettes d'Efperon de mefme.

BERLES (orig. de Champagne). — Nicolas & Claude de Berles, demeurant à Thiefrain, Election de Bar-fur-Aube.
Et Antoine, Seigneur de Maffrecour, y demeurant, Election de Chaalons.

D'azur au Sautoir d'or, accompagné de quatre Lionceaux, armez & lampassés de gueules.

BERMAND (orig. d'Allemagne). — Claude-Louis de Bermand, Seigneur d'Vzemain.
François-Louis & Eftienne, Seigneurs de Mortault, y demeurans, Election de Chaumont.
Louife l'Aymé, veuve de Charles de Bermand.

D'or à un Ours debout de fable, portant fur fes pattes une Hache d'Armes, le manche arrondy d'argent.

BERMONDES (orig. d'Efpagne). — Helene Godet, veuve de Louis de Bermondes, Seigneur de Goncourt, y demeurant, Election de Troyes. Charles & Helene de Bermondes, fes enfans.
François de Bermondes, Seigneur d'Efcrienne, y demeurant, Election de Vitry.

D'or à la Croix trefflée de finople; écartelé d'or au Lion de gueules, fur le tout de gueules à deux Pals d'or, chargés d'une Fafce d'azur, furchargée de trois Loxanges du fecond.

DE LA BERQUERIE (orig. de Normandie). — Marguerite, Magdelene, & Claude de la Berquerie.

D'azur à trois Eftoilles d'or, deux & une.

BERRUYER (orig. de Touraine). — Charles de Berruyer, Seigneur de Buffy, demeurant à la grand Cour, Election de Troyes.

D'azur à trois Pots ou Couppes d'or couvertes.

BERY (orig. de Picardie). — Antoine de Bery, Seigneur de Varigny, demeurant à Beaurepaire, Election de Reims.

D'or à la Bande de fable, percée de trois Baftons de mefme.

BERZIAUX (orig. de Touraine). — François Berziaux, Sieur de Moulins, Prieur de Montfelix.
Et Scipion de Berziaux, Seigneur dudit Moulins, y demeurant, Election d'Epernay.

D'azur à trois Treffles d'or.

BETHOULAT (orig. de Champagne). — Paul de Bethoulat, Seigneur d'Archy, demeurant à Beze, Election de Langres, & Catherine, fa fœur.

De gueules au Lion d'or, furmonté de trois Tours d'argent.

BEZANNES (orig. de Champagne). — Philippes de Bezannes, Seigneur de Taiffy, y demeurant, Election de Reims.
Et Anne de Bezannes.

D'azur, femé de Bezans d'or, au Lion d'argent.

LE BLANC (orig. de Champagne). — Eftienne le Blanc, Seigneur de Cloix-fur-Marne, Lieutenant general de Vitry, y demeurant.

D'or à l'Aigle efployé de fable, couppé d'azur.

DE BLOIS (orig. de Picardie). — François de Blois, Seigneur de la Saufotte, Election de Troyes.
Et Louis, fon frere, &
Louis, Sieur de la Cour, y demeurant, Election de Troyes.

D'argent à deux Fafces de gueules, chargées chacune de trois Annelets d'or.

BLONDEAU (orig. de Picardie). — Jean de Blondeau, demeurant à Boureules, Election de Chaalons.

De fable à trois Befans d'argent, deux & un.

BOHAN (orig. d'Ardennes). — Louis de Bohan, Comte de Nanteüil.
Robert de Bohan, Vicomte du Bac, &
Charles de Bohan, demeurant audit Bac, Election de Reims.

De fable à la Bande d'or, cotoyée de deux Cottices de mefme.

BOHIER (orig. d'Auvergne). — Eftienne Bohier, Seigneur d'Orfeüil, demeurant à Troüan, Election de Troyes.

D'or au Lion d'azur, au Chef de gueules.

DU BOIS. — Jean du Bois, Seigneur d'Efcordal.
Et Charles du Bois, Seigneur de Momby & dudit Efcordal, y demeurant, Election de Rethel.

D'argent à cinq Mouchetures d'hermines, pofées trois & deux.

DU BOIS (orig. de Gaftinois). — Pierre du Bois, Sieur du Cognet, demeurant à Seu, Election de Troyes.
Louife des Forges, veuve de Thibaut du Bois, Sieur de la Villatte, demeurant à Queudes, Election de Sezanne.

D'azur au Lion d'or.

DUBOIS (orig. de Bourgogne). — Denife Mariotte, veuve de Didier du Bois, Sieur de Corchamp, Election de Langres.
George, Jean, Anne, Marie, Gabriël & Claude du Bois, fes enfans.

D'azur au Sautoir d'argent, à trois Colombes d'or en fafce.

BOLOGNE (orig. d'Italie). — Claude de Bologne, Seigneur de Bonnecourt, demeurant à Nogent, Election de Langres.

D'or à trois Tourteaux de gueules.

BONNILLE (orig. de Bourbonnois). — Antoine de Bonnille, Seigneur de Bernon.
Jean, fon frere, demeurant à Beaufort, Election de Troyes.

Caterine, demeurant audit Beaufort.

Guy-Modefte de Bonnille, Seigneur de Bernon & Arrentieres, y demeurant, Election de Vitry.

> *D'azur au Chevron d'or, accompagné de trois Etoilles de mefme, deux & une.*

BOUBERS (orig. de Picardie). — Jacques de Boubers, Seigneur de Rieux, demeurant audit lieu, Election de Sezanne.

Philippes, Sieur de Doucigny.

Et Martin, Seigneur d'Antilly, demeurant à Charleville, fufdite Election.

> *D'or à trois Aigles de fable, becquées & membrées de gueules.*

BOUCHER (orig. de France). — Charlotte Juliot de la Burye, veuve d'Antoine de Boucher, Seigneur du Pleffis-fous Barbaife, demeurant à Lufigny, Election de Troyes.

Paul, Antoine & Charles de Boucher, fes enfans.

Charles de Boucher, Seigneur de Marcilly, demeurant à Chantemerle, Election de Troyes.

Louis de Boucher, Seigneur du Pleffis-fous-Barbaife, demeurant à Paris.

> *De gueules, femé de Croifettes d'argent, au Lion de mefme, armé & lampaffé de fable.*

BOUCHER (orig. de France). — Eftienne-Jacques de Boucher; Georges & Michel de Boucher, Seigneur de Palis, y demeurans, Election de Troyes.

> *D'argent à trois Ecrevices de gueules.*

BOUCHER (orig. de Champagne). — René Boucher, Seigneur de Richebourg & de Montlaurent, demeurant à Chardeny, Election de Rethel.

Jeanne de Cleves, veuve de René Boucher, Seigneur d'Avanfon, y demeurant, Election de Reims.

> *D'azur à trois Etoilles d'or, au Croiffant d'argent, pofé en abyfme.*

BOUCHERAT (orig. de Champagne). — Charles le Boucherat, Seigneur de la Rocatelle, y demeurant, Election de Troyes.

Jean le Boucherat, Seigneur de Nogent, y demeurant.

Chriftophe le Boucherat, Seigneur d'Athies & de Pringy.

Sara, Jeanne, Marie, & Philippes le Boucherat.

> *D'azur au Cocq d'or, crefté, becqué, & onglé de gueules.*

LE BOULEUR (orig. de Perche). — Louis & Claude le Bouleur, Sieurs du Pleffis & d'Avrecour, y demeurans, Election de Langres.

> *D'azur au Chevron d'or, accompagné de trois Boulets d'or.*

DU BOURG (orig. d'Auvergne). — Charles du Bourg, Seigneur de Blives, y demeurant, Election de Troyes.

> *D'azur à trois Tiges d'Epines d'argent.*

BOURGEOIS (orig. de Champagne). — Jean de Bourgeois, Sieur de la Foffe, Garde du Corps du Roy, demeurant à Ventelay, Election de Reims, qui a fait fa Genealogie feparée d'avec

Samuel de Bourgeois, demeurant à Oye, Election de Sezanne, qui a auffi fait la fienne.

> *D'azur à la Fafce d'argent, accompagnée en chef d'un Croiffant, & en pointe d'une Rofe de mefme.*

BOURNONVILLE (orig. de Champagne). — Charles de Bournonville, Sieur de la Loge, demeurant à Logny.

Jean de Bournonville, auffi demeurant audit Logny.

Jacques, Seigneur de Chaftillon-fur-Bar, y demeurant, Election de Rethel.

Hierofme, Sieur d'Oifelet, y demeurant, Election de Bar-fur-Aube.

Suzanne, Nicolle, Marie, & Marguerite, demeurantes à Bogny, Election de Rethel, qui ont fait leur Genealogie feparée de celle de

Fery, Seigneur de Saint-Marceau, y demeurant.

Et Joachim de Bournonville, Seigneur d'Avy, y demeurant, Election de Reims.

> *De fable au Lion d'argent, la queuë fourchée & paffée en Sautoir, armé, lampaffé & couronné d'or.*

BOUTILLAC (orig. de Champagne). — François-Abel de Boutillac, Sieur d'Arfon, demeurant à Doux, Election de Rethel.

> *D'argent à trois Barillets de gueules, deux & un.*

BOUZONVILLE (orig. de Champagne). — Hugues de Bouzonville, Sieur de Sery, & Anne, fa fœur, demeurans à la Romagne, Election de Reims.

> *D'azur à trois Bandes d'argent.*

BOY (Annobly). — Jean Boy, Sieur du Frefne, demeurant à Locy, Election de Rethel.

> *D'azur à deux Efpées d'argent en fautoir, les pointes en haut, accompagnées d'une Rofe d'argent en chef, & d'un Croiffant en pointe de mefme.*

BRABANT (orig. de Champagne). — Jacques de Brabant, Seigneur de Maraut, demeurant à Effey-les-Ponts, Election de Chaumont.

> *De gueules à la Bande d'or, chargée d'une Tefte de More de fable, tortillée d'argent, & accompagnée de deux Huchets de mefme, enguichés d'or.*

BRAUX (orig. de Champagne). — Nicolas Braux, Seigneur de Fafniere.

Pierre Braux, Sieur de Saint-Valery, Efleu à Chaalons.

Jacques Braux, Sieur de Vitry-la-Ville en partie.

Et Nicolas Braux, Seigneur du Sorton, Treforier de France à Chaalons.

> *De gueules au Dragon aiſlé d'or.*

BRETEL (orig. de Suiſſe). — Antoine de Bretel, Seigneur de Valentigny, y demeurant, Election de Bar-fur-Aube.

> *D'argent à trois Merlettes de gueules, deux & une, au Chef d'azur, chargé d'une Eſtoille d'or.*

BRIDOT (orig. de Champagne). — Barthelemy de Bridot, Seigneur de la Motte.

> *D'azur au Chevron d'or, accompagné de trois Etoilles de meſme, deux & une.*

BRIE (orig. de Brie). — François de Brie, Seigneur de Champrond, demeurant à Montreüil, Election de Sezanne.

> *D'azur à deux Haches adoſſées d'argent.*

BRIQUEMAULT (orig. de Gaſtinois). — Elizabeth de la Marche des Comte, veuve de Jacques de Briquemault, Sieur de Premartin, demeurant à Saint-Loup, Election de Rethel.
Henry & Marius de Briquemault.

> *De gueules à trois Faſces d'or, chargées d'une Bande d'hermines, brochant ſur le tout.*

BRISEUR (orig. de Champagne). — Hector de Briſeur, Seigneur des Pars, demeurant à Ville-fur-Terre, Election de Troyes.

> *D'azur à deux Teſtes de Belier d'or en chef, & une Teſte de More au naturel en pointe bandée d'argent.*

BRULART (orig. de Bourgogne). — Louis Brulart, Marquis de Sillery, y demeurant, Election de Reims.

> *De gueules à la Bande d'or, chargée d'une Traiſnée de ſable, accompagnée de cinq Barillets de meſme.*

BRUNE (orig. de Gaſtinois). — Henry de Brune, Seigneur de la Borde, demeurant à l'Eſtang-Claudin, Parroiſſe Montmort, Election d'Epernay.

> *D'azur au Chevron d'or, accompagné en chef de deux Etoilles, & en pointe d'une Hure de Sanglier de meſme.*

LA BRUYERE (orig. de Champagne). — Chriſtophe de la Bruyere, Seigneur de Caumont, demeurant à Belval, Election d'Epernay.
François, Alexandre, Robert & Jean de la Bruyere, ſes enfans, demeurans audit Belval.

> *D'azur au Lion d'or, accompagné de trois Mouchetures d'hermines, deux & une.*

BUDÉ. — Eſtienne Budé, & Eſtienne Budé, ſon fils, Seigneur de la Motte Saint-Loup, demeurans audit lieu, Election de Troyes.

> *D'argent au Chevron de gueules, accompagné*

de trois Grappes de Raiſin de pourpre, deux & une.

BURTEL (orig. de Champagne). — Claude de Roubion, veuve de Henry de Burtel, Sieur de la Lande, demeurante à Chevillon, Election de Vitry.

> *D'argent au Lion de ſable, lampaſſé de gueules.*

BUSSY D'OGNY (orig. de Champagne). — Nicolas de Buſſy, Seigneur d'Ogny, y demeurant, Election de Reims.

> *D'azur au Chevron d'or, accompagné de trois Etoilles de meſme.*

BUTOR (orig. de Bourgogne). — Jean de Butor, Seigneur de Montigny, demeurant à Luzigny, Election de Troyes.

> *D'argent à trois Coquilles de gueules, au Franc-quartier d'azur; écartelé d'or au Chevron de gueules, accompagné de trois Trefles de ſinople, deux & un.*

CAHIER (orig. d'Anjou). — Edme de Cahier, Seigneur de Frampas, y demeurant, Election de Vitry.

> *D'argent à la Faſce de gueules, chargée d'un Croiſſant d'or, accompagnée en chef de trois Fuſées de ſable, & en pointe d'un Lion leopardé de meſme, lampaſſé de gueules.*

CARENDEFFEZ (orig. de Champagne). — Jean-Baptiſte de Carendeffez, Sieur de Chaudenay, y demeurant, Election de Langres.

> *D'azur à ſix Beſans d'argent, poſez trois en chef, deux en faſce, & un en pointe.*

CASTRES (orig. d'Albigeois). — Gerard de Caſtre, Vicomte de Barbonval, demeurant à Bethinville, Election de Reims.
Charles de Caſtre, Sieur de Vaux.
Simon de Caſtre.
Jean de Caſtre, Seigneur de la Chauffée.
Et Claude de Caſtre, tous demeurans à Vaux, Election de Reims.

> *D'azur à trois Eſtoilles d'argent, poſées en faſce, ſurmontées d'un Croiſſant de même.*

CAUCHON (orig. de Champagne). — François Cauchon, Comte de Lery, y demeurant, Election de Reims.
Charles Cauchon, Baron de Tiernut.
Jean-Charles, Seigneur de Sommievre, y demeurant, Election de Chaalons.
Charles Cauchon, Baron de Neuflize.
Madeleine de Paris, veuve de Louis Cauchon, Vicomte d'Unchere.
Jacques, Henry, & Antoine Cauchon, ſes enfans.
Et François, Chevalier de Malthe.

> *De gueules au Griphon d'or, aiſlé d'argent.*

CAUMONT (orig. de Champagne). — Charles-François de Caumont, Seigneur de Mutry, demeurant à Fontaine, Election d'Epernay.

Antoine de Caumont, Seigneur de Saufeüil.

Jacques de Caumont, Seigneur d'Aire.

Marie de la Riviere, veuve de Valentin de Caumont.

Jean de Caumont, Sieur de Neufmaifon.

D'azur à une Roüe d'or.

LE CERF (orig. de Champagne). — Nicolas le Cerf, Sieur de Profne, qui a fait fa Genealogie feparée de celle de

Jean le Cerf, Seigneur de Cramant, demeurant à Cuy, Election d'Epernay, qui a fait encore une Genealogie feparée de celle de

Jean le Cerf, Sieur de Cramant & d'Atye.

D'azur au Chevron d'or, accompagné de trois Eftoilles de mefme.

CHALLEMAISON (orig. de Champagne). — Claude de Challemaifon, Seigneur de Bois-Bazin, y demeurant.

Elizabeth de Soiffons, veuve de Savinien de Challemaifon, Seigneur de Chalautre-la-grande, y demeurant, Election de Troyes.

D'argent à la Fafce d'azur, chargée d'une Rofe d'or, accoftée de deux Molettes de mefme.

CHAMISSOT (orig. de Lorraine). — Elizabeth d'Y, veuve de Jean de Chamiffot, Seigneur de Sivry, & Robert de Chamiffot, fon fils, Seigneur dudit lieu, y demeurant, Election de Chaalons.

D'argent à cinq Trefles pofées en fautoir de fable, au chef, et deux Mains dextre & feneftre renverfées de mefme, pofées en pointe.

CHAMPAGNE (orig. de Champagne). — Claude de Champagne, Seigneur de Morfains.

Fiacre de Champagne, Seigneur de Lechelle & Lunay.

Et Henry, fon frere, demeurant à la Foretiere, Election de Troyes.

D'azur à la Bande d'argent, cottoyée de deux Cottices, potencées & contrepotencées d'or de treize pieces.

CHAMPIGNY (orig. de Champagne). — Antoine de Champigny, Seigneur de Balignicourt, demeurant à Humpigny, Election de Bar-fur-Aube.

D'azur à la Croix d'argent, cantonnée au premier canton d'un Croiffant de même.

DES CHAMPS (orig. de Champagne). — Louis des Champs, Marquis de Marcilly, Lieutenant general des Armées du Roy.

Armand des Champs, Vicomte de Marcilly, Capitaine du Chafteau de Madrid, & Varenne du Louvre.

Antoine, Chevalier de Malthe.

Marie des Champs de Marcilly, demeurans audit Marcilly, Election de Sezanne.

D'or à trois Chevrons de fable, accompagnés de trois Annelets de mefme.

DES CHAMPS (orig. de Champagne). — Jean des Champs, Sieur de Riel-deffus, demeurant à Charmoy, Election de Bar-fur-Aube.

D'azur à trois Chardons d'or.

CHANDON (originaire de Lionnois). — Claude-Geoffroy de Chandon-Brialles, Seigneur de Lanques, y demeurant, Election de Chaumont.

D'argent à la Fafce de gueules, accompagné de trois Trefles de fable.

CHANTELOU (orig. de Champagne). — Elizabeth de Budé, veuve de François de Chantelou, Seigneur de Coupigny.

Charles & Louis de Chantelou, Seigneur dudit Coupigny, y demeurant, Election d'Epernay.

D'or au Loup de fable, accompagné de trois Tourteaux de gueules.

CHARTONGNE (orig. de Champagne). — Jean de Chartogne, Vicomte de Pernan, demeurant à Montigny, Election de Rethel.

Claude, Seigneur de la Folie & Bretoncourt.

Jean-François, Seigneur de Tourteron, demeurant à la Folie, qui ont fait une Genealogie feparée de celle de

Philippes-François de Chartogne, Seigneur de Neufvify.

Chriftophe-Antoine de Chartogne.

Charles-Jean, & Triftan-Louis, demeurans à Vieil-Saint-Remy, Election de Rethel.

François, Seigneur de Vauzelles & Magneux, y demeurant, Election de Reims.

De gueules à cinq Anneaux pofez en fautoir d'or.

CHASTENAY (orig. de Champagne). — Nicolas de Chaftenay, Seigneur de Bricon, y demeurant, Election de Bar-fur-Aube.

D'argent au Cocq de finople, couronné, crefté, becqué, barbé & membré de gueules.

DE CHAT (orig. de Soulogne). — François le Chat, Seigneur des Pavillons, &

Pierre le Chat, fon fils, demeurans à Sumermont, Election de Vitry.

D'argent à trois Fafces de gueules, à l'Orle de fept Merlettes de fable.

CHAUMONT (orig. de Vexin). — Hugues de Chaumont, Sieur de Villeneuve, Election de Sezanne.

Louis de Chaumont, Sieur de Saint-Cheron, y demeurant, Election de Vitry.

D'azur à quatre Fafces de gueules.

CHAVAGNAC (orig. d'Auvergne). — Charlotte de la Marche des Comtes, veuve de Louis de Chavagnac, Seigneur de Tortefpée.

Antoine de Chavagnac, fon fils.

> *D'argent à deux Fafces de fable, au Chef d'azur, chargé de trois Rofes d'or.*

CHERTEMPS (orig. de Champagne). — Pierre Chertemps, Sieur du Mouffet, Treforier de France.

Philippes Chertemps.

Marie Goujon, veuve de René Chertemps, vivant Seigneur de Bergere & Vaux.

Charles, fon fils, tous demeurans à Reims.

> *D'azur à la Fafce d'or, accompagnée en chef de trois Eftoilles, & en pointe d'un Croiffant de mefme.*

LA CHEVARDIERE (orig. de Champagne). — Marie le Cerf, veuve de Hugues de la Chevardiere, Seigneur de Jumont.

Et Jean de la Chevardiere, Sieur dudit lieu de Jumont.

Louis, demeurant à Roquigny, Election de Reims.

Jean, Sieur de la Grange-au-bois.

Et François, Sieur de la Motte.

> *D'argent à un Brin de Fougere de finople.*

CHINOIR (orig. de Champagne). — David Chinoir, Vicomte de Chambrecy, y demeurant, Election de Reims.

> *De fable au Chevron d'argent, accompagné de trois Levriers naiffans de mefme, accollés de fable.*

CHOISEUL (orig. de Champagne). — Cleriadus de Choifeul, Baron de Lanques & de la Ferté, y demeurant, Election de Langres.

Marie de Billy, veuve de Charles de Choifeul, Baron d'Ambonville.

Alexandre, fon fils, Baron dudit Ambonville.

Charles, François, Pierre, Claude-Bernard, & Louis de Choifeul d'Ambonville, y demeurant, Election de Bar-fur-Aube.

Louis de Choifeul, Baron de Beaupré, y demeurant, Election de Chaumont.

Jacques-François de Choifeul, Marquis de Beaupré, Seigneur d'Aillancourt, y demeurant, Election de Chaumont.

Claude de Choifeul-Francieres, Comte de Choifeul, Gouverneur de Langres, y demeurant, &

François de Choifeul, Marquis de Praflain, Lieutenant general pour Sa Majefté au Gouvernement de Champagne, demeurant audit Praflain, Election de Troyes.

> *D'azur à la Croix d'or, cantonnée de dix-huit Billettes de mefme.*

CHOISY (orig. de Champagne). — Charles de Choify, Seigneur de Thieblemont, &

Claude, Seigneur dudit lieu, y demeurans, Election de Vitry.

> *D'azur au Chef emmanché d'or.*

CLERMONT (orig. d'Anjou). — Louis de Clermont d'Amboife, Marquis de Reynel, Gouverneur de Chaumont.

François de Clermont d'Amboife, Comte dudit lieu, Abbé de Saint-Clement de Metz.

Louis de Clermont d'Amboife, Marquis de Reynel.

Et Jufte de Clermont d'Amboife, demeurans audit Reynel, Election de Chaumont.

> *D'azur à trois Chevrons, le premier brifé d'or.*

COCHET (orig. de Picardie). — Eleonore de Blois, veuve de Charles de Cochet, Seigneur de Marchelles, demeurant à Saint-Ferjeul, Election de Troyes.

> *De gueules au Chevron d'argent, chargé de cinq Moucheture d'hermines, accompagné en chef de deux Molettes à huit rais d'or, & en pointe d'une Hure de Sanglier de fable, deffenduë d'argent, furmontée d'une Molette à huit rais d'or.*

COIFFART (orig. de Champagne). — Louis Coiffart, Seigneur de Marcilly-le-Hayer.

Charles Coiffart, Seigneur du Mefnil & Marcilly, y demeurant, Election de Troyes.

> *De gueules à trois Coiffes ardentes d'or.*

COKBORGNE (orig. d'Efcoffe). — Edme-Eleonor de Cokborne, Baron de Villeneufve, y demeurant.

> *D'azur à trois Cocqs de gueules, deux & un.*

COLET (orig. de Champagne). — Vincent Colet, Seigneur de la Marre, demeurant à Donchery, Election de Reims.

Noel, Seigneur de Morinville, &

Pierre Colet, Seigneur de Longchamp.

> *D'azur à la Bande d'argent, chargée de trois Eftoilles de gueules.*

COLIGNON (orig. de Champagne). — Marguerite Bertin, veuve de Philippes de Colignon, Seigneur de la grand Cour.

Charles de Colignon, Seigneur de Blignicourt.

Samuel, Daniel & Marie de Colignon.

> *D'or au Lion naiffant de fable, lampaffé de gueules, coupé de gueules au dextrochere, habillé d'azur mouvant a feneftre, la main de carnation tenant un Foudre de fable, à dextre d'un Trefle de mefme.*

COLIGNY (orig. de Bourgogne). — Joachim de Coligny, Marquis de Crecia, demeurant à Damery, Election d'Efpernay.

> *De gueules à l'Aigle d'argent, membrée, becqué & couronnée d'azur.*

DES COLINES (orig. de Champagne). — Claude des Colines, Sieur de Pocancy, y demeurant, Election de Chaalons.

François des Colines, demeurant à Biffeüil, Election d'Epernay.

D'azur au Lion d'or.

COMITIN (orig. de Siracufe). — Charles de Comitin, Seigneur de la Motte-prez-Eclaron.

Jean de Comitin, Seigneur de Sainte-Liviere, y demeurant, Election de Vitry.

Claude de Comitin, Seigneur de l'Ifle en Rigaut.

Louis, Marie, & Madeleine, René, Sieur d'Angleber, & Nicole, veuve de Corberon de Lacquevivier, demeurant aux grandes Coftes.

D'argent à fix Yeux au naturel, pofés en fafce, deux, deux, deux.

CONDÉ (orig. de Champagne). — Charles de Condé, Seigneur de Coëmy, y demeurant, Election de Reims. Et Claude, Sieur de Virginy.

D'or à trois Manches mal taillés de gueules.

CONFLANS (orig. de Champagne). — Chriftophe de Conflans, Seigneur de Bouleuze, y demeurant, Election de Reims.

Et Euftache de Conflans, fon fils.

D'azur, femé de Billettes d'or, au Lion de mefme.

CONSTANT (orig. d'Auvergne). — Jean & Salomon de Conftant, Seigneur de Trieres & Froid-Foffé, y demeurans, Election de Reims.

De gueules à trois Fafces d'or, au Chef de mefme, chargé de trois Bandes de gueules.

CONTET (orig. de Champagne). — Louis de Contet, Seigneur d'Aunay-fur-Marne, y demeurant, Election de Chaalons.

D'azur à trois Moulinets d'argent.

LE CORDELIER (orig. d'Artois). — Jacques le Cordelier, Seigneur de Chenevieres & Verneüil, y demeurant, Election d'Efpernay.

D'azur à deux Gerbes d'or, au Franc-quartier d'argent, chargé d'un Lion de fable.

CORDON (orig. de Bretagne). — Jofeph de Cordon, Seigneur de Montguyon.

Nicolas, Daniel, Henry de Cordon, demeurant à Veuxaulles, Election de Langres.

Et Serené de Cordon, Sieur de la Chaumiere.

D'hermines à deux Fafces de gueules.

COTHONNIER (orig. de Normandie). — Michel le Cothonnier, Sieur de la Ruë.

Nicolas le Cothonnier, Sieur de Lonpré, demeurant à Poix, Election de Chaalons.

D'argent à la Croix de gueules, chargée de cinq Coquilles d'or.

COURTOIS (orig. de Bourgogne). — Oudart le Courtois, Seigneur de Blegnicourt.

Pierre le Courtois.

Et Jofias le Courtois, Seigneur de la Foreft, demeurans à Troyes.

D'azur à trois Meures d'or, deux & une.

COUSSY (orig. d'Artois). — Pierre de Couffy, Sieur d'Ogny.

Nicolas de Couffy, Sieur de Louvrigny.

François, & Antoine, demeurans à Tours-fur-Marne, & Pierre de Couffy, Sieur de Velie, demeurant à Biffeüil, Election d'Epernay.

D'argent bordé de gueules, & un Rebord de fable, fix Hermines de mefme, trois en chef, deux & une.

LA CROIX (orig. de Languedoc). — Claude de la Croix, Vicomte de Semoine, &

François, fon frere, demeurans aux Boulins, Election de Troyes.

D'azur à la Croix d'or, chargée d'un Croiffant de gueules.

CUGNON (orig. de Champagne). — Philippes de Cugnon, Seigneur de Saint-Benoift, y demeurant, Election de Chaalons.

Et Claude de Cugnon, Sieur dudit Saint-Benoift, Election de Rethel.

De fable à trois Eftriers d'argent, deux & un.

CUISSOTTE (orig. de Champagne). — Nicolas de Cuiffotte, Seigneur de Gizaucourt, Confeiller d'Eftat ordinaire.

D'or à la Bande d'azur, chargée de trois Allairions d'argent ; écartelé de gueules à l'Aigle d'or, fur le tout d'azur au Chevron d'argent, accompagné de trois Befans d'or.

CULANT (orig. de Brye). — Louis de Culant, Seigneur de la Broffe & Courgivault, demeurant à la Montagne, Election de Sezanne.

D'argent, femé de Tourteaux de fable, au Sautoir engreflé de gueules.

CUSSIGNY (orig. de Bourgogne). — Philbert-François de Cuffigny, Seigneur de Rivieres-les-Foffes, y demeurant, Election de Langres.

De gueules à la Fafce d'argent, chargée de trois Ecuffons d'azur.

DAINVILLE (orig. de Champagne). — François Dainville, Seigneur de Guignecour & Lamecour; Marie-Anne & Guillemette.

D'argent à trois Larmes de fable, deux & une, à la Bande de gueules, chargée de trois Aiglons d'or.

DALLE (orig. de Champagne). — Charles de Dalle, Seigneur de Ballay, y demeurant, Election de Rethel.

Bandé d'or & de gueules de huit Pièces; coupé de gueules, à trois Membres d'Aigles d'or.

DAMAS (orig. de Bourgogne). — Claude-Leonor Damas-Thianges, Comte de Chalancey, y demeurant, Election de Langres.

D'or à la Croix anchrée de gueules.

DAMOISEAU (orig. de Champagne). — Simon Damoiseau, Sieur de Menemont, demeurant aux granges Pombelin, Election de Bar-sur-Aube.

D'azur à l'Aigle éployé, becqué & membré de gueules.

DAMPIERRE (orig. de Champagne). — François de Dampierre, Sieur de Lurey, Election de Troyes.

D'or au Chevron de gueules, chargé de trois Estoilles d'argent, accompagné de trois Croissans de gueules.

DANOIS (orig. de Champagne). — François Danois, Seigneur de Geoffreville, y demeurant, Election de Reims.
Philbert Danois, son fils, &
Jean-Philippes Danois, Baron de Cernay.

D'azur à la Croix d'argent, les extremitez fleurdelizées d'or.

DAVY (orig. de Normandie). — Pierre Davy, Seigneur de la Pailleterie; Charles Davy, son frere, & Caterine, sa sœur.

D'azur à trois Aigles d'or, soustenans un Anneau d'argent.

DEDUIT (orig. de Champagne). — François Deduit, Sieur de Champguion, y demeurant, Election de Sezanne.

D'argent à une Merlette de sable ; écartelé de gueules, à une Estoille d'argent.

DENIS (orig. de Thierache). — François, Jean, Germain, Louis-Denis, Seigneur de Pargny; Marguerite-Louise, Marie & Elizabeth Denis.

D'or à la Fasce de gueules.

DENIS (orig. de Bourgogne). — Louis Denis, Seigneur de Chasteau-bruslé, y demeurant, Election de Bar-sur-Aube.

De gueules à l'Aigle esployé d'argent.

DENISE (orig. de Champagne). — Marie de Ménant, veuve de Claude Denise, demeurant à Troyes.
Pierre, Odette, Margueritte & Claude Denise, ses enfans.
Et Nicolas Denise.

D'azur à trois Compas d'argent à l'engreslure d'or.

DIDIER (orig. de Champagne). — Paul Didier, Seigneur de Boncourt, demeurant aux Termes, Parroisse de Sauville, Election de Rethel.

De gueules à une Bande d'argent.

DOUCET (orig. de Picardie). — Jean Doucet, Seigneur de Toulmont, demeurant à Soirus, Election de Reims, &
Thimoleon Doucet, demeurant à Vezilly.
Marie, Madelene & Louise Doucet.

De gueules à une Teste de Belier d'or ; écartelé de Lozange d'argent & de sable.

DROUART (orig. de Champagne). — Daniel Droüart, Seigneur de Vandieres, y demeurant, Election d'Epernay.

De gueules à trois Membres de Griffon d'or, au Chef de mesme.

D'ELTOUF (orig. de Naples). — François-Alexandre d'Eltouf de Pradines, Baron de Conflans, Seigneur de Juffancour, Election de Reims.

Ecartelé d'argent & de sable, à la Bordure engreslée de gueules, sur le tout d'or à deux Chevrons de sable, au Lambel, de trois pendants de gueules.

ERNECOURT (orig. de Barrois). — Emelie-Caterine Aubery, veuve de Simon d'Ernecourt, Baron de Montreüil.
Et Louis d'Ernecourt, son fils, demeurants à la Neuville-aux-Bois, Election de Chaalons.

D'azur à trois Pals abaissez d'argent, surmontez de trois Estoilles d'or.

D'ESAIVELLES (orig. de Champagne). — Jean d'Esaivelles, Seigneur de la Cour-de-Terrier, y demeurant, Election de Reims.
Regnault & Philbert, Sieurs d'Inaumont, demeurans à Jonval, Election de Rethel, & Philippes, Seigneur de Montgon.

D'argent au Sautoir de gueules, accompagné de quatre Merlettes de sable.

ESCAMIN (orig. de l'Isle-de-France). — Denis d'Escamin, Sieur de Boissy.

D'azur à trois Cors d'or, embouchez, virolez & enguichez d'argent.

ESCANNEVELLE (orig. de Champagne). — Jean d'Escannevelle, Seigneur de Coucy, y demeurant, Election de Rethel, qui a fait sa Genealogie separée de celle de
Louis d'Escannevelle & Maximilian, son frere, qui ont encore fait leur Genealogie separée de celle de
Simon Jacques d'Escannevelle, Sieur de Quilly.
Thiery d'Escannevelle, Sieur de Macheraumesnil.
Jacques, Sieur de Berlize.

Jacques, Seigneur de Semide,
Et Adrien, Seigneur de Marquigny.

> *D'argent à fix Coquilles de gueules, pofées trois, deux & une.*

ESCANNEVELLE (orig. de Champagne). — Charles d'Efcannevelle, Sieur de Rocan, y demeurant, Election de Rethel.
Robert d'Efcannevelle, Sieur de Saint-Pierre.
Helene de la Riviere, veuve de François d'Efcannevelle, Sieur de Vincy, demeurant à Saint-Morel ; Valentin, Louis, & Margueritte, fes enfans.

> *De fable à trois Croiffans d'argent, pofez deux & un, furmontez de trois Billettes de mefme.*

ESPINOY (orig. de Flandres). — René d'Efpinoy, Sieur de Lonny, y demeurant, Election de Reims.
Jacques d'Efpinoy, Vicomte de Coole.
François, Seigneur d'Eftremont.
Cefar, Sieur de Coolle; Antoine, prieur de Cazal.
Jacques-François, Sieur de Songy.
Louis, Chevalier de Malthe, enfans dudit Jacques.

> *D'azur à trois Befans d'or en bande.*

D'ESSAUX (orig. de Champagne). — Nicolas d'Effaux, Seigneur de Balay, demeurant à Urizy, Election de Rethel.
Jean & Gobett d'Effaux.

> *D'azur au Chevron d'or, accompagné en chef de deux Levriers affrontés d'argent, accolez de fable, & en pointe d'un autre Levrier de mefme.*

ESTAING (orig. de Roüergue). — Joachim, Comte d'Eftaing, demeurant à Scepoix, Election de Bar-fur-Aube.

> *De France au Chef d'or.*

ESTIVAUX (orig. de Champagne). — Abfalon d'Eftivaux, Seigneur de Mongon, demeurant audit lieu, Election de Reims, & Marie d'Eftivaux, veuve de Claude de Poüilly.

> *De gueules à un Tronc d'Arbre d'or, furmonté d'une Merlette de mefme.*

ESTOQUOIS (orig. de Champagne). — Thomas d'Eftoquois, Sieur de Lonchamp.

> *D'azur à trois Bandes d'or, au Chef de mefme, chargé d'un Lion naiffant d'azur.*

ESTRAC (orig. de Guyenne). — Jean d'Eftrac, Sieur de Ligny, demeurant à Effoye, Election de Bar-fur-Aube.
Charles & Gabrielle, fes neveux & niece.

> *Efcartellé d'or & de gueules.*

FAILLY (orig. de Lorraine). — Jean de Failly, Seigneur de Sauffeüil, y demeurant, Election de Rethel.
Robert de Failly, Seigneur de Bogny, y demeurant, Election de Reims.

Charles, Seigneur de Chenery, y demeurant, mefme Election.
Antoine, Seigneur de Vriz, y demeurant à Sommaifne, Election de Chaalons.
Louis, Sieur dudit Failly, demeurant audit Bogny.
Pierre, Seigneur de Domely, y demeurant, Election de Reims.
Jeanne de Serpes, veuve de Jean de Failly, demeurant à Sandigny, même Election.
Joachim, Seigneur du Mefnil-Fouchart, y demeurant, Election de Bar-fur-Aube.
Fery, Seigneur de Combles, Garde du Corps du Roy.
Antoine de Failly, Seigneur d'Havy.
Antoine, Seigneur de Begny, demeurant au Bofmoir, Election de Reims.
Philippes de Failly, demeurant à Begny.
Pierre, Edmond, Charles, Eftienne, Auguftin, & Claude de Failly, Seigneurs de Vaux, demeurans à Rubigny, Election de Reims.

> *De gueules à la Fafce d'argent, accompagnée de trois Haches d'Armes de même.*

FAY D'ATHYES (orig. de Picardie). — Charlotte de Pavant, veuve de Louis de Fay, Seigneur de Bray.
Charles-Louis de Fay, Seigneur de Bray & Belleville; Philippes, Jofeph, Claude, Roberte & Elifabeth de Fay d'Athyes, demeurans à Belleville, Election de Reims.

> *D'argent, femé de Fleurs de Lis de fable.*

LE FEBVRE (orig. de Champagne). — Jacques le Febvre, Seigneur de la Planche, Lieutenant general à Troyes.
Jean le Febvre, Seigneur de Montgaon.
Chriftophe le Febvre, Seigneur des Chevaliers, Lieutenant criminel à Troyes, & Denife le Febvre, leur fœur.
Nicolas le Febvre, Me des Eaux & Forefts audit Troyes.

> *D'azur à trois Pals d'or, celuy du milieu chargé de trois Rofes de gueules.*

FELIGNY (orig. de Champagne). — Antoine de Feligny, Seigneur de Saint-Liebault, demeurant à Chaumefnil, Election de Bar-fur-Aube,
Et Margueritte Croifette, veuve d'Antoine de Feligny, Seigneur de Villabon, demeurant à Dommartin.

> *D'or à la Croix anchrée de fable, chargée de cinq Ecuffons d'argent.*

FERET (orig. de Champagne). — Philippes Feret, Sieur de Montlaurent.
Nicolas Feret, Seigneur de Mezieres-fur-Oize, demeurant à Selles, Election de Rethel.
Lambert Feret, Seigneur d'Alincourt, y demeurant, mefme Election,
Et Regnault Feret, Sieur de Brienne, y demeurant, mefme Election.

> *D'argent à trois Fafces de fable.*

FERMONT (orig. de Champagne). — Jean de Fermont, Seigneur de Saint-Morel, y demeurant, Election de Rethel.

> *De gueules à trois Tours d'or, à la Bordure de sable.*

DE FEUGRÉ (orig. de France). — Charles de Feugré, Seigneur de Montainville, demeurant à Cheppes, Election de Vitry.

> *D'or à la Bande d'azur, chargée de trois Fleurs de Lys d'or, & accompagnée de deux Lions de gueules, armez & lampassez d'azur.*

LE FEVRE (orig. de Champagne). — Abraham le Fevre de Cormont, Seigneur de Nuisement, demeurant aux Essarts, Election de Sezanne : qui a fait une Genealogie separée de celle d'
Antoine le Fevre, Sieur des Bordes, y demeurant, mesme Election.
Marie, Rachelle, Theodore, Sophie, Suzanne & Analbertine le Fevre, ses sœurs.

> *D'azur à trois Croix pattées d'or.*

FILLETTE (orig. de Champagne). — Nicolas Fillette, Seigneur de Ludes, y demeurant, Election de Reims.

> *D'azur à la Bande d'or, chargée de trois Trefles de gueules, & accompagnée de quatre Estoiles d'or, trois en chef & une en pointe.*

LA FITTE (orig. de Guyenne). — Pierre de la Fitte-Pellaport, Seigneur de Goussaincourt, &
Abraham de la Fitte-Pellaport, son neveu, demeurans audit Goussaincourt, Election de Chaumont.

> *D'azur au Lion couronné d'argent, armé & lampassé de gueules, à la Bordure d'or, chargée d'onze Merlettes affrontées de sable.*

FLAVIGNY (orig. de Picardie). — Christine-Marie de Berule, veuve de Jean-Charles de Flavigny, Baron d'Aubilly, y demeurant, Election de Reims,
Et Cesar Charles-François, son fils.

> *Echiqueté d'or & d'azur.*

FLORINIER (orig. de Champagne). — Estienne de Florinier, Seigneur des Mottes & Marais, demeurant à Doulevant, Election de Vitry.

> *De sable à trois Roses d'argent, l'une sur l'autre, au Pal de gueules, brochant sur le tout.*

LA FOLYE (orig. de Champagne). — Anguerran de la Folie, Seigneur de Charmes, y demeurant, Election de Reims.

> *D'azur à trois Roseaux d'or rangés en pal, chargés d'une Merlette de sable.*

LA FONTAINE (orig. de Champagne). — Barbe de Boham, veuve de Charles de la Fontaine, Sieur de Neuvify.

Roch de la Fontaine, Lucie, Louise, & Marie, demeurans audit Neuvify, Election de Reims.

> *De gueules à la Fasce d'or, au Lambel de trois pendants d'argent.*

DES FORGES (orig. de Lorraine). — Henry des Forges, Sieur de la Motte de Courtizolt, y demeurant, Election de Chaalons, &
Jean-Charles des Forges, Seigneur de Germinon, demeurant à Chaalons.

> *D'azur au Chevron d'argent, chargé de cinq Croix fleuronnées, au pied fiché de sable, accompagné de trois Massacres de Cerf d'or.*

FOUGERE (orig. de Provence). — Philippes-Cesar de Fougere, Seigneur d'Oré, y demeurant, Election de Reims.

> *De gueules au Chevron d'argent, accompagné en pointe d'un brin de Fougere d'or.*

FOUQUET (orig. de Champagne). — Roland-Jacques de Fouquet, Sieur de Richecourt, demeurant à Tramery, Election de Reims.

> *D'azur à deux Estoilles d'or en chef, & un Croissant d'argent en pointe.*

FOURAULT (orig. de Clermont, en Lorraine). — Claude Fourault, Seigneur de Paroy & de Berzieux, y demeurant, Election de Reims.
Charles de Fourault, Seigneur du Chaftelet, demeurant à Bellair, Election de Chaalons.

> *D'argent à deux Bandes d'azur, engreslées de gueules.*

DE FRANCE (orig. d'Artois). — Simon de France, Sieur de la Montagne, demeurant à Broüillet, Election de Reims.
Michel, Alexandre, Charles, Pierre, Louis, & Antoine de France.

> *Fascé d'argent & d'azur, chargé de six Fleurs de Lys de gueules, trois, deux & une.*

DE FRESNE (orig. d'Artois). — Jean-Louis de Fresne, Seigneur de la Tour-Chevillon, y demeurant, Election de Vitry.

> *D'argent au Lion de sable, à la Bordure componée de mesme.*

FRESNEAU (orig. de Champagne). — Robert du Fresneau, Seigneur du Bois-de-l'Or, demeurant à la Grange-aux-Bois, Election de Reims.

> *D'azur à la Fasce d'argent, chargée d'un Lion leopardé de sable, armé & lampassé d'or, & accompagné de six Ecussons d'argent, trois en chef, & trois en pointe, posez deux & un.*

FUST (orig. de Champagne). — Antoine de Fuft,

Seigneur de Montbouſt, y demeurant, Eleƈtion de Sezanne.

> Party & coupé le premier de gueules, au Lion d'argent, couronné d'or; le deux d'or, à un Cœur enflammé de gueules, ſouſtenu de gueules au Cœur d'or.

GAALON (orig de Normandie). — Judith de Galois, veuve d'Henry de Gaalon, Sieur des Careaux, demeurant à Autigny, Eleƈtion de Vitry.
Henry-Joſeph, Frederic, Louis, Caterine, & Anne de Gaalon, ſes enfans.

> De gueules à trois Rocs d'or.

GADOUOT (orig. de Bourgogne). — Jacques de Gadoüot, Seigneur de Saint-Georges, demeurant à Planfort, Eleƈtion de Troyes.

> De gueules à deux Eſpées paſſées en ſautoir d'argent, la garde et la poignée d'or, au Chef d'aʒur, chargé de trois Eſtoilles d'or.

GALANDOT (orig. de Champagne). — Daniel de Galandot, demeurant à Donnemant, Eleƈtion de Bar-ſur-Aube.

> D'aʒur a trois Fleurs de Lierre d'or.

GELÉE (orig. de Champagne). — Auguſtine le Philipponnat, veuve de Pierre de Gelée, Seigneur de Champagne; Pierre, Suzanne, & Renée, ſes enfants.
Blanche & Philippes de Gelée, demeurans à Champagne, Eleƈtion de Chaalons.

> D'aʒur au Chevron d'or, ſurmonté au chef d'un Os d'argent, poſé en pal, ſoûtenu de deux Aigles de meſme, à l'Eſtoille d'or en pointe.

LE GENEVOIS (orig. de Champagne). — Charles le Genevois-Bleigny, Marquis de Bleigny, y demeurant, Eleƈtion de Bar-ſur-Aube.

> D'aʒur à la Faſce d'or, accompagnée de trois Coquilles de meſme.

GEPS (orig. de Baviere). — François de Geps, Seigneur de Flavigny & de Chapeton, y demeurant, Eleƈtion de Sezanne.

> D'aʒur à deux Huchets, adoſſez d'or, ſurmontez d'un Heaume d'argent.

DE GILLET (orig. de Champagne). — Marie de Poüilly, veuve de Philippes de Gillet, Seigneur de la Mairy & de Sivry, & Jean de Gillet, ſon fils, demeurant audit Sivry, Eleƈtion de Reims.

> D'aʒur à une Tour d'argent, ſurmontée de deux Croiſſans de meſme.

GIRAULT (orig. de Bourgogne). — Jean-Baptiſte Girault, Seigneur de Charmoilles.
François Girault, Seigneur de Voüecourt.

Antoine, Seigneur de Genevrieres, y demeurant, Eleƈtion de Langres.

> D'aʒur à une Faſce d'argent, accompagnée de trois Croiſſants en chef, & en pointe d'un Bout de meſme, à la Bordure engreſlée d'or.

GODET (orig. de Champagne). — Jacques Godet, Seigneur de la Grand-Maiſon, demeurant à Saint-Julien, Eleƈtion d'Eſpernay.
Charles Godet, Seigneur de Vadenay, y demeurant, Eleƈtion de Chaalons, &
Philbert Godet, ſon frere.
Henry Godet, Vicomte de Soudé.
François Godet de Soudé, Seigneur de Bouzy & Thoul-ſur-Marne.
Joachim-Louis Godet de Soudé, Seigneur de Villeſavoye.
Antoine Godet, Sieur d'Aunay-ſur-Marne, y demeurant.
Jean Godet, Seigneur de Croüy.
Claude, Seigneur dudit lieu, & Vicomte de Villiers-aux-Nœufs.
Charles & Gaſpart Godet, Seigneurs de Chamery.
Jeanne le Grand de Marcheville, veuve de Jean Godet, Seigneur de Faremont, y demeurant, Eleƈtion d'Eſpernay,
Et Jean Godet, ſon fils.

> D'aʒur au Chevron d'argent, accompagné de trois Pommes de Pin d'or.

GOGUÉ (orig. de Perche). — Louis de Gogué, Seigneur de Boiſſiere, demeurant à Villenauxe, Eleƈtion de Troyes.

> D'aʒur au Cigne d'argent, au Chef couſu de gueules, chargé de trois Croix d'or.

GONDRECOURT (orig. de Champagne). — Claude de Gondrecourt, Seigneur de Colombé-la-Foſſe, Préſident à Chaumont.

> De ſable au Lion d'argent, armé & lampaſſé de gueules.

DE GORRON (orig. de Normandie). — Jean-Baptiſte de Gorron, Seigneur de Beaulieu & du Chaſtelier, demeurant à Virey-ſous-Bar, Eleƈtion de Bar-ſur-Aube.

> D'argent à la Faſce de ſable, accompagnée de trois Trefles de gueules.

GOUJON (orig. de Champagne). — Hieroſme de Goujon, Seigneur de Thuiſy, Treforier de France, demeurant à Chaalons.
Hieroſme-Ignace de Goujon de Thuiſy, Maître des Requeſtes.

> D'aʒur au Chevron d'or, accompagné de trois Loʒanges de meſme; écartelé DE THUISY, qui porte de gueules, au Sautoir engreſlé d'or, cantonné de quatre Fleurs de Lys d'argent.

GRAFFEUIL (orig. de Limofin). — Pierre de Graffeüil, Vicomte des Quatre-Champs, &
Georges de Graffeüil, Vicomte du Mont Saint-Martin.

D'argent à une Feüille de Houx de finople, ac-
coftée de deux Eftoilles d'azur.

LE GRAND (orig. de Champagne). — Edmée Collot,
veuve de Charles le Grand.
Daniel, Bernard, &
Alexandre le Grand, Seigneurs d'Epotemont, & Ni-
colle le Grand, demeurans à Larzicourt, Election de
Bar-fur-Aube.

D'azur à trois Fufées d'or en fafce.

DE GRAND (orig. de Champagne). — Maurice de
Grand, Seigneur de Briaucour.
Nicolas de Grand, Sieur dudit Briaucour.
Pierre, Seigneur de Buxereulles.
Gafpart-Antoine de Grand, Seigneur de Grofnay.
Dominique, Seigneur de la Harmant.
Maurice, Seigneur de Marnay.
Jean-Baptifte, Milles, Bonaventure, Gabriel & Fran-
çoife de Grand.

D'azur à la Fafce d'or, accompagnée de trois
Eftoilles de mefme.

LA GRANGE (orig. de Valois), — Charles & Acham-
Louis de la Grange-Billemont, demeurans à Cour-
landon, Election de Reims.

Lozangé d'or & de fable, au Franc-quartier
d'argent, chargé de neuf Croiffants de gueules,
pofez : un, trois, deux, trois, à l'Eftoille de
mefme en cœur.

LA GRANGE (orig. de Berry). — Charles de la
Grange, Seigneur de Villedonné, demeurant à Courcelles, Election de Vitry.

D'azur à trois Ranchers d'or, deux & un.

LE GRAS (orig. de Champagne). — Pierre le Gras,
Sieur de Vaubercey, y demeurant, Election de Troyes.

D'azur à trois Rofeaux d'or, furmontez d'un
Befan de mefme, au Chef vairé d'or et d'azur.

DU GRETZ (orig. de Champagne). — François du
Gretz, Seigneur d'Humbauville, y demeurant, Elec-
tion de Bar-fur-Aube.
Anne de Monfpoix, veuve de Jean du Gretz, &
Heleine du Gretz, veuve de Pierre Raget.

D'or au Chevron d'azur, accompagné de trois
Befans de mefme.

GROULART (orig. de Liege). — Sebaftien de Groulart de Hazinelle, demeurant à Sauville, Election de
Rethel.

D'azur à trois Eftoilles d'or.

GRUTHUS (orig. d'Allemagne). — Jean de Gruthus,
Seigneur de Bruyere, demeurant à Challerange,
Election de Reims.

Antoine, Seigneur de Grand-Han, demeurant à Auze-
ville.
Jean, Seigneur du Chaftelet, demeurant à Malaffife.
Aleaume, Seigneur de Malaffife, demeurant à la Neufville, &
Antoine de Gruthus, Seigneur de Girondel & la Gra-
vette, y demeurant, Election de Reims.

D'argent à l'Aigle contourné de gueules, becqué
& membré d'azur, chargé fur l'eftomach d'un
Ecuffon d'argent, à la Fafce d'azur.

GRUY (orig. de Champagne). — Claude de Grüy,
Seigneur du Mefnil-Fouchart, y demeurant, Elec-
tion de Bar-fur-Aube.
François, Seigneur de la Folie, & Jacques, Seigneur
de Choifey, demeurans à Planrup, Election de
Vitry.

D'azur à trois Pals d'or; party d'azur à une Ef-
toille d'argent, foûtenuë d'un Croiffant de
mefme, au Chef d'or, chargé de trois Pals de
gueules.

GUENICHON (orig. de Champagne). — Nicolas Guenichon, Seigneur de Suzancourt, demeurant à Bar-
fur-Aube, &
Gabriël Guenichon, Sieur dudit Suzancourt.

D'azur au Pont d'argent, maffonné de fable,
pofé fur une Riviere courante du premier.

GUERIN (orig. de Bretagne). — Jacques de Guerin,
Seigneur de Poifieux, demeurant aux Effarts-le-Vi-
comte, Election de Troyes.

D'or à trois Lionceaux de fable, couronnez,
lampaffez & armez de gueules.

DU GUET (orig. de Champagne). — Robert du Guet,
Seigneur d'Inaumont & de la Lobbe.
Françoife-Angelique-Therefe du Guet, Renaut du
Guet, & Françoife.
Marguerite le Cormier, veuve de Jacques du Guet,
Sieur de la Cerlaut, y demeurante, Election de
Reims.
Marie du Guet, veuve de Mery de Sinot, Seigneur de
Vienne, demeurant à Herbigny : qui ont fait une
Genealogie feparée de celle de
Gilles du Guet, Seigneur de Provifeux.
Claude du Guet, Seigneur dudit Provifeux, demeurant
à Voipreux, Election de Chaalons.
Françoife du Guet, demeurante à Chaalons.

Écartelé au premier d'argent à quatre Bandes
de gueules ; au deux & trois de gueules
pleins ; au quatre d'argent au Lion de gueu-
les.

GUIGNE (orig. de Picardie). — Nicolas de Guigne,
Sieur de la Roche.
Madeleine Damaifan, veuve de Guigne, Sieur de la
Roche, demeurante à Ramerup, Election de Troyes.

D'argent à trois Maillets de gueules.

GUILLAUME (orig. de Brye). — Daniel Guillaume, Sieur de la Plante & de Courcelles, Parroiffe de Couribertz, Election d'Epernay.

> *D'or au Loup paffant de gueules, à la Fafce ondée d'azur, mife en chef.*

GUMERY (orig. de Champagne). — Daniel de Gumery, Seigneur du Chemin & la Vacherie, y demeurant, Election de Troyes.

Antoine de Gumery, Seigneur de la Thuillerie, demeurant à Saint-Parre, mefme Election.

> *D'azur au Chevron d'or, accompagné en chef de deux Eftoilles, & en pointe d'une Gerbe de mefme.*

DE GUY (orig. du Comté de Neufchaftel en Suiffe.) — Jacques d'Haudanger de Guy, Sieur de Sorcy, y demeurant, Election de Rethel : qui a fait une Genealogie feparée de celle de

Guillaume de Guy, Seigneur de Ville, y demeurant, mefme Election.

> *De gueules à la Croix d'argent, cantonné au premier & fecond canton de deux Molettes d'or.*

DU HAMEL (orig. de Picardie). — Claude du Hamel, Seigneur de Saint-Remy en Bouzemont.

François du Hamel, Seigneur des Bouffes, &

Louis du Hamel, demeurans audit Saint-Remy, Election de Vitry.

> *D'argent à la Bande de fable, chargée de trois Sautoirs d'or.*

HAMES (orig. de Flandres). — Charles de Hames, Seigneur de Merval, demeurant à Courcelles, Election de Reims.

> *Vairé d'or et d'azur.*

DU HAN (orig. de Champagne). — Antoine du Han, Sieur de la Neufvelle, y demeurant, Election de Langres.

> *Lozangé de gueules & d'or, au Chef de gueules, chargé de deux Quintes-feuilles d'or.*

HANDRESSON (orig. d'Efcoffe). — Louis d'Handreffon, Seigneur de Saint-Martin, y demeurant, Election de Chaumont.

Jean, Seigneur de Livry, y demeurant, Election de Reims.

> *D'azur à la Fafce d'or, accompagnée en chef de trois Croiffans d'argent, & de trois Hures de Sanglier d'or, en pointe.*

HARLUS (orig. de Valois). — Denis de Harlus, Seigneur de Vertilly, demeurant à Avon, Election de Troyes.

> *De fable au Lion d'argent, couronné d'or, lampaffé et armé de gueules.*

HARZILLEMONT (orig. de Champagne). — Claude

d'Harzillemont, Seigneur de Loupignes, demeurant à Bethniville, Election de Reims.

> *De gueules à trois Pals de vair, au Chef d'or, chargé de trois Merlettes de gueules.*

HAUDOUIN (orig. d'Anjou). — Robert & Charles de Haudoüin, Sieurs de Spilly, y demeurans, Election de Reims : qui ont fait leur Genealogie feparée de celle d'

Abraham de Haudoüin, Sieur & Vicomte de Paffy-fous-Gigny, y demeurant, Election d'Epernay.

> *De gueules au Chevron d'or, accompagné de trois Teftes d'Hommes à longs cheveux de fable, les faces contournées à la droite, ferrées d'un bandeau de mefme.*

HEDOUVILLE (orig. de l'Ifle de France). — Ferdinand de Hedouville, Seigneur de Merval & Sapigneul, y demeurant.

Louis, Seigneur de Godart, demeurant à Reims.

Eleonor de Valons, veuve de Michel de Hedouville, demeurant à Minecourt, Election de Vitry.

> *D'or au Chef d'azur, chargé d'un Lion leopardé d'argent, lampaffé de gueules.*

HENAULT (orig. de Picardie). — Claude de Henault, Sieur de Launay ; René & François de Henault.

Margueritte Allart, veuve de Denis de Henault, leur Mere, demeurans à Sezanne.

> *D'or au Chevron abaiffé d'azur, accompagné de trois Teftes de Mores de fable, bandées d'argent.*

HENNIN-LIETARD (orig. de Flandres). — Antoine de Hennin-Lietard, Seigneur de Bleincour, y demeurant, Election de Troyes.

François de Hennin-Lietard, Seigneur de Semide, demeurant à Inaumont, Election de Rethel : qui ont fait leur Genealogie feparée de celle d'

Antoine de Hennin-Lietard, Seigneur dudit Semide, Saint-Morel & Corbon, demeurant à Sainte-Vaux-bourg, Election de Reims.

> *De gueules à la Bande d'or.*

HERAULT (orig. de Brie). — Judith de la Barge, veuve de Gedeon de Herault, Seigneur du Hault-Charmoy, &

Samuel de Herault, Seigneur dudit lieu.

> *D'azur à trois Teftes de Limier d'or, à la Bordure de gueules.*

HERISSON (orig. de Brye). — Pierre de Heriffon, Seigneur de Vigneux.

Crefpin, Sieur dudit Vigneux, & Françoife de Heriffon, demeurans à la Paulmerie, Election d'Efpernay.

Jean de Heriffon, Seigneur de Vigneux & du Mefnil-Fouchart, y demeurant, Election de Bar-fur-Aube.

> *D'azur à trois Rofes d'argent.*

HERMANT (orig. de Bourgogne). — Henry de Hermant, Seigneur de Grand-Maifon & Marquigny, y demeurant, Election de Rethel.

Louis de Hermant, Seigneur de Launoy, demeurant à la Metz, mefme Election.

D'azur à la Croix d'argent, cantonnée au premier & deux de quatre Eftoilles de mefme ; au trois de deux Eftoilles du fecond, foûtenuës d'une Fafce d'or, & au quatre d'un Pal d'or, adentré de deux Eftoilles d'argent.

HEUDÉ (orig. de Champagne). — Jean de Heudé, Seigneur de Blacy, y demeurant, Election de Vitry.

De gueules à un Elephant d'argent, appuyé contre un Palmier d'or.

HEZECQUES (orig. d'Artois). — Perette de Bailleux, veuve de Charles de Hezecques, Seigneur de Saint-Pierremont, demeurant à Suzancourt.

Charles de Hezecques, fon fils, Seigneur d'Inor, y demeurant, Election de Reims.

D'argent au Lion de finople, armé, lampaffé & couronné de gueules.

L'HOSPITAL (orig. de Champagne). — Jean de l'Hospital, Sieur du Caftel, demeurant à Plivoft, Election d'Efpernay.

Philippes, Sieur de la Chapelle, demeurant à Chaalons.

D'or au Chevron d'azur, accompagné de trois Ecrevices de gueules.

L'HOSTE (orig. de Champagne). — Madelene le Goix, veuve de Claude l'Hofte, Seigneur de Recy, Bailly d'Epernay.

Claude l'Hofte, Seigneur de Recy : Jacques, Auguftin, Anne, Marie, Therefe, Marie, Madeleine & Monique l'Hofte, fes enfans, demeurans à Recy, Election de Chaumont.

D'azur à une Tefte de Griffon, arrachée d'argent.

HOUDREVILLE (orig. de Champagne). — François de Houdreville, Sieur de Suzemont, y demeurant, Election de Chaumont, &

Charlotte Largentier, veuve de Charles de Houdreville.

D'azur au Chevron d'or, accompagné en chef de deux Eftoilles, & d'un Lion de mefme, en pointe.

DU HOUX (orig. de Lorraine). — Jonas du Houx, Seigneur de la Barre, demeurant au Vivier, Paroiffe de Vandieres, Election d'Epernay.

Elizabeth de la Barge, veuve de Benjamin du Houx.

Floreftan du Houx, & Antoine, Seigneurs des Efpignolles, demeurant à Grimprets, Election d'Epernay.

De gueules à trois Bandes d'argent; le gueules chargé de quatre Annelets d'or en barre.

D'HUEY (orig. de Champagne). — François d'Huey, Seigneur de Villemorien.

Henry, Seigneur de Vougré, demeurans à Chalmetz-fur-Vougré, Election de Bar-fur-Aube.

D'azur au Chevron d'argent, accompagnée de trois Tourterelles de mefme, deux & une.

HUMBELOT (orig. de Lorraine). — Claude Humbelot, Seigneur de Serqueux, y demeurant, Election de Langres.

D'azur à la Fafce ondée d'argent, accompagnée de trois Annelets d'or.

HUOT (orig. de Champagne). — Edme Huot, Sieur de la Heraude, demeurant à Vaudes, Election de Troyes.

De gueules à cinq Bandes d'or.

D'IVORY (orig. de Bourgogne). — Pierre d'Ivory, Seigneur de la Morteau, y demeurant, Election de Rethel : qui a fait fa Genealogie feparée de celle de Criftophe d'Ivory, Seigneur d'Offinemont & de Sery, y demeurant, Election de Rethel.

Jean d'Ivory, Sieur d'Efcordal, demeurant à Villiers.

Jeanne de Boham, veuve de Philippes d'Ivory, Sieur d'Efcordal, y demeurant, Election de Reims.

De fable à trois Befans d'argent.

JOYEUSE (orig. de Languedoc). — Nicolle de Villiers, veuve de Robert de Joyeufe, Baron de Saint-Lambert.

Jules-Charles de Joyeufe, fon fils, demeurant audit lieu, Election de Rethel.

Jean-Armand de Joyeufe, Seigneur de Ville-fur-Tourbe, Election de Reims,

Et Michel de Joyeufe, Baron de Verpel, demeurant à Mathault, Election de Troyes.

Pallé d'or & d'azur de fix pieces, au Chef de gueules, chargé de trois Hydres d'or; écartelé d'azur au Lion d'argent, à la Bordure de gueules, chargée de huit Fleurs de Lis d'or.

JUIGNÉ (orig. de l'Anjou). — Marie de Brabant, veuve d'Ifaac de Juigné, Sieur de la Broiffiniere.

Ifaac de Juigné, Seigneur dudit lieu ; Louife, Anne & Marie de Juigné, fes enfans.

D'argent au Lion de gueules, à la tefte d'or, armé de mefme.

L'AIGLE DE L'A MONTAGNE (orig. de Xaintonge). — Jacques de l'Aigle de la Montagne, Sieur de Champgerbault; Pierre & Charles de l'Aigle, fes freres; Madeleine, Louife & Renée, leurs fœurs, demeurans à Champgerbault, Paroiffe de Louvemont, Election de Vitry.

De gueules à l'Aigle à deux teftes, éployée d'argent.

DES LAIRES (orig. de Champagne). — Nicole de Boham, veuve de Roch des Laires, Sieur de Montgon, y demeurant.

Jean-Hierofme des Laires, Sieur dudit lieu.

Roland des Laires, Sieur de la Morteau, y demeurant, Election de Rethel.

> *D'azur à l'Aigle d'or, accompagné en chef de deux Croix patées, au pied fiché d'argent.*

DE LAISTRE (orig. de Champagne). — Elizabeth Lambert, veuve de Bernard de Laiftre, Seigneur de Riaucourt,

Antoine & Marie de Laiftre, demeurans à Riaucourt, Election de Chaumont.

> *D'azur à un Vol d'or, furmonté d'un Œil de .mefme.*

LALLEMANT DE LESTRÉE (orig. de Champagne). — Pierre Lallemant de Leftrée, Seigneur d'Atye, demeurant à Chaalons,

Et Anne Lallemant, veuve de Jacques le Fevre, Sieur de Cernon, demeurante audit Chaalons.

> *De fable au Chevron d'or, accompagné de trois Eftoilles, celle de la pointe furmontée d'un Befant de mefme.*

LANGAULT (orig. de Champagne). — Pierre Langault, Seigneur de Marfon & de Bignicourt, Treforier de France, demeurant à Chaalons.

> *D'azur à deux Efpées paffées en fautoir d'argent, la garde & la poignée d'or.*

LANGLOIS (orig. de la Rochelle). — Louis Langlois, Seigneur de Chevigny, y demeurant, Election de Chaalons.

> *D'azur à trois Rofes d'or, feüillées de gueules.*

LANTAGE (orig. de Bourgogne). — Jacques de Lantage, Seigneur de Feligny.

> *De gueules à la Croix d'or ; écartelé d'azur au Fer de Moulin d'argent.*

LARCHER (orig. de Paris). — Michel Larcher, Seigneur d'Olizy, Bailly de Vermandois.

> *D'azur au Chevron d'or, accompagné en chef de deux Rofes d'argent, & en pointe d'une Croix Patriarchale de même.*

LARGENTIER (orig. de Champagne). — Adolphe Largentier, Sieur de la Fortelle, demeurant au Clos-le-Roy.

Jacques Largentier, Sieur du Chefnoy, demeurant à la Godine.

Anne de Folleville, veuve d'Alexandre Largentier, Seigneur de Joizelle, demeurant à Chamguion, Election de Sezanne.

> *D'azur à trois Chandeliers d'Eglife d'or.*

LAUNOY (orig. de Champagne). — Jean de Launoy, Seigneur de Vognon, & Criftophe-François de Launoy, fon fils, demeurans audit Vognon, Election de Rethel.

> *D'argent à trois Pals de gueules, accoftés de*

> *quatorze Moucheteures d'Hermines, pofées quatre, trois, trois, quatre.*

LEIGNER (orig. de Champagne). — Gilles de Leigner, Seigneur d'Inaumont, demeurant à Chaumont-fous-Bourg, Election de Rethel.

Chriftophe-Antoine & Valentine de Leigner, enfans de Nicolas de Leigner & de Caterine de Launois, demeurans audit Inaumont.

Elizabeth de Leigner, Dame d'Arnicourt, y demeurant, Election de Reims.

Georges de Leigner, Seigneur de l'Eftannes, & Blanche de Leigner, fa fœur.

> *D'argent à trois Merlettes de fable.*

LENHARÉ (orig. de Brye). — Jacques de Lenharé, Seigneur de la Maifon-rouge & Conantray, y demeurant, Election de Chaalons : qui a fait fa Genealogie feparée de celle de

Chriftophe de Lenharé, Seigneur de Tiercelieu, y demeurant, Election de Sezanne.

> *D'argent à deux Cottices de fable.*

LESCARNELOT (orig. du Barrois). — Jacques Lefcarnelot, Sieur de Breuvery, & Madeleine, fa fœur, demeurans à Chaalons.

> *De gueules à une Molette d'or ; au Chef d'azur, chargé de trois Croix croifetées, au pied fiché d'or.*

LESCUIER (orig. de Champagne). — Antoine l'Efcuyer, Seigneur de la Chanée, demeurant à Juftines, Election de Reims.

Jean l'Efcuyer, Seigneur de Hagnicourt, demeurant à Flize.

Charles, Seigneur d'Amichenoy, demeurant à Hagnicour.

Charles le jeune, Seigneur de Montigny, y demeurant, &

Louis, Seigneur de Mongon, y demeurant.

Roland, Seigneur d'Hagnicour, y demeurant, Election de Rethel.

> *D'argent à trois Merlettes de fable.*

LIBAUDIERE (orig. de Champagne). — Pierre de Libaudiere, Seigneur de Rougemont, demeurant à Rameru, Election de Troyes.

Louis, Seigneur de Brandonvilliers, y demeurant, Election de Bar-fur-Aube.

> *D'azur à trois Teftes d'Aigles arrachées d'or.*

LE LIEUR (orig. de Normandie). — Jacques le Lieur, Seigneur de Foffoy & de Chaas, y demeurant, Election de Troyes.

Guy le Lieur, Seigneur de Meffon, y demeurant, mefme Election.

Nicolle le Lieur, fille d'Henry le Lieur.

Marie le Lieur, Nicolle & Marguerite, enfans de François, Seigneur de Laval, demeurans à Saint-Eufraize, Election de Reims.

> *D'or à la Croix denchée, partie d'argent & de gueules, cantonnée de quatre Tefles de Leopards d'azur, lampaffés de gueules.*

LIGNEVILLE (orig. de Lorraine). — Daniel de Ligneville, Comte d'Autricour,
Et Jean-Jacques de Ligneville, Seigneur d'Autreville, y demeurant, Election de Chaumont.

> *Lozangé d'or & de fable.*

LIGNY (orig. de Poitou). — Claude de Ligny, Seigneur de Vaucelles.

> *De gueules à la Fafce d'or, au Chef échiqueté d'argent & d'azur de trois traits.*

LIGOT (orig. de Touraine). — Charles de Ligot, Seigneur de la Boulaye, demeurant à la Chaize, Election de Bar-fur-Aube.

> *D'azur à deux Chevrons d'or, accompagnez de trois Trefles d'argent.*

LINAGE (orig. de Champagne). — Charles Linage, Sieur de Nozay, y demeurant, Election de Troyes.
André & Antoine Linage, fes freres, demeurant Election de Vitry.
André & Thomas, Seigneur de Loifie, Election de Vitry.

> *De gueules au Sautoir engreflé d'or, accompagné de quatre Fleurs de Lis de méme.*

LIVRON (orig. de Dauphiné). — Charles de Livron, Abbé d'Ambronnay,
Et Nicolas de Livron, fon frere, Marquis de Bourbonne, Lieutenant pour le Roy au Gouvernement de Champagne, demeurant à Bourbonne, Election de Langres.

> *D'argent à trois Fafces de gueules, brifé au Franc-cartier d'un Roc d'Efchiquier de mefme.*

LOCART (orig. d'Efcoffe). — Pierre, Charles, Hierofme, Nicolle & Caterine Locart, demeurans à Charmoy, Election de Troyes.

> *De fable à deux Efperons d'argent, l'un fur l'autre, le fecond contourné.*

LONGUEAU (orig. de Gaftinois). — Henry de Longueau, Seigneur de Villins, & de Saint-Benoift-fur-Vannes, Election de Troyes.

> *D'azur fretté d'argent.*

DU LYON (orig. de Bourgogne). — Claire Sauvage, veuve de René du Lyon,
Claude-François du Lyon, Seigneur de Poiffons & Poinffenot, Election de Langres,
Et Jean-Baptifte du Lyon, fon frere.

> *D'or, femé de Croifettes de fable, au Lion de mefme, armé & lampaffé de gueules.*

LUILLIER (orig. de Champagne). — Marie de Biencourt, veuve de Charles Luillier, Sieur de Saint-Mefmin, &

Claude de Biencourt, veuve de Pierre Luillier, Seigneur de Courlanges, demeurantes Election de Troyes.

> *D'azur à trois Coquilles d'or.*

DE MAILLART (orig. de Liege). — Claude de Maillart, Seigneur de Gruyeres & Noüart, y demeurant, Election de Reims,
Et Claude-Charles de Maillart, Sieur de Landres.

> *D'azur à l'Ecuffon d'argent, au Lion naiffant de mefme.*

MAILLY (orig. de Picardie). — Nicole de Marquette, veuve de Gedeon de Mailly, Seigneur de Briauté.
Philippes de Mailly, Sieur dudit Briauté; Antoinette, Margueritte & Marie de Mailly, fes enfans, demeurans à Boulzicourt, Election de Rethel.

> *D'or à trois Maillets de finople.*

MAIZIERES (orig. de Champagne). — Claude de Maizieres, Seigneur de Vericour, demeurant à Jaffene.
Auguftin, fon fils, demeurant à Brebant.
Françoife, veuve de Nicolas de Maizieres; Pierre & Louis de Maizieres, fes enfans, demeurans à Vernonvillers, Election de Bar-fur-Aube.

> *De gueules au Chef d'argent, chargé de trois Lozanges de mefme.*

MALCLERC (orig. de Lorraine). — Dominique de Malclerc, Seigneur de Sommervillier & de Pré, Election de Vitry.

> *De fable à deux Jumelles d'argent.*

MALVAL (orig. de Champagne). — François de Malval, Seigneur de la Malmaifon.

> *D'azur à la Face d'argent, chargée de trois Eftoilles de fable, furmontée d'un Lion d'or.*

DE MANCE (orig. de Champagne). — Antoine de Mance, Sieur d'Olon, & Claude de Mance, Sieur de Maravois, demeurans à Oudival, Election de Langres.

> *D'azur à la Mancine d'or, au Fruit de fable, bordé de gueules.*

DE MARC (orig. de Champagne). — Guillaume de Marc, Seigneur de Brouffeval, y demeurant, Election de Vitry.

> *D'azur au Chevron d'or, accompagné de trois Molettes de mefme; écartelé de gueules, à la Croix denchée d'argent.*

MARCHEVILLE (orig. de Champagne). — Gabriel de Marcheville, Seigneur de Murtin, y demeurant, Election de Reims.

> *D'azur à cinq Bezans d'argent, pofez deux, deux & un.*

LE MARGUENAT (orig. de Champagne). — Philippes le Marguenat, Seigneur de Saint-Pars, y demeurant, Election de Troyes.

> *D'azur à trois Bandes d'or, au Chef de mesme, chargé de trois Roses de gueules.*

MARISY (orig. de Champagne). — Nicolas de Marisy, Sieur de Cervel, demeurant à Troyes.

> *D'azur à six Macles d'or, trois, deux & une.*

LA MARRE (orig. de Champagne). — Charles de la Marre, Seigneur de Bloucquenay, demeurant à Chardeny, Election de Rethel.

> *D'argent à trois Pals de gueules.*

MARTIN DE CHOISEY (orig. de Bourgogne). — Georges Martin de Choisey, Sieur de Barjon, & Françoise Martin de Choisey, veuve d'Abdenago de Joisel, Sieur de Beurville.

> *D'argent à trois Martinets de sable, au Chef de mesme, chargé de trois Coquilles du champ.*

MAUBEUGE (orig. de Picardie). — Jean de Maubeuge, Seigneur de Feligny, Election de Bar-sur-Aube.

> *Vairé d'or & de gueules.*

MAUJON (orig. de Champagne). — Joseph de Maujon, Seigneur de la Routiere, & Louis, son frere, Sieur de Batilly, demeurans à la Routiere, Election de Bar-sur-Aube.

> *D'argent à trois Merlettes de sable.*

MEDARD (orig. de Lorraine). — Louis Medard, Sieur du Fossé, demeurant à Langres.

> *D'or à la Fasce d'azur, chargée de deux Roses d'argent, accompagnée de trois Roses de gueules.*

MEIEL (orig. d'Allemagne). — Louis-Philippes de Meiel, Seigneur de Meilbourg, demeurant à Roches, Election de Reims, & Anne de Meiel, sa sœur.

> *D'or à trois Goblets de vaire meyellez.*

DE MELIN (orig. de Liege). — Philippes de Melin, Seigneur de Savigny, y demeurant, & Philippes de Melin, Seigneur de Geraumont, y demeurant, Election de Rethel.

> *D'or à deux Lions affrontés & couronnés de sable, lampassez & armez de gueules, surmontez de Merlettes du second.*

MERTRUS (orig. de Champagne). — Claude de Pons, veuve de Claude de Mertrus, Seigneur de Saint-Oüin, y demeurant.

Claude, Seigneur dudit Saint-Oüin, y demeurant, Election de Troyes.

Antoine, Seigneur de la Ville-au-Bois, y demeurant, Election de Bar-sur-Aube,

Et Antoine, Seigneur de Saint-Leger, y demeurant, mesme Election.

> *D'azur au Lion d'or.*

MESGRIGNY (orig. de Champagne). — Jean de Mesgrigny, Marquis dudit lieu, Conseiller d'Estat ordinaire.

François, Seigneur de Briel, y demeurant, Election de Bar-sur-Aube.

Jean-François de Mesgrigny, Marquis de Vandeuvre.

Nicolas de Mesgrigny, Comte d'Aunay & de Vilbertin, y demeurant, Election de Troyes, & Jean de Mesgrigny, Seigneur de Sousleau, y demeurant, mesme Election.

> *D'argent au Lion de sable.*

DU MESNIL (orig. de Champagne). — Nicolas du Mesnil, Sieur de Bourbonne & du Petit-Mesnil.

Samson du Mesnil, Sieur desdits lieux.

Gilles du Mesnil, Sieur de Chambourg, demeurans à Chaumesnil, Election de Bar-sur-Aube, &

Nicolas du Mesnil, Seigneur du Petit-Mesnil, demeurant à Vernonvilliers, mesme Election.

> *D'azur à trois Fasces d'argent.*

MINETTE (orig. de Champagne). — Caterine & Marie, Therese de Minette, Dame de Hetz, y demeurantes, Election de Vitry.

François de Minette, Sieur de Saint-Urain, y demeurant, mesme Election.

Caterine de Chastillon, veuve d'Henry de Minette, Sieur de Viaspre.

Pierre de Minette, Sieur dudit Viaspre.

Anne, Henriette, Edmée, & Louise de Minette, sœurs.

Edme de Minette, Sieur de Bassignan, leur frere,

Et Jacques de Minette.

> *D'or au Lion de gueules, vestu de frette de mesme.*

LE MIRE (orig. de Bourgogne). — Louis le Mire, Sieur de la Courtille, demeurant à Champignolle, Election de Bar-sur-Aube.

> *D'azur au Chevron d'argent, accompagné de trois Pommes de Pin d'or.*

MIREMONT (orig. d'Auvergne). — François de Miremont, Seigneur de Saint-Estienne, y demeurant, Election de Reims.

> *D'azur au Pal d'argent, fretté de sable, accosté de deux Fers de Lance du second.*

MISERAC (orig. de Vivaretz). — Marie de Ligny, veuve de Frederic de Miserac, Sieur de Vaux, & Louis de Miserac, Sieur dudit lieu, son fils.

> *D'argent au Chevron de sable, accompagné de trois Merles de même, becquées & armées d'or, les deux du chef contournées.*

MOET (orig. de Champagne). — Jean Moët, Seigneur de Broüillet & d'Ugny, Confeiller au Prefidial de Reims.

Nicolas, Jacques & Jean Moët, fes enfans, demeurans à Reims.

Thierry Moët, Seigneur de Bronville & de Recy, y demeurant, Eleftion de Chaalons.

Jacques Moët, demeurant à Reims.

Marie Noel, veuve de Cefar Moët, Sieur de la Fortemaifon, & Scipion Moët, fon fils, demeurans à Pierry, Eleftion d'Epernay.

De gueules à deux Lions adoffés d'or, les teftes contournées.

MOLÉ (orig. de Champagne). — Pierre-François Molé, Seigneur de Villy-le-Marechal.

Nicolas, Jean, Hierofme, Euftache Molé, & Simonne de Mefgrigny, veuve de Claude Molé, leur mere.

De gueules à deux Eftoilles d'or en chef, & un Croiffant d'argent en pointe.

DE MONARD (orig. de la Marche). — Charles de Monard, Seigneur de Villefavard, demeurant à Villiers-Franqueux, Eleftion de Reims.

D'argent à la Fafce de gueules, accompagnée de trois Aiglettes d'azur.

DU MONCEAU (orig. de Champagne). — Jean du Monceau, Seigneur de Cuffangy, Eleftion de Bar-fur-Aube.

D'azur au Chevron d'argent, accompagné de trois Efoilles de mefme.

DE MONCRIF (orig. d'Efcoffe). — Suzanne de Brunet, veuve d'Anne de Moncrif, demeurant à Heurville-fur-Marne, Eleftion de Vitry.

D'or au Lion de gueules, armé & lampaffé d'azur, au Chef d'hermines.

MONTANGON (orig. de Champagne). — Charles de Montangon, Seigneur de Crefpy.

Dianne de Chaftenay, veuve de Louis de Montangon, & Charles de Montangon, Sieur de Rouvroy, demeurans à Crefpy, Eleftion de Bar-fur-Aube.

Gironné d'or & d'azur de fix pieces.

MONTARBY (orig. de Champagne). — Louis de Montarby, Seigneur de Dampierre, &

François de Montarby, Seigneur de Freville, demeurant à Lannes, Eleftion de Langres.

De gueules au Chevron d'argent.

MONTGUYON (orig. de Champagne). — Pierre de Montguyon, Seigneur de Germont & de Puifieux, y demeurant, Eleftion de Rethel.

D'argent à trois Teftes de Mores de fable, bandées du champ, deux & une.

MONTIGNY (orig. de Champagne). — Claude de Montigny, Seigneur d'Atricour, demeurant à Saquenay, Eleftion de Langres.

De gueules à cinq Fafces d'or.

MONTIGNY (orig. de Champagne). — François de Montigny, Seigneur de Cramoifel, demeurant à Savigny, Eleftion de Reims, &

Jeanne de Montigny, veuve d'Antoine de Champagne, Seigneur de Neuvy, y demeurant, Eleftion de Sezanne : qui ont fait une Genealogie feparée de celle de

Roland & Charles de Montigny, Seigneurs de Violaine, demeurans à Chaftillon, Eleftion d'Epernay.

Semé de France au Lion naiffant d'argent.

MORILLON (orig. de Champagne). — Jean de Morillon, Confeiller au Parlement, Seigneur de Reims-la-Bruflée, Eleftion de Vitry.

D'or à la Fafce de gueules, chargée de deux Filets ondés d'argent, accompagnée de trois Trefles de fable.

MOSSERON (orig. de Brye). — Edmée de Boffancour, veuve de Jufte de Mofferon, Seigneur de Fligny ;

Eftienne, Jacques, Louis, François, Margueritte, Madelene & Elizabeth-Marie de Mofferon, fes enfans, &

Jacques de Mofferon, Seigneur de Fligny, y demeurans, Eleftion de Bar-fur-Aube.

D'argent à la Fafce de fable, accompagnée en chef de trois Trefles, & en pointe de cinq Anchres de même.

LA MOTTE (orig. de Champagne). — Pierre de la Motte, Seigneur de Braux-le-Comte ; René, Louis, Marguerite & Madelene de la Motte, demeurans à Braux, Eleftion de Bar-fur-Aube : qui ont fait leur Genealogie feparée de celle de

Claude de la Motte, Seigneur d'Arrentiere, demeurant à Aunay, même Eleftion.

D'azur au Bafton noüeux d'or, pofé en bande.

MUSSAN (originaire de Picardie). — Nicolas de Muffan, & Claude, fon fils, Seigneurs de Mongon, y demeurans, Eleftion de Rethel,

Et Charles de Muffan, demeurant à Brethel, mefme Eleftion.

D'azur à trois Fafces d'argent, chargées d'une Hache d'Armes de mefme, pofée en bande, brochant fur le tout.

MYON (orig. de Bourgogne). — Gabriel de Myon, Baron de Gombervaux, y demeurant, Eleftion de Chaumont.

Écartelé d'or & de gueules.

NETTANCOURT (orig. de Champagne). — Nicolas

de Nettancourt d'Hauffonville, Comte de Vaubecourt, y demeurant.

François-Gaston de Nettancourt, Seigneur de Bettancourt & de Vroil, y demeurant.

Edmond de Nettancourt, Baron de Frenetz, &

Louis de Nettancourt, Seigneur dudit lieu, y demeurant, Election de Chaalons.

NETTANCOURT. *De gueules au Chevron d'or.*

HAUSSONVILLE. *D'or à la Croix de gueules, freftée d'argent.*

DE NIGER (orig. de Savoye). — Claude-Louis de Niger, Seigneur de Maniffart, demeurant à Gefnes, Election de Reims.

D'azur au Lion d'or, au Chef d'argent, chargé de trois Teftes de Mores de fable, accoftées de deux Eftoiles de gueules.

NOGENT (orig. d'Italie). — Charles de Nogent, l'aifné, Charles de Nogent, le jeune, Eftienne de Nogent, Seigneur d'Humbauville, y demeurant.

Charles & Jacques de Nogent, fils dudit Charles, l'aifné, demeurans à Cunfin, Election de Bar-fur-Aube.

Nicole Tremifot, veuve de feu Gafpart de Nogent, Seigneur d'Aubetré ; Jean, Sebaftien, Henri, Gafpard, Jofeph, Margueritte & Alexandrine, fes enfans, demeurans à Vexaulles, Election de Langres.

François de Nogent, Sieur de la Colombiere, & Jacques, fon fils.

De gueules au Chevron d'argent.

NOIREFONTAINE (orig. de Champ). — Robert de Noirefontaine, Seigneur du Buiffon, demeurant à Efcrienne, Election de Vitry.

Jean de Noirefontaine, Seigneur du Buiffon, y demeurant, mefme Election.

Anne & Claude de Noirefontaine.

De gueules à trois Eftriers d'or.

DE NOUE (orig. de Valois). — Charles de Noüé, Sieur de Cuy, demeurans à Courmas, Election de Reims.

Jofeph, Claude, Hierofme, Robert & François de Noüé, Seigneurs dudit lieu & de Marne-la-Maifon, y demeurans, Election de Vitry.

Echiqueté d'argent & d'azur, au Chef de gueules.

DE LA NOUE (orig. de Brye). — Louis de la Noüé, Seigneur dudit lieu, y demeurant, Election de Sezanne : qui a fait fa Genealogie feparée de celle de

Hector de la Noüé, Seigneur de la Foreft ; Madelene et Marie de la Noüé, fes fœurs, demeurans à Efternay, Election de Sezanne : qui ont encore fait une Genealogie feparée de celle de

Joachim de la Noüé, demeurant à Beurville, Election de Bar-fur-Aube.

Lozangé d'argent & d'azur.

NOVION (orig. de Champagne). — Jean de Novion, Seigneur de la Motte, Fauçonnerie, & de Vée.

Louis de Novion, Seigneur de la Hazette.

Simon de Novion, Sieur dudit lieu de la Hazette, Election de Reims.

D'azur à la Bande d'or, accompagnée de trois Colombes d'argent.

DES NOYERS (orig. de Champagne). — François des Noyers, Seigneur de Brechainville, Election de Chaumont.

D'argent à trois Mouchetures d'hermines, à la Bordure dentelée de gueules.

OREY (orig. de Liege). — Louis d'Orey, Baron de Bolandre, demeurant à Bienville, Election de Vitry.

De gueules, femé de Fleurs de Lis d'or, à l'Ecuffon d'azur en abyfme.

ORGE (orig. de Baffigny). — Jean d'Orge, Seigneur de Louvieres, y demeurant, Election de Langres.

D'argent à trois Fafces d'azur.

ORIGNY (orig. de Champagne). — Elizabeth Danneau, veuve de Claude d'Origny, Seigneur de Cormont & Chalette, Election de Bar-fur-Aube, & Samuel d'Origny, fon fils.

D'argent à la Croix de fable, chargée d'une Lozange du champ.

ORJAULT (orig. de Champagne). — Nicolas d'Orjault, Seigneur de Coucy, demeurant à Efcordal, Election de Reims.

Claude d'Orjault, Sieur dudit Coucy, demeurant à Bignicourt, même Election.

D'or à l'Aigle de gueules.

ORIOCOURT (orig. de Lorraine). — Caterine de Sompfois, veuve de Gabriel d'Oriocourt, Seigneur dudit lieu ; Louis, Juft & Gabriel, fes enfans, demeurans à l'Efchere, Election de Vitry.

De gueules à trois Pals de vair, au Chef d'or, chargé d'un Lion leopardé de gueules.

ORTHE (orig. de Champagne). — Charles d'Orthe, Vicomte de Voulzy, y demeurant, Election de Rethel.

D'argent au Lion de gueules, chargé en cœur d'une Eftoile d'azur.

OUDAN (orig. de Champagne). — Jean & Nicolas Oudan, Seigneur de la Creffonniere, demeurans à Damery, Election d'Epernay.

D'azur au Chevron d'or, accompagné de deux Rofes en chef, & d'un Lion de mefme en pointe.

PAILLETTE (orig. de Champagne). — Louis de Paillette, Sieur de Humberfin.

Françoife de Cola, veuve de Hierofme de Paillette, Seigneur de la Motte, &
Gafpart Paillette, Sieur du Petit-Serin.

D'or à trois Hures de Sanglier de fable.

PALLUAU (orig. de Paris). — Pierre de Palluau, Seigneur de Voüarce, demeurant à Troyes.

D'or au Chevron de gueules, accompagné de trois Aubifoings d'azur, la queuë de finople, deux en chef & l'autre en pointe.

PAMPELUNE (orig. de Champagne). — Henry de Pampelune, Sieur d'Affencieres, demeurant à Arnancourt, Election de Bar-fur-Aube.
Claude-Jeanne & Nicolle-Marie, fes fœurs.

D'argent à trois Efloilles de gueules, au Croiffant d'azur en cœur.

PARCHAPPE (orig. de Champagne). — Louis Parchappe, Prefident en l'Election d'Efpernay.
Pierre, Sieur des Corefts, &
François, Sieur des Noyers, Eleu à Efpernay.

D'azur au Chevron d'or, accompagné de trois Colombes d'argent.

PARIS (orig. de Champagne). — François de Paris, Seigneur de Forfery, Election de Sezanne.

D'azur à la Tour d'or, furmontée d'un Lambel de mefme, chargée de trois Rofes du champ.

PARIS (orig. de Champagne). — Nicolas de Paris, Seigneur de Muire.
Remy de Paris, Seigneur du Pafquier, demeurant à Reims.
Philippes-Hierofme de Paris, Seigneur de Sainte-Fraize, demeurant à Branfcourt, Election de Reims.

De gueules au Sautoir dentelé d'or, accompagné de deux Quintes-feüilles, l'une en chef & l'autre en pointe, cottoyé de Befans de mémes.

PASQUIER (orig. de Paris). — François Pafquier, Sieur de la Honville.
Antoinette de Nepoux, veuve de Gilbert Pafquier, Sieur de Valgrand.
Florent, François-Antoine & Gabrielle-Anne Pafquier, fes enfans.

D'azur au Chevron d'or, accompagné de trois Rofes d'argent.

PAVANT (orig. de Champagne). — Charles-Louis de Pavant, Seigneur de la Croix, demeurant à Tanon, Election de Rethel.
Jean de Pavant, Seigneur de Taify.
Judith de Saint-Ignon, veuve de Pomponne de Pavant, Seigneur de Taify, demeurant à Vrizy, & Françoife de Pavant.

D'argent à trois Fafces de gueules, au Chef échiqueté d'or & d'azur de deux traits.

PAYEN (orig. de Picardie). — Hierofme Payen, Sieur de Saint-Georges, demeurant à Dommely, Election de Reims.

De gueules au Chevron d'or, accompagné en chef de deux Croiffans d'argent.

PELLART (orig. de Beauffe). — Jean de Pellart, Seigneur de Servigny & de Baricourt, Lieutenant de Roy au Gouvernement du Chafteau de Sedan, Election de Reims.

D'argent à l'Aigle éployé de fable.

PERRET (orig. de Champagne). — Eftienne Perret, Seigneur de Brethenay, Confeiller au Prefidial de Chaumont.

D'azur à la Fafce d'or, accompagnée de trois Croiffants d'argent en chef, & en pointe de trois Trefles du fecond.

LE PERRY (orig. de Champagne). — Antoine Pierre le Perry, Sieurs de la Chauffye & du Mefnil-Fouchart, y demeurans, Election de Bar-fur-Aube.

D'argent à la Bande de fable, accompagnée de deux Lions de gueules.

PETIT (orig. de Champagne). — Simon Petit, Seigneur de la Marnotte, demeurant à Saint-Beroin-les-Foffes, Election de Langres.
Gilles Petit, Seigneur de Frettes.
Richard Petit, Eleu en l'Election de Langres, &
Sirette le Febvre, veuve de Jean Petit.

De gueules au Maffacre de Cerf d'argent, la ramûre d'or.

PICART (orig. de Paris). — Henry le Picart de Montreüil, Sieur de Sevigny.
François & Louis le Picart, freres, demeurans à Sevigny, Election de Reims.

D'azur au Lyon d'or.

PICART (orig. de Picardie). — Antoine le Picart, Sieur d'Afcourt, demeurant à Margerie, Election de Bar-fur-Aube.

D'azur à deux Haches d'Armes paffées en fautoir d'argent, & deux Merlettes de mefme en pointe.

PICOT (orig. de Brie). — François Picot, Marquis de Dampierre, y demeurant, Election de Bar-fur-Aube.
Louis & Gilles de Picot, freres, Seigneurs de Beauvais, demeurans à Rumilly, Election de Troyes.
Claude de Picot, Seigneur de Meurs, y demeurant, Election de Sezanne.

D'or au Chevron d'azur, accompagné de trois Falots de gueules, au Chef de mefme.

PIEDEFER (orig. de Beauvoifis). — Alexandre de

Piedefer, Seigneur de Saint-Mards, y demeurant, Election de Troyes.

Echiqueté d'or & d'azur.

PILLOYS (orig. de Vexin). — Louis de Pilloys, Seigneur de Viafpre-le-Petit, y demeurant, Election de Troyes, & Françoife, fa fœur.

De gueules à la Croix anchrée d'argent, cantonnée de quatre Molettes de mefme.

DU PIN (orig. de Bourgogne). — Hierofme du Pin, Sieur de Dommartin-fous-Hans, Lieutenant de Roy à Sainte-Menehould, Election de Chaalons.

De fable à la Fafce d'or, à l'Orle de fix Rofes de mefme.

PINGUENET (orig. de Champagne). — Jean de Pinguenet, Sieur Defcoulons, demeurant à Chaudefontaine, Election de Chaalons.

D'argent au Chevron de fable, accompagné de trois Oyes du champ.

PINTHEREAU (orig. de Vexin). — Jean Pinthereau, Sieur de Boiflifle, Receveur des Gabelles à Chaalons.

De gueules à fix Molettes d'or, pofées deux, deux & deux.

PINTEVILLE (orig. de Lorraine). — Jean de Pinteville, Seigneur de Moncetz & la Motte.
Claude de Pinteville, Seigneur de Vaugency.
Pierre, Seigneur de Cernon.
Jacob de Pinteville, Garde du Corps du Roy.
Gilles & Jean de Pinteville, demeurans à Chaalons.

D'argent au Sautoir de fable, chargé d'un Lyon d'or, brochant fur le tout, armé & lampaffé de gueules.

PITHOU (orig. de Champagne). — Pierre Pithou, Seigneur de Luyeres, y demeurant, Election de Troyes.

De vair à la Bande d'argent, accompagnée de deux Cottices de mefme.

LA PLACE (orig. de Dauphiné). — Antoine de la Place, Sieur de Pocancy, demeurant à Villardoüin, Election de Troyes.
Nicolas de la Place, Seigneur de la Haute-Maifon, demeurant à Villelouvotte, Election de Sezanne.

D'azur à trois Fers de Lances d'or.

LA PLANQUE (orig. de Champagne). — François de la Planque, Sieur de la Croüilliere, demeurant à Champvoify, Election d'Efpernay.

D'azur au Lyon d'or.

DE POINTES (orig. de Champagne). — René de Pointes, Sieur d'Anrofey & de Chaudenay.
François, Seigneur de Piffeloup, &

Claude, Seigneur de Piffeloup, demeurant Election de Langres.

D'or à trois Lionceaux de fable, couronnez d'or, lampaffez & armez de gueules.

POIRRESSON (orig. de Champagne). — Claude de Poirreffon, Sieur de Crefpy, Confeiller du Roy & fon Procureur au Prefidial de Chaumont.

D'azur à trois Pals d'or.

DU PONT (orig. de Brabant). — Edme du Pont, Seigneur de Nuifement & de Villiers, y demeurant, Election de Troyes.

D'azur à l'Aigle d'or, au Chef de mefme.

DE PONTS (orig. de Champagne). — François de Ponts, Seigneur de Renepont & de Bouvigny, Election de Chaumont.
Gafpart de Ponts, Seigneur de la Ville-aux-Bois, demeurant à Troyes.
Nicolas & Gafpart de Ponts, Seigneur de Renepont & de Maffiges, y demeurans, Election de Reims, &
Pierre de Ponts, Chevalier de Malthe.

De fable à la Bande d'argent, chargée d'un Lion de gueules, accompagnée de deux Eftoilles du fecond.

PORCHIER (orig. de Limofin). — Jacques de Porchier, Seigneur du Claux, demeurant à Jeremont, Election de Reims.

D'or à trois Hures de Sanglier de fable.

PORTEBIZE (orig. d'Anjou). — Ifaac de Portebize, Sieur du Bois-de-Soulers, demeurant à Saint-Phale, Election de Troyes.

D'azur à cinq Befans d'or, pofez deux en chef, deux en fafce & un en pointe.

POUILLY (orig. de Lorraine). — Cefar de Poüilly, Baron de Cornay.
Charles de Poüilly, Seigneur de Fleville.
Jean de Poüilly, Sieur de Cornay, &
Jean de Poüilly, Seigneur de Lanfon, demeurans à Cornay & Fleville, Election de Reims.

D'argent au Lyon d'azur.

DE PREZ (orig. de Savoye). — Louis de Prez, Miniftre de Chaltray, Election de Chaalons , &
Jacques de Prez, fon frere.

D'or au Lion naiffant de gueules, coupé d'azur.

PROSPE (orig. de Bourgogne). — Guy de Profpe, Seigneur de Frefnel, demeurant à Ville-fur-terre, Election de Troyes.

De fable à deux Cafques affrontez, pofez en écartelé d'argent, & deux Mains de carnation, mouvantes du chef, & de la pointe de l'Efcu, tenantes une Palme de finople.

DU PUIS (orig. de Barrois). — Antoine du Puis, Seigneur de Valfargues, demeurant à Grand.

Roch & François du Puis, freres, Seigneurs de Lezeville, y demeurans, Election de Chaumont.

> *D'azur au Chef emmanché d'or.*

DU PUIS (orig. de Champagne). — Gabriel du Puis, Sieur d'Onifeux, demeurant à la Chapelle, Election de Chaalons, &

Jean du Puis, fon frere, demeurans au Mefnil, mefme Election.

> *De gueules au Lion d'or.*

QUANTEAL (orig. de Bourgogne). — Nicolas de Quanteal, Docteur en Medecine, demeurant à Chaumont.

> *De gueules à la Croix d'or, chargée de huit Lozanges du champ.*

QUINOT (orig. de Champagne). — Euftache Quinot, Avocat, & Louis Quinot, Confeiller à Troyes.

> *D'azur au Chevron d'or, accompagné de trois Eftoilles de mefme, furmonté d'un Croiffant d'argent.*

RABUTIN (orig. de Bourgogne). — Jean de Rabutin, Seigneur de Selles, y demeurant, Election de Rethel.

> *Cinq Points d'or, équipolez à quatre de gueules.*

DE RACINE (orig. de Beauffe). — Odette de Poftel, veuve d'Edme de Racine, Sieur de Forgirard, & Michel de Racine, Sieur dudit Forgirard, demeurant à Chaource, Election de Bar-fur-Aube.

> *D'azur à trois Mains fenextres d'or.*

RAGUIER (orig. de Champagne). — Gafpart Raguier, Baron de Pouffé, demeurant à Maizieres, Election de Troyes.

> *D'argent au Sautoir de fable, accompagné de quatre Perdrix au naturel.*

RAINCOURT (orig. de Champagne). — Charles de Raincourt, Sieur de Balevre, y demeurant, Election de Rethel.

> *De gueules à la Croix d'or, cantonnée de huit Billettes de mefme.*

LA RAMA (orig. de Champagne). — Charles de la Rama, Seigneur de Vandieres, demeurant à Corbeille, Election de Bar-fur-Aube.

> *D'azur au Lion d'or, accompagné de cinq Fers de Lances de même.*

RAULET (orig. de Champagne). — Claude Raulet, Sieur de Soüin & d'Yévre, y demeurant, Election de Bar-fur-Aube.

Pierre Raulet, Sieur de Mutigny, y demeurant, Election de Chaalons.

Jean, Pierre, Jacques & Jacquette Raulet.

> *D'azur au Lys au naturel d'argent, au Chef d'or, chargé de trois Tafs de fable.*

RAVAULT (orig. de Bourgogne). — Louis Ravault, Seigneur de Bercenay, demeurant à Lafnerey, Election de Troyes.

François-Louis & Jacques Ravault, Edme Ravault, Seigneur de Bercenay, y demeurant, Election de Troyes,

Et Elizabeth Ravault, demeurant à Bourg, mefme Election.

> *D'azur à trois Cygnes d'argent.*

RAVENEL (orig. de Picardie). — Edmond de Ravenel, Marquis de Sablonnière, Seigneur de Verdelot & de Vindé, y demeurant, Election de Sezanne.

> *De gueules à fix Croiffants d'or, pofez deux, deux & deux, furmontez chacun d'une Eftoille de mefme, & une autre Eftoille en pointe, auffi d'or.*

RAVIGNAN (orig. de Champagne). — Bonnet de Ravignan, demeurant à Joncreux, Election de Bar-fur-Aube.

> *D'azur à deux Efpées paffées en fautoir d'argent, les pointes en bas, la garde & la poignée d'or.*

REANCE (orig. de Gafcogne). — Simonne de Laurent, veuve de Nicolas de Reance, Seigneur dudit lieu.

Claude-Antoine de Reance, fon fils, Seigneur d'Auranville, y demeurant, Election de Chaumont.

> *D'azur à la Croix d'or.*

DES REAUX (orig. de Bourbonnois). — René des Réaux, Seigneur de Coclois, y demeurant, Election de Troyes.

> *D'or au Lyon de fable, à la Tefte humaine de carnation de front.*

REMONT (orig. de Champagne). Charles de Remont, Sieur d'Arnicourt.

Hugues de Remont, Seigneur de Radoüey, y demeurant.

Archambaut de Remont, Seigneur de l'Eftanne & de la Hauvette, y demeurant, Election d'Epernay.

Anne le Cauffonnier, veuve de Triftan de Remont, Seigneur de Sery, demeurant à Livry, Election de Reims.

Charles, Seigneur d'Harzillemont, demeurant à Provify, mefme Election.

> *Semé de France, au Franc-quartier d'argent, chargé d'une Merlette de fable.*

RENART DE FUSCHAMBERG (orig. de Saxe). — Gobert-Albert Renart de Fufchamberg, Seigneur de Mont-Renart.

Claude, Seigneur de Moucy.

Thomas-Adolphe, Seigneur de Rubigny.
Jacques-François, Seigneur de la Tournelle.
Claude & Thomas, Seigneurs d'Amblemont, &
Charles-Albert, Seigneur du Fauçon.

D'argent au Chefne de finople, englanté d'or; au Chef d'azur, chargé de trois Eftoilles du champ.

RENAUT DES LANDES (orig. de Bretagne). — Pierre de Renaut, Seigneur des Landes, Comte de Vignory, &
Eftienne de Renaut, fon frere, demeurans à Vignory, Election de Chaumont.

D'argent au Sautoir de gueules, accompagné en chef d'une Croifette de fable.

RENTY (orig. d'Arthois). — Jeanne Petit, veuve de Hugues de Renty, Seigneur de Neufvillette, demeurant à Droye, Election de Bar-fur-Aube; Louis & Louife de Renty.

D'argent à trois Doloüeres de gueules, les deux du chef adoffées.

RICHEBOURG (orig. de Champagne). — Georges de Richebourg, Sieur de Poüan, y demeurant, Election de Troyes.

D'argent à la Bande de gueules.

RICHELET (orig. de Champagne). — Jean de Richelet, Sieur du Hochet, demeurant à Corbon, Election de Rethel.

D'azur à trois Barillets d'or.

RIMBERT (orig. de Picardie). — Jacques de Rimbert, Seigneur d'Arreux, demeurant à Han-les-Moynes, Election de Reims.

D'azur à trois Cottices d'argent, accompagnées d'une Eftoille de mefme.

LA RIVIERE (orig. de Champagne). — Jean de la Riviere, Sieur de Valcontant, y demeurant, Election de Reims.

D'azur au Chevron d'or, à trois Anneaux de mefme.

LE ROBERT (orig. de Bourgogne). — Charles le Robert, Seigneur de Pancy & de Lantage, y demeurant, Election de Bar-fur-Aube.

De gueules à la Fafce d'argent, accompagnée de trois Rofes de mefme.

ROCHEREAU (orig. d'Anjou). — Louis de Rochereau, Seigneur de Hauteville, y demeurant, Election de Troyes.

D'azur à une Herce aux pieds fichés d'or.

LA ROCHETTE (orig. de Bourgogne). — Marguerite de Beaujeu, veuve de Céfar de la Rochette, Seigneur de Sarcey.

Françoife & Anne de la Rochette, fes filles, demeurantes à Saint-Martin, Election de Chaumont.

De gueules à trois Quintes-feüilles d'argent.

ROMMECOURT (orig. d'Allemagne). — Jean-Pierre de Rommecourt, Seigneur de Suzemont ,
Et Antoine de Rommecourt, Sieur dudit Suzemont, y demeurant, Election de Vitry.

D'or à l'Ours de fable, allumé d'argent.

ROUCY (orig. de Champagne). — Salomon de Roucy, Seigneur de Manre, y demeurant.
Philbert, fon frere, Seigneur de Marvaux.
Madelene de Conftant, veuve de Philippes de Roucy.
Nicole de Tige, veuve de Salomon de Roucy, Seigneur de Vieux, demeurant à Vaudieulet.
François de Roucy, Seigneur de Villette, &
Robert-Hubert de Roucy, Baron de Termes, y demeurant, Election de Reims.

De gueules au Chou d'or.

LA ROUERE (orig. d'Italie). — Gafpart de la Roüere, Seigneur de Charmoy, demeurant à Feligny, Election d'Efpernay.

D'argent à la Croix anchrée de fable & lozangée.

ROUGEMONT (orig. de Bourgogne). — Claude de Rougemont, Seigneur de Chazeul.
Anne de Rougemont, fa fœur, demeurante à Tilchaftel, Election de Langres.

D'or à l'Aigle de gueules.

ROUVOIRE (orig. de Champagne). — François de Rouvoire, Sieur de Vougréy.
Jean, Gafpart, Jeanne, Claude-Charlotte de Rouvoire, demeurans à Charmey, Paroiffe de Vougréy, Election de Bar-fur-Aube.

De fable au Lyon d'or, couronné & lampaffé de gueules.

LE ROY DE LONGEVILLE (orig. de Champagne). Scipion le Roy de Longeville , Sieur de Chaftres, demeurant à Landreville.
Gafpart le Roy de Longeville, Sieur du Petit-Viafpre, y demeurant, Election de Troyes.
Edme le Roy de Longeville , Sieur dudit Viafpre-le-Petit.
Nicolas, Sieur dudit lieu, y demeurant.
Paul, Seigneur du Petit et Grand Troüan, y demeurant, Election de Bar-fur-Aube, &
Anne le Roy de Longeville, demeurante à Bricot-la-Ville, Election de Troyes.

D'azur au Chevron d'or, accompagné de trois Merlettes de mefme, au Chef d'argent, chargé de trois Gerbes de finople.

LA RUE (orig. de Limofin). — Georges de la Ruë, Sieur d'Ormoy, y demeurant, Election de Bar-fur-Aube.

René, Sieur de Frefnoy, fon frere.

Jean de la Ruë, Seigneur de Frefnoy, demeurant à Ville-fur-terre, Election de Troyes; François, Jofeph & Louis de la Ruë, fes enfans.

D'azur au Chevron d'or, accompagné de trois Lozanges d'argent.

SACQU'ESPÉE (orig. de Picardie). — Louis de Sacqu'efpée , Sieur des Coulons & de Voipreux , y demeurant, Election de Chaalons.

De finople à une Aigle d'or, femblant tirer avec fon bec une Efpée hors du foureau; ladite Efpée d'argent, le foureau de fable, la garde & la poignée d'or, pofée en bande.

SAHUGUET (orig. de Navarrin). — Daniel de Sahuguet, Seigneur de Termes, demeurant à Sedan.

De gueules à deux Efpées d'or, les pointes en bas, accompagnées en chef d'une Coquille d'argent, & en pointe d'un Croiffant de mefme.

SAILLANS (orig. de Provence). — Ferry de Saillans, Sieur du Hamel & d'Herbigny, y demeurant, Election de Reims.

Vairé d'or & d'azur, à une Bande de gueules, brochant fur le tout.

SAINT-AVY (orig. de Berry). — Louis & Henry de Saint-Avy, Sieurs d'Aiguemortes, demeurans à Reims.

D'azur à trois Fafces d'argent, & trois Befans de mefme en chef.

SAINT-BELIN (orig. de Champagne). — Gabriel de Saint-Belin, Comte de Biefles.

Marie Canelle, veuve de Nicolas de Saint-Belin, Seigneur de Vaudremont , &

Charles de Saint-Belin, fon fils.

D'azur à trois Teftes de Belier d'argent.

SAINT-BLAIZE (orig. de Champagne). — Jacques de Saint-Blaife, Baron de Changy, y demeurant, Election de Vitry.

D'azur à la Pointe de Giron d'argent.

SAINT-PRIVÉ (orig. de Champagne). — François de Saint-Privé, Sieur d'Arigny.

Marguerite Moreau, veuve de Louis Saint-Privé, gardienne Noble de fes douze enfans, demeurans à Arigny, Election de Troyes ; &

Henry de Saint-Privé, Sieur dudit Arigny & des Petites-Coftes, demeurant à Giffaumont, Election de Bar-fur-Aube.

D'argent au Sautoir de gueules, dentelé de fable.

SAINT-QUENTIN (orig. de Champagne). — Claude de Saint-Quentin, Seigneur de la Cour du Terrier,

demeurant à Omont, Election de Rethel : qui a fait fa Genealogie feparée de celle de

Charles de Saint-Quentin, Sieur de Son.

Philippe de la Marre, veuve de Claude de Saint-Quentin, & Antoine, fon fils.

D'azur à la Fafce d'or, chargée d'une Souche de Bois de gueules, accompagnée en chef de trois Molettes du fecond.

SAINT-SAUFLIEU (orig. de Picardie). — Louife Oudinet, veuve d'Antoine de Saint-Sauflieu, Seigneur de Chaftelier.

D'azur à la Croix d'or, cantonnée de quatorze Croifettes de mefme, pofées quatre, quatre, trois & trois.

SAINT-VINCENT (orig. de Bafque). — Philbert de Saint-Vincent, Seigneur de Signeville & de la Tour de Narcy, y demeurant, Election de Vitry, &

Joachim de Saint-Vincent, Sieur de Narcy, demeurant à Ville-aux-bois, Election de Bar-fur-Aube.

D'or à une Vache de gueules, accollée & clarinée de fable ; au canton feneftre d'azur, chargé d'une Croix potencée d'or ; écartelé d'or, à une Cloche de gueules.

SAINT-VINCENT (orig. de Bafque). — Jean de Saint-Vincent l'aifné, Sieur de Leftannes.

Jean de Saint-Vincent le jeune, Sieur de la Neufville.

Henry, Sieur de Poüilly ; François, Sieur de Vincy, & Marie de Saint-Vincent, demeurans à Leftanne, Election de Reims.

D'azur au Lion d'or.

DES SALLES (orig. de Bearn). — François des Salles, Baron de Rortay, Gouverneur de Vaucouleurs, demeurant à Malpierre, Election de Chaumont.

D'argent à la Tour donjonnée de fable.

SALSE (orig. de Catalogne). — Levi & Pierre de Salfe, Sieur de Dommely, demeurant à Son, Election de Rethel.

D'azur au Lion d'or, couronné, lampaffé & armé de gueules.

SALUCE (orig. du Marquifat de Saluffes). — Charles de Saluce, Seigneur de Champetin en Brye, y demeurant, Election de Sezanne.

Charles de Saluce le jeune, Sieur des Foffez , &

François de Saluce, Seigneur de Bailly, Election d'Epernay.

D'argent au Chef d'azur.

SANDRAS (orig. de Champagne). — Louis de Sandras, Seigneur du Metz, demeurant à Reims.

D'argent à trois Charbons de fable, ardens de gueules.

SANGLIER (orig. de Poitou). — Jean de Sanglier, Seigneur de la Fontaine, demeurant à la Brau, Paroiffe de Chavanges, Election de Troyes.

D'argent au Sanglier de fable, au Chef d'azur, chargé d'un Croiffant du champ, accofté de deux Eftoiles d'or.

DU SART (orig. de Valois). — Guillaume du Sart, Seigneur de Germaincourt, &

Charles de Germaincourt, fon fils, demeurans à la Grange-Robert, Election de Vitry.

De gueules à la Bande vivrée d'argent.

SAUCIERES (orig. de Champagne). — François de Saucieres, Baron de Thenances-lez-Moulins, y demeurant, Election de Chaumont.

De gueules au Lion d'or.

DE SAUX (orig. de Champagne). — Edme de Saux, Sieur d'Arrentieres & Engente, y demeurant.

Jean de Saux, Sieur dudit Arrentières, y demeurant, Election de Bar-fur-Aube.

D'or au Lyon d'azur.

SAVIGNY (orig. de Champagne). — Antoine de Savigny, Seigneur dudit lieu, Election de Rethel, & Philbert, fon frere.

Gironné de douze Pieces d'azur & d'or, à l'Ecuffon en abyfme de gueules, chargé d'une Bande en devife d'hermines.

SAVIGNY (orig. de Lorraine). — Antoine-Saladin d'Anglure du Bellay de Savigny, Comte d'Eftoges.

Marc-Antoine-Saladin d'Anglure du Bellay de Savigny, Marquis du Bellay.

Charles-Nicolas d'Anglure de Braux de Savigny, Marquis & Baron d'Anglure.

Claude-François d'Anglure de Savigny, reçeu Chevalier de Malthe, demeurans à Eftoges, Election de Chaalons.

*Ecartelé : au premier, d'*ANGLURE *: d'or, femé de Grillots d'argent, foutenus de Croiffans de gueules; au deuxieme,* DE SAVIGNY *: de gueules à trois Lions couronnés d'or; au troifieme,* DE CHASTILLON-SUR-MARNE *: de gueules à trois Pals de vair, au Chef d'or, chargé d'une Merlette de fable, et au quatrieme,* DU BELLAY *d'Anjou : d'argent à la Bande fuzelée de gueules, accompagnée de fix Fleurs de Lys d'azur, mifes en orle.*

SCHULAMBERG (orig. d'Allemagne). — Jean de Schulemberg, Comte de Montjeu, Marefchal de France, &

Philippes de Schulemberg, veuve de Jean de Roland, Seigneur de Singlis, demeurant à Binarville, Election de Reims.

De fable à quatre Efpées d'or en chef, coupé d'azur.

SERPES (orig. de Champagne). — Charles-Eftienne de Serpes, Sieur d'Efcordal.

Jean, Sieur de Neufville, fon frere, demeurant à Mertrus, Election de Vitry.

Marie des Laires, veuve de Valentin des Serpes, Sieur de Leuze.

Joachim-Chriftophe, & Jean-Baptifte de Serpes, Sieur de Montharderet, fes enfans.

D'argent au Pal de gueules, chargé de trois Chevrons d'or.

SEROCOURT (orig. de Lorraine). — Georges, Baron de Serocourt.

François de Serocourt, Seigneur d'Ourches, y demeurant, Election de Chaumont.

D'argent à la Bande de fable, accompagnée de fept Lozanges de mefme, quatre en chef & trois en pointe.

SIMONY (orig. de Lorraine). — Chreftien Simony, Sieur de Germainvilliers, demeurant à Betincourt, Election de Chaumont.

Ecartelé : au premier, d'or ; au deuxieme, de gueules à l'Eftoille d'or; au troifieme, d'azur ; au quatrieme, d'argent à la Croix de finople, brochant fur le tout.

SOISSONS (orig de Champagne). — Gabrielle de Valancé, veuve de François de Soiffons, Sieur d'Ormery, demeurante à Villeneuve-la-Lionne, Election de Sezanne.

Jean & Chriftophe de Soiffons, fes enfans.

De fable à deux Bandes cotticées d'argent, accompagnées de deux Bezans de mefme.

SOISSY (orig. de Champagne). — Jacques de Soiffy, Seigneur des Marefts, &

Alexandre, Seigneur des Bordes, demeurant à Songny, Election de Sezanne.

De gueules à la Croix de fable, chargée de cinq Coquilles d'or, pofées une, trois & une.

SOMMIÉVRE (orig. de Champagne). — Pierre de Sommiévre, Comte de Lignon, & Charles, fon fils.

Charles, Sieur de Buffy, & Jeanne, fa fœur.

Bernard de Sommiévre, Sieur de Montbras.

D'azur à deux Maffacres de Cerf d'or, pofez l'un fur l'autre.

SOMPSOIS (orig. de Champagne). — Jacques de Sompfois, Sieur de Chanteraine, y demeurant, Election de Chaumont.

Jean de Sompfois, Sieur de Montceaux, Election de Troyes.

D'azur au Chevron d'or, accompagné de trois Teftes de Gerfaut de mefme.

SONS (orig. de Picardie). — Louis de Sons, Seigneur

de Pommery & de Montfauxel, y demeurant, Election de Reims.

> De gueules, freflé d'or, au Franc-quartier d'azur, chargé d'une Anille d'argent.

SORNY (orig. de Picardie). — Jeanne de Champagne, veuve de Charles de Sorny, Sieur des Greflets, y demeurante, Election d'Efpernay, &
Scipion de Sorny, fon fils.

> De gueules à trois Coutres d'argent, pofez en pal.

SOUFFLIER (orig. de Champagne). — Jerofme Soufflier, Sieur de Broufly-le-Petit, y demeurant, Election de Sezanne, &
Roland Soufflier, Sieur du Clos.

> D'azur au Chevron d'argent, accompagné de trois Soucis d'or doubles, deux en chef & un en pointe.

SOULAIN (orig. de Normandie). — Jean Soulain, Seigneur des Violaines, demeurant à Saint-Martin d'Amblais, Election d'Efpernay.

> D'azur au Chevron d'argent, accompagné de deux Efloilles d'or en chef & d'un Croiffant d'argent en pointe.

SUGNY (orig. de Champagne). — Louis de Sugny, Vicomte dudit lieu, y demeurant.
Valentin, Sieur de Contreves, y demeurant, Election de Rethel,
Et Charles, Sieur de Sainte-Marie, demeurant à Bruyere, Election de Reims.

> De fable à un Ecuffon d'argent, au Bafton écoflé de mefme, brochant fur le tout.

DE TANCE (orig. d'Italie). — Antoine, Louis, Margueritte, Marie & Edmée de Tance, enfans de Jufte de Tance, Seigneur de Villé-aux-Bois, & de Charlotte de Montbelliard, demeurans audit Villé-aux-Bois, Election de Bar-fur-Aube.
Guy de Tance, Seigneur de Frampas, demeurant aux Salles, méme Election.

> D'azur à trois Efpics d'or.

TASSIN (orig. de Bryc). — Claude de Taffin, Seigneur des Deferts, &
Jean de Taffin, fon frere, Sieur de Montceaux.

> De gueules au Soleil d'or, accompagné en chef de quatre Grains de Froment d'argent, & en pointe d'un Croiffant de mefme.

TERUUELLES (orig. d'Allemagne). — Jean-Erneft de Terruuelles, Seigneur d'Eftrepigny, y demeurant, Election de Rethel.

> Ecartelé : au premier & dernier, d'or à une Branche de Chefne englantée de gueules, coupé de fable à une Couronne d'or; au deuxieme & troisieme, d'azur à trois Trefles d'argent.

THANNOIS (orig. de Verdunois). — Philippes de Thannois, Seigneur de Louvercy, &
Jacques de Thannois, Sieur de la Motte-Attancourt.

> D'azur à trois Bandes d'or.

THELIN (orig. d'Auvergne). — Gabriel de Thelin, Seigneur de Gumont, y demeurant, Election de Vitry.

> D'azur au Chevron d'or, accompagné de trois Plantes de Lin au naturel.

THOMAS-DU-VAL (orig. de Champagne). — Barbe Petitbon, veuve de Pierre Thomas-du-Val, Michel & Louife, fes enfans.

> D'azur à deux Chevrons d'or, accompagnez de trois Merlettes de méme, deux en chef & une en pointe.

THOMASSIN (orig. de Champagne). — Nicolas Thomaffin, Sieur de Frefdeau, Bailly de Joinville, y demeurant, Election de Vitry.
François Thomaffin, fon fils.
Anne Thomaffin, veuve de René le Clerc, Sieur de la Mothe, demeurante à Joinville.
Perrin Thomaffin, Sieur de Maizieres, y demeurant, &
Jean-Baptifte Thomaffin, Sieur de la Neufvelle, demeurant à Joinville.

> D'argent au Pin de finople, furmonté d'une Merlette de fable.

DU THYSAC (orig. de Lorraine). — Jean-Baptifte du Thyfac, Seigneur de la Rothiere, demeurant à Langres.

> D'azur à trois Glands renverfez d'or.

LA TOUR (orig. de Champagne). — François de la Tour, Seigneur de Pierrefontaine, demeurant à Thin-le-Montier, Election de Rethel, &
Henry de la Tour, Sieur de Mogeville, demeurant à Courcelle, Paroiffe dudit Thin.

> D'azur au Cygne d'argent.

TOURNEBULLE (orig. d'Efcoffe). — Louis de Tournebulle, Seigneur de Saint-Lumier & de Scru, y demeurant, Election de Vitry, &
Caterine de Tournebulle, fa tante, veuve d'Edmond de Thomeffon, Sieur de Remennecourt : qui ont fait leur Genealogie feparée de celle de
Jean-Philippes de Tournebulle, Seigneur de Buffy & de Villiers-le-Secq, y demeurant, Election de Chaalons.

> D'argent à trois Teftes de Buffles de fable.

LA TRANCHÉE (orig. de Picardie). — Chriftophe de la Tranchée, Seigneur de Savigny, &
Jean de la Tranchée, fon fils, demeurans à Savigny, Election de Rethel.

> D'azur au Chevron d'argent, accompagné de trois Fleurs de Lys d'or.

TRESTONDAN (orig. de Bourgogne).—Georges-Benigne de Treftondan, Baron de Percey, y demeurant, Election de Langres.

D'azur à trois Chevrons d'or en bande, cottoyez de deux Cottices de mefme.

TRISTAN (orig. de Champagne). — Barthelemy Triftan, Seigneur de Caumont, &
Pierre Triftan, Sieur de Nauroy, demeurans à Muyfon, Election de Reims.

D'azur à la Fafce d'or, accompagnée en chef de trois Eftoilles de mefme, & en pointe de trois Rofes d'argent.

TROUSSET (orig. de Cambrefis). — Euftache du Trouffet, Seigneur de Renoncourt, demeurant à Guichaumont, Election de Vitry.

De finople au Lion d'or, armé & lampaffé de gueules.

TRUC (orig. de Saluffes). — Claude Truc, Seigneur d'Omey.
Pierre & Louis Truc, fes freres, demeurans à Chaalons.

D'azur au Croiffant d'argent, furmonté d'une Eftoille d'or, accompagné de trois Palmes de mefme.

VAIVRE (orig. de Bourgogne).—Madelene le Gruyer, veuve d'Alexandre de Vaivre, Seigneur de Fontaine, y demeurante, Election de Bar-fur-Aube ; François & Charles de Vaivre, fes enfans.

D'argent au Sautoir de fable, chargé de cinq Macles d'or.

DU VAL (orig. de Champagne). — Pierre du Val, Seigneur de Mornay, y demeurant, Election de Langres.

D'azur à la Bande d'argent.

DU VAL (orig. de Champagne). — Salomon du Val, Sieur de Recoude.
Jacques du Val, Sieur de Mornay.
Pierre du Val, Sieur d'Ongues.
Elizabeth du Val, fille d'André du Val, Sieur de Defirée, &
Louis du Val, Sieur de Charmeffeaux.

D'azur à une Fafce d'argent.

DU VAL-DAMPIERRE (orig. d'Ecoffe). — Henry du Val, Comte de Dampierre-le-Chaftel, demeurant à Han, Election de Chaalons, &
Charles du Val, fon frere.

De gueules à la Tefte de Licorne d'argent.

VARISQUE (orig. de Champagne). — Louis de Varifque, Seigneur de Beauregard, demeurant à Louze, Election de Bar-fur-Aube.

Louis, François & Charlotte de Varifque, demeurans audit Louze.

D'azur à deux Chevrons d'or, accompagnez de trois Eftoilles de mefme.

VASSAN (orig. de Soiffonnois). — Nicolas, Joachim & Edme de Vaffan, Seigneur de Crefpy, demeurans à la Chapelle, Election de Chaumont, &
Jean de Vaffan, Sieur de Mutigny, Prefident en l'Election de Chaalons, y demeurant.

D'azur au Chevron d'or, accompagné de deux Rofes d'argent en chef, & d'une Coquille de mefme en pointe.

VASSIGNAC (orig. de Limofin). — Gedeon de Vaffignac, Sieur d'Imecourt.
Louis de Vaffignac, Seigneur des Loges ; Elizabeth & Olympe de Vaffignac, leurs fœurs.

D'azur à la Bande d'argent, coufuë de fable.

VAUCLEROIS (orig. de Brye). — Charles de Vauclerois, Seigneur de Courmas, y demeurant, Election de Reims.
Pierre-Erneft de Vauclerois, Seigneur de la Ville-aux-Bois, y demeurant, mefme Election.

D'argent à l'Anille de fable.

VAUDREY (orig. de Bourgogne). — Charles-Louis-Anne de Vaudrey, Marquis de Saint-Phalle, y demeurant, Election de Troyes.

Emmanché de gueules & d'argent.

LA VEFVE (orig. de Champagne). — Louis-Henry de la Vefve, Sieur de Metiercelin, y demeurant, Election de Bar-fur-Aube, &
Charles de la Vefve, fon frere, Sieur de Sompfois, y demeurant, même Election.

D'argent à la Tefte de Buffle de gueules, bouclé de fable, chacune des cornes furmontées d'une Eftoille de gueules.

VEILLART (orig. de Normandie). — Moyfe de Veillart, Seigneur de Sainte-Vertu.
Gafpart de Veillart, Sieur dudit Sainte-Vertu, demeurans à Vexaulles, Election de Langres, &
Nicolas de Veillart, Sieur d'Ofches, y demeurant, Election de Troyes.

D'azur au Sautoir d'or. accompagné en chef d'une Hure de Sanglier de fable, & de trois Befans d'argent, deux en flanc & un en pointe.

VENOIS (orig. de Normandie). — Louis de Venois, Sieur d'Ourches, y demeurant, Election de Chaumont.

D'or à fix Lis de fable, trois, deux & un.

DE VERGEUR (orig. de Champagne). — Claude de Vergeur, Seigneur d'Acy, y demeurant, Election de Rethel.

Marie de Mainville, veuve de Guillaume de Vergeur, Comte de Saint-Souplet, y demeurante, Election de Reims.

> *D'azur à la Fasce d'argent, chargée de trois Mouchetures d'hermines de sable, accompagnées de trois Estoilles d'or, couronnées de mesme.*

VERNEUIL (orig. de Champagne). — Gaspart de Verneüil, Seigneur du Plessis & d'Orcont.

Nicolas, Jean, Edmée & Louise de Verneüil, demeurans à Orcont, Election de Vitry.

Elizabeth Peley, veuve de Sebastien de Verneüil, & Sebastien, son fils, demeurante à Saint-Nabor, Election de Troyes.

> *D'azur au Lion d'or, couronné & armé de gueules.*

VERRIERES (orig. de Champagne). — Jean de Verrieres, Seigneur de la Forge-Maillart, y demeurant.

Pierre de Verrieres, Sieur d'Harmonville.

Robert de Verrieres, Sieur d'Afleville.

Roch de Verrieres, Sieur de Meligny, &

Jeanne de Verrieres, leur sœur, demeurans Election de Reims.

> *De gueules au Chef d'argent, chargé de trois Annelets du champ, accostés de quatre Mouchetures d'hermines.*

VERRINES (orig. de Champagne). — Madelene & Anne de Verrines.

> *D'azur au Chevron d'argent, accompagné de deux Perdrix d'or en chef, & d'un Mouton d'argent en pointe.*

VEYNE (orig. de Champagne). — Jacques de Veyne, Sieur de Villiers-le-Tourneur, y demeurant, Election de Reims.

> *De gueules à deux Chevrons, échiqueté d'or & de vair.*

VIEILSMAISONS (orig. de Picardie). — Antoine de Vieilsmaisons, Sieur de Saint-Bon, y demeurant, Election de Sezanne.

> *Lozangé d'argent & d'azur, au Chef de gueules.*

LA VIENNE (orig. de Champagne). — Robert de la Vienne, Seigneur de Minecourt, y demeurant, Election de Vitry.

> *De gueules au Chevron d'or, surmonté d'un Croissant d'argent, accompagné de trois Merlettes de sable.*

VIENNE-GIROSDOT (orig. de Champagne). — Louis de Vienne, Sieur des Girosdots, Lieutenant particulier à Troyes.

Louis de Vienne, Sieur de Rochetaliere, demeurant à Troyes, &

Antoine de Vienne, Sieur de Presles.

> *D'argent à l'Aigle éployé de sable.*

VIENNE-D'OUTREVAL (orig. de Valois). — Hierosme de Vienne, Seigneur d'Outreval, demeurant à Marnault, Election de Reims, &

Louis de Vienne, son neveu, demeurant à Pierrefonds.

Marie de la Riviere, veuve d'Antoine de Vienne.

> *De gueules à l'Aigle d'or.*

VIGNANCOURT (orig. de Picardie), — Charles, Antoine & Robert de Vignancourt, Sieur de Varnecourt, y demeurans, Election de Rethel.

Bonne de Tige, veuve de Jean de Vignancourt.

Daniel, Antoine & Robert de Vignancourt, ses enfans, demeurans audit Varnecourt.

> *D'argent à trois Fleurs de Lys de gueules.*

VIGNIER (orig. de Bourgogne). — Louis Vignier, Marquis de Ricey; Abel-Jean Vignier, son frere, Sieur de Hauterive.

Estienne Vignier, Seigneur de Chamblain & de Saint-Usage, y demeurant, Election de Bar-sur-Aube, & Pierre Vignier, son fils.

> *D'or au Chef de gueules, à la Bande componée d'argent & de sable, brochant sur le tout ; à la Bordure de France.*

VIGNOLLES (orig. de Soissonnois). — Antoine Vignolles, Sieur d'Hurfel, demeurant à Cruny, Election de Reims.

Jean, Sieur de Saint-Mars, demeurant à Selles, Election de Rethel.

> *D'azur à la Bande d'argent, chargée de trois Coquilles d'or.*

VILLELONGUE (orig. de Champagne). — François de Villelongue, Prestre Chanoine & Doyen de l'Eglise Collegiale de Saint-Pierre de Maizieres, y demeurant.

Jean de Villelongue, Seigneur de Guignicourt, demeurant à Nouvion, Election de Rethel.

Pierre de Villelongue, Sieur de Vantelet, y demeurant, Election de Rethel.

Antoine de Villelongue, Seigneur de Nouvion, y demeurant, Election dudit Rethel : qui ont fait leur Genealogie separée de celle de

Jean de Villelongue, Sieur de Remilly, demeurant à Vuafigny, Election de Reims : qui a encore fait sa Genealogie separée de celle de

Pierre de Villelongue, Seigneur de Chevrieres, demeurans à Saint-Martin prez Nouvy-les-Moynes, Election de Rethel,

Et Jean, son frere, demeurant à Arnicourt.

Henry, Sieur de Monchottet, y demeurant, Election dudit Rethel,

> *Escartelé : au premier & quatrieme, d'argent au Loup de sable ; au deuxieme & troisieme, d'azur à la Gerbe d'or.*

VILLEMOR (orig. de Champagne). — Charlotte de Roffey, veuve de Louis de Villemor, Seigneur de Cranné, demeurante à Fontvannes, Election de Troyes, &

Joſeph de Villemor, Sieur de la Deniſiere, demeurant à Villemor, même Election.

D'azur à une Ramûre de Cerf d'or, ſurmontée d'une Molette de meſme.

VILLEPROUVÉ (orig. d'Anjou). — Odart & Louis de Villeprouvé, demeurans à Troyes.

De gueules à la Bande d'argent, accompagnée de deux Cottices d'or.

VILLIERS (orig. de Bourgogne). — Claude de Villiers, Sieur de Galilée & de Laines-aux-Bois, y demeurant, Election de Troyes.

D'azur à trois Croiſſans d'argent.

VILLIERS (orig. de Champagne). — François de Villiers, Sieur de Bailla, y demeurant, Election de Rethel, &

Louis, Sieur de Corbon, y demeurant, meſme Election.

Semé de France.

VILLIERS (orig. de Champagne). — Antoine de Villiers, Sieur de Barbaize, y demeurant, Election de Rethel.

Robert de Villiers, ſon frere, demeurant à Sauce-Champenoiſe, Election de Reims, &

Antoine de Villiers, Sieur de Barbaiſe, y demeurant, Election dudit Rethel.

De ſable, ſemé de Fleurs de Lys d'argent.

VILLIERS (orig. de Lorraine). — Margueritte de Creange, veuve d'Alexandre de Villiers, Sieur dudit lieu, demeurante à Boureüille, Election de Chaalons.

De gueules à la Faſce d'argent, accompagnée de trois Anneaux de même.

VITEL (orig. de Champagne). — Jean de Vitel, Sieur de Villemoyenne, y demeurant, Election de Troyes, Et Philippes, Sieur de Precy Noſtre-Dame, demeurant à Peleder, même Election.

D'azur au Chevron d'or, accompagné de trois Roſes de meſme.

VUARIGNY (orig. de Champagne). — Jean de Vuarigny, Vicomte dudit lieu, demeurant à Eſcordal, Election de Rethel.

D'argent à trois Hures de Sanglier de ſable.

D'Y DE SERAUCOURT (orig. de Picardie). — Antoine d'Y, Seigneur de Seraucourt, Lieutenant Criminel à Reims.

D'azur à trois Chevrons d'or.

Et outre les dénommez ci-deſſus qui Nous ont produit leurs Genealogies imprimées,

Nous aurions encores déclarés Nobles les dénommés cy-après :

D'ANGLAS. — Antoine & Alexandre d'Anglas, freres, Sieurs de Boiſray, demeurant à Bailleux, Election d'Eſpernay.

D'or au Levrier de ſable, accolé d'argent.

CABROL. — Jean de Cabrol, Sieur de Gaillot, demeurant à Juniville, Election de Reims.

GREFFIN. — Antoine de Greffin, Seigneur des Fourneaux, demeurant à Marſault, prés Maizieres, Election de Rethel.

D'azur au Chevron d'or, accompagné de trois Eſtoilles de meſme; au Chef d'or, chargé d'une Branche de Cheſne, anglantée de ſinople.

GUERIN (orig. de Bretagne). — Jean de Guerin, Seigneur de Champvoiſy, y demeurant, Election d'Eſpernay.

Jean de Guerin, Seigneur de Bruſlard, demeurant à Igny-le-Jard.

Et Gaſpard de Guerin, Seigneur de Sauville, demeurant a Marſault, Election de Reims.

D'or à trois Lionceaux de ſable, couronnez, lampaſſez & armez de gueules.

JOIBERT (orig. de Champagne). — Jacques Joibert, Sieur d'Aunay.

Marie Linage, veuve de Michel Joibert, Seigneur de Soulange, & Claude, ſon fils; Madelene, Pierre-Claude, Jacques, Marie, Margueritte & Anne Joibert, demeurans Election de Vitry.

D'argent au Chevron d'azur, ſurmonté d'un Croiſſant de gueules, accompagné de trois Roſes de même.

LE BLANC (orig. de Champagne). — Eſtienne le Blanc, Sieur des Coulons, Election de Chaalons.

D'argent au Chevron de ſable, ſurmonté d'un Chef d'azur, chargé de trois Beſans d'or.

DU LYON (orig. de Bourgogne). — Claude du Lyon, Sieur de Rochefort, y demeurant, Election de Chaumont.

D'or, femé de Croifettes de fable, au Lion de mefme, armé & lampaffé de gueules.

MERBRICH. — Jacques de Merbrich, Sieur de Cheveuge, demeurant à la Queuë-aux-Bois, Election de Troyes.

DES MOREL. — Jean-Louis des Morel-de-Monteval, Seigneur de Mauvage en partie, y demeurant, Election de Chaumont.

De gueules au Chafteau d'argent.

NUISEMENT. — Henry de Nuifement, Sieur de Dommartin, demeurant à Salnove, Election de Reims.

SACQU'ESPÉE (orig. de Picardie). — Jacques de Sacqu'Efpée, Seigneur des Coulons, Election de Chaalons.

De finople à un Aigle d'or, femblant tirer avec le bec une Efpée hors du foureau : ladite Efpée d'argent, le foureau de fable, la garde & la poignée d'or, pofée en bande.

VALLEROT. — Claude Vallerot, Sieur de Flameran, demeurant à Iffome, Election de Langres.

COMME AUSSI Nous aurions declaré Nobles : Jean d'Autigny, Sieur de Vieux Dampierre, demeurant à Malancourt, Election de Chaalons ; Pierre d'Aouft l'aifné, & Pierre d'Aouft le jeune, Sieur de Coolus ; Charles & François Clement, Sieurs de l'Efpine & de Melette ; Claude de Bar, Sieur de Velie, & Hugues & Pierre de Contet, Sieurs d'Aunay-fur-Marne : lefquels ayant efté depuis réaffignez pardevant Nous à la Requefte du Procureur du Roy & dudit Vialet, fur dérogeances nouvellement découvertes, NOUS AURIONS Ordonné que nos Jugemens feroient rapportez, avec deffenfes de s'en ayder, jufques à ce qu'il ayt plû au Roy les relever defdites dérogeances.

COMME AUSSI Nous aurions declaré Nobles : Claude & François Cabaret, Sieurs de la Croüilliere ; Jacques & Marc-Antoine Guillemin : lefquels ayant efté réaffignez fur pieces nouvellement recouvrées, contre leur Nobleffe, aprés plufieurs infcriptions de faux & procedures faites en confequence, Nous aurions renvoyé les parties au Confeil.

NOUS Aurions auffi declaré Nobles : Ignace, Nicolas, Cofme-François & François Linage le jeune, Sieurs de Saint-Marc ; Claude, Sieur de Marfon ; Jean & Nicolas Linage, Sieur de Morains ; Simon Liboron ; François Papillon, Sieur de Gouvrot Margueritte ; Fafgnier, veuve de Samuël Papillon ; Claude Papillon, Sieur de Saint-Martin-aux-Champs ; Claude Lefevre, veuve de Cefar Papillon ; Marie & Madelene Papillon : lefquels ayant efté auffi réaffignez fur plufieurs pieces nouvellement découvertes, concernant l'origine de leurs Familles, Nous aurions Ordonné que nos Jugements feroient rapportez, & iceux condamnez comme Ufurpateurs de Nobleffe.

ET comme les furféances que Sa Majefté a accordées à divers particuliers qui fervent dans fes Trouppes, & les emplois qu'elle Nous a donnez hors de la Province, fpecialement l'Intendance de fon Armée, ne nous ont pas permis de pouvoir juger toutes les inftances de Nobleffe, que l'on avoit commencé d'inftruire pardevant Nous, il auroit efté rendu un Arreft general au Confeil, le 18 Decembre 1670, portant que toutes les inftances concernant la recherche des Ufurpateurs du Tiltre de Nobleffe, inftruites & en état de juger dans les Provinces, feroient évoquées & terminées au Confeil au raport des Sieurs Commiffaires generaux à ce députez ; lequel Arreft ayant fait ceffer ladite recherche dans les Provinces, Nous aurions clos & arrefté noftredit Procés verbal, le dernier Decembre mil fix cens foixante-dix.

Eт depuis le prefent Procés verbal clos & arrefté, Claude Berbier du Metz, Lieutenant de l'Artillerie; Gedeon Berbier du Metz, Treforier des revenus cafuels de Sa Majefté; Louis Berbier du Metz, Abbé Commandataire des Abbayes de Saint-Martin d'Huiron & de Sainte-Croix, & Jacques Berbier, Sieur de Saint-Remy, Nous on reprefenté l'Arreft du Confeil, en datte du 2 avril 1672, qui les a maintenus en leur Noblefe, & ordonné qu'ils feront infcrits dans le Catalogue des Gentilshommes de cette Province, auquel ils ont joint la Genealogie par eux produite au Confeil. Fаıт à Chaalons, le dix-feptiéme jour d'Avril mil fix cens foixante-douze. *Signé,* LE FEVRE DE CAUMARTIN. *Et plus bas,* Par Monfeigneur, Beaupere.

D'AGUERRE,

ᴇɴ CHAMPAGNE, ORIGINAIRE ᴅᴇ GUYENNE.

Genealogie produite pardevant Vous Monſeigneur de CAUMARTIN, Intendant en Champagne, au mois de Decembre 1667.

D'or, à trois Pies au naturel.

I. MARTIN D'AGUERRE, Eſcuyer, Seigneur de Cours, & Vicomte de Villette, épouſa Marguerite de Lizaine, & fut pere de Bᴇʀᴛʀᴀɴᴅ d'Aguerre, de Jean, Vicomte de Villette, dont les Seigneurs de ce nom, & de Perrette d'Aguerre, femme de Nicolas de Sorcy, Seigneur du Buiſſon.

II. BERTRAND d'Aguerre, Eſcuyer, Seigneur de Cours, épouſa Magdeleine le Gendre, puis Claude de Macqueret, ſans enfans ; il ſortit du 1 mariage :

III. CHARLES d'Aguerre, Efcuyer, Seigneur de Cours, allié avec Touffaine de Broignon, de
laquelle il eut : Charles d'Aguerre, mort en Alemagne; Henry, tué au fiege de Verüe;
Louis, Seigneur de Cours; Bertrand-François, tué au fiege de Vic; Magdeleine, Claude
& Blanche d'Aguerre.

IV. LOUIS d'Aguerre, Efcuyer, Seigneur de Cours & de Villette en partie, Enfeigne au
regiment d'Attichy, a époufé Catherine de Lizaine, fille de Gabriel, Commandant au
chateau de Courville, & de Marie de Mofny, delaquelle il a : Antoine d'Aguerre, Cadet
au regiment de la Reine; Louis, Catherine & Anne-Marie d'Aguerre.

PIECES JUSTIFICATIVES.

I. Contraēt de conftitution de rente du 22 Fevrier 1553, figné Fremin, Notaire au Bailliage de Vermandois,
fait par Martin d'Aguerre, Efcuyer, Seigneur de Cours & Vicomte de Villette, au profit de Guillanton
d'Aguerre, auffi Efcuyer, Seigneur de Marquigny-au-Bois.

II. Declaration du 27 Juillet 1558, collationnée à l'original le 29 May 1634, fignée Barrois & Audinet, des
heritages apartenans à Bertrand d'Aguerre, Efcuyer, Seigneur de Cours, & à luy echus de la fucceffion de feuz
Martin d'Aguerre, Efcuyer, Seigneur & Vicomte de Villette, & de Damoifelle Margueritte de Lizaine, fa femme,
fes pere & mere, à Jean d'Aguerre, Efcuyer, Seigneur & Vicomte dudit Villette, fon frere, & à Nicolas de Sorcy,
Efcuyer, Seigneur du Buiffon, à caufe de Damoifelle Perette d'Aguerre, fa femme.

Quittance du 22 Juillet 1564, fignée George & Daniel, Notaires à Fifmes, donné par Jean Thubé & Jean
Guyollet à Bertrand d'Aguerre, Efcuyer, Sieur de Cours, de la 3 partie de la fomme de 100 livres, pour laquelle
Martin d'Aguerre, Efcuyer, Sieur de Cours & Villette, fon pere, leur avoit paffé conftitution de rente.

Aēte du 16 Juin 1569, figné Thomas, de garde noble à Charles d'Aguerre donnée à Bertrand d'Aguerre,
Efcuyer, Sieur de Cours, fon pere, du confentement de Jean d'Aguerre, Efcuyer, Sieur de Villette, fon frere,
à caufe du deceds de Damoifelle Magdeleine le Gendre, femme dudit Bertrand, & mere dudit Charles.

III. Inventaire du 12 Fevrier 1579, figné Bouduel & Frifon, fait apres le deceds de Bertrand d'Aguerre,
Efcuyer, Seigneur de Cours, & de deffunēte Damoifelle Magdeleine le Gendre, fa femme, des biens echus à
Charles d'Aguerre, leur fils, & laiffez en la poffeffion de Damoifelle Claude de Macqueret, femme en fecondes
nopces dudit Bertrand, à la requefte de Nicolas de Guifencourt, Efcuyer, Seigneur du fief de Süy, au nom &
comme tuteur dudit Charles.

Procuration du 10 Fevrier 1581, fignée Droüet & Sonde, Notaires au Bailliage de Vermandois, paffée par
Nicolas de Guifencourt, Seigneur en partie de Süy, comme tuteur de Charles d'Aguerre, fils de feu Bertrand
d'Aguerre, Efcuyer, Seigneur de Cours.

Declaration du 2 Avril 1583, collationnée par Barrois & Audinet le 29 May 1634, des heritages apartenans à
Charles d'Aguerre, Efcuyer, fils mineur de feu Bertrand d'Aguerre, Efcuyer, Seigneur de Cours, à la requefte
de Noble homme Nicolas de Guifencourt, Efcuyer, Sieur de Süy, fon tuteur.

Deux extraiēts des regiftres du Bailliage de Vitry, au fiege de Fifmes, des 4 Aouft 1588 & 31 Juillet 1614,
fignez Frifon, des Eftats tenus au fiege de Fifmes, par lefquels il paroift que Jean & Charles d'Aguerre, freres,
Efcuyers, Seigneurs de Cours & de Villette, ont comparu avec les Gentilshommes dudit Bailliage, par la convocation des Eftats du Royaume.

IV. Aēte du 15 Novembre 1619, figné Frifon, de creation de tutelle & garde noble, à Charles, Henry, Louis,
Bertrand, François, Magdeleine & Claude d'Aguerre, enfans de feu Charles d'Aguerre, Efcuyer, Sieur de Cours,
& de Damoifelle Touffaine Broignon, du confentement de Jean d'Aguerre, Efcuyer, Sieur de Villette, & de
Charles d'Aguerre, Efcuyer, Sieur & Vicomte dudit lieu. Extrait des regiftres du Bailliage de Vitry, au fiege de
Fifmes, du 10 Aouft 1622, figné Frifon, contenant la declaration faite par Damoifelle Touffaine Broignon, veuve
de Charles d'Aguerre, Efcuyer, Sieur de Cours, à caufe de la comparution qu'elle devoit à l'Arriereban, que
deux de fes fils eftoient au fervice de Sa Majefté, fçavoir : Charles d'Aguerre, Efcuyer, Sieur de Cours, fon aifné,
fous la charge de Mr de Baffinet, Capitaine d'une compagnie de gens de pied au regiment du Duc de Rethellois,
& l'autre, fous la charge de Mr d'Archambault, Capitaine d'une compagnie du regiment de Vaubecourt.

Contraēt de mariage du 2 Oētobre 1644, figné Fleurot, Notaire au Bailliage de Vitry, entre Louis d'Aguerre,
Efcuyer, Sieur de Cours & de Villette en partie, & Damoifelle Catherine de Lizaine, fille de Gabriël de Lizaine,
Efcuyer, Sieur de Porcian, Capitaine du chafteau de Courville, & de Damoifelle Marie de Mofny; préfentes : Heleine
de Lizaine, femme du Sieur de Silla, & Damoifelles Magdeleine, Claude & Blanche d'Aguerre, fœurs dudit Charles.

Congez & certificats donnez par le Sieur de Brienne, Capitaine d'une compagnie au regiment du Marquis d'Attichy, Henry-Catherin de Bazin, Baron de Fresne, & le Baron du Tour, des services rendus au Roy par Louis d'Aguerre, Escuyer, Sieur de Cours, sous leurs charges ès années 1630 & 1636.

Extrait des presentations faites en la ville de Vitry-le-François, par les Nobles du Bailliage dudit Vitry, pour la convocation du Ban & Arriereban, du 31 Juillet 1642, signé Formey, portant que Louis d'Aguerre, Escuyer, Seigneur de Cours & de Villette, quoy qu'incommodé d'une blessure qu'il avoit receu au service du Roy en ses armées, s'estoit presenté en personne, monté & armé comme les autres Gentilshommes.

D'AGUERRE,

Vicomtes de Villette & Seigneurs de Cours en Champagne,

ORIGINAIRES DE GUYENNE.

Genealogie produite pardevant Vous Monseigneur de CAUMARTIN, Intendant en Champagne, au mois de Mars 1669.

D'or, à trois Pies au naturel.

I. MARTIN D'AGUERRE, Seigneur de Cours, Vicomte de Villette, Capitaine de Beaulieu en Argonne, & Gouverneur de Fismes en Champagne, où il fut attiré par Bertrand d'Aguerre, son cousin, Baron de Vienne-le-Chastel, laissa de son mariage avec Margueritte de Lizaine : BERTRAND d'Aguerre, Seigneur de Cours; Perrette, femme de Nicolas de Sorcy, Seigneur du Buisson, &

II. JEAN d'Aguerre, l'ainé, Vicomte de Villette, allié à Jeanne de Cullant, fille de Nicolas, Seigneur de la Brosse, & d'Edmée de Blocqueaux, dont il eut

III. JEAN d'Aguerre, IIᵉ, Vicomte de Villette, duquel & de Magdelene de Han, fille de Jacques, Seigneur de Brecy, & de Nicolle de Hecques, sortirent : Marie d'Aguerre, femme d'Adrien de Ghelin, &

IV. CHARLES d'Aguerre, Vicomte de Villette, Colonel d'un regiment, puis Lieutenant general de la cavalerie de Suede, qui épousa Françoise d'Esayvelle, fille de François, Seigneur de Clavy, Gouverneur de Chasteau-Regnault & de Linchamps, & d'Anne d'Estourmel, & laissa d'elle : Charles d'Aguerre, mort Capitaine au regiment de Gévres; Jean, tué volontaire au regiment du Plessis-Praslain ; Louis, Religieux à Saint Jean-des-Vignes de Soissons; Antoinette, Françoise & Anne, Religieuses à la Congregation de Reims, &

V. FRANÇOIS d'Aguerre, Vicomte de Villette, élevé Page de feu Monfeigneur Duc d'Orleans, Enfeigne dans le regiment de Nanteüil au premier fiege de Dole, depuis Capitaine en celuy de Vendy, & Meſtre de camp de cavallerie, qui a de ſon mariage avec
Philippes de Ligny, veuve de Jean d'Averhoult, Seigneur de Brienne : Louis d'Aguerre,
cy-devant Capitaine au regiment de ſon pere, & Barbe d'Aguerre.

SEIGNEURS DE COURS.

II. BERTRAND d'Aguerre, Seigneur de Cours, deuxiéme fils de Martin & de Marguerite
de Lizaine, & marié à Claude de Macqueret, en fecondes nopces ; il eut de Magdelene le
Gendre, ſa premiere femme
III. CHARLES d'Aguerre, Seigneur de Cours, pere avec Touſſaine de Broignon : de Charles
d'Aguerre, mort fervant en Allemagne ; d'Henry, tüé au fiege de Veruë ; de Bertrand-
François, tüé au fiege de Vic, & de Magdelene, Claude, Blanche &
IV. LOUIS d'Aguerre, Seigneur de Cours, cy-devant Enfeigne au regiment d'Attichy, qui a
de Catherine de Lizaine, fille de Gabriel, Seigneur de Porcian, & de Marie de Moſny :
Antoine d'Aguerre, Cadet au régiment de la Reine, & Louis, Catherine & Anne-Marie
d'Aguerre.

PIECES JUSTIFICATIVES.

I. Proviſions de la charge de Capitaine de Beaulieu en Argonne, données par Robert de Lenoncourt, Evefque
& Comte de Chaalons, Pair de France, Comte & abbé dudit Beaulieu, à Martin d'Aguerre, Efcuyer, Sieur de
Cours & de Villette, le 22 Février 1539.
Tranſaction du 23 Juin 1539, fignée Billet & Ancelet, Notaires en la Prevofté de Fifmes, entre Martin d'Aguerre,
Efcuyer, Sieur de Cours & de Villette, & Jean Blanchard, marchand-armurier demeurant à Fifmes, ſur les
differens qu'ils avoient pour le moulin de Rolland, aſſis ſur la riviere de Vefle.
Contract de vente du 16 May 1542, figné d'Avant, Grefier en la Juftice de Cours, faite par Emette, veuve de
Pierre Vaillant, à Noble homme Martin d'Aguerre, Efcuyer, Seigneur de Cours & de Villette, & Capitaine de
Fifmes.
Contract de conftitution de rente du 22 Fevrier 1553, figné Fremin, Notaire au Bailliage de Vermandois,
faite par Martin d'Aguerre, Efcuyer, Seigneur de Cours & Vicomte de Villette, au profit de Guillanton d'Aguerre,
Efcuyer, Seigneur de Marquigny-au-Bois.

II. Ratification du 1 Juin 1552, fignée Grenet & Ytam, Notaires en la Prevofté de Vienne-le-Chaftel, eftablis
de par honoré Seigneur Claude d'Aguerre, Baron de Vienne, faite par Noble Seigneur Martin d'Aguerre,
Vicomte de Villette & Seigneur de Cours, de la donation qu'il avoit faite defdites terres, lors qu'il partit de
France pour aller au fervice de Monfeigneur le Duc Antoine, Duc de Lorraine & de Bar, à Jean & Bertrand
d'Aguerre, ſes enfans.
Tranſaction du 28 Aouft 1559, fignée Georget & Jacquier, Notaires en la Prevofté de Fifmes, entre Jean
d'Aguerre, Efcuyer, Seigneur de Villette, & Jeanne de Cullan, ſa femme ; & Nicolas de Sorcy, Efcuyer, Seigneur
du Buiſſon, & Damoifelle Perette d'Aguerre, ſa femme, ſur la fucceſſion de Martin d'Aguerre & de Marguerite
de Lizaine, leur pere & mere.
Contract du 25 Fevrier 1560, figné Rouffelet & Caillet, portant le remplacement fait par Jean d'Aguerre,
Efcuyer, Sieur de Villette, à Damoifelle Jeanne de Cullan, ſon époufe, de plufieurs biens qu'il avoit aliené,
dont les deniers avoient efté mis entre les mains de feu Martin d'Aguerre, ſon pere.

III. Contract de mariage du 1 Septembre 1575, figné Pailla, Notaire au Bailliage de Vermandois, entre Jean
d'Aguerre, Efcuyer, Seigneur de Villette, fils de Jean d'Aguerre, Efcuyer, Seigneur de Villette, & aſſifté de
Bertrand d'Aguerre, Efcuyer, Seigneur de Cours ; & Damoifelle Magdeleine de Han, fille de Jacques de Han,
Efcuyer, Seigneur de Brecy, & de Damoifelle Nicolle de Hecques, & aſſiftée d'Aleaume de Bournonville, Efcuyer,
Sieur de Saint-Marceau & de Vendeuil en partie, & de Didier de Caumont, Efcuyer, Sieur de Brognon, ſes
oncles.

IV. Contract de mariage du vingt-huitiéme May 1613, figné du Nefme, Notaire en la Prevofté de Sainte-Manehould, entre Charles d'Aguerre, Efcuyer, Seigneur & Vicomte de Villette, fils de Jean d'Aguerre, Efcuyer, Seigneur de Cours, de Bercy & de Juzencourt, & de Damoifelle Magdeleine de Han ; & affifté d'André de Chartongne, Efcuyer, Sieur d'Aufonville; de Jean de Lifigne, Efcuyer, Sieur de Vilblin, Capitaine d'une compagnie au regiment de Champagne ; d'Antoine de Lifigne, Efcuyer, Sieur du Mont-Saint-Martin, Lieutenant d'une compagnie audit regiment, Commiffaire de l'artillerie en Picardie, & Gouverneur de Fifmes; de Charles de Lifigne, Efcuyer, Sieur de Mefchemin, Enfeigne d'une compagnie au mefme regiment; de Dame Nicolle de Lifigne, veuve de Jean de Caftignau, Efcuyer & Gouverneur des ville & chafteau de Rethel, & d'Antoine de Longueval, Efcuyer, Seigneur de Tenelle, Vicomte de Rigny & Gentilhomme de la Chambre du Roy ; & Damoifelle Françoife d'Efayvelles, fille de Mre François d'Efayvelles, Chevalier, Seigneur de Clavy de Launois, d'Efcordal & de Mefmont en partie, Gouverneur & Gruyer des terres & feigneuries de Chafteau-Regnault & de Linchamps, & de. Dame Anne d'Eftourmel; & affiftée de Damoifelle Guillayne d'Efayvelles, fa tante, veuve de Ferry de Beffroy, Efcuyer, Seigneur de la Greve ; de Mre Louis d'Eftourmel, fon oncle, Chevalier, Seigneur du Freftoy, Guidon d'une compagnie dè gendarmes, fous la charge de Monfeigneur le Duc de Nevers ; de Mre François de Saint-Vincent, Chevalier, Seigneur de Grimanfart, Gouverneur pour le Roy du chafteau, terre & baronnie de Montcornet en Ardenne, Gruyer de Rethellois & des terres fouveraines d'Arches & de Charleville ; de Philippes de Beffroy, Efcuyer, Seigneur de la Greve, Gentilhomme de la Chambre de Monfeigneur le Prince de Comty, & gendarme de fa compagnie ; de Pierre de Beffroy, Efcuyer, Sieur de Saulieu ; de Louis d'Efcannevelles, Efcuyer, Sieur de Rocant & de Champigneulles ; de Nicolas de Launois, Efcuyer, Sieur de Vuagnon ; de Chriftophe de Pavant, Efcuyer, Sieur de Suzanne ; de Nicolas d'Argy, Efcuyer, Sieur de Coigny ; de Pierre de Maillart, Efcuyer, Sieur de Gruyerre ; & dè Roland de Caftre, Efcuyer, Sieur de Neuf-maifon, & Capitaine du chafteau de Watefal.

Commiffions données par Charles IX, Roy de Suede, au Seigneur de Villette, Colonel de cavallerie, pour la levée de 3,000 chevaux legers aux Pays-Bas, & de Lieutenant general de fa cavallerie ; congez & certificats de Maurice, Prince d'Orange, Erneft Prince, & comte de Mansfeld, & Ambroife Spinola, Marquis de Balbazez, des fervices qu'il avoit rendus fous leurs charges, depuis l'an 1606 jufqu'en 1625.

IV. Contract de mariage du 15 Octobre 1658, figné Rogier & Vifcot, Notaires à Reims, entre Mre François d'Aguerre, Chevalier, Seigneur & Vicomte de Villette, fils aifné de feu Mre Charles d'Aguerre & de Damoifelle Françoife d'Efayvelle, & affifté de Mre Jean de Launois, fon oncle, Chevalier, Seigneur dudit lieu ; & Dame Philippe de Ligny, veuve de Mre Jean d'Averhoult, Chevalier, Seigneur de Brienne, & affiftée de Mre Charles le Vergeur, fon oncle, Chevalier de l'ordre du Roy, Comte de Saint-Souplet, Baron de Challerange & de Pacy en Vallois, Confeiller du Roy, fon Bailly & Senefchal de Vermandois, & de Mre Charles de Ligny, fon frere, Chevalier, Seigneur du Pleffis.

Commiffion de Meftre de camp d'un regiment de cavallerie, donnée par le Roy au Sieur Vicomte de Villette, le 25 Janvier 1649 ; congez & certificats du Duc de Longueville, d'Henry de Lorraine, Comte d'Harcourt, de Monfeigneur fils de France, & de Jean de de Gaffion, Marechal de France, donnés au Sieur d'Aguerre, Vicomte de Villette, des fervices qu'il avoit rendus au Roy, tant en qualité de volontaire au regiment de Magalotty, & de Capitaine au regiment de Vandy, que de Meftre de camp de cavallerie ès années 1637, 1644, 1645 & 1649.

II. Acte du 15 Fevrier 1567, figné Billet & Daniel, Notaires en la Prevofté de Fifmes, par lequel Jean d'Aguerre, Efcuyer, Seigneur de Villette, échange ce qui luy appartenoit en la Seigneurie de Cours, avec Bertrand d'Aguerre, Efcuyer, Seigneur et Vicomte dudit lieu.

Acte du 16 Juin 1569, figné Thomas, de garde-noble à Charles d'Aguerre, donnée à Bertrand d'Aguerre, Efcuyer, Sieur de Cours, fon pere, du confentement de Jean d'Aguerre, Efcuyer, Sieur de Villette, fon frere, à caufe du deceds de Damoifelle Magdeleine le Gendre, fa femme.

III. Inventaire du 12 Fevrier 1579, figné Bonduel & Frifon, fait après le decés de Bertrand d'Aguerre, Efcuyer, Seigneur de Cours, & de deffuncte Damoifelle Magdeleine le Gendre, fa femme, des biens échus à Charles d'Aguerre, leur fils, & laiffez en la poffeffion de Damoifelle Claude de Macqueret, fa femme en fecondes nôces. Procuration du 10 Fevrier 1581, fignée Drouet & Soudé, Notaires au Baillage de Vermandois, paffée par Nicolas de Guifencourt, Seigneur en partie de Sùy, comme tuteur de Charles d'Aguerre, fils de feu Bertrand d'Aguerre, Efcuyer, Seigneur de Cours.

IV. Acte du 15 Novembre 1619, figné Frifon, de création de tutelle et de garde-noble, à Charles, Henry, Louis, Bertrand, François, Magdeleine & Claude d'Aguerre, enfans de feu Charles d'Aguerre, Efcuyer, Sieur de Cours, & de Damoifelle Touffaine Broignon, du confentement de Jean & de Charles d'Aguerre, Efcuyers, Sieurs & Vicomtes de Villette.

Contraƈt de mariage du 2 Oƈtobre 1644, figné Fleurot, Notaire au Bailliage de Vitry, entre Louis d'Aguerre, Efcuyer, Sieur de Cours et de Villette en partie, affifté de Damoifelles Madelene, Claude & Blanche d'Aguerre, fes fœurs; & Damoifelle Catherine de Lizaine, fille de Gabriël de Lizaine, Efcuyer, Sieur de Porcian, Capitaine du chafteau de Courville, & de Damoifelle Marie de Mofny, & affiftée d'Heleine de Lizaine, femme du Sieur de Silla.

Congez et certificats donnez par le Sieur de Brienne, Capitaine d'une compagnie au regiment d'Attichy, Henry-Catherin de Bazin, Baron de Frefne, & le Baron du Tour, des fervices rendus au Roy fous leur charge par Louis d'Aguerre, Efcuyer, Sieur de Cours, ès années 1630 & 1636.

D'AGUISY,

Seigneurs de Rume, Iſſancourt, du fief de la Motte & Maiſon-Forte de Mainberſon & dépendances, &c.

ORIGINAIRES DE CHAMPAGNE.

Genealogie produite pardevant Vous Monſeigneur de CAUMARTIN, Intendant en Champagne, au mois de Decembre 1668.

D'argent, à trois Merlettes de fable, fans pieds et fans becs, deux en chef confrontée, et l'autre en pointe.

I. GUILLAUME D'AGUISY, Efcuyer, Seigneur de Herbigny & de la Neufville, a efpoufé Damoifelle Jacqueline de Pavant, & depuis remariée à Jacques de Vignancourt.

De leur mariage eft iffu Jean d'Aguify.

II. JEAN d'Aguify, Efcuyer, Seigneur de Laugny, Herbigny, du fief de la Motte & Maifon-Forte de Mainberfon, a efpoufé Damoifelle N...

De leur mariage font iffus : Jacques, Engrand & Pierre d'Aguify.

III. PIERRE d'Aguify, Efcuyer, Seigneur de Mainberfon, Laugny & Herbigny, a efpoufé Damoifelle Jeanne de Pavant, fille de Nicolas de Pavant, Efcuyer, Seigneur de Memont, Pavant & Thefy, & de Damoifelle Jeanne de la Mocque.

De leur mariage font iffus : Antoine, Jacques-Robert, Jean, Jacqueline & Margueritte d'Aguify.

IV. ANTOINE d'Aguify, Efcuyer, Seigneur de Mainberfon, & l'un des Gendarmes du Roy, fous la charge de Monfieur de Theval, a efpoufé Damoifelle Jacqueline de Vuarigny, fille de Nicolas de Vuarigny, Efcuyer, Sieur dudit lieu & de Rume, & de Damoifelle Françoife Duguet.

De leur mariage font iffus : Jean d'Aguify, Efcuyer, qui de fon mariage avec Damoifelle Marie de Beffroy a laiffé Anne d'Aguify & Guillemette d'Aguify, non mariée, produifante; Nicolas d'Aguify, marié à Damoifelle Jeanne de Blond, produifante; François, qui fuit ; Louis, Pierre, Magdeleine & Françoife d'Aguify.

V. FRANÇOIS d'Aguify, Efcuyer, Seigneur de Rume & Iffancourt, a efpoufé Damoifelle Sufanne de l'Efcuyer, fille de Philippe de l'Efcuyer, Efcuyer, Seigneur d'Hagnicourt & de Damoifelle Jacqueline de Failly.

De leur mariage font iffus: François d'Aguify, vivant Capitaine au regiment de Buffy-Lamet, tué à la Bataille de Rocroy; Nicolas d'Aguify, Charles d'Aguify, Antoine d'Aguify, Jacques d'Aguify, mort au fervice du Roy, & Sufanne d'Aguify, Religieufe.

VI. NICOLAS d'Aguify, Efcuyer, Seigneur de Rume, cy-devant Lieutenant au fufdit regiment de Buffy-Lamet, produifant, a efpoufé Damoifelle Marie de Blond.

De leur mariage font iffus : Jean d'Aguify, Efcuyer, âgé de 17 ans, cy-devant Enfeigne au regiment de la Ferté, & Antoine d'Aguify, âgé de 14 ans.

VI. CHARLES d'Aguify, Efcuyer, Seigneur de Hagnicourt & autres lieux, produifant, a efpoufé en premieres nopces Mademoifelle Jeanne de Villiers, dont font iffus: Damoifelle Claude, Charlotte & Anne d'Aguify; et en fecondes nopces Damoifelle Marie de Rouffy, fille de Philbert de Rouffy, Efcuyer, Seigneur de Manre & Afpremont, & de Damoifelle Anne de Tige, duquel mariage eft iffu une fille en bas âge.

VI. ANTHOINE d'Aguify, Efcuyer, Seigneur de Rume, Iffancourt, du fief de la Motte & Maifon-Forte de Mainberfon & fes dépendances, cy-devant Commandant pour le fervice du Roy au chafteau de Thane, en Alzace, & Capitaine au regiment de Charlevois; non marié, produifant.

PIECES JUSTIFICATIVES.

I. Contract d'acquifition fait en la ville de Rozoy, le 10 Février 1481, pardevant Geoffroy Baudeffon, Notaire au Bailliage de Vermandois, demeurant à Roquigny, par Noble et honoré Seigneur Guillaume d'Aguify, Efcuyer, Seigneur d'Herbigny & de la Neufville en partie, de Jean le Parementier & Jeanne, fa femme, demeurans à Brouffe-Fournereufe-lez-Rouffy, de tous les heritages qu'ils poffedoient aux bans & finages de Rouvroy, d'Oigny & chapitre Saint-Laurent de Rozoy, figné dudit Baudeffon.

II. Pouvoir & commiffion du 28 Mars 1536, donnée à Jean d'Aguify, Seigneur de Laugny, par Charles de Croy, Comte de Semghem, Seigneur de Moncornet, Harcy & Louny, & Capitaine de cent Chevaux-Legers, pour lever & enrooller, pour le fervice du Roy, foixante hommes de pied, pour la confervation des maifons de Moncornet & Harcy: figné dudit Sieur de Croy, & fcellé de fes Armes; fait à Chaftel en Portien.

Acte de foy & hommage du 3 Juillet 1542, rendu à Haut & Puiffant Seigneur Guy, Comte de la Val, Montfort, Rethellois & Beaufort en Champagne, Vicomte de Rennes, Fronfacq & de l'Ançon, Baron de Rozoy, & à Damoifelle Claude de Foix, fon époufe, Comteffe defdites Comtez, & Dame defdits lieux, comme heritiere de Monfieur Henry de Foix, Seigneur de l'Antier, par Jean d'Aguify, Efcuyer, à caufe du fief de la Motte & Maifon-Forte de Mainberfon & fes dépendances à luy advenus & écheus par le trefpas de Guillaume d'Aguify, fon pere; ledit acte reçu pardevant le Bailly dudit Rozoy ou fon Lieutenant, & fait entre les mains de René de la Val, Vicomte de Breffeto, Sieur de Bois-Dauphin, d'Aunay, le Mont-Saint-Aubin & Sainte-Marie, Commiffaire en cette partie, & figné de luy, & par le Seigneur de Bois-Dauphin, l'abbé de Bon-Repos, prefent, avec paraphe & fcellé.

Tranfaction du 11 Juillet 1553, paffée pardevant Vallentin Gobert, Notaire Royal en Vermandois, demeurant à Rozoy, prefens témoins, entre Antoine de Margival, Efcuyer, Seigneur dudit lieu, de Salancy, Mainbercy, Mainberfon & Raifigny, d'une part, & Jacques d'Aguify, Engrand d'Aguify, & Pierre d'Aguify, freres, Efcuyers, Seigneurs de Herbigny & de la Maifon-Forte, de Mainberfon & dépendance d'icelle, concernant le procez qui avoit efté pendant entre ledit de Margival & défunt Jean d'Aguify, pour raifon des maifons, moulins, jardins & heritages, que ledit Jean d'Aguify tenoit & poffedoit ès-villages & terroirs de Mainbercy-le-Grand & Mainbercy-le-Petit, par laquelle feroit demeuré audits Jacques, Engrand & Pierre d'Aguify, lefdites maifons, moulins, jardins & heritages, pour en jouyr comme avoit fait ledit défunt Jean d'Aguify : ladite tranfaction fignée dudit Gobert.

III. Contract de mariage du 10 Septembre 1541 de Pierre d'Aguify, Efcuyer, fils de Jean d'Aguify, auffi Efcuyer, Seigneur de Mainberfon, Laugny & Herbigny en partie, avec Damoifelle Jeanne de Pavant, fille de Nicolas de Pavant, Efcuyer, Seigneur de Memont, Pavant & Thezy, & de Damoifelle Jeanne de la Mocque, paffé pardevant Jean de Garat & Jean Beviere, Notaires Royaux au Bailliage de Vermandois, refidant à Rozoy, figné d'eux.

Bail & obligation du 27 Mars 1544, fait au profit de Jacques, Engrand & Pierre d'Aguify, Efcuyers, demeurant à Mainberfon, par Pierre Druel, demeurant à Dommely, Jean le Febvre, demeurant à Chappes, & Jean du Tendart, demeurant à Chaumont, du moulin à eux appartenant, paffé pardevant lefdits Garat & Beviere, Notaires, figné d'eux.

Employ de la tranfaction du 11 Juillet 1553, acte de foy & hommages du 11 Juillet 1572, rendu au Seigneur Duc de Nivernois & de Rethellois, Baron de Rozoy, pardevant Guillaume Bardin, Confeiller, Commiffaire à ce deputé, par Damoifelle Jeanne de Pavant, veuve de feu Pierre d'Aguify, en fon vivant Efcuyer, Seigneur de Herbigny, Laugny & de la Maifon-Forte de Mainberfon, au nom & comme mere & legitime tutrice d'Antoine, Jacques, Jean, Jacqueline & Marguerite d'Aguify, fes enfans & dudit défunt, à caufe de ladite Maifon-Forte de Mainberfon, appartenances & dépendances d'icelle, relevant dudit Seigneur Duc de Nivernois, à caufe de fadite Baronnie de Rozoy; figné dudit Bardin, Commiffaire, & de Herment, Greffier.

Denombrement du 12 Octobre 1572 & 9 Mars 1573, de la Terre & Maifon-Forte de Mainberfon, donné aufdits Seigneurs & Dame Ducheffe de Nivernois, par ladite Damoifelle Jeanne de Pavant, audit nom, & par Anthoine d'Aguify, fils aifné, tant en fon nom qu'au nom de fes freres & fœurs, receu pardevant Maiftre Jean Baudin, Seigneur de Monguichet, Confeiller du Roy, Maiftre des requeftes ordinaire de l'hoftel de la Reyne Mere du Roy, Commiffaire en cette partie, & figné de luy & de Gilbert Greffier, à ce commis.

IV. Contract de mariage du 16 Octobre 1572, d'Antoine d'Aguify, Efcuyer, Sieur de Mainberfon & homme d'armes des ordonnances du Roy, fous la charge de Monfieur de Theval, Gouverneur de Metz, affifté de Damoifelle Jeanne de Pavant, fa mere, veuve de feu Pierre d'Aguify, vivant Efcuyer, Seigneur d'Herbigny, Laugny & Mainberfon en partie, ayant la garde-noble dudit d'Aguify, fon fils : avec Damoifelle Jacqueline de Warigny, fille de Nicolas de Warigny, vivant Efcuyer, Sieur dudit lieu & de Rume, & de Damoifelle Françoife Duguet, fon efpoufe : paffé pardevant Nicolas Blanche-Gorge & Pierre Richard, Notaires Royaux au Bailliage de Donchery, & figné d'eux.

Partage du 26 May 1582, fait entre Antoine d'Aguify, Efcuyer, Seigneur d'Herbigny, Laugny & Mainberfon en partie, demeurant à Rumelle, prés Maizieres, d'une part, & Jacques d'Aguify, fon frere, auffi Efcuyer, Seigneur en partie defdits lieux, demeurant audit Mainberfon, des biens des fucceffions de défunt Pierre d'Aguify, leur pere, Jacques d'Aguify, leur oncle, que de Jean d'Aguify, leur frere, affis tant ès terroirs dudit Mainberfon, Mainbrecy que Raifigny; fait pardevant Jean Bochet, Notaire Royal en Vermandois, refidence de Roquigny, prefens tefmoins, & figné de luy.

Acte de foy & hommage du 15 Decembre 1600, fait pardevant Maiftre Nicolas Amelet, Lieutenant General au Bailliage de Chaumont, par Noble homme Anthoine d'Aguify, Efcuyer, Seigneur de Herbigny & Laugny en partie, & Jacques-Robert d'Aguify, fon frere, auffi Efcuyer, Seigneur de la Maifon-Forte de Mainberfon & defdits lieux en partie, demeurant audit Mainberfon, au Seigneur Baron dudit Chaumont, à caufe defdites terres à eux écheues, tant par le deceds dudit défunt Pierre d'Aguify, Efcuyer, leur pere, Jacques d'Aguify, Efcuyer, leur oncle, que par échange que ledit Jacques a fait avec fes coheritiers & comparfonniers.

Denombrement du 7 Aouft 1604, prefenté, donné & receu du Seigneur Duc de Nivernois, par Jacques Robert d'Aguify, Efcuyer, Sieur de Laugny, de la Maifon-Forte, terre & Seigneurie dudit Mainberfon, dans lefquels il a declaré que Antoine d'Aguify, fon frere, y avoit pris part; figné Durand, Greffier du Domaine.

Contract de bail & admodiation du 19 Juillet 1605, de la maifon dudit Mainberfon & fes dépendances, fait par Antoine d'Aguify, Efcuyer, Sieur de Laugny & Herbigny en partie, demeurant audit Mainberfon, à Jean Godel & Barbe Malet, fa femme, demeurans audit lieu, Pierre Doanoy, laboureur, & Margueritte de Bonnaire, fa femme, paffé pardevant Jean le Gros, Notaire au duché de Rethellois, demeurant à Rubigny ; prefens témoins, et figné de luy.

Tranfaction du dernier Juillet 1614, faite entre Antoine d'Aguify, Efcuyer, Seigneur de Laugny & Herbigny en partie, demeurant à Rumelle, d'une part, & Jean Godel, l'aifné, laboureur demeurant à Mainbrecy, d'autre part, touchant l'admodiation, de ladite terre de Mainberfon, & les difficultés qu'ils avoient enfemble; paffée pardevant Eftienne Mairau, Notaire Royal au Bailliage de Vermandois, refidence dudit Mainbrecy, prefens témoins, & figné de luy.

V. Contract de mariage du 15 Juin 1614, tiré de la minutte le 30 Aoust 1665, de Noble homme François d'Aguify, Efcuyer, Seigneur de Rume, affifté d'Antoine d'Aguify, Seigneur de Mainberfon, dudit Rume & Iffancourt, fon pere; avec Damoifelle Suzanne de l'Efcuyer, fille de Philippes de l'Efcuyer, Efcuyer, Sieur de Hagnicourt, & de Damoifelle Jacqueline de Failly; paffé pardevant Notaires au Bailliage de Vermandois, à Donchery, prefens temoins, & delivré par Maiftre Charles Allexandre, Advocat à Donchery, porteur & gardien de ladite minutte, en prefence de Maiftre Louis de Maugre, Bailly dudit Donchery & de Verrier, Greffier, & figné d'eux.

Acte de foy & hommages du 12 Decembre audit an 1614, rendu au Seigneur Duc de Rethellois par François d'Aguify, Efcuyer, Seigneur de Rume, tant en fon nom que comme ayant charge d'Anthoine d'Aguify, auffi Efcuyer, Seigneur de Mainberfon, fon pere, tuteur de Jean, Nicolas, Jacques, Louis & Pierre les d'Aguify, enfans mineurs de luy & de feuë Damoifelle Jacqueline de Warigny, & autres, pour lefdites terres à eux écheues par le deceds de Damoifelle Nicole de Warigny, leur tante, affizes au terroir de Tanion communement appellées les Terres le Guay; ledit acte figné Camart.

Tranfaction, partage & efchange du 19 Decembre 1619, faits entre François d'Aguify, Efcuyer, Sieur de Rume & Iffancourt, demeurant à Rumelle; Louis d'Aguify, Efcuyer, Sieur de Noizonville & Herbigny, demeurant à Mainberfon; Henry de Sandras, Efcuyer, Sieur du Breüil, y demeurant, & Damoifelle Magdeleine d'Aguify, fa femme; Jean de Maubeuge, Efcuyer, demeurant à Couvron, marit de Damoifelle Françoife d'Aguify, de laquelle il s'eft porté fort; Robert de Hanocq, Efcuyer, Sieur de Quiry, demeurant à d'Anify, & Hugues de Patureau, Efcuyer, Sieur de Lambercy, y demeurant, d'une part, & Nicolas d'Aguify, Efcuyer, Sieur de Laugny, & Pierre d'Aguify, Efcuyer, Sieur de Warigny, d'autre part, des biens à eux écheus tant par le deceds de défunt Antoine d'Aguify, Efcuyer, & Damoifelle Jacqueline de Warigny, leur pere & mere, & Jacques d'Aguify, leur frere, que de Damoifelle Nicolle de Warigny, leur tante; paffé pardevant Jean Robinet, Notaire Royal au Bailliage de Vermandois, refidant à Rozoy, prefens témoins, & figné de luy.

Contract d'efchange du dernier Mars 1635, fait entre honorez Seigneurs: Jean d'Aguify, Efcuyer, Seigneur de Mainberfon, du fief & Maifon-Forte & dépendances d'icelle, demeurant audit Mainberfon, & Nicolas d'Aguify auffi Efcuyer, Seigneur de Laugny, du fief & Maifon-Forte dudit Mainberfon & dépendances d'icelle, y demeurant, tant en leurs noms que eux faifant, & portant fort de honoré Seigneur Louis d'Aguify, Efcuyer, Sieur de Cheveuge, Rume & Iffancourt en partie, demeurant audit Cheveuge, Capitaine d'une compagnie de gens de pied, entretenue pour le fervice du Roy, au regiment de Monfieur le Marquis de Sy, & de Damoifelle Suzanne de l'Efcuyer, veuve de défunt François d'Aguify, vivant Efcuyer, Sieur dudit Rume & Iffancourt, demeurant audit Rume, comme ayant la garde-noble des enfans mineurs dudit défunt & d'elle, & de honoré Seigneur Henry de Sandras, Efcuyer, Seigneur dudit Breüil, Vaux-lez-Rubigny & autres lieux, à caufe de Damoifelle Magdeleine d'Aguify, fon efpoufe, d'une part, & Criftophe d'Alendhuy, Efcuyer, Sieur du Champ-de-la-Grange & Herbigny, y demeurant, d'autre part; paffé pardevant Eftienne Rouffe, Notaire Tabellion au Bailliage de Vermandois & Victry, refidant à Hauteville, prefens témoins, & figné de luy.

Contract de mariage du 6 Septembre 1626, de Jean d'Aguify, Chevalier, Seigneur de Mainberfon, Herbigny, Laugny, demeurant audit Mainberfon, affifté de: Nicolas d'Aguify, Chevalier, Seigneur de Mainberfon, fief Mothe & Maifon-Forte dudit Mainberfon & de Laugny en partie, demeurant audit Mainberfon; François d'Aguify, Chevalier, Seigneur de Rume & Iffancourt, demeurant à Rumelle; Louis d'Aguify, Chevalier, Seigneur de Warigny, Herbigny & de Cheveuge, y demeurant, fes freres, & Henry de Sandras, Chevalier, Seigneur du Breüil & de Vaux-les-Rubigny, fon beaufrere & autres; avec Damoifelle Marie de Beffroy, Dame de Saufeuil, fille de feu Fery de Beffroy, vivant Chevalier, Seigneur de la Greve, Nouvion, Provify, Saufeuil & Crevecœur; paffé à la Greve, pardevant Payot, Notaire Royal, prefens tefmoins, & figné de luy.

Denombrement du 14 May 1633 des droits deppendans de la terre & feigneurie de Rume & Iffancourt, donné par Damoifelle Sufanne de l'Efcuyer, veuve de feu François d'Aguify, vivant Efcuyer, Seigneur defdits Rume & Iffancourt en partie, demeurant audit Rume, tant en fon nom que comme mere & tutrice de François, Nicolas, Charles, Antoine, Jacques & Suzanne d'Aguify, tous enfans mineurs d'ans dudit deffunt & d'elle, pour moitié en ladite feigneurie, à tres Haut & Illuftre Prince, Monfeigneur le Duc de Mantoüe; pardevant Gondel, Notaire au duché de Rethelois, demeurant à Vrigne-aux-bois, prefens tefmoins, & figné d'eux & de ladite Sufanne de l'Efcuyer, & fcellé.

Contract de mariage du 16 Septembre 1614, de Nicolas d'Aguify, Efcuyer, Sieur de Laugny, du fief Mothe, Maifon-Forte de Mainberfon & deppendances, avec Damoifelle Jeanne de Blond, fille de feus Emery de Blond, Efcuyer, Seigneur de Saint-Pierre, & de Damoifelle Marie de Bohan; paffé pardevant Me Henry Tugot, Notaire Royal au Bailliage de Victry, reffort de Sainte-Manehould, refident au bourg de Poix, prefens tefmoins, & figné de luy.

VI. Contract de mariage du 19 Mars 1646, de Nicolas d'Aguify, Efcuyer, Sieur de Rume & Iffancourt, fils de feu François d'Aguify, vivant Efcuyer, Seigneur defdits lieux, & de Damoifelle Suzanne de l'Efcuyer, affifté de ladite Damoifelle & de Jacques d'Aguify, Efcuyer, Sieur dudit Iffancourt, fon frere ; avec Damoifelle Marie de Blond, fille de feus Emery de Blond, vivant Efcuyer, Sieur de Saint-Pierre, & de Damoifelle Marie de Bohan ; paffé par ledit Turgot, & figné de luy.

Contraét de mariage du 5 Novembre 1647, de Charles d'Aguify, Efcuyer, Seigneur d'Hagnicourt, Rume & Iffancourt en partie, fils d'honoré Seigneur François d'Aguify, vivant Efcuyer, Seigneur defdits lieux, & de Damoifelle Sufanne de l'Efcuyer, & affifté de Nicolas d'Aguify, Efcuyer, Seigneur de Rume & Iffancourt, fon frere ; avec Damoifelle Jeanne de Villier, fille de deffunt Jean de Villier, vivant Efcuyer, Seigneur de Ville-le-Tourneur & Barbaize en partie ; paffé pardevant Jean Charlier, Notaire Royal au Bailliage de Vermandois, en la refidence du bourg de Launois, demeurant à Barbaize, prefens tefmoins, & figné de luy, au bout duquel eft la procuration de ladite Damoifelle Sufanne de l'Efcuyer.

Aéte d'emancipation du 5 Decembre 1648, de Damoifelles Anne & Guillemette d'Aguify, filles de deffunt Jean d'Aguify, vivant Efcuyer, Sieur de Mainberfon & autres lieux, & de Damoifelle Marie de Beffroy, fait pardevant le Lieutenant general au Bailliage de Reims, avec Mr le Procureur du Roy & les proches parens defdites Damoifelles ; figné de Laval, Grefier.

Tranfaétion & partage du 10 Oétobre 1654, fait entre Nicolas d'Aguify, Efcuyer, Seigneur de Rume, y demeurant, d'une part ; Charles d'Aguify, auffi Efcuyer, Seigneur d'Hagnicourt, demeurant à Rumelle, d'autre part ; Antoine d'Aguify, Efcuyer, Seigneur d'Iffancourt, de prefent audit Rume : tous enfans heritiers de deffunt François d'Aguify, vivant Efcuyer, Seigneur defdits Rume & Iffancourt, & de Damoifelle Sufanne de l'Efcuyer, encore d'autre part, par lequel ils ont partagé les biens à eux efcheus par le deceds de ladite Damoifelle Sufanne de l'Efcuyer & de Jacques d'Aguify, leur frere, decedé fans hoirs ; paffé pardevant Guillaume Gondel, Notaire au Duché & Bailliage de Rethelois, demeurant à Vrigne-aux-bois, prefens tefmoins, & figné de luy.

Contraét de donation du 28 Juin 1658, fait par Nicolas d'Aguify, Efcuyer, Seigneur de Laugny, du fief Mothe & Maifon-Forte de Mainberfon, au profit d'Anthoine d'Aguify, fon neveu, Efcuyer, Seigneur de Rume & Iffancourt en partie, demeurant à Vivier ; paffé pardevant le Gros, Notaire au Bailliage de Rethelois, prefens tefmoins, & figné de luy ; ratifié, corroboré & infinué, figné de Ligny & de Laval.

Aéte de foy & hommages du 16 Juillet 1664, rendu au Seigneur Duc de Mazariny par Antoine d'Aguify, Efcuyer, Seigneur de Rume en partie, à caufe de la moitié du fief de la Forte-Maifon de Mainberfon, & qui luy avoient efté donnez par Nicolas d'Aguify, fon oncle ; lequel a efté receu, le 17 dudit mois de Juillet 1664, par le Lieutenant general au Bailliage de Mazariny, oüy le Procureur general, & iceluy regiftré & fcellé, & figné le Duc de Mazariny, par mondit Sieur Lourcelier, d'Aguify & Durand.

Denombrement du 18 Novembre 1665, donné audit Seigneur Duc de Mazariny par ledit Antoine d'Aguify, Efcuyer, Seigneur du fief Mothe & Maifon-Forte de Mainberfon, Rume & Iffancourt en partie, demeurant à Vivier, à caufe de ladite terre & feigneurie, affifté au Comté de Rozoy dépendante du Duché de Rethelois, en conféquence de l'aéte de foy & hommages cy-deffus ; receu pardevant Me Jacques de Simonnet, Efcuyer, Seigneur de la Grandville & de Bellarei, Confeiller du Roy en fes Confeils d'eftat & privé, Lieutenant general au Bailliage du Duché & Pairie de Mazariny, Commiffaire en cette partie, figné de luy & du Procureur general dudit Duché, & fcellé.

Contraét de mariage du 7 Mars 1667, de Charles d'Aguify, Efcuyer, Sieur d'Hagnicourt, Rume & Iffancourt en partie, fils de François d'Aguify, Efcuyer, Sieur defdits lieux, & de Damoifelle Sufanne de l'Efcuyer, fes pere & mere, affifté d'Antoine d'Aguify, Efcuyer, Seigneur des mefmes lieux, fon frere ; avec Damoifelle Marie de Rouffy, fille de Philbert de Rouffy, Efcuyer, Sieur de Manre & Afpremont, & de Damoifelle Anne de Tige, fon efpoufe en fecondes nopces ; paffé pardevant Boileau, Notaire au Bailliage de Viétry, prefens témoins, & figné de luy.

Cinq pieces de differentes dattes : du 16 Février 1649, 29 Juillet 1656, 29 Aouft 1651, 16 Juillet 1654 & 1 Aouft 1667, qui juftifient les emplois & autres fervices rendus par ledit Sieur Antoine d'Aguify.

L'AIGNEAU,

EN CHAMPAGNE. FAMILLE ORIGINAIRE DE BOURGOGNE.

Genealogie produite pardevant M. de CAUMARTIN. *

Party : au premier, d'azur au Chevron d'or à trois Rofes ; de mefme au fecond, d'azur au Chevron d'or
& trois Larmes d'argent; au chef de gueules, chargé de trois Eftoilles d'or.
Devife: Gratia, innocentiâ aut penitentiâ.
Cimier : Un Aigneau montant.

I. JEAN AIGNEAU, Efcuyer, Vicomte majeur de Dijon, a époufé en 1496 Damoifelle
Perrinette Berbezey. De leur mariage font iffus plufieurs enfans, & entre autres PIERRE
Aigneau, Efcuyer.

II. PIERRE Aigneau, Efcuyer, Vallet de chambre des Rois Charles VIII & Louis XII, a
époufé Damoifelle Pierrette le Feaul, fille de Nicolas le Feaul, Greffier en chef des
Eftats de Bourgongne. De leur mariage font iffus plufieurs enfans, entre autres : Philippe,
premier du nom de l'Aigneau, JEAN, fecond du nom de l'Aigneau, & Perrinette
Aigneau, mariée à Nicolas Durant en 1520.

III. JEAN Aigneau, fecond du nom, Efcuyer, a époufé en 1540 Dame Claudine de Mothon,
fille de Pierre de Mothon, Efcuyer, Secretaire d'Eftat du Duc Amedée de Savoye, de
laquelle font iffus plufieurs enfans, & entre autres : PHILIPPE, fecond du nom de l'Aigneau,
& une fille, mariée à Pierre-Louis de Lallée, Gentilhomme demeurant en Savoye.

IV. PHILIPPE, fecond du nom de l'Aigneau, Efcuyer, Seigneur du lieu Dazé & de Crefpigny,
a époufé en 1581 Damoifelle Peronne de Chavet, fille de Pompée de Chavet, Chevalier,
Seigneur de Burat & de Laprehée. Defquelles font iffus trois enfans : Thomas, premier
du nom de l'Aigneau, HENRY l'Aigneau, Efcuyer, & Françoife l'Aigneau, mariée au
Sieur de Marchaizeüil en 1613.

V. HENRY l'Aigneau, Efcuyer, a époufé en 1622 Damoifelle Helene de Bar, fille de Jacques
de Bar, Efcuyer, Sieur de la Mothe prez de Vertu, & de Charlotte Vyon, laquelle eftoit
fille de Jacques Vyon, Efcuyer, & de Oudette Petremol, fille d'Antoine Petremol,
Maiftre des comptes à Paris, & fœur d'Adrian de Petremol, Seigneur de Roziere, qui
a eu l'honneur d'eftre Intendant des finances fous les Roys Charles IX & Henry III;
defquels Henry l'Aigneau & Helaine de Bar eft iffu JEAN l'Aigneau, Efcuyer.

* Cette généalogie n'eft pas comprife dans le procès-verbal.

VI. JEAN l'Aigneau, Efcuyer, Confeiller du Roy, n'aguerre Bailly de Chaalons, a époufé en 1648 Dame Marie Caillet, fille aynée de Meffire Antoine Caillet, Confeiller du Roy en fes Confeils, Intendant des maifon & finance de Monfeigneur le Prince.

PIECES JUSTIFICATIVES.

I. Eft juftifié que, des l'année 1494 jufques & compris 1504, ledit Jean Aigneau a efté Vicomte majeur de Dijon, par l'extrait autantique de la Chambre des comptes de Dijon, fait fur les Comptes generaux des finances du Duché de Bourgongne defdites années; que pour fes fervices fignalez il a efté annobly & fa poftérité de l'un & de l'autre fexe, par lettres patentes du Roy Louis XII, de l'an 1500, verifiées en ladite Chambre des comptes, & qu'il a fondé une chapelle en l'églife Saint-Jean de Dijon, fous l'invocation de la Très-fainte-Trinité, par fon teftament en bonne forme, publié en la Chancelerie du Duché de Bourgongne le 23 Decembre 1511.

II. Il eft juftifié que Pierre Aigneau eftoit fils de Jean Aigneau, Maire de Dijon, par l'extrait des Comptes de la recepte generalle des finances du Duché de Bourgongne des années 1496, 1499, 1500, 1501, 1502, 1503 & 1504, figné des Sieurs Maiftres & Auditeurs en ladite Chambre, faifant mention comme lefdits Jean Aigneau & Pierre Aigneau, fon fils, ont efté entretenus de penfions au fervice du Roy. Et par la fentence de publication du teftament dudit Jean Aigneau, du 23 Décembre 1511, par lequel ledit Jean donne la collation de fadite chapelle audit Pierre Aigneau, fon fils, pour certaines confidérations à ce le mouvans. Les qualitez d'Efcuyer, de Vallet de chambre du Roy, & de fils dudit Pierre à Jean Aigneau, font prouvées par plufieurs autres actes autantiques produits au procez, & pour prouver que ladite Perette le Feaux eftoit femme dudit Pierre Aigneau, & fille dudit Nicolas le Feaux, le contract du 4 Octobre 1520 y eft formel.

III. Par le contract du 5 Avril 1540, paffé par devant Andoche Morel & Viard, Notaires Tabellions en la Chancellerie de Bourgongne, il eft juftifié que lefdits Jean Aigneau & Philippe Aigneau eftoient freres, & qu'ils vendent conjointement à Nicolas Durant, leur beaufrere, une maifon & heritages, y mentionnée.
Par autre contract paffé par devant les mefmes Notaires, ledit jour 5 Avril 1540, il apert que ledit Jean Aigneau, Efcuyer, qui demeuroit pour lors au pays de Savoye proche Annefy, vend audit Philippe Aigneau, fon frere, tous fes droits à luy efcheus en certaines maifons & heritages affis au vilage de Dommois proche de Dijon, & qu'il avoit eu du partage des biens de defunt Pierre Aigneau, Efcuyer, & de Perette le Feaux, fes pere & mere. Ce mefme contract fait preuve qu'il avoit pour femme ladite Dame Claudine de Mothon.

IV. La preuve que Philippe, deuxieme du nom de l'Aigneau, eftoit fils de Jean, deuxieme du nom, & de Claudine de Mothon, fe face par le contract de mariage dudit Philippe avec ladite Peronne de Chavet, en datte du 10 Decembre 1581, paffé à Mâcon, par devant Gilles de Ville, Notaire Royal, expedié du regiftre des infinuations du Mâconois, figné Guerin; par l'acte de la vendition que ledit Philippe, fils de Jean de l'Aigneau, fit de fes biens, qu'il avoit en Savoye, au profit dudit Pierre-Louis de Lallée, fon beau-frere, moyennant la fomme de fept mil cinq cens florins: ledit acte autantique paffé par devant de Montpellat, Nottaire & Bourgeois d'Anneffi, en Savoye, le 18 Janvier 1582.

V. Par l'acte paffé par devant Michelot, Notaire Apoftolique à Dijon, le 15 Septembre 1613, il apert que Thomas, premier du nom de l'Aigneau, qui eftoit fils ayné de Philippe, a confirmé la prefentation & prife de poffeffion faite au profit de Meffire Jofephe Bonneau, de la chapelle de la Sainte-Trinité, fondée par Jean Aigneau en l'églife Saint-Jean de Dijon, & a promis de faire confirmer ledit acte par iceluy Philippe l'Aigneau, Efcuyer, fon pere. Et par l'arreft du parlement de Grenoble du 10 Avril 1615, il apert que fur ledit acte de prefentation, confirmation & approbation, du 15 Septembre 1613, figné Michelot, ledit Bonneau a efté maintenu & confirmé en ladite chapelle. Et pour faire preuve de la qualité de Henry l'Aigneau, & comme il eftoit fils defdits Philippe l'Aigneau, Efcuyer, Seigneur Dazé, & de Perronne de Chavet, eft produit le contract de mariage dudit Henry l'Aigneau & de Helene de Bar, paffé en la ville de Nogent le 21 Fevrier 1622, figné enfin Moinat, Tabellion. Autre contract du 20 Novembre 1634, paffé par devant Haulry, Notaire & Tabellion Royal au Baillage et Chatelnie de Jouy, figné enfin Haulry & Mutel, & autres des 14 Mars 1636 & 5 Avril 1638. D'abondant l'enquefte faite contradictoirement en la Cour des aydes, avec Monfieur le Procureur general du Roy & Me Thomas Bouffeau, le 15 jour de Mars 1664.

VI. Pour faire preuve que ledit Jean l'Aigneau eft fils dudit Henry l'Aigneau & Heleine Debar, & mary de ladite Marie Caillet, produit fon contract de mariage, paffé pardevant Nottaires royaux a Chaalons, le 13 Septembre 1648, figné enfin Duboys & Rouffel.

Le partage du 28 Janvier 1640, des biens dudit Henry l'Aigneau, Efcuyer; & pour faire preuve de ladite qualité d'Efcuyer en la perfonne de Jean l'Aigneau, les provifions de ladite charge de Bailly, & plufieurs autres actes; & pour faire connoître qu'il eft en jouyffance des droits de fa famille, produit les lettres, fignées Gaultier, Nottaire Apoftolique à Dijon, portant la nomination faite par ledit Jean l'Aigneau de la perfonne de Maiftre Benigne Papillon, Preftre, pour Chapelain de ladite chapelle des Aigneaux, & fon acte de prife de poffeffion du 24 May 1664 & jours fuivans.

D'AIGREMONT.

Seigneurs du *Petit-Mefnil* & *Chaumefnil*,

EN CHAMPAGNE.

Genealogie produite pardevant Vous Monfeigneur de CAUMARTIN, Intendant en Champagne, au mois de Decembre 1670.

D'argent, au Lyon de gueules.

I. JEAN D'AIGREMONT, premier, Seigneur du Petit-Mefnil & Chaumefnil, eut de Angleberte d'Aulnay, fa femme, veuve de Guillaume de Pampelune, Seigneur d'Efpo-themont, & fille de Jean, Seigneur d'Aulnay & de Chalette, & de Catherine Berthin :

II. JEAN d'Aigremont, fecond, Seigneur du Petit-Mefnil, Chaumefnil, Arbloy, la Doultre, Bellefontaine & Perecey, qui époufa en 1554 Françoife de Gibraleon, fille d'Eneas, Seigneur de Perecey, & de Catherine de Raullet. Il fortit de ce mariage : Claude d'Aigremont, Seigneur d'Arbloy & Bellefontaine, pere avec Sufanne de Renty, fille de Baptifte, Seigneur de Monthier & de Saint-Leger, & de Françoife de Courtemont de : Margueritte d'Aigremont; OUDART, Seigneur du Petit-Mefnil, & Marie d'Aigremont, femme d'Antoine de Liebault, Seigneur de la Halle & de Leftree.

III. OUDART d'Aigremont, Seigneur du Petit-Mefnil & Chaumefnil, laiffa de Claude d'Adnet, fa femme, fille de Chriftophe, Seigneur de Chaumefnil, & de Marguerite de Pillemier : Gilles &

IV. FRANÇOIS d'Aigremont, Seigneur du Petit-Mefnil & Chaumefnil, qui en premieres nopces époufa Louife Langlois, fille de Chriftophe, Porte-manteau de la Reine-Mere Marie de Médicis, & d'Anne Pinotte; dont eft iffuë Claude d'Aigremont, qui eft à prefent vefve de Jean du Tel, Seigneur d'Arantieres, & Engente; & en fecondes, Jeanne d'Orbinot, fille de Jean, Seigneur du Petit-Mefnil, et de Claude de Bauffancourt, de laquelle il a laiffé

V. JEAN d'Aigremont, troifiéme, Seigneur du Petit-Mefnil & Chaumefnil, lequel a époufé en premieres, nopces Marguerite de Paillette, fille de Guillaume, Seigneur de Blumerey & Humberfin, & d'Edmée de Maiziere; & en fecondes, Edmée Raullet, fille de Claude, Seigneur de Soüain et d'Yevre, & de Marguerite de Bauffancourt.

PIECES JUSTIFICATIVES.

I. Acte de foy & hommages du 2 Juillet 1531, rendus à Antoine de Luxembourg, Comte de Brienne, par Jean d'Aigremont, Efcuyer, Seigneur en partie du Petit-Mefnil & Chaumefnil.

Sentence du Bailliage de Chaumont, du 12 Septembre 1547, fignée Balavoire, renduë entre Jean d'Aigremont, Efcuyer, Seigneur en partie du Petit-Mefnil, demandeur, d'une part, & Claude Jardin, deffendeur, d'autre.

II. Contract de mariage du 27 Mars 1554, figné Perrin & Perrin, Notaires en la Prevofté de Ligny, entre Jean d'Aigremont, le jeune, fils de Jean d'Aigremont, laifné, Efcuyer, Seigneur d'Efpothemont, Petit-Mefnil & Chaumefnil en partie, & de Damoifelle Angleberde d'Aulnay; & Damoifelle Françoife de Gibraleon, fille d'Eneas de Gibraleon, Efcuyer, Seigneur de Perecey, Arbeloy & Bellefontaine, & de Damoifelle Catherine de Raullet; & au dos font les infinuations dudit contract és Bailliages de Troyes & Tonnerre, des 9 & 22 Janvier 1555 : ce requerant ledit Jean d'Aigremont, le jeune, Efcuyer.

Partage du 5 Decembre 1573, figné Carreau, Notaire au Comté de Joigny, entre Nobles Seigneurs Jacques & Louis de Gibraleon, Efcuyers, Seigneurs d'Arbloy, Bellefontaine & Perecey en partie, affiftez de Noble Seigneur Alexandre de la Lande, Efcuyer, Seigneur de Corbelle, Arbloy & Bellefontaine en partie, leur oncle, & Noble Seigneur Jean d'Aigremont, Efcuyer, Seigneur du Petit-Mefnil & defdits Arbloy, Bellefontaine et Perecey en partie, à caufe de Damoifelle Françoife de Gibraleon, fa femme, des biens à eux efcheus par le deceds de feuz Noble Seigneur Eneas de Gibraleon, Seigneur defdits lieux, & de Damoifelle Catherine de Raullet, leurs pere & mere.

Commiffion du 11 May 1582, fignée par le Confeil, Portin & fcellée, donnée fur la requefte de Jean d'Aigremont, Seigneur du Petit-Mefnil & Chaumefnil, la Doultre, Arbloy, Bellefontaine et Perecey en partie, pour parvenir au papier terrier de fes feigneuries.

Autre commiffion du Sieur Bailly de Chaumont, du 12 Aouft 1582, fignée Bricot, donnée à requefte de Jean d'Aigremont, Efcuyer, Seigneur du Petit-Mefnil & Chaumefnil, la Doultre, Arbeloy, Bellefontaine & Perecey, pour l'execution de la precedente.

III. Delaiffement de biens, du 22 Decembre 1586, figné Meglat, Tabellion au Bailliage de Brienne, fait par Noble Seigneur Jean d'Aigremont, Efcuyer, Sieur du Petit-Mefnil & Chaumefnil, au profit de Claude d'Aigremont, Efcuyer, Sieur defdits lieux, fils ainé, & d'Antoine de Liebault, Efcuyer, Sieur de la Halle & de l'Eftrée, Damoifelle Marie d'Aigremont, fa femme, à charge entr'autres de faire partage à Oudart d'Algremont, leur frere puifné, lors qu'il fera en aage.

Homologation faite en la Juftice du Petit-Mefnil le 5 Novembre 1599, fignée Genetey, du partage des biens de deffunts Jean d'Aigremont, vivant Efcuyer, & de Damoifelle Françoife de Gibraleon, entre Damoifelle Suzanne de Renty, femme d'Antoine de Fauvilderre, Efcuyer, & auparavant veuve de deffunt Claude d'Aigremont, vivant auffi Efcuyer, comme ayant la garde-noble de Margueritte d'Aigremont, fille dudit deffunt & d'elle, Noble Seigneur Oudart d'Aigremont, Efcuyer, Seigneur du Petit-Mefnil, & Antoine de Liebault, Efcuyer, tuteur de François, Claude, Marie & Jeanne les Liebault, enfans mineurs de luy & de deffunte Damoifelle Marie d'Aigremont, fa femme, tous enfans & heritiers defdits deffunts.

Contract de mariage du 1 Decembre 1600, figné Champillet & Bouchon, Notaires au Bailliage de Chaumont, entre Oudart d'Aigremont, Efcuyer, Seigneur du Petit-Mefnil & Chaumefnil, & fils de deffunt Jean d'Aigremont, vivant Seigneur defdits lieux, & Damoifelle Claude d'Adnet, fille de deffunt Chriftophe d'Adnet & de Damoifelle Marguerite de Pillemier, Seigneur & Dame en partie defdits lieux.

IV. Inventaire du 15 Avril 1605, figné des Officiers du Bailliage de Brienne, des biens delaiffez par feu Oudart d'Aigremont, vivant Efcuyer, Seigneur du Petit-Mefnil & Chaumefnil, à la requefte de Damoifelle Claude d'Adnet, fa veuve & mere de Gilles & François d'Aigremont, fes enfans.

Acte du Bailliage de Brienne, du 16 Avril 1605, figné Guerapin, par lequel Damoifelle Claude d'Adnet, veuve de feu Oudart d'Aigremont, vivant Efcuyer, Seigneur en partie du Petit-Mefnil, eft efleuë tutrice à Gilles & François d'Aigremont, enfans mineurs dudit deffunt & d'elle.

Contract de mariage du 27 Fevrier 1626, figné André, Tabellion au Bailliage de Troyes, entre François d'Aigremont, Efcuyer, Seigneur du Petit-Mefnil & Chaumefnil, affifté de François de Liebault, Efcuyer,

Seigneur de la Salle, fondé de procuration de Damoiſelle Claude d'Adnet, veuve de feu Oudart d'Aigremont, vivant Eſcuyer, Seigneur deſdits lieux, pere & mere dudit Sieur François d'Aigremont ; & Damoiſelle Louiſe Langlois, fille de Noble homme Jacques Langlois, Porte-manteau de la Reyne-Mere, & de Damoiſelle Anne Pinette.

Autre contraĉt de mariage du 14 Aouſt 1659, ſigné Baudin, Notaire au Bailliage de Brienne, entre François d'Aigremont, Eſcuyer, Seigneur en partie du Petit-Meſnil & Chaumeſnil, & Damoiſelle Jeanne d'Orbinot, fille de deffunts Jean d'Orbinot, vivant Eſcuyer, Seigneur en partie deſdits lieux, & de Damoiſelle Claude de Bauſſancourt.

V. Contraĉt de mariage du 16 Février 1662, entre Jean d'Aigremont, Eſcuyer, Seigneur du Petit-Meſnil & Chaumeſnil en partie, fils de deffunt François d'Aigremont, vivant Eſcuyer, Seigneur deſdits lieux, & de Damoiſelle Jeanne d'Orbinot ; & Damoiſelle Margueritte de Paillette, fille de feu Guillaume de Paillette, vivant Eſcuyer, Seigneur de Blumerey & Humberſin, & de Damoiſelle Edmée de Maiziere.

Autre contraĉt de mariage du 6 Septembre 1663, ſigné Oudin, Tabellion au Bailliage de Roſnay, entre Jean d'Aigremont, Eſcuyer, Seigneur du Petit-Meſnil & Chaumeſnil, fils de deffunt François d'Aigremont, vivant Eſcuyer, Seigneur deſdits lieux, & de Damoiſelle Jeanne d'Orbinot, & Damoiſelle Edmée de Raullet, fille de Claude de Raullet, Eſcuyer, Seigneur de Soüain &d'Yévre, & de deffunte Damoiſelle Margueritte de Bauſſancourt.

D'ALENDUY,

FAMILLE ORIGINAIRE de CHAMPAGNE,

Genealogie produite pardevant Vous Monſeigneur DE CAUMARTIN, Intendant en Champagne, au mois d'Aouſt 1667.

D'azur, à trois Pots d'argent, deux & un.

I. JACQUES DALENDUY, Eſcuyer, Seigneur du Grand-Four & des Petits-Fourneaux, vivoit en 1542 ; il a époufé Damoiſelle Perette de Warigny.

De leur mariage ſont iſſus : Jean, ANGRAND, Marie & Poncette Dalenduy.

II. ANGRAND Dalenduy, Eſcuyer, Seigneur du Champ de la Grange, du Faucon & des Petits-Fourneaux, a époufé Damoiſelle Charlotte Daguizy.

Duquel mariage ſont iſſus : PHILIPPES, Chriſtophe, ROBERT, Catherine, Jacqueline & Jeanne Dalenduy.

III. PHILIPPES Dalenduy, Eſcuyer, Seigneur du Champ de la Grange & d'Herbigny, a époufé Damoiſelle Nicolle de Serpe.

De leur mariage ſont iſſus : Jacques Dalenduy, Chevau-Leger de la compagnie de Monſeigneur le Dauphin, & Jean Dalenduy, Chevau-Leger de celle de Mr. de Lanques.

III. ROBERT Dalenduy, Eſcuyer, Sieur d'Herbigny, frere dudit Philippes, & troiſiéme fils d'Angrand, a époufé Damoiſelle Jeanne de Lizaine.

De leur mariage font iffus : JEAN, CHRISTOPHE, PHILIPPES & Hieronime Dalenduy.

IV. JEAN Dalenduy, Efcuyer, Seigneur· du Champ de la Grange, a époufé Damoifelle Guillemette Divory, de laquelle il n'y a encores aucuns enfans.

IV. CHRISTOPHE Dalenduy, Efcuyer, frere, eft au fervice du Roy.

IV. PHILIPPES Dalenduy, Efcuyer, Seigneur d'Herbigny, auffi frere, a époufé Damoifelle Catherine d'Oger.

PIECES JUSTIFICATIVES.

I. Afte en parchemin, du 7 Juillet 1542, de foy & hommage rendus par Jacques Dalenduy, Efcuyer, au Seigneur
Comte de Laval, à caufe de la Dame fon epoufe, du Grand-Four, des Petits-Fourneaux, du Bois-Darreux,
& autres droits mouvans du chafteau & feigneurie du Wayé; figné René de Laval, & plus bas, Dethon, &
feellé.

Partage en papier, figné de Blanche-Gorge, Notaire, qui en a la minutte, des biens de la famille des de Warigny, auquel affifte Jacques Dalenduy, Efcuyer, & Damoifelle Perette de Warigny, fa femme, datté du
13 Novembre 1544.

Afte en papier, du 3 Novembre 1546, par lequel Jacques Dalenduy, Efcuyer, a fourny fon denombrement, en
confequence de l'afte de foy & hommages, cy-deffus produit, figné A. Deligny.

II. Contraft en parchemin, du 25 Juin 1562, figné Blanche-Gorge, Notaire, qui en a receu la minutte, de partage & divifion faits entre Damoifelle Perette de Warigny, veuve de feu Jacques Dalenduy, lors femme de Jean
Dogny, Efcuyer, avec Jean Dalenduy, Efcuyer, fon fils, des baftimens qui leur eftoient communs.

Contraft en parchemin, du 24 Novembre 1563, figné Blanche-Gorge & Richart, Notaires, qui en ont receu la
minutte, d'acquifition faite par Damoifelle Perette de Warigny, veuve de feu Jacques Dalenduy, Efcuyer, accep-
tante par Jean Dalenduy, Efcuyer, fon fils.

Contraft en parchemin, du 11 May 1571, d'acqueft fait par Jean Dalenduy & Angrand Dalenduy, Efcuyer,
Seigneur du Fauçon, declarez enfans & heritiers de feu Jacques Dalenduy.

Afte de foy, hommages & denombrement, en parchemin, du 10 Oftobre 1572, fourny par Jean & Angrand
Dalenduy, freres, Efcuyers, Sieurs du Fauçon, à Monfieur le Comte de Rethellois, au bas duquel eft l'afte d'ac-
ceptation, figné defdits Dalenduy, de Baudin, Commiffaire, & Gilbert, Greffier, & feellé.

Partage en papier, du 12 Juillet 1578, des biens de Damoifelle Perette de Warigny, veuve de feu Jacques Dalenduy (elle prefente), entre Jean & Angrand Dalenduy, Efcuyers, & les autres enfans & heritiers de ladite de
Warigny, fous la fignature de Bardin & Richard, Notaires, qui en ont receu la minutte.

Denombrement en parchemin, du 20 Fevrier 1601, fourny par Angrand Dalenduy, Efcuyer, des heritages
feodaux de la Grange-au-Sugnon, par lequel ledit Angrand Dalenduy & les autres y denommez, rendent les foy
& hommages, à caufe defdits biens, & ont figné au bas de l'afte, fous le prefenté duquel eft figné Camart.

III. Contraft en parchemin, du 15 Juin 1620, du mariage de Philippes Dalenduy, Efcuyer, fils d'Angrand
Dalenduy, affifté de honoré Seigneur François Dambly, Efcuyer, fondé de procuration fpecialle d'Angrand
Dalenduy, Efcuyer, pere du contraftant, & de Criftophe & Robert Dalenduy, freres; avec Damoifelle Nicolle de
Serpe; figné Salizart & Deuil, Notaires, qui en ont receu la minutte.

Contraft en parchemin, du cinquiéme Novembre 1627, de partage fait des biens de deffunt Angrand Dalenduy,
Efcuyer, Seigneur du Champ de la Grange-du-Fauçon & d'Herbigny, & de Damoifelle Charlotte Daguizy,
entre Philippes, Criftophe, Robert Dalenduy, Efcuyers, et leurs beaux-freres & fœurs, coheritiers és mefmes
fucceffions; ledit contraft figné Heymin, Notaire, qui en a receu la minutte, & feellé.

III. Contraft en parchemin, du 6 Fevrier 1622, figné Tuget, Notaire, qui en a receu la minutte, du mariage
de Robert Dalenduy, Efcuyer, Seigneur d'Herbigny, affifté de Philippes & Criftophe Dalenduy, Efcuyers, fes
freres; avec Damoifelle Jeanne de Lizaine.

Contraft en parchemin, du 5 Novembre 1627, pareil a celuy cy-deffus, du partage des biens d'Angrand
Dalenduy, Efcuyer, & de Damoifelle Charlotte Daguizy, entre Robert Dalenduy & autres, fes freres & coheritiers, figné Heymin, Notaire, qui en a receu la minutte, & feellé.

IV. Minutte d'une procuration du 28 Mars 1648, paffée par Damoifelle Jeanne de Lizaine, veuve de feu
Robert Dalenduy, vivant Efcuyer, pour affifter et confentir au mariage de Meffire Jean Dalenduy, Chevalier,
Seigneur d'Herbigny, &c., fon fils, & dudit deffunt Robert Dalenduy.

Acte en papier, du 15 Novembre 1657, figné de Longy, Notaire (qui a receu la minutte), de la fubdivifion des partages entre Jean Dalenduy, Efcuyer, & Jacques de Bournonville, Efcuyer, mary de Damoifelle Hieronime Dalenduy, enfans & héritiers de deffunt Robert Dalenduy & de Damoifelle Jeanne de Lizaine, des biens qui leur eftoient efcheus conjointement.

Contract en parchemin, du 25 Fevrier 1666, du mariage de Jean Dalenduy, Efcuyer, fils de Robert Dalenduy & de Damoifelle Jeanne de Lizaine, avec Damoifelle Guillemette Divory ; ce contract figné Guerdin, Notaire, qui en a receu la minutte.

IV. Partage en papier, du 7 Janvier 1656, fait des biens de Robert Dalenduy & de Damoifelle Jeanne de Lizaine, entre Jean Dalenduy, Criftophe, Philippes & Hieronime, freres & fœurs, leurs enfans ; ledit acte de partage figné J. Longy, Notaire, qui en a receu la minutte.

Contract en parchemin, du huictiéme de Juin 1665, du mariage de Philippes Dalenduy, Efcuyer, Seigneur d'Herbigny, demeurant à Balon, fils de deffunt Robert Dalenduy & de Damoifelle Jeanne de Lizaine, affifté de fes freres & beaufreres, avec Damoifelle Catherine d'Oger ; ledit contract fous-figné Sauvigeon, Notaire, qui en a receu la minutte.

Plufieurs actes qui juftiffient les fervices rendus au Roy par les Dalenduy.

D'ALICHAMP,

FAMILLE ORIGINAIRE DE CHAMPAGNE.

Genealogie produite pardevant Vous Monfeigneur de CAUMARTIN, Intendant en Champagne, au mois de Decembre 1667.

D'azur, au Chevron d'or, accompagné de trois Rofes à cinq feuilles de mefme ; l'efcu fouftenu de deux Anges veftus de gueule & d'azur, & fommé d'une Sireine iffante nuë, acolée d'un fils de fable, pour cimier.

I. JEAN D'ALICHAMP, Efcuyer, Seigneur de Briel & de Saint-Aubin, vivoit en 1500. Il a époufé Damoifelle Margueritte de Chantalou.

Duquel mariage eft iffu Nicolas d'Alichamp.

II. NICOLAS d'Alichamp, Efcuyer, Seigneur de Briel & de Saint-Aubin, a époufé Damoifelle Margueritte de Saint-Belin, de la maifon d'Eftivet.

Dont font iffus : René d'Alichamp, Efcuyer, Sieur de Briel, decedé fans faire fouche ; Philippe d'Alichamp, qui fuit ; Nicolas d'Alichamp, Chevalier de l'ordre de Saint-Jean de Jerufalem ; Jean d'Alichamp, Sieur de Saint-Aubin, & Damoifelle Corneille d'Alichamp, mariée à Hugues de Changy, Efcuyer, Seigneur dudit Changy.

III. PHILIPPE d'Alichamp, Efcuyer, Seigneur de Briel, Flamericourt & Saint-Aubin, a époufé Damoifelle Claude de Lancofme.

Duquel mariage font fortis : René d'Alichamp, qui a continué la poftérité ; Damoifelle

Margueritte d'Alichamp, mariée à Antoine de Gand, Efcuyer, Seigneur de Gercy, & Yfabeau d'Alichamp à Georges de Genly, Efcuyer, Sieur de Montille.

IV. RENÉ d'Alichamp, Efcuyer, Seigneur de Briel, Flamericourt & Saint-Aubin, a époufé Damoifelle Margueritte de la Mothe, fille de Noble Seigneur Claude de la Mothe, Efcuyer, Sieur dudit lieu d'Efpagne, Lucemont, &c., & de Damoifelle Barbe de Luxembourg.

Dont font iffus : Antoine d'Alichamp, Efcuyer, Sieur de Briel, & HONORÉ d'Alichamp, qui fuit.

V. HONORÉ d'Alichamp, Efcuyer, Seigneur d'Efpagne & autres lieux, a époufé Damoifelle Jeanne du Mefgnil, fille de honnoré Seigneur Jean du Mefgnil, Efcuyer, Sieur de Chambourg, & de Dame Suzanne de Mofferon.

De ce mariage font fortis : François-Honoré aagé de 5 ans; Jean-George de 3 ans; & Marie-Angelique d'Alichamp, aagée feulement d'un an : lefquels enfans font fous la garde noble de ladite Damoifelle leur mere, à prefent veuve dudit Sieur Honoré d'Alichamp.

PIECES JUSTIFICATIVES.

I. Aĉte donné au Bailliage de Vendeuvre, datté du 10 May 1501, figné Bonnemain, Greffier, & fcellé, fur une fommation faite à la requefte de Jean d'Alichamp, Efcuyer, Seigneur de Briel, comme tuteur baillifte de Nicolas d'Alichamp, fon fils.

Procez verbal de redaĉtion & publication, fait en l'année 1509, des coutumes du Bailliage de Troyes, au 96 f. verfo duquel Jean d'Alichamp, Efcuyer, Seigneur de Briel, compare au nombre des Gentils-hommes dudit Bailliage.

Procez verbal figné Piellenez, Juge, & Thévenot, Greffier en la Juftice de Briel, en datte du 11 Decembre 1666, qui contient le compulfoire de trois tombeaux, dont le premier, fans aucune datte, eft une ancienne fepulture d'un Jean d'Alichamp, Efcuyer, Seigneur de Briel, Flamericourt & Saint-Aubin, & de Damoifelle Catherine de Reges, fa femme ; le fecond, de Jean d'Alichamp, Efcuyer, Seigneur dudit Briel, Flamericourt & de Saint-Aubin, & de Damoifelle Margueritte de Chantalou, fa femme, le millier duquel eft 1522 ; et le troifiéme, de Nicolas d'Alichamp, Efcuyer, auffi Seigneur dudit Briel & de Saint-Aubin, & de Damoifelle Margueritte de Saint-Belin, fon époufe. Tous ces trois monumens eftans reveftus des armes des d'Alichamp, qui eft d'*azur au Chevron d'or, accompagné de trois Rofes à cinq feuilles de mefme, avec le cafque*, ce qui fait connoître la Nobleffe ancienne de cette famille & fon alliance avec les Maifons de Reges, Chantalou & Saint-Belin.

II. Employ de l'aĉte cy-deffus de 1501, où Jean d'Alichamp, Efcuyer, Seigneur de Briel, eft qualifié tuteur baillifte de Nicolas d'Alichamp, fon fils.

Afcenfivement du 5 Fevrier 1529, figné Auger & Guillaume, Notaires au Bailliage de Vendeuvre, & fcellé, fait par honoré Efcuyer Nicolas d'Alichamp, Seigneur de Saint-Aubin & de Briel.

Contraĉt du 23 Mars 1543, figné Pertufot, Preftre & Voifin, Notaires en la Prevofté de Vendeuvre, & fcellé, de tranfaĉtion entre les enfans de deffunt Nicolas d'Alichamp, Efcuyer, Seigneur de Briel, ftipulans par René d'Alichamp, Efcuyer, fils aifné dudit deffunt, d'une part, & Damoifelle Catherine Baftard d'Alichamp, d'autre, à caufe d'un leg fait a ladite Baftarde par feu Jean d'Alichamp, Efcuyer, Seigneur dudit Briel, pere dudit Sieur Nicolas d'Alichamp, & ayeul dudit René.

III. Employ de la tranfaĉtion cy-deffus qui fait voir que René d'Alichamp & fes freres eftoient fils de Nicolas d'Alichamp, Efcuyer, Seigneur de Briel & de Saint-Aubin, & petits fils de Jean d'Alichamp, Efcuyer, Seigneur defdits lieux.

Denombrement du 7 Fevrier 1540, figné R. d'Alichamp, & de Geneffe & Pertulet, Notaires au Bailliage de Vandeuvre, & fcellé, fourny par René d'Alichamp, Efcuyer, Seigneur de Briel, tant pour luy que pour fes freres & fœurs, enfans mineurs de feuz Nicolas d'Alichamp & Damoifelle Margueritte de Saint-Belin, fa femme.

Deux contraĉts des 8 & 12 Juin 1553, fignez des Notaires au Bailliage de Vendeuvre, & fcellez, d'acquifitions faites par frere Nicolas d'Alichamp, Chevalier de l'ordre de Saint-Jean de Hierufalem.

Tranfaĉtion du 5 Aouft 1559, faite entre René & Philippes d'Alichamp, Efcuyers, freres, Seigneurs de Briel, la Motte, Dommange & Flamericourt, d'une part, & Hugues de Changy, Efcuyer, Seigneur dudit lieu, fe portant fort de Damoitelle Corneille d'Alichamp, fa femme, fœur defdits René & Philippes d'Alichamp, pour raifon de la fucceffion de feuz Nicolas d'Alichamp, vivant Efcuyer, Sieur de Briel, Flamericourt & Saint-Aubin, & de Damoifelle Margueritte de Saint-Belin, pere & mere defdites parties ; dans laquelle tranfaction eft fait mention de Nicolas d'Alichamp, Chevalier de l'ordre de Saint-Jean de Hierufalem, leur frere ; & comme dans les fiefs de cette Maifon les mafles emportoient leur droit de preciput & mafculinité, & quantité d'autres chofes, qui rendent inconteftable la Nobleffe ancienne de cette Maifon. Ladite tranfaction expediée en forme par Pilmiers, commis au tabellionnage de Troyes, le 15 Septembre 1666.

Commiffion du Sieur Bailly de Troyes, fignée Corrard, Greffier, dattée du 29 Janvier 1560, & fcellée, pour, fuivant les lettres royaux obtenuës par Philippes d'Alichamp, Efcuyer, Sieur de Briel, Flamericourt & Saint-Aubin, arriver par l'impetrant à la confection du papier terrier defdites feigneuries.

Procuration du 10 Janvier 1569, fignée Sorel, Tabellion au Bailliage de Vendeuvre, & fcellée, paffée par Philippes d'Alichamp, Efcuyer, Sieur de Briel, Flamericourt & de Saint-Aubin, à Damoifelle Claude de Lancofme, fa femme.

IV. Contract du 12 Juin 1579, figné Brotte, Tabellion au Bailliage de Colombe, & fcellé, du mariage de René d'Alichamp, Efcuyer, Seigneur de Briel, Flamericourt & de Saint-Aubin, fils de feu Philippes d'Alichamp, vivant Efcuyer, Seigneur defdits lieux, & de Damoifelle Claude de Lancofme, affifté de ladite Damoifelle de Lancofme, fa mere, femme à prefent de François de Chermont, Efcuyer, Sieur dudit lieu, Gentil-homme de la Maifon du Roy; George de Genly, Efcuyer, Sieur de Montille, Alexandre & Archambault de Fontringan, Efcuyers, Seigneurs d'Aulnay, Dronnay & des Nonnins; Pierre de Champy, Efcuyer, coufins dudit Sieur de Briel : avec Damoifelle Margueritte de la Motte, fille & affiftée de noble Seigneur Claude de la Motte, Efcuyer, Sieur dudit lieu, Lucemont, Epagne, & de Damoifelle Barbe de Luxembourg, fes pere & mere, & encores de Dame Claude de la Motte, veuve de feu meffire François d'Ygny, vivant Chevalier, Baron de Fontenay, Rizaucourt, &c., fœur de ladite Damoifelle future epoufe.

Autre contract datté du 17 Janvier 1587, figné le Jard & Cahot, Notaires à Briel, par lequel Antoine de Gand, Efcuyer, Seigneur de Gerfy, mary de Damoifelle Margueritte d'Alichamp, tant en fon nom que comme fondé de procuration de René d'Alichamp, Efcuyer, Sieur de Briel, & de Georges de Genly, Efcuyer, Sieur de Montille, mary de Damoifelle Ifabeau d'Alichamp, vendent la feigneurie de Saint-Aubin, à eux écheuë par le deces de Philippe d'Alichamp, Efcuyer, Seigneur de Briel & dudit Saint-Aubin, & de Damoifelle Claude de Lancofme, pere & mere defdits d'Alichamp, vendeurs.

V. Acte rendu en la Juftice de Vendeuvre, datté du 15 Aouft 1618, figné Sebille, Greffier, & fcellé, contenant l'emancipation d'Honoré d'Alichamp, Efcuyer, Sieur de Briel, fils de feu René d'Alichamp, vivant Efcuyer, Sieur dudit lieu, & de Damoifelle Margueritte de la Motte, du confentement de ladite Damoifelle & d'Antoine d'Alichamp, Efcuyer, frere dudit Honoré d'Alichamp; Laurent de Chantereau, Efcuyer, Sieur de Balmal; Antoine de Gand, Efcuyer, Seigneur de Gerfy; Jacques de Gand, Efcuyer, Seigneur de Flamericourt, &c.

Contract du 20 Septembre 1657, figné Hurault, Notaire, regiftré & infinué au Bailliage de Chaumont, le premier Juin 1667, figné Groffart, du mariage d'Honoré d'Alichamp, Efcuyer, Seigneur d'Efpagne, fils de deffunt Meffire René d'Alichamp, vivant Chevalier, & de Dame Margueritte de la Motte, Seigneur & Dame de Briel, Flamericourt, Saint-Aubin, &c., affifté d'honoré Seigneur Charles de Canigan, Efcuyer, Seigneur d'Autrey-le-Bois, & de Philippe de Saint-Claude, Efcuyer, Seigneur de Bailly ; avec Damoifelle Jeanne du Mefnil, fille de feu honoré Seigneur Jean du Mefnil, vivant Efcuyer, Seigneur de Chambourg, & de Dame Suzanne de Mofferon, à prefent femme d'honoré Seigneur François Dominotte d'Abreville, Efcuyer, Seigneur de Saint-Vrain, affifté d'honorez Seigneurs Jufte & Jacques de Mofferon, Efcuyers, Seigneurs de Fligny.

ALLIGRET,

EN CHAMPAGNE. FAMILLE ORIGINAIRE DE FRANCE.

Genealogie produite pardevant M. de CAUMARTIN.

D'azur, à trois Aigrettes d'argent, becquées & membrées de fable.

I. OLIVIER ALLIGRET, Efcuyer, Sieur de Charantonneau, Clichy, la Garenne & d'Uully, Advocat du Roy en la Cour de Parlement de Paris, eft defcendu de Jean Alligret, vivant en 1490, Efcuyer, Seigneur defdits lieux, Lieutenant Civil au Chaftelet de Paris. Il a époufé Damoifelle Claire Legendre.

Duquel mariage font iffus : François, Pierre, Anne, Marie & Renée Alligret.

II. FRANÇOIS Alligret, Confeiller du Roy en fa Cour de Parlement à Paris, aifné des enfans d'Olivier Alligret, n'a point fait fouche, eftant decedé fans enfans.

III. PIERRE Alligret, puifné, Efcuyer, Sieur d'Uully, Clichy & autres lieux, a époufé en 1553 Damoifelle Charlotte Mallon, fille de Claude Mallon, Efcuyer, Sieur de Bercy, Confeiller, Secretaire du Roy.

De leur mariage font iffus : Pierre & Louis Alligret.

IV. PIERRE Alligret, Efcuyer, Seigneur d'Uully, Mizy, Luvrigny, Menil-Huittier & autres lieux, a époufé en premieres nopces en 1587 Damoifelle Magdeleine de Mauron, & en fecondes nopces, Damoifelle Margueritte d'Argillers, fille de Pierre d'Argillers, Efcuyer, Sieur de Monceaux.

Duquel mariage eft iffu Charles Alligret.

V. CHARLES Alligret, Efcuyer, Seigneur d'Uully, Mizy, Luvrigny, Menil-Huittier & autres lieux, a époufé en 1641 Damoifelle Jeanne de Vauclerois, fille de Pierre de Vauclerois, Efcuyer, Sieur de Vandieres.

De leur mariage font iffus : Charles, Louis & François Alligret.

VI. CHARLES, LOUIS & FRANÇOIS Alligret, Efcuyers, enfans de Charles Alligret, Efcuyer, & de Damoifelle Jeanne de Vauclerois.

PIECES JUSTIFICATIVES.

I. Acte de foy & hommage rendu au Roy par Damoifelle Claire le Gendre, veuve & gardienne Noble des enfans d'elle & de feu Noble homme Mre. Olivier Alligret, vivant Confeiller du Roy & fon Advocat en la Cour de Parlement de Paris, Seigneur d'Uully, Charantonneau, Clichy, la Garenne, à caufe du fief d'Uully; cet acte en parchemin, datté du feize Juin 1533, foubfigné Frontigny & Frontigny, Notaires, & feelé.

II. Acte de foy & hommage rendus par Noble homme & fage François Alligret, Confeiller du Roy en la

Cour de Parlement à Paris, tant pour luy que fes freres & fœurs, heritiers de Noble homme & fage Olivier Alligret; cet acte en parchemin, figné de Muffart & Chappelle, Notaires, du 20 Juin 1549, prouve la qualité & la defcendance.

Acte en parchemin du 10 Decembre 1551, fous-figné Martin & fcellé, donné par le Bailly de Vitry ou fon Lieutenant, qui contient la comparition de Me François Alligret, Confeiller du Roy en fa Cour de Parlement de Paris, tuteur et curateur de Meffire Pierre Alligret, fon frere, Seigneur d'Uully-fur-Marne, affigné à la convocation du ban & arriere-ban, qui preuve auffi la qualité, & que Pierre & François font iffus de cet Olivier.

III. Contract de mariage de Noble homme & fage Pierre Alligret, Confeiller du Roy, General de fes Monoyes, avec Damoifelle Charlotte Mallon; en parchemin, figné Denetz & d'Orleans, Notaires au Chaftelet de Paris, le 5 Decembre 1553.

Procuration de Pierre Alligret, Efcuyer, Seigneur d'Uully & autres lieux, pour fournir fon denombrement de la terre d'Uully, paffé pardevant Jacquelin & le Barge, Notaires au Chaftelet de Paris, du 24 Aouft 1555.

Acte, donné au Chaftelet de Paris le 16 Septembre 1570, par lequel Pierre Alligret, Efcuyer, Sieur d'Uully, Confeiller du Roy, General de fes Monoyes, eft eftably gardien noble à Pierre Alligret, fon fils, & de feu Damoifelle Charlotte Mallon.

IV. Acte au Bailliage de Chafteau-Thiery, du 21 Novembre 1584, par lequel Pierre Alligret, Efcuyer, fils de Pierre Alligret, Efcuyer, eft mis hors de garde noble; ledit acte en parchemin, figné le Fevre.

Contract du premier mariage de Pierre Alligret, Efcuyer, avec Damoifelle Magdeleine Mauron, pardevant la Clef, Notaire en la Chaftellenie de Pierre-Fons, demeurant à Crenes, le 12 Novembre 1587 : auquel mariage eft prefent Pierre Alligret, Efcuyer, &c.

Contract en forme de la donation faite par Pierre Alligret, Efcuyer, Sieur d'Uully, à Pierre Alligret, fon fils, pardevant & figné Blanchegorge & Berthe, Notaires à Donchery, le 21 Janvier 1615.

Contract du fecond mariage de Pierre Alligret, Efcuyer, Sieur d'Uully, avec Damoifelle Margueritte d'Argillers, pardevant Herbin & Monthenault, Notaires a Paris, le dernier Juin 1599; ledit Sieur Pierre Alligret, Efcuyer, prefent en perfonne.

Tranfaction, en parchemin, paffée pardevant & fignée Frontigny & Clouët, Notaires en la Prevoté de Chaftillon, le 12 Fevrier 1609, entre Pierre Alligret, Efcuyer, Seigneur d'Uully, avec fes freres & fœurs, fur la donation à luy faite de la terre d'Uully.

V. Acte de foy & hommage rendus par Charles Alligret, Efcuyer, Seigneur d'Uully, tant pour luy que pour fes coheritiers en la fucceffion de deffunt Pierre Alligret, Efcuyer, datté du 1 Aouft 1639, qui preuve fa qualité & fa defcendance de Pierre Alligret.

Contract de mariage en forme de Charles Alligret, Efcuyer, Seigneur d'Uully, & fils de Pierre Alligret, Chevalier, Seigneur dudit Uully & autres, avec Damoifelle Jeanne de Vauclerois, pardevant Gendrault, Notaire en la Prevofté de Chaftillon, & temoins, le 25 Aouft 1641.

Jugement rendu au Baillage de Chaftillon-fur-Marne le 1 Juin 1644, qui ordonne le partage eftre fait noblement des biens de Pierre Alligret, Efcuyer, & de Damoifelle Margueritte d'Argiliers, fa feconde femme, entre Charles Alligret, Efcuyer, Seigneur d'Uully & fes coheritiers en ladite fucceffion.

VI. Extrait du regiftre baptiftaire de la paroiffe d'Uully, par lequel eft attefté que Charles Alligret, fils de Charles Alligret, Efcuyer, Seigneur d'Uully & autres lieux, & de Damoifelle Jeanne de Vauclerois, a efté baptifé le 29 Octobre 1643 ; figné Herbinot, Curé, avec paraphe.

D'ALONVILLE,

Seigneurs d'Arnancourt, &c.

EN CHAMPAGNE. FAMILLE ORIGINAIRE DE BEAUSSE.

Genealogie produite pardevant Vous Monseigneur DE CAUMARTIN, Intendant en Champagne,
au mois de Decembre 1668.

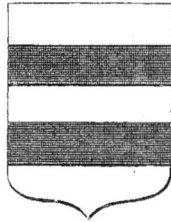

D'argent, à deux fasses de sable.

I. CHARLES, Seigneur d'Alonville en Beausse, Conseiller Maistre d'Hostel & Chambellan ordinaire du Roy Louis XI,Capitaine de 100 Lances, Gouverneur de Montlhery, mort au
mois d'Aoust 1479. Il laissa 7 enfans de son mariage avec Bertranne de Richebourg,
Dame d'Oisonville, fille de Jean,Seigneur d'Orval, Capitaine de 50 hommes d'armes, &
de Marguerite Descrosnes; l'ainé fut SIMON, Seigneur d'Alonville; le second, Antoine,
Seigneur d'Esclimont, pere, avec Louise de Chauvigny, sa femme, de Françoise d'Alonville,
mariée à N..... de Saint-Paul, Seigneur de Boissy; d'Edmonne, femme de Philippes de
Courcelles, Seigneur de Saint-Remy, & de Simonne d'Alonville, épouse de Guillaume
de Pilliers, Seigneur de Menou.

Bertranne d'Alonville, sa fille ainée, épousa Amagnion de Garlande, Seigneur d'Arge-
ville. Marie épousa Robinet de Nancelles, Seigneur d'Oüittreville. Jeanne fut mariée à
Gilles Bretheau, Seigneur de Brainville; puis à Berthaut le Besgue, Seigneur de Heurtebise.
Marie, fut femme de Pierre de Prunelé, Seigneur de Richarville; puis de Jean d'Auquoy,
Seigneur du Fay. Marguerite épousa Jean de la Vallée, Seigneur de Gueurville; & Ca-
therine d'Alonville, fut aussi mariée à Guillaume de Fesnières, Seigneur de Morainville.

II. SIMON d'Alonville, Seigneur d'Oisonville, Grand Maistre des Eaux & Forests de France,
mort au mois de Janvier 1533 ; épousa Estiennette d'Autry, qui le rendit pere de : Florentin d'Alonville, Seigneur de Breau, Protonotaire Apostolique & Grand Archidiacre de
Meaux; de FRANÇOIS, & de Jean d'Alonville, Seigneur de Reclainville; de Margueritte
d'Alonville, femme de François de la Motte, Seigneur de Boullon, & de Marie d'Alonville, femme de Jacques de Beaumaistre, Seigneur d'Escorpain.

JEAN d'Alonville, Seigneur de Reclainville, épousa Bertrande du Montceau, & laissa
d'elle: Jean d'Alonville, Seigneur du Coudray en 1559, & Nicolas, Seigneur de Reclainville,
duquel & de Margueritte de Morainville, sa femme, sortirent : Jeanne d'Alonville, mariée
au Sieur de Soutis ; Anne, femme de Charles, Seigneur de Champgiraut, puis de Jean de

Caluy, Seigneur des Loges; & Jean, Seigneur de Reclainville, l'ainé, Chevalier de l'ordre & Gouverneur de Chartres, qui laiffa de fon mariage avec Marie de Mefmes, fille de Philippes, Seigneur de Marolles, & de Valantine Berthelot : Louis d'Alonville, Seigneur de Reclainville, & Adrien, Seigneur de Bierville.

III. FRANÇOIS d'Alonville, Seigneur d'Oifonville, nourry Page de la Chambre de François I, puis l'un de fes Gentilshommes ordinaires & Chevalier de l'ordre, époufa Louife de Buz, fille d'Abel, Seigneur de Villemareüil, & d'Anne, fille de Bertrand de Reilhac, Seigneur de Brigueil, & de Marguerite Chabot; duquel mariage fortirent : FRANÇOIS d'Alonville II; Charles, Seigneur de Bafmeville, Enfeigne de la compagnie d'ordonnances du Seigneur de Buffy d'Amboife, premier Efchanfon de François, Duc d'Alençon, & mort fans enfans d'Antoinette des Boves, fa femme, qu'il époufa le 20 Fevrier 1594, remariée, depuis le 24 Novembre 1610, à Charles de Montceau, Seigneur d'Urfines, & fille de Charles des Boves, Seigneur de Rance, Chevalier de l'ordre, & de Margueritte de Buz; Jean d'Alonville, mort premier Efcuyer du Duc de Nevers, & Capitaine de Senonches en 1567; Antoine, Seigneur du Pleffis; Marie, femme de Jean de Beaufils, Seigneur de Villepion & Chevalier de l'ordre; Agnes, femme de Mathurin de Beaufils, Seigneur de Lierville; Catherine, femme de Charles de Marvillier, Seigneur de Viabon; Charlotte, Abbeffe de Nogent l'Artaut; Louife, Religieufe au Paraclit & Prieure de Champbenoift; & Claude d'Alonville, Religieufe à Faremonftier,

ANTOINE d'Alonville, Seigneur du Pleffis & Gentilhomme ordinaire de la Chambre du Roy, époufa en premieres nopces Magdelene de Mefmes, fille de Nicolas, Seigneur de Marolles, & de Vincente de Chamgiraut, dont il eut Jeanne d'Alonville, femme de Sebaftien de Camptemy, Seigneur de Montany, puis d'Antoine de Bombel, Seigneur de Tivernon, & laiffa de Jacqueline de l'Ifle, fa feconde femme, qu'il époufa le 10 Avril 1584 : Louis d'Alonville, Seigneur du Pleffis, & Pierre, Seigneur du Vivier; le premier marié le 8 Juillet 1620 à Marie Quentin, mere de Louis d'Alonville, Seigneur du Pleffis, qui a des enfans de Marie de Marolles; & le fecond qui en a laiffé de mefme, de Jeanne de la Garde, fon époufe.

IV. FRANÇOIS d'Alonville II, Seigneur d'Oifonville, Gentilhomme ordinaire de la Chambre du Roy & Chevalier de l'ordre, époufa en premieres nopces Jeanne du Monceau, fille de François, Seigneur de Saint-Cyr & de Fontainebleau, Lieutenant de la compagnie des 100 Gentilshommes de la Maifon du Roy, & d'Antoinette de Courtenay, dont il eut Gabrielle d'Alonville, femme de Guy de Rochechoüart, Seigneur de Chaftillon-le-Roy & Capitaine de 50 hommes d'armes; & fut marié depuis en fecondes nopces avec Jeanne de Billy, Dame de Vertron, fille de Louis, Seigneur de Prunay, Chevalier de l'ordre, & de Marie de Brichanteau, veuve de René d'Anglurre, Vicomte d'Eftoges; de cette alliance fortirent : Geoffroy d'Alonville, Baron d'Oifonville, mort en 1599 en Hongrie, commandant une compagnie de Chevaux-Legers; Claude, Seigneur de Mauregard, auffi mort en Hongrie en 1602; JACQUES, Seigneur d'Oifonville; Edme, Seigneur d'Ezeaux, mort fans poftérité; Pierre, Seigneur de Vertron, mort en Savoye, Cornette des Gardes Françoifes de ce Prince; Louife, femme de Jean Huraut de l'Hofpital, Seigneur de Gourmeville; Françoife, femme de Jacques l'Enfant, Seigneur de la Patrierre; Odette, Religieufe à Pont Sainte-Maixance; Jeanne, Abbeffe de Sainte-Catherine de Provins; & Anne d'Alonville, Religieufe au même monaftere.

V. JACQUES d'Alonville, Seigneur d'Oifonville, (apres fes freres), époufa Anne David, fille

de Vincent, Préfident des Treforiers de France en Champagne, & de Claude de Haut,
& laiffa d'elle : Charles d'Alonville, Seigneur de Vertron, pere avec Magdelene de Feligny, fille de Nicolas, Seigneur de Sandaucourt, & de Marie Damas, de Louife
d'Alonville, mariée à François Guyonnet, Confeiller du Roy & Receveur du Taillon en
la Generalité de Paris; EDME, Anne d'Alonville, femme d'Eftienne de Hatte, Seigneur
de l'Ifle, & Georgette d'Alonville, femme de Jean du Mefnil, Seigneur de Villemorien.

VI. EDME d'Alonville, Seigneur d'Arnancourt, a époufé Atoinette de Heriffon, fille de François, Seigneur de Vigneux & du Mefnil-Fouchart, & d'Henriette de Ballidart, dont il a
François-Charles d'Alonville.

PIECES JUSTIFICATIVES.

I. Contract de mariage du 21 Janvier 1471, figné Arubat, Clerc en la Prevofté d'Eftampes, entre Amagnion
de Garlandes, Seigneur d'Argeville, fils de Noble homme Jean de Garlandes, Seigneur du Coudray en Beauffe,
& de Damoifelle Gillette, fa femme; & Damoifelle Bertranne d'Alonville, fille de Charles d'Alonville, Seigneur
d'Oifonville en Beauffe, & de Damoifelle Bertranne de Richebourg d'Orval.

Quittance du 21 Septembre 1476, fignée de Gumonne, Clerc en la Prevofté d'Eftampes, donnée par Noble
homme Robinet de Nancelles, Efcuyer, Seigneur d'Outtreville, à Noble homme Charles d'Alonville, Efcuyer,
Seigneur d'Oifonville, Maiftre d'Hoftel du Roy, & à Damoifelle Bertranne de Richebourg, fa femme, de la
fomme de trois cens écus d'or qu'ils avaient promis audit Robinet, lors de fon mariage avec Marie d'Alonville,
leur fille.

II. Contract du 28 Septembre 1488, figné le Maçon, Tabellion en la Chaftellenie de Chartres, par lequel
Noble homme Gilles de Bretheau, Efcuyer, Seigneur de Brainville, fils aifné de Mathurin de Bretheau, Efcuyer,
donne à loüage à honorable homme Philippes Bichot, marchand bourgeois de Chartres, la terre & feigneurie
d'Alonville, donnée en faveur de mariage à Damoifelle Jeanne d'Alonville, fa femme, par feu Charles d'Alonville,
Efcuyer, Maiftre d'Hoftel du Roy, & Damoifelle Bertranne de Richebourg, fes pere & mere, du confentement
de Simon & d'Antoine d'Alonville, Efcuyers, leurs enfans.

Tranfaction fur partage du 17 Mars 1500, fignée Foudrier, Notaire en la Prevofté d'Eftampes, entre Noble
Damoifelle Catherine de Richebourg, Dame d'Oifonville, veuve de Noble Charles d'Alonville, Efcuyer, Seigneur
d'Oifonville & Maiftre d'Hoftel du Roy, & Noble homme Simon d'Alonville, fon fils, Efcuyer, Seigneur d'Oifonville, & Damoifelle Eftiennette d'Autry, fa femme

Partage du 6 Fevrier 1508 entre : Noble homme Simon d'Alonville, Efcuyer, & ayant les droits de Damoifelle Bertranne d'Alonville, veuve d'Amagnon de Garlandes, Efcuyer, Seigneur du Coudrey, & de Noble homme
Berthaut le Begue, Efcuyer, & de Damoifelle Jeanne d'Alonville, fa femme; Jean d'Auquoy, Efcuyer, Sieur
du Fay, & Damoifelle Marte d'Alonville, fa femme; Jean de la Vallée, Seigneur de Gueurville, & Damoifelle
Margueritte d'Alonville, fa femme, enfans & heritiers de feu Noble homme Charles d'Alonville, Efcuyer, Seigneur d'Oifonville, Maiftre d'Hoftel ordinaire du Roy, & de Damoifelle Bertranne de Richebourg, ditte d'Or-
val; & Antoine & Pierre de Nancelles, Efcuyers, en leurs noms & de Jacques de Saint-Paul, Seigneur de Boiffy,
& de Damoifelle Michelle de Nancelles, fa femme, enfans de feu Robinet de Nancelles, Efcuyer, Seigneur du
Grault, & de Damoifelle Marie d'Alonville; Jean de Fefnieres, Seigneur de Morainville; Antoine des Crofnes,
Seigneur de Bougneville, & Damoifelle Bertranne de Fefnieres, fa femme, au nom de Jean de Fromentieres,
Efcuyer, Seigneur de Brezon, tous enfans de feus Guillaume de Fefnieres, Seigneur de Morainville, & de feue
Damoifelle Catherine d'Alonville.

III. Contract de mariage du 14 Decembre 1528, entre Noble homme François d'Alonville, fils de Noble
homme Simon d'Alonville, Efcuyer, Seigneur d'Oifonville, & de Damoifelle Eftiennette d'Autry, & affifté de
Noble Me. Florentin d'Alonville, fon frere ainé, Protonotaire Apoftolique ; & Damoifelle Louife de Buz, fille
de Noble homme Abel de Buz, Efcuyer, Seigneur de Villemareüil, & Bargemont & des Hautes-Maifons.

Vidimus du 20 Janvier 1545, figné Tournant, Notaire en la Prevofté d'Eftampes, du partage fait le 14 Decembre 1535, entre François et Florentin d'Alonville, Efcuyers, Jacques de Beaumattré, Chevalier, Seigneur d'Ef-
corpain, à caufe de Marie d'Alonville, fa femme; & François de la Motte, Efcuyer, Seigneur de Boullon, ayant la
garde noble d'Agnes de laMothe, fa fille, & de feuë Margueritte d'Alonville, des biens qui leur eftoient échues par
la mort de Simon d'Alonville, Efcuyer, Seigneur d'Oifonville, & de Damoifelle Eftiennette d'Autry, leur pere
& mere.

IV. Foy-hommage du premier Avril 1557, fignée Tournant, Notaire en la Prevofté d'Eftampes, renduë à Dame Jeanne de la Motte, Dame doüairiere de la Barge, pour la terre & feigneurie d'Oifonville, par François d'Alonville, Efcuyer, tant pour luy que pour Dame Marie d'Alonville, femme de Meffire Jean de Beaufils, Efcuyer, Seigneur de Villepion; & Charles, Jean, Antoine, Agnes & Catherine d'Alonville, fes freres & fœurs, tous enfans & heritiers de deffunt François d'Alonville, Efcuyer, Seigneur d'Oifonville, de Bafmeville, du Pleffis & des Ezeaux, & de Damoifelle Louife de Bus.

Contraƈt de mariage du 19 Oƈtobre 1559, entre Noble homme François d'Alonville, Efcuyer, Seigneur d'Oifonville, fils de deffunt Noble homme François d'Alonville, Efcuyer, Seigneur dudit lieu, & de Damoifeile Louife de Bus, & affifté : de Noble homme Meffire Florentin d'Alonville, Sieur du Pleffis & Protonotaire Apoftolique; de Meffire Jean de Beaufils, Chevalier, Sieur de Villepion, fon beaufrere, & de Noble Jean d'Alonville, Sieur du Coudray, fon coufin; & Damoifelle Jeanne du Monceau, fille de Noble Meffire François du Monceau, Chevallier, Sieur de Fontainebleau & de Saint-Cyr, Lieutenant de la compagnie des cens Gentilshommes de la Maifon du Roy, & de Dame Antoinette de Courtenay, & affiftée de Damoifelle Yolande du Monceau, fa fœur.

Obligation du 16 Fevrier 1560, fignée Tournant, Notaire à Oifonville, paffée par Noble homme François d'Alonville, Efcuyer, Seigneur d'Oifonville, & ayant la garde noble de Damoifelle Gabrielle d'Alonville, fa fille & de defunte Noble Damoifelle Jeanne du Monceau, au profit de Nobles perfonnes Mathurin de Beaufils, Efcuyer, Seigneur de Lierville, & Damoifelle Agnes d'Alonville, fa femme, de la fomme de 625 livres, reftante de celle de 1250 qui leur avoit efté leguée par le teftament de Noble Dame Agnes de la Mothe, femme de haut & puiffant Seigneur Dom Diegue de Mendoffe, Chevalier, premier Maiftre d'Hoftel du Roy & Seigneur de Boullon.

Contraƈt de mariage du 3 May 1564, figné Baret, entre Noble Seigneur François d'Alonville, Efcuyer, Seigneur d'Oifonville, & Damoifelle Jeanne de Billy, fille de Noble & puiffant Seigneur Meffire Louis de Billy, Efcuyer, Seigneur de Prunay, & de Dame Marie de Brichanteau, Dame de Vertron, & affiftée de haut & puiffant Seigneur Meffire Nicolas de Brichanteau, fon oncle, Chevalier de l'ordre du Roy, & Capitaine de cinquante hommes d'armes de fes ordonnances, & de Meffire Claude de Billy, fon frere, Efcuyer, Seigneur de Prunay.

V. Contraƈt de mariage du 14 Septembre 1591, figné Houzelot, entre Jacques d'Alonville, Sieur de Vertron, fils de feu haut & puiffant Seigneur Meffire François d'Alonville, Chevalier de l'ordre du Roy, Seigneur d'Oifonville & de Vertron, & de haute & puiffante Dame Jeanne de Billy, & affifté de Geoffroy d'Alonville, fon frere aifné, Efcuyer, Seigneur d'Oifonville; & Damoifelle Anne David, fille de defunt Noble homme Meffire Vincent David, Prefident au Bureau des Treforiers de France en Champagne.

Partage du 14 Avril 1620, entre Meffire Jacques d'Alonville, Chevalier, Seigneur d'Oifonville, & Meffire Pierre d'Alonville, Chevalier, Seigneur de Vertron, Cornette des Gardes Françoifes du Duc de Savoye, des biens qui leur eftoient echus par la mort de Dame Jeanne de Billy, veuve de Meffire François d'Alonville, Chevalier de l'ordre du Roy, Gentilhomme ordinaire de fa Chambre & Seigneur d'Ezeaux, leurs pere & mere.

VI. Tranfaƈtion du 26 Oƈtobre 1653, fignée Couftart & du Puy, Notaires au Chaftelet de Paris, entre : Edme d'Alonville, Efcuyer, Sieur d'Arnancourt & de Vertron, heritier de defunt Meffire Jacques d'Alonville, Efcuyer, Seigneur d'Oifonville, en fon nom, & d'Eftienne de Hafte, Efcuyer, Sieur de l'Ifle & de la Haye, & de Damoifelle Anne d'Alonville, fa femme; Damoifelle Louife d'Alonville, fille de defunt Meffire Charles d'Alonville, leur fils aifné, & de Damoifelle Magdelaine de Feligny-Damas; & Marc-Antoine de Bury, Efcuyer, Sieur de la Chaife en partie, fils aifné de defunt Claude de Bury, Efcuyer, Sieur de Bailly, & de Damoifelle Marie David, fur les differents qui eftoient entre eux à caufe de la fucceffion de defunt Noble homme Vincent David, Confeiller du Roy & Treforier de France en Champagne, & de Damoifelle Claude de Hault, leur ayeulle.

Contraƈt de mariage du 6 Aouft 1652, figné Piquet, Notaire au Bailliage de Jaucourt, entre honoré Seigneur Edme d'Alonville, Efcuyer, Seigneur d'Arnancourt, de Vertron & de la Chaife, & fils de defunt Meffire Jacques d'Alonville, Efcuyer, Seigneur d'Oifonville, & de Dame Anne David; & Damoifelle Antoinette de Heriffon, fille d'honoré Seigneur François d'Heriffon, Efcuyer, Seigneur de Vigneux & du Mefnil-Fouchart en partie, & de Damoifelle Henriette de Ballidart.

Certificats des Seigneurs d'Origny, de la Mothe, du Hallier & de Rofnay, des fervices rendus au Roy, fous leur charges, par Edme d'Alonville, Efcuyer, Seigneur d'Arnancourt & de Vertron, en qualité de Capitaine Lieutenant en la compagnie royalle d'Origny, en l'année 1642.

D'AMBLY,

Seigneurs d'Ambly & de Malmy, & Barons d'Efevelles,

EN CHAMPAGNE.

Genealogie dreffée par M. d'Hozier, & produite pardevant Vous Monfeigneur de CAUMARTIN, Intendant en Champagne, au mois de Septembre 1670.

D'argent, à trois Lionceaux de fable, lampaffés de gueules.

L'avantage fingulier dont la Maifon d'Ambly fe peut vanter de poffeder encore la terre de fon nom, depuis plus de 400 ans, fuivant l'ufage pratiqué lors & introduit dés l'an mille par les Nobles de France, d'emprunter fon furnom de la feigneurie, ne prouve pas feulement qu'elle eft une des principalles du Duché de Rethelois, d'où elle eft originaire, mais il juftifie encore qu'elle eft une des plus anciennes de Champagne, puifqu'il eft conftant par une charte de Gaucher, Comte de Rethel, qu'il donna l'an 1256 à

I. RENAUD, Seigneur d'Ambly-fur-Bar, un droit d'ufage & de pafturage dans la foreft d'Omont, pour luy & fa pofterité, qui en joüit encore à prefent; & qu'il paroift d'un partage de l'an 1287 que

II. PERRARD, Seigneur d'Ambly, quitta la mefme année, en prefence de Renaud de Cuilly, Chevalier, & de Warnier de Balay, Efcuyer, à Clerambaut d'Ambly, fon frére, la terre de Malmy, avec plufieurs autres feigneuries, pour ce qui luy pouvoit apartenir à la fucceffion de Monfeigneur Renaud, dit Engoulevent d'Ambly, leur pére, qualifié Chevalier dans le titre.

III. RENAUDIN, Seigneur d'Ambly, fon fils, dit auffi Engoulevent, à caufe que, commandant quelques vaiffeaux pour le fervice de Louis de Flandres, Comte de Rethel, il avoit eû autant de bon-heur fur la mer que fon ayeul, furnommé comme luy parce qu'il avoit eû le mefme employ fous le regne de S. Louis, donna l'an 1322 à Marie, Comteffe de Rethel, le denombrement de fa terre d'Ambly; & de luy elle paffa à

IV. JEAN, Seigneur d'Ambly & de Malmy l'an 1449, qui eut pour enfans : Simon d'Ambly, Seigneur de Malmy; Jeanne d'Ambly, femme de Roger, Seigneur de Raricourt l'an 1494; Caterine d'Ambly, mentionnée fous la mefme année; & Lancelot, Seigneur d'Ambly, aîné, l'an 1485, pére de JEAN II, Seigneur d'Ambly, vivant l'an 1537, avec Caterine Defchamps, fa femme, fille de Robert Defchamps, Seigneur de Vaux, & de Guillemette de Sorbey, & mére de Jeanne d'Ambly, femme d'Aleaume de Dampierre, Seigneur de Puifeux, puis d'Adrien de Cuvilliers, Seigneur de Montclin.

V. SIMON d'Ambly, Seigneur de Malmy, Gouverneur de Boüillon & mort l'an 1538, fecond fils de Jean, Seigneur d'Ambly, fut marié avec Alix de Warigny & fut pére de Jeanne d'Ambly, femme d'Engilbert du Treppe, Seigneur de Neufvify l'an 1539, & de

VI. NICOLAS d'Ambly, Seigneur de Malmy, puis d'Ambly l'an 1550, Gouverneur de Donchery, & qui laiffa de Guillaine de Saint-Vincent, fille de Janot, Baron de Montalin, & de Marie d'Aguerre : FRANÇOIS, Seigneur d'Ambly ; PHILIPES d'Ambly, Seigneur de Malmy ; Alix d'Ambly, mariée, le 2 Decembre 1550, à Chriftophe d'Ivory, Seigneur d'Efcordal ; Charlotte d'Ambly, alliée, le 31 May 1562, à Baltazar de Merbrick, Seigneur de la Malmaifon, & une autre fille auffi alliée à Gilles de Villelongue, Seigneur de Neufvify, Gouverneur de la Caffine l'an 1588.

VII. FRANÇOIS, Seigneur d'Ambly, Gouverneur de Chafteau-Regnaut, de Linchamps & des terres d'Outre-Meufe l'an 1571, n'eut de fon mariage avec Guillemette de Launoy, fille de Jean, Seigneur de Wagnon, & de Jeanne d'Ailly, que

VIII. JACQUES, Seigneur d'Ambly, Gouverneur de Mezieres, & allié à Claude d'Eftourmel, fille de Louis, Seigneur de Freftoy, Chevalier de l'ordre du Roy, Gentilhomme ordinaire de fa Chambre, deputé de la Nobleffe de Vermandois à Laon aux Eftats tenus à Blois l'an 1579, & de Jeanne du Treppe, Dame d'Efcordal & de Neufvify, de laquelle vinrent : Jean d'Ambly, Seigneur d'Efcordal, mort après l'an 1621, &

IX. FRANÇOIS II, Seigneur d'Ambly, Capitaine commandant le regiment de Nevers, & duquel & de Jeanne d'Efpinoy, fille de Cæfar, Vicomte de Coolle, & de Claude Bernier, Dame de Lonny, font iffus : Claude d'Ambly, femme d'André du Fay d'Athïes, Seigneur de la Neufville ; Jeanne-Marie d'Ambly, Religieufe à Mezieres, &

X. JEAN-LOUIS, Seigneur d'Ambly, du Mefnil & de la Horgne, cy devant Capitaine & Major du regiment royal des Cuiraffiers, prefentement Capitaine Enfeigne des Gardes du Corps du Roy, de la compagnie de Charroft, & qui a époufé Gabrielle-Renée de Thomaffin, Dame de Donjeux, fille d'Henry de Thomaffin, Seigneur de Donjeux, & de Madeléne de Cauchon, dont il a André d'Ambly & deux filles qui ne font pas nommées.

BARONS D'ESEVELLES.

VII. PHILIPPES d'Ambly, Seigneur de Malmy, Gouverneur de Donchery l'an 1578, Capitaine de 200 hommes de pied pour le fervice du Roy l'an 1596, Bailly de Rethelois l'an 1620, & fecond fils de Nicolas, Seigneur d'Ambly, & de Guillaine de Saint-Vincent, laiffa de fa premiere femme Diane, Dame d'Efevelles, fille de Nicolas, Seigneur de Chalendry, Chevalier de l'ordre du Roy, Gouverneur de Donchery, & d'Antoinette de Hamal : FRANÇOIS d'Ambly, Seigneur d'Efevelles, & Guillemette d'Ambly, époufe de Paul de Roucy, Seigneur de Villette ; & eut encore de Sufanne de Joyeufe, la feconde, veufve de François des Marins, Seigneur de la Queuë-au-Bois, & fille de Foucaut de Joyeufe, Comte de Grand-Pré, Gentilhomme ordinaire de la Chambre du Roy, Chevalier de fon ordre, Enfeigne des Genfdarmes du Duc d'Anjou, & d'Anne d'Anglure de Jours :

PHILIPPES-FOUCAUT d'Ambly, Seigneur de Malmy & de Tourteron, & Bailly de Rethelois l'an 1623, qui n'a laiffé d'Anne de Rozieres, fille de François, Seigneur de Chaudenay, Capitaine de Saint-Mihiel, & d'Anne-Sufanne d'Alaumont, que Henriette-Adrienne d'Ambly, dite Mademoifelle de Malmy, fille d'honneur de la Ducheffe de Lorraine.

VIII. FRANÇOIS d'Ambly, Capitaine d'une compagnie de 100 hommes de pied pour le fer-vice du Roy l'an 1604, Gouverneur de Donchery l'an 1620, & Baron d'Efevelles, qui luy échut de la fucceffion de Diane d'Efevelles, fa mere, premiere femme de Phi-lippes d'Ambly, Seigneur de Malmy, laiffa de Gabrielle de Trumelet, fille de Robert, Seigneur des Gomeris, Gouverneur de Ville-Franche, Marechal des camps & armées du Roy, & de Hieronime de Ranipont : Robert d'Ambly, Baron d'Efevelles; Paul d'Ambly, Seigneur de Renaumont, tué au fecours d'Arras, Marechal de camps & Lieutenant des Gendarmes du Marechal de la Ferté ; & Hieronime d'Ambly, femme de Charles de Boham, Seigneur de Montigny, mort l'an 1650.

IX. ROBERT d'Ambly, Baron d'Efevelles, Enfeigne de la compagnie de la Nobleffe du Re-telois, convoquée à l'arriere-ban de l'an 1635, Lieutenant au Gouvernement de Don-chery l'an 1636, & allié avec Antoinette-Philberte d'Alamont, fille d'Antoine, Seigneur de Maffiges, & d'Antoinette de Stainville, n'a eu d'elle que

X. FRANÇOIS d'Ambly II, Baron d'Efevelles, qui a époufé Charlotte-Caterine de la Haye, fille de Charles-Claude, Baron de Chaumont, en Portien, & de Marie-Anne de la Motte-Houdancourt, dont il a deux fils.

PIECES JUSTIFICATIVES.

I. Lettres de Gaucher, Comte de Rethel, fcellées de fon fceau & dattées du Mercredy avant l'Afcenfion, au mois de May 1256, par lefquelles il donne à Renaud d'Ambly-fur-Bar & à fes hoirs le droit d'ufage & de paf-turage dans fes bois d'Omont.

II. Acte du Mardy après la fefte de S. Barnabé 1287, par lequel Perrard d'Ambly, Efcuyer, fils de Mgr. Re-gnaud, dit Engoulevent d'Ambly, Chevalier, donne à Clerambaut d'Ambly, fon frere, pour ce qui luy apparte-noit dans la fucceffion de fes pére & mére, les terres d'Olizy, Efcharfon, Sauce, Pertes, Marqueny, du Terrier, Chierepes, Malmy, le Four de Vendereffe & le Septier d'Avanne & de Sappogne, en prefence de Mgr. Renaud de Cuilly, Chevalier, & de Varnier de Balay, Efcuyer.

III. Aveu & denombrement, rendu le Samedy avant la fefte de S. Martin 1322, à haute, Noble & puiffante Dame la Comteffe de Nevers & de Rethel, par Regnaudin-Engoulevent d'Ambly-fur-Bar, Efcuyer, pour la terre & feigneurie de la ville dudit Ambly, mouvante en plein fief foy & hommage de la chaftellenie d'Omont.

IV. Aveu & denombrement de la terre & feigneurie d'Ambly, rendu à Pierre des Arches, Lieutenant de No-ble & honoré Sieur Mr. Me. Pierre Togniel, licencié és loix, Seigneur de Taify & de Mont-Saint-Pierre, Bailly de Rethelois, par Jean, Seigneur d'Ambly, Efcuyer, le 18 Decembre 1449.

V. Partage du 29 May 1485, figné Hyolet, Notaire à Omont-le-Chaftel, entre Nobles perfonnes Lancelot & Simon d'Ambly, Efcuyers, & Damoifelles Caterine & Jeanne d'Ambly, fréres & fœurs, des biens qui leur eftoient échûs par la mort de Noble Jean, Seigneur d'Ambly, de Malmy, de Vendereffe & de Singly, Efcuyer, & de Damoifelle Marfon, leurs pére & mére.

Donation du 9 Septembre 1494, paffée fous le fcel de Robert Doulcet, Efcuyer, licencié és loix, Confeiller du Roy & Garde de la Baillye de Vermandois, à Laon, fignée Dupont, faite par Jeanne d'Ambly, femme de Roger de Raricourt, à Simon d'Ambly, fon frére, Efcuyer, Seigneur de Malmy.

Sentence rendüe à Laon, le 19 Decembre 1495, fignée Lienard, entre Noble homme Thomas de la Mocque, Seigneur de la Morteau, Damoifelle Girarde de Chalandry, fa femme, & Noble homme Simon d'Ambly, Efcuyer.

VI. Lettres Royaux du 4 Fevrier 1538, fignées de Livre, obtenües par Nicolas d'Ambly, Efcuyer, pour faire affigner Damoifelles Jeanne & Poncette d'Ambly, fes fœurs, afin d'eftre relevé du partage fait entr'eux le 26

Juin 1526, en preſence de Damoiſelle Alix de Warigny, leur mere, des biens qui leurs eſtoient échûs par la mort de Simon d'Ambly, leur pére.

Foy-hommage rendüe au Comte de Rethelois le 18 May 1527, par Nicolas d'Ambly, Eſcuyer, pour la terre & ſeigneurie de Malmy, qui luy eſtoit échüe par la mort de Simon d'Ambly, ſon pére.

Procuration du 27 Avril 1550, ſignée Tiger & Guyet, Notaires en la ville du Mans, paſſée par Nicolas, Seigneur d'Ambly, Eſcuyer, à Jacques d'Alenduy, Eſcuyer, Archer de la compagie d'hommes d'armes du Duc de Guiſe, pour rendre en ſon nom les foy-hommage de ſes terres & ſeigneuries d'Ambly & de Malmy, au Duc de Nevers, Comte de Rethel.

Contract de vente du 6 Fevrier 1562, ſigné Blanchegorge & Barilly, Notaires à Donchery, faite par Nicolas, Seigneur d'Ambly, Eſcuyer, à Gilles de Villelongue, Eſcuyer, demeurant au Meſnil-lez-Donchery; enſuitte duquel eſt une retroceſſion faite le 8 Decembre 1570, de la ſomme de 24 livres de rente, à honoré Sieur François, Seigneur d'Ambly, Gouverneur des terres ſouveraines de Linchamp & de Chaſteau-Regnaut, & Capitaine de cinquante hommes de guerre à pied pour la garde deſdites places, par Georges de Villelongue, Eſcuyer, Sieur de Neuviſy en partie, homme d'armes des ordonnances du Roy, ſous la charge du Duc de Lorraine.

Acte rendu en la Cour ſouveraine du Roy, en ſon chaſtel de Mouzon, le 29 Juillet 1570, par François de la Place, Eſcuyer, Lieutenant de haut & puiſſant Seigneur Mre. Adrian Tiercelin, Chevalier de l'ordre, Seigneur de Broſſe & Gouverneur de Mouzon, & Eſtevenin Gillet, Eſcuyer, Sieur de Mairy, homme de fief du chaſteau dudit Mouzon; ſigné Fourfaut, portant l'emancipation de Pierre, Seigneur de Saint-Vincent, Eſcuyer, homme d'armes de la compagnie de Mr. le Marquis de Nomeny, du conſentement de Charles, Seigneur de Saint-Vincent & de l'Eſtanne, ſon frere, Eſcuyer; de Nicolas, Seigneur d'Ambly & de Malmy, ſon oncle, à cauſe de Damoiſelle Guillaine de Saint-Vincent, ſa femme; de François d'Ambly, leur fils, Eſcuyer, & de François d'Eſevelles, Eſcuyer, Sieur de Clavy, auſſi ſon oncle, à cauſe de Damoiſelle Lienarde de Vaillant, ſa femme.

VII. Contract de mariage du 15 Aouſt 1560, ſigné Thourye, Notaire à Launoy, entre François d'Ambly, Eſcuyer, fils de Noble homme Nicolas, Seigneur d'Ambly & de Malmy, Eſcuyer, & de Damoiſelle Guillaine de Saint-Vincent, & aſſiſté de Philippes, Seigneur de Warigny, Eſcuyer; de Guillaume d'Eſtivaux, Eſcuyer, Seigneur de Neuville, & de Pierre & Gilles de Villelongue, Eſcuyers; & Damoiſelle Guillemette de Launoy, fille de Jean de Launoy, Eſcuyer, Seigneur de Gendun & de Vauze, & aſſiſtée de Claude de Launoy, docteur en theologie & Prieur de S. Remy de Reims; de Jean de Boham, Eſcuyer, Sieur du Cheſnoy, & d'Ancherin de Saint-Ignon, Eſcuyer, Seigneur de Frommereville.

Contract d'echange du 26 Janvier 1577, ſigné Barilly, Notaire à Donchery, entre François, Seigneur d'Ambly & du Meſnil-lez-Donchery, Eſcuyer, Gouverneur & Capitaine des terres ſouveraines de Chaſteau-Regnaut & de Linchamps, & Gilles de Villelongue, Eſcuyer, homme d'armes des ordonnances du Roy, de la compagnie de Mr. de Lorraine.

Proviſions de la charge de Capitaine & Gouverneur de Chaſteau-Regnaut & des chaſteau, citadelle & fortereſſe de Linchamps, données par Henry de Lorraine, Duc de Guiſe, Prince de Joinville, Pair & Grand-Maiſtre de France, Gouverneur & Lieutenant general pour le Roy en ſes pays de Champagne & Brye, Souverain de Chaſteau-Regnaut & des terres d'Outre-Meuſe, à François, Seigneur d'Ambly, le 6 Septembre 1571; ſignées Henry, & ſur le reply par Mgr. Duc, Pair, Prince & Souverain, le Sueur.

VIII. Acte de curatelle & de garde-noble, du 16 May 1588, ſigné Tellier, Greffier au Bailliage de Vermandois, à Reims, à Jacques & Damoiſelle Nicolle d'Ambly, enfans de feus François, Seigneur d'Ambly & du Meſnil, Eſcuyer, & de Damoiſelle Guillemette de Launoy, en preſence de Philippes d'Ambly, Eſcuyer, Capitaine de la ville & Prevoſté de Donchery, & de Gilles de Villelongue, Eſcuyer, Sieur de Neuviſy, Capitaine de la Caſſine, leurs oncles paternels; de Pierre de Saint-Vincent, Eſcuyer, Sieur de Grimanſart; de Pierre & Jacques, Seigneurs de Warigny, & de Jean de la Taſte, Eſcuyers, leurs couſins.

Inventaire du 8 May 1593, ſigné Thourye, Notaire à Launoy, des biens échus à Damoiſelle Claude d'Eſtourmel, femme de Jacques, Seigneur d'Ambly & du Meſnil en partie, Eſcuyer; à François d'Eſevelles, Eſcuyer, Sieur de Clavy, Gouverneur de Chaſteau-Regnaut & de Linchamps, à cauſe de Dame Anne d'Eſtourmel, ſa femme, & à Damoiſelle Louiſe d'Eſtourmel, enfans de feu honoré Seigneur Mre. Louis d'Eſtourmel, Chevalier de l'ordre du Roy, Gentilhomme ordinaire de ſa Chambre, Seigneur du Freſtoy, & de Dame Jeanne du Treppe, par la mort de Damoiſelle Blanche de Vaux, leur ayeulle, Dame de Neuviſy & d'Eſcordal.

Contract de vente du 4 Avril 1596, ſigné Midroüet & Thomas, Notaires à Mezieres & Rethel, paſſé ſous le ſcel de Robert de la Vieuville, Chevalier, Seigneur de Chaillevel, Givaudeau & Villemontry, Conſeiller d'Eſtat & du privé Conſeil du Roy, Capitaine de 50 Lances de ſes ordonnances, & Garde des Sceaux aux contracts du Duché de Rethelois, faite par Madame Henriette de Cleves, Ducheſſe de Nivernois, à Jacques, Seigneur d'Ambly, Eſcuyer, Gouverneur de Mezieres, de tous les droits qui lui appartenoient dans la ſeigneurie dudit Ambly.

Aveu & dénombrement de la terre & feigneurie d'Ambly, rendu à Charles de Gonzagues de Cléves, Duc de Nivernois & de Retelois, par Jacques, Seigneur d'Ambly, Efcuyer, le 19 Decembre 1605.

IX. Contract de mariage du 3 May 1626, figné Sauvigeon, Notaire au Bailliage de Vitry, entre Mre François, Seigneur d'Ambly, Raillicourt, le Mefnil & Efcordal en partie, Chevalier, affifté de Mre François d'Ambly, Chevalier, Sieur d'Efevelles, Gouverneur de Donchery, & de Mre Philippes d'Ambly, Chevalier, Sieur de Tourteron; & Damoifelle Jeanne d'Efpinoy, fille de Cezar d'Efpinoy, Efcuyer, Sieur de Paully, Coolle, Taify & Chavignon, & de Damoifelle Claude Bernier, Dame de Louny, de Ville & les Mazures, affiftée de Jacques d'Efpinoy, fon frére, Vicomte de Coolle ; de Damoifelle Bonne d'Efpinoy, femme de Philippes de Fougeres; de Philippes d'Efpinoy, fon oncle, Seigneur de Vregny, & de Louis d'Efpinoy, fon coufin, Seigneur de Hardecourt.

Compte rendu le 24 Fevrier 1648, pardevant Abimelech de Cumont, Confeiller du Roy en fa Cour de Parlement, par Mre Antoine d'Eftourmel, Chevalier, Sieur du Freftoy, Capitaine-Lieutenant-Colonel de'la compagnie de Chevaux-Legers de fon Alteffe Royalle, & premier Efcuyer de Madame, fon époufe, à François, Seigneur d'Ambly, Efcuyer, heritier de deffunt Jacques, Seigneur d'Ambly, & de Damoifelle Claude d'Eftourmel, des biens qui luy appartenoient aux fucceffions de Mre. Louis d'Eftourmel & de Dame Jeanne du Treppe, fes ayeul & ayeulle maternels.

Commiffion de Capitaine d'infanterie au regiment de Nevers, donnée par le Roy au Sieur d'Ambly au mois de Septembre 1627.

X. Acte du 5 Juillet 1634, rendu en la Juftice d'Ambly-fur-Bar, d'emancipation à Jean-Louis d'Ambly, Efcuyer, fils de Mre François, Seigneur d'Ambly, Chevalier.

Commiffions de Capitaine au regiment des Cuiraffiers du Roy, brevet de la charge de Major dudit regiment, & provifions de la charge de Capitaine-Enfeigne des Gardes du Corps de Sa Majefté, de la compagnie de Louis de Béthune, Comte de Charoft, vacante par la demiffion d'Arnoul Garnier, Sieur de Salin, données par le Roy au Sieur d'Ambly, les 7 Decembre 1665, 2 Avril 1666 & 9 Mars 1667.

BARONS D'ESEVELLES.

VII. Contract de mariage du 20 Fevrier 1576, figné Guinart, Notaire au Bailliage de Vitry, entre Philippes d'Ambly, Efcuyer, fils de Nicolas, Seigneur d'Ambly, Efcuyer, & de Damoifelle Guillaine de Saint-Vincent, & affifté de François d'Ambly, fon frére, Efcuyer, Gouverneur des terres fouveraines de Chafteau-Regnaud ; & Diane d'Efevelles, fille d'honoré Seigneur Mre. Nicolas d'Efevelles, Chevalier de l'ordre du Roy, Seigneur des grandes & petites Efvelles, Eflers & Chalendry, Gouverneur de Donchery, & de feuë Dame Antoinette de Hamal, fa première femme ; affifté de Dame Rofe de Mandre, fa belle-mére; d'honorés Seigneurs Hugues & Pierre, Seigneurs de Hamal, & de Pierre, Seigneur de Warigny.

Autre contract de mariage du 12 Juillet 1587, figné Lafchy, Notaire à Villegomer, Chaftellenie de Provins, entre Philippes d'Ambly, Efcuyer, Seigneur de Malmy, Gouverneur de Donchery, & Damoifelle Suzanne de Joyeufe, veuve de Noble Seigneur François des Marins, Seigneur de Villegomer & de la Queuë-au-bois.

Provifions de la charge de Gouverneur de Donchery, vacante par la mort de Nicolas, Seigneur d'Efevelles, Chevalier de l'ordre du Roy, données par Ludovic & Henriette, Princes de Mantouë, à Philippes d'Ambly, Efcuyer, le 13 Septembre 1578.

Commiffion d'une compagnie de 200 hommes d'infanterie, donnée par le Roy au Sieur d'Ambly, Gouverneur de Donchery, le 24 Juillet 1587.

VIII. Contract de mariage du 2 Janvier 1604, reçû par Vautrin & Mauclerc, Notaires à Villefranche, entre François d'Ambly, Efcuyer, Sieur des grandes & petites Efvelles, & Damoifelle Gabrielle de Trumelet, fille de Mre. Robert de Trumelet, Chevalier, Seigneur des Gomeris, la Fontaine-au-Croc, Chauny & Beaufort en partie, Gouverneur de Villefranche, & de Dame Hieronime de Ranipont ; affiftée de François de Courtaignon, Efcuyer, Sieur de Bitry, & de Nicolas de Namps, Efcuyer, Seigneur de la Grange, Lieutenant pour le Roy au Gouvernement dudit Villefranche.

Partage du 26 May 1608, figné le Page, Notaire à Donchery, entre François d'Ambly, Efcuyer, Seigneur d'Efevelles, Eflers & Chalandry, Paul de Roucy, Efcuyer, Seigneur de Manre, & Damoifelle Guillemette d'Ambly, fon époufe, des biens qui leur eftoient échûs par le decés de Philippes d'Ambly & de Damoifelle Diane d'Efevelles, leurs pére & mére.

Commiffions de Capitaine de 100 hommes de pied & provifions de la charge de Capitaine & Gouverneur des villes & chafteau de Donchery, données par le Roy à François d'Ambly, Sieur d'Efevelles, les 4 Juillet 1620 & 1635.

IX. Contraﬅ de mariage du 29 Décembre 1633, ﬁgné Jourland & Bruﬂon, Notaires à Ste. Manehoud, entre Mre. Robert d'Ambly-d'Eſevelles, ﬁls de Mre. François d'Ambly, Seigneur d'Eſevelles, Eﬂers & Chalandry, Gouverneur de Donchery, & aﬂiﬅé de Mre. Charles de Boham, Seigneur de Sivry, & de Montigny ; de Louis d'Aguiſy, Seigneur de Cheveuſe ; de Philippes d'Alend'huy, Seigneur de la Grange, & de Pierre d'Eſcannevelle, Seigneur de Rocan : & Damoiſelle Philberte d'Alamont, ﬁlle de Mre. Antoine d'Alamont, Seigneur de Maﬃge, & de Dame Antoinette de Stainville ; aﬂiﬅée de Mre. Charles d'Alamont, ſon frére ; de Mre. Jean de Salnove, Seigneur de Gernicourt, & de Mre. Charles de Maillart, Seigneur de Landres.

Partage du 29 Janvier 1650, ﬁgné Vilenne, Notaire à Maizieres, entre Mre. Robert d'Ambly, Chevalier, Seigneur d'Eſevelles, Mre. Paul d'Ambly, Chevalier, Seigneur de Renaumont, & Damoiſelle Hieronyme d'Ambly, veuve de Mre. Charles de Boham, des biens qui leur eﬅoient échûs par la mort de Mre. François d'Ambly & de Dame Gabrielle de Trumelet, leurs pére & mére.

X. Contraﬅ de mariage du 21 Janvier 1664, ﬁgné le Goux, Notaire à Vitry, entre Mre. François d'Ambly, Baron d'Eſevelles, ﬁls de Mre. Robert d'Ambly, Chevalier, Seigneur d'Eﬂers, Chalendry & Freſnoy, & de Dame Antoinette-Philberte d'Alamont; & Damoiſelle Caterine-Charlotte de la Haye, ﬁlle de deﬀunt Mre. Charles-Claude de la Haye, Chevalier, Baron de Chaumont, & de Dame Marie-Anne de la Motte-Houdancourt; aﬂiﬅée de Mre. Hieroſme de la Motte-Houdancourt, Abbé de Noﬅre-Dame de Chartres & Prieur de S. Nicolas de Houdancourt, en Beauvoiſis ; de Mre. Antoine de la Mothe, Chevalier, Seigneur d'Houdancourt, Lieutenant general des armées du Roy ; de Mre. Jacques de la Mothe-Houdancourt, Chevalier de l'ordre de S. Jean de Hieruſalem, Commandeur de Troyes, & de haute & puiſﬁante Dame Louiſe de Prie, veuve de Mre. Philippes de la Mothe-Houdancourt, Duc, Pair & Maréchal de France.

SEIGNEURS DE MALMY ET DE TOURTERON.

VIII. Proviſions de la charge de Bailly de Rethelois, données par Charles de Gonzagues, Prince de Mantoüe & Duc de Nevers, à Philippes-Foucaut d'Ambly, Eſcuyer, Sieur de Tourteron, ſur la demiﬃon de Philippes-d'Ambly, ſon pére, Eſcuyer, Sieur de Malmy & Gouverneur de Donchery, le 27 May 1623 ; ﬁgnées de la Vergne.

Contraﬅ de mariage du 28 Janvier 1635, entre Mre. Philippes-Foucaut d'Ambly, Chevalier, Seigneur de Tourteron & de Malmy, Bailly & Capitaine du pays de Rethelois, aﬂiﬅé de Mre. François, Seigneur d'Ambly; & Damoiſelle Anne de Roziéres, ﬁlle de Mre. François de Roziéres, Chevalier, Seigneur de Chaudenay & de Braux, Capitaine de S. Mihiel, & de Dame Anne-Suzanne d'Alaumont; aﬂiﬅé de Mre. Daniel d'Alaumont, Chevalier, Seigneur de Bandeville, Bailly & Capitaine de Vitry, Gouverneur & Lieutenant general pour le Roy en les ville & pays de Mouzon & Beaumont en Argonne.

IX. Aﬅe de creation de tutelle & de garde-noble, fait au Bailliage de Vermandois à Reims, le 8 Mars 1651, ﬁgné de Laval, à Damoiſelle Adrienne-Henriette d'Ambly, ﬁlle de feu Mre. Foucaut d'Ambly, Seigneur de Tourteron, & de Dame Anne de Roziéres.

D'ANCIENVILLE,

Seigneurs de Villers - aux - Corneilles,

EN CHAMPAGNE.

Genealogie dreffée par M. d'Hozier, & produite pardevant Vous Monfeigneur de CAUMARTIN,
Intendant en Champagne, au mois de Decembre 1670.

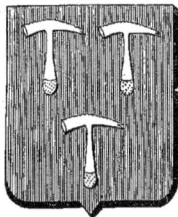

De gueules, à trois Marteaux de maffons d'argent, dentelés & emboutés d'or.

L'on jugera facilement de la nobleffe & de l'ancienneté de cette Maifon par les témoignages qui en reftent & qui apprennent que

I. ROBINET D'ANCIENVILLE, Efcuyer d'Efcurie du Roy Charles VII, étoit encore l'an 1442 Lieutenant de la compagnie de cent Lances de Philippes de Culant, Marefchal de France, & que de luy fortit

II. ROBERT d'Ancienville, Seigneur de Villers-aux-Corneilles-fous-Chantemerle, allié l'an 1473 avec Guillemette Sabotte, Dame d'Avreul, mere : de CLAUDE d'Ancienville, Seigneur de Villers; de Marie d'Ancienville, femme de Bertaut le Fevre, dit de Combles, Efcuyer l'an 1485; de Didierre & d'Anne d'Ancienville, Religieufe à Nogent l'Artaut la mefme année; & de

JEAN d'Ancienville, Chevalier, Seigneur d'Avreul, mort l'an 1517 Maiftre d'Hoftel ordinaire du Roy, Lieutenant de Mre. René Baftard de Savoye, au Gouvernement de Provence, & Bailly de Sezanne, qui ne laiffa de Magdeleine de Laynes, fa femme, fille de Jean de Laynes, Chevalier, Seigneur de la Jeffe, & de Guillemette de Lonzes, que Jeanne d'Ancienville, morte fans enfans de Jean de Torcy, fon mary, Chevalier, Seigneur de Linieres l'an 1513, & Guillemette d'Ancienville, mariée, le 29 Octobre 1518, à Gilles de Vaudray, Seigneur de Saint-Phalle.

III. CLAUDE d'Ancienville, Seigneur de Villers l'an 1485, & Baron de Revillon, à caufe d'Andrée de Saint-Benoist, fa femme, fille de Simon de Saint-Benoist, Seigneur de Venteuil-fur-Marne, & de Jeanne Anger, eut de ce mariage : ANTOINE d'Ancienville, Seigneur de Villers; Claude d'Ancienville, Commandeur d'Auxerre, de Troyes & de Launoy, & mort l'an 1548 Grand Prieur de France; Jean d'Ancienville, vivant l'an 1508; Jacques d'Ancienville, Chevalier, Baron de Revillon & Efchançon ordinaire du Roy l'an 1544, & Claude d'Ancienville, femme d'Hector de Courtenay, Seigneur de la Ferté-Loupierre.

IV. ANTOINE d'Ancienville, Chevalier, Seigneur de Villers & de Venteuil, Efcuyer Tranchant ordinaire du Roy, & Bailly de Sezanne, l'an 1523, puis Capitaine d'Efpernay, l'an 1531, époufa, le 20 Octobre 1520, Luce d'Autry, Dame de Maigneux, remariée à Jean de la Tremoille, Chevalier, Seigneur de Brefche, l'an 1556, & fille de Louis d'Autry, Seigneur de Courcelles, Maiftre d'Hoftel ordinaire du Roy Louis XII, & de Marguerite de Veauce; duquel mariage vinrent : CLAUDE d'Ancienville, Seigneur de Villers; LOUIS d'Ancienville, Baron de Revillon; JEAN d'Ancienville, Vicomte de Venteuil; Louife d'Ancienville, Religieufe à Saint-Pierre de Reims; & Anne d'Ancienville, Religieufe à Noftre-Dame de Troyes.

V. CLAUDE d'Ancienville, Seigneur de Villers, Vicomte d'Ormont, Chevalier de l'ordre du Roy, Gentilhomme ordinaire de fa Chambre, Capitaine & Bailly de Sezanne, l'an 1580, & fils ainé d'Antoine d'Ancienville, Seigneur de Venteuil, & de Luce d'Autry, s'allia, l'an 1557, à Marguerite, fille de Leon Lefcot, Seigneur de Liffy, Confeiller au Parlement de Paris, & de Marie Chevrier de Pauldy, & eut d'elle : FRANÇOIS d'Ancienville, Seigneur de Villers; Louis d'Ancienville, Abbé de Sellieres, l'an 1586; Charles, Claude & Philippes d'Ancienville, vivans l'an 1580; & Marguerite d'Ancienville, femme de Scipion de Harlay-Chanvallon, Seigneur de Saint-Quentin.

VI. FRANÇOIS d'Ancienville, Seigneur de Villers, Gentilhomme ordinaire de la Maifon du Roy, Bailly & Capitaine de Sezanne, & marié l'an 1613 avec Anne Hector de Marle, fille de Chriftophe, Seigneur de Verfigny, Confeiller au grand Confeil, & de Magdeleine Berthelemy, fut pere de Louis d'Ancienville, Abbé de Sellieres, l'an 1622; de Jean d'Ancienville, mort Cornette de la compagnie des Chevaux-Legers de M. le Duc d'Orleans; de François d'Ancienville, mort Chevalier de Malthe; de Magdeleine d'Ancienville, femme de Jacques de Coagne, Seigneur de Marteau, en Touraine, & de

VII. HECTOR d'Ancienville, Seigneur de Villers, qui époufa en premieres nôces Charlotte, fille de François de Brunfay, Seigneur de Quincy, & de Charlotte du Drac, fans enfans, & a laiffé de Nicolle-Angelique de Ponts, fa feconde femme, remariée à Charles de Quinquempoix, Comte de Vignory, fille de François de Ponts, Seigneur de Renepont, & de Catherine le Bouteiller de Senlis : Anne-Françoife d'Ancienville, &

VIII. LOUIS d'Ancienville, Seigneur de Villers, cy-devant Capitaine reformé dans le regiment d'Harcourt en Candie, qui n'eft pas marié.

BARONS DE REVILLON, MARQUIS D'ESPOISSES ET VICOMTES DE BORDES.

V. LOUIS d'Ancienville, Baron de Revillon, Gentilhomme ordinaire de la Chambre du Roy, Lieutenant de cinquante hommes d'armes de fes ordonnances, Chevalier de l'ordre, l'an 1570, & allié en premieres nôces à Marguerite, fille de Charles de la Haye, Seigneur de Nefle en Normandie, & de Magdeleine de Loüan, dont il eut : Marthe d'Ancienville, Prieure de Joinville; Marguerite, & Charlotte d'Ancienville, femme de Taneguy Guerin, Seigneur de Tourville, & CLAUDE d'Ancienville, Baron de Revillon, qui laiffa de Judith Raguier, fa femme, fille de Jean Raguier, Baron d'Efternay, & de Marie Bethune : POMPÉE d'Ancienville, Baron de Revillon, & Henry & Louife d'Ancienville, vivans l'an 1619; fe remaria, le 27 Novembre 1573, à Françoife de la Platiere, Dame des Bordes & Baronne d'Efpoiffes, niece d'Imbert de la Platiere, Seigneur de Bourdillon, Marefchal de France, & de cette alliance fortirent encore : Louis d'Ancienville II, Marquis d'Efpoiffes, mort fans enfans de Claude de Saux, fon époufe, fille de Gafpard de Saux, Seigneur de Tavanes, Marefchal de France, & de Françoife de la Baume ; Anne d'Ancienville, alliée avec Antoine de la Grange, Seigneur d' Arquien, Gouverneur de Metz & de Calais, & ACHILLE d'Ancienville, Vicomte des Bordes, duquel & de Magdeleine Bourgeois, fa femme, fille de Claude Bourgeois, Seigneur de Crefpy, Prefident au Parlement de Bourgogne, & de Françoife de Montholon, ne vint que Louife d'Ancienville, Dame des Bordes & Baronne d'Efpoiffes, mariée l'an 1634 avec Achilles de la Grange, Comte de Maligny, fon coufin germain.

VICOMTES DE VENTEUIL.

V. JEAN d'Ancienville, Vicomte de Venteuil, auparavant Abbé de Molefmes, l'an 1557, & troifiéme fils d'Antoine d'Ancienville, Seigneur de Villers, & de Luce d'Autry, époufa Germaine, fille de Claude d'Anglure, Seigneur de Jours, Chevalier de l'ordre du Roy, Colonel des Legionnaires de Champagne & de Bourgogne, & d'Ifabelle de Joyeufe ; & laiffa d'elle : Anne d'Ancienville, femme de Salomon de Vieilmaifons, Seigneur de Tugny, puis de Charles de Meaux, Seigneur de Charny ; Magdeleine d'Ancienville, alliée, le 22 May 1592, à Robert de Berzeau, Baron de Moulins, Gentilhomme ordinaire de la Chambre du Roy, l'an 1606, & Meftre de camp d'infanterie, l'an 1614 ; Elifabeth d'Ancienville, femme de Louis Aligret, Seigneur de la Boiffiere ; &

VI. DAVID d'Ancienville, Vicomte de Venteuil, duquel & de Marie Bearnois ne fortit que Suzanne d'Ancienville, Dame de Venteuil, qu'elle porta à Scipion de Berzeau, fon coufin germain, Baron de Moulins, qu'elle époufa le 19 Aouft 1629, Aide de camp és armées du Roy & Sergent de bataille.

PIECES JUSTIFICATIVES.

I. Commiffion de Lieutenant de la compagnie de cent Lances de Philippes de Culant, Chevalier, Seigneur de Jaloignes, Confeiller & Chambellan du Roy, & Marefchal de France, donnée par ledit Seigneur à Robinet d'Ancienville, Efcuyer d'Efcurie de Sa Majefté, le 25 Fevrier 1442.

II. Contraét de vente, paffé fous le fcel de Jean de Dyo, Efcuyer, Seigneur d'Atys & Garde de la Prevofté de Pont-fur-Seyne, le 24 Janvier 1473, figné des Prés & Belin, Notaires, faite par Jean Penot, à Robert d'Ancienville, Efcuyer, Seigneur de Villers-aux-Corneilles-fous-Chantemerle.
Ratification, du 21 Oétobre 1480, fignée Jacopin & Lafne, Notaires à Chantemerle, faite par Robert d'Ancienville, Efcuyer, Seigneur de Villers-aux-Corneilles & d'Avreul en partie, & par Damoifelle Guillemette Sabotte, fa femme, d'un accord paffé par Claude d'Ancienville, Efcuyer, leur fils ainé, & par Damoifelle Catherine Sabotte, fa tante, veuve de Nicolas Carrelier, avec Noble Dame Jeanne de la Baulme, veuve de Mre. Claude de Tinteville, Chevalier, Seigneur des Chanetz, & ayant le gouvernement de Jacques de Tinteville, fon fils, Efcuyer, fur les levées des fruits & revenus des terres & feigneuries de Venlay & des Bordes.

III. Partage, du 20 Decembre 1485, figné Luillier & de la Foffe, Notaires à Sezanne, fait entre Nobles perfonnes, Claude, Jean & Damoifelle Didiere d'Ancienville, des biens qui leur eftoient échûs par la mort de Robert d'Ancienville, Efcuyer, & de Damoifelle Marguerite Sabotte, leurs pere & mere.
Commiffion du 29 Janvier 1505, donnée par Jean de S. Amadour, Seigneur de Launoy, Confeiller & Chambellan du Roy & fon Bailly, & Capitaine de Meaulx, pour faire publier des Lettres accordées par le Roy à feu Claude d'Ancienville, Efcuyer, Seigneur de Villiers-fous-Chantemerle, & à Damoifelle Andrée de Saint-Benoift,

fa femme, ayant la garde-noble d'Antoine d'Ancienville, fon fils, portant établiffement de deux foires par an & d'un marché chaque femaine, en ladite feigneurie de Villiers-aux-Corneilles.

IV. Bail à cens annuel & perpetuel, du 24 Mars 1508, figné Guinart & Coiradin, Notaires à Sezanne, fait par Damoifelle Andrée de Saint-Benoift, veuve de Claude d'Ancienville, Efcuyer, Seigneur de Villers, & ayant la garde noble d'Antoine, Claude, Jean, Jacques & Damoifelle Claude d'Ancienville, fes enfans.

Contract de vente, paffé fous le fcel d'Olivier Champy, Efcuyer, Seigneur d'Aunay-aux-Planches, Procureur du Roy au Bailliage de Sezanne & Garde de la Prevofté de Chantemerle, le 19 Septembre 1523, figné Payant & Clement, Notaires; fait à Noble Seigneur Mre. Antoine d'Ancienville, Chevalier, Seigneur de Villers-fous-Chantemerle, Bailly de Sezanne & Efcuyer Trenchant ordinaire du Roy, par Noble homme Gilles de Vaudray, Efcuyer, Seigneur de Saint-Falle, & par Damoifelle Guillemette d'Ancienville, fa femme, fille & feulle heritiere de feu Mre. Jean d'Ancienville, Chevalier, Seigneur d'Avreul & Bailly de Sezanne.

Provifions de la charge de Capitaine de la ville, terre & feigneurie d'Efpernay, vaccante par la mort de François Arnoul, donnée par Louife, mere du Roy, Ducheffe d'Angoulmois, de Bourbonnois & d'Anjou, Comteffe du Maine, de Clermont & de Foreftz, à Antoine d'Ancienville, Sieur de Villiers, Valet Trenchant ordinaire du Roy, le 20 Aouft 1531, confirmées par autres Lettres du 11 Decembre fuivant, fignées par le Roy, Bayard, & fcellées.

V. Tranfaction paffée fous le fcel de Nicolas Rigault, Efcuyer, Notaire & Secretaire du Roy, & Garde de la Prevofté de Chafteau-Thiery, le 18 Fevrier 1556, fignée le Long & de la Place, Notaires, entre Noble Seigneur Mre. Jean de la Tremoille, Chevalier, Seigneur de Brefche, ayant la garde Noble de Damoifelles Anne & Marie de la Tremoille, fes filles & de deffuncte Dame Luce d'Autry, fa femme, auparavant veuve de Mre. Antoine d'Ancienville, Seigneur de Venteuil, & Noble Seigneur Claude d'Ancienville, Seigneur de Villiers, Capitaine & Bailly de Sezanne, en fon nom, & de Louis & Jean d'Ancienville, fes freres, enfans de ladite Luce d'Autry, fur les differens d'une autre tranfaction paffée entre eux & Damoifelle Andrée de Saint-Benoift, leur ayeule, par l'avis de Nobles Seigneurs Chriftophe de Gomer, Seigneur de Breuil, & Jean, Seigneur de la Haye.

Contract de mariage, du 12 Fevrier 1557, reçu par François Frenicle & Germain le Charron, Notaires au Chaftelet de Paris, de Claude d'Ancienville, Efcuyer, Seigneur de Villiers, Doucigny, la Riviere & Magneux, Vicomte d'Ormont, Bailly & Capitaine de Sezanne, & affifté de Mre. Jean d'Ancienville, Abbé de Molefme & Prothonotaire Apoftolique, & de Louis d'Ancienville, fon frere, Efcuyer, Sieur de Venteuil; avec Damoifelle Marguerite Lefcot, fille de feu Noble homme Leon Lefcot, Seigneur de Liffy, Confeiller du Roy en fa Cour de Parlement à Paris, & de Noble Damoifelle Marie Chevrier, & affiftée de Nobles hommes Jean de Monceaux, Seigneur de Villacoublay, & Guillaume Dauvet, Seigneur d'Arennes, fes coufins, Confeillers en ladite Cour, & de Mre. Pierre Lefcot, fon oncle, Seigneur de Clagny, Abbé de Clermont, Confeiller & Aumonier ordinaire du Roy.

Compromis, du 21 Septembre 1564, figné Avrillet & le Poivre, Notaires à Barbonne, fait entre Nobles Sieurs: Claude d'Ancienville, Bailly & Capitaine de Sezanne; Louis d'Ancienville, Gentilhomme ordinaire de la Chambre du Roy, Lieutenant de cinquante hommes d'armes de fes ordonnances & Seigneur de Dormans, Vincelles, Romeny & Doutain, & Jean d'Ancienville, Abbé de Molefme; par lequel ils nomment, pour terminer les differends qu'ils avoient à caufe des fucceffions de Mre. Antoine d'Ancienville, leur pere, de Dame Luce d'Autry, leur mere, & de Damoifelle Andrée de Saint-Benoift, leur ayeule, Nobles Sieurs Jean, Seigneur de Saint-Simon & de Champtaloux, Gentilhomme ordinaire de la Chambre du Roy; François de Salazar, Baron de Saint-Juft, & Mre. Jean Raguier, Chevalier, Seigneur d'Efternay.

Confirmation des provifions de la charge de Bailly & Capitaine de Sezanne, données par François, frere du Roy, à Claude d'Ancienville, Sieur de Villiers, le 26 Juin 1576.

VI. Donation, du 19 Avril 1508, fignée le Clerc, Notaire à Tonnerre, faite par Noble homme Louis d'Ancienville à Noble Seigneur Mre. Claude d'Ancienville, fon pere, Chevalier de l'ordre du Roy, Gentilhomme ordinaire de fa Chambre, Seigneur de Villiers-aux-Corneilles, la Riviere & Doucigny, Bailly & Capitaine de Sezanne, à Charles, François, Claude, Philippes & Marguerite d'Ancienville, fes freres & fœurs, des biens qui luy étoient échus par la mort de Dame Marguerite Lefcot, fa mere.

Conftitution de rente, du 22 Avril 1613, fignée le Normant & de Monthenault, Notaires au Chaftelet de Paris, paffée par Dame Anne Hector de Marle, femme de Mre. François d'Ancienville, Chevalier, Seigneur de Villers-aux-Corneilles & de la Riviere, Bailly & Capitaine de Sezanne, & par Noble homme Chriftophe Hector de Marle, Seigneur de Verfigny, Confeiller du Roy en fon grand Confeil, au profit de Damoifelle Marie Moreau, veuve de Noble homme Michel Renoüart, Secretaire du Roy.

Brevet de retenue en la charge de Bailly de Sezanne, donné par le Roy, le 14 Juillet 1598, à François d'Ancienville, en recompenfe de fes fervices & de ceux de Claude d'Ancienville, fon pere, Seigneur de Villers-aux-Corneilles.

VII. Inventaire fait au mois de Mars 1622 des biens échus à Hector, François, Magdeleine, Jeanne & Louis d'Ancienville, Abbé de Sellieres, par la mort de François d'Ancienville, Chevalier, Seigneur de Villiers, Bailly & Capitaine de Sezanne, & de Dame Anne Hector de Marle, leur pere & mere.

Contract de mariage, du 24 Septembre 1645, figné Godefrin, Notaire à Chaumont, de Mre. Hector d'Ancienville, Chevalier, Seigneur de Villiers-aux-Corneilles, avec Damoifelle Nicolle de Ponts, fille de Mre. François de Ponts, Chevalier, Seigneur de Renepont, & de Dame Catherine le Bouteiller de Senlis.

VIII. Emancipation faite par Jacques Cordelier, Seigneur de Boury, Confeiller du Roy & Lieutenant general à Sezanne, le 12 Janvier 1665, à Louis d'Ancienville, Chevalier, Seigneur de Villiers-aux-Corneilles, & à Damoifelle Anne-Françoife d'Ancienville, fa fœur, enfans & heritiers de deffunt Mre. Hector d'Ancienville & de Dame Nicolle-Angelique de Ponts.

❦❦❦❦❦

ANGENOUST,

ORIGINAIRES DE CHAMPAGNE.

Genealogie produite pardevant Vous Monfeigneur de CAUMARTIN, Intendant en Champagne, au mois de Janvier 1668.

D'azur, à deux Épées paffées en fautoir d'argent; les pointes en haut, la garde & la poignée d'or.

I. DENIS ANGENOUST, Efcuyer, Seigneur des Ormeaux & des Barres, Bailly de Nogent & de Pons-fur-Seine, fils de Denis Angenouft, Lieutenant Général pour le Roy du Bailly de Nogent, & petit fils de Jean Angenouft, Confeiller en Parlement, époufa Jeanne Gravelle & laiffa d'elle Jean Angenouft, Efcuyer, Seigneur des Barres & des Ormeaux, mort fans alliance, & JACQUES Angenouft.

II. JACQUES Angenouft, Efcuyer, Seigneur des Barres & de Monceau, & Bailly de Nogent, époufa Elifabeth Briffon, niepce de Barnabé, Préfident en Parlement, & fille de François, Seigneur de la Grange, Avocat en Parlement & Subftitut du Procureur Général, & de Marie Durand; il fortit de ce mariage : Denis Angenouft, Avocat en Parlement, mort fans alliance, & JACQUES Angenouft II.

III. JACQUES Angenouft II, Efcuyer, Seigneur de Birotly & Avocat en Parlement, époufa Marguerite de Marify, fille de François, Seigneur de Cervel & de Breviande, eleu en l'election de Troyes, & de Marguerite Angenouft, & a laiffé d'elle : Nicolas, Jacques, & Marguerite Angenouft.

PIECES JUSTIFICATIVES.

I. Contract de mariage, du 19 Octobre 1540, figné Rocheret & Tixerant, Notaires en la Prevofté de Nogent-fur-Seyne, entre Noble homme Meffire Denis Angenouft, Bailly dudit Nogent & de Pons-fur-Seyne, affifté de Noble homme Jean Angenouft, fon frere, & Damoifelle Jeanne Gravelle, fille de feus Nobles perfonnes Jean Gravelle & de Jeanne Barbe.

Permiffion du 17 Novembre 1543, fignée Dorge, donnée par Odart Hennequin, Evefque de Troyes, à Nobles perfonnes Jean Angenouft, Efcuyer, & Claude Paumier, fa femme, demeurans à Nogent-fur-Seyne, pour faire célébrer la meffe à leur maifon du Tremblay, à caufe du trop grand éloignement qu'il y avait de ce lieu là à la parroiffe d'Avans.

Quittance du 1 Juin 1557, fignée Boucher, donnée à Meffire Denis Angenouft, Efcuyer, pour fa taxe de la contribution au Ban & arrière-Ban, à caufe de fes fiefs des Barres & des Ormeaux.

Jugement de la Cour, du 15 Febvrier 1578, figné le Prevoft, rendu au profit de Damoifelle Jeanne Gravelle, veuve, & ayant la garde noble de fes enfans, & encore au profit de Meffire Savinien Querat, Damoifelle Marie Angenouft, fa femme, & de Jean de Bruffel & Charlotte Angenouft, fa femme, contre Perrette Chappuy, veuve d'Eftienne Maucler, & tuteur de Claude, Pilbert & Eftienne Maucler, fes enfans.

II. Foy-hommage du 1 Septembre 1583, donnée par copie, fignée l'Argentier & Dupont, Notaires au Baillage de Nogent-fur-Seyne, le 24 Octobre 1637, renduë à Noble homme Meffire Hierofme Angenouft, Confeiller du Roy en fa Cour de Parlement de Paris & Seigneur d'Avans, pour les feigneuries des Ormeaux & des Barres, par Jean Angenouft, Efcuyer, fils aifné de feu Denis Angenouft, Efcuyer, Sieur des Barres & des Ormeaux, & Bailly de Nogent-fur-Seine, & de Damoifelle Jeanne Gravelle, en préfence de Jacques Angenouft, auffi Efcuyer, fils & heritier defdits defuncts.

Acte du 7 Decembre 1585, figné Barbette, de reconnoiffance faite par Pierre Goujot & Edme Berthelin, d'une rente foncière qu'ils devoient à Jacques Angenouft, Efcuyer, Sieur des Barres & de Montceaux, heritier de feu Noble & fage homme Meffire Denis Angenouft, Sieur defdits lieux & Bailly de Nogent, fon pere.

Contract de mariage, du 5 Juin 1599, infinué au Baillage de Nogent-fur-Seine le 15 Octobre 1618, figné Martin, entre Noble homme Meffire Jacques Angenouft, Sieur des Ormeaux, Confeiller du Roy & Bailly de Nogent-fur-Seine, affifté de Noble homme Meffire Louis Angenouft, Confeiller du Roy & Lieutenant en l'Election dudit Nogent, & Damoifelle Elifabeth Briffon, fille de Nobles perfonnes Meffire François Briffon, Sieur de la Grange & de la Caiffiere, Avocat en Parlement & Subftitut du Procureur Général du Roy en ladite Cour, & de Damoifelle Marie Durant; & affiftée de Noble homme François Briffon, Secretaire du Roy, de Meffire Barnabé Briffon, Avocat en Parlement, fes freres ; de Meffire Pierre Gohory, auffi Avocat en ladite Cour, & de Damoifelle Magdeleine Briffon, fa femme, fœur de ladite Elifabeth ; de Dame Denife de Vigny, veuve de Meffire Barnabé Briffon, Confeiller d'Eftat & Prefident en Parlement, & de Noble homme Jean Briffon, fes oncles, & de Meffire François Miron, auffi Confeiller d'Eftat & Lieutenant civil en la Prevofté de Paris, fon coufin à caufe de fa femme.

III. Acte de création de tutelle, du 15 Avril 1620, figné Rainié, à Denis & Jacques Angenouft, enfans de feu Meffire Jacques Angenouft, Sieur des Barres & des Ormeaux, Confeiller du Roy, Bailly & Lieutenant de Nogent-fur-Seine, & de Damoifelle Elifabeth Briffon.

Arreft de jonction, du 26 Avril 1637, figné Gayet, rendu entre Denis & Jacques Angenouft, Efcuyers, freres & héritiers de defunct Jacques Angenouft, leur pere, Efcuyer, Sieur des Ormeaux, Confeiller du Roy & fon Bailly de Nogent-fur-Seine, & ayant les droits acquis de Jean Angenouft, leur oncle, Efcuyer, Seigneur des Ormeaux, & de Damoifelle Elifabeth Briffon, leur mere.

Arreft de la Cour des Aydes, du 26 Aouft 1651, figné Boucher, portant confirmation de Nobleffe à Meffires Denis & Jacques Angenouft, Avocats en Parlement & héritiers de defunct Meffire Jacques Angenouft, leur pere, Sieur des Ormeaux, Confeiller du Roy & fon Bailly de Nogent-fur-Seine.

Contract de mariage, du 24 Octobre 1654, figné Bourgeois, entre Jacques Angenouft, Efcuyer, Seigneur de Biroüy, Avocat en Parlement, fils unique de defunct Jacques Angenouft, Efcuyer, Sieur des Ormeaux, Confeiller du Roy & Bailly dudit Nogent, & de Damoifelle Elifabeth Briffon, & Damoifelle Marguerite de Marify, fille des defuncts François de Marify, Efcuyer, Seigneur de Cervel & de Breviande, Confeiller du Roy, eleu en l'Election de Troyes, & de Damoifelle Marguerite Angenouft.

Acte de création de tutelle, du 13 Fevrier 1662, figné Pizet, Greffier au Baillage de Solligny, aux enfans mineurs de defunct Jacques Angenouft, Efcuyer, Sieur de Biroüy, & de Damoifelle Marguerite de Marify.

ANGENOUST,

Seigneurs du Bailly,

ORIGINAIRES DE PARIS.

Genealogie produite pardevant Vous Monseigneur LARCHER, Intendant en la province & frontiere de Champagne, au mois d'Aoust 1697.

D'azur, à deux Epées en fautoir, à lame d'argent, amanchées et croifées d'or, les pointes en haut.

I.   JEAN ANGENOUST, Confeiller au Parlement de Paris, a époufé Dame Hélene Cadiot, dont eft iffu Michel Angenouft, Seigneur de Vignaux.

II. MICHEL Angenouft, Ecuyer, Seigneur de Vignaux & d'Angers, a époufé en premieres nopces Damoifelle Ifabeau Breshier, & en fecondes nopces Damoifelle Louife Mauroy, dont entr'autres enfants eft iffu Robert Angenouft.

III. ROBERT Angenouft, Ecuyer, Seigneur de Vaubercey, a époufé Damoifelle Guillemette Hennequin, dont entr'autres enfants eft iffu Jacques Angenouft, premier du nom.

IV. JACQUES Angenouft, premier du nom, Ecuyer, Treforier des Poudres & Salpetres en Champagne & Brie, a époufé Damoifelle Marie Chifallot, dont eft iffu Nicolas Angenouft.

V. NICOLAS Angenouft, Ecuyer, Seigneur du Bailly, Confeiller au Bailliage & Siége Prefidial de Troyes, a époufé Damoifelle Marguerite Daré, dont eft iffu Jacques Angenouft, fecond du nom.

VI. JACQUES Angenouft, fecond du nom, Ecuyer, Seigneur du Bailly, Avocat en Parlement, a époufé Damoifelle Marie Gautier, dont eft iffu Jean Angenouft.

VII. JEAN Angenouft, Ecuyer, Seigneur du Bailly, Confeiller du Roy au Bailliage & Prefidial de Troyes, a époufé en premieres nopces Damoifelle Marie de Villeprouvé, dont font iffus : Odart Angenouft, Ecuyer, Seigneur du Bailly, & Marguerite Angenouft à préfent Religieufe ; en fecondes nopces a époufé Damoifelle Marie Daubeterre, dont font iffus : Odart Angenouft, Ecuyer, Chanoine en l'Eglife Royale Saint-Etienne de Troyes ; Marie-Marguerite Angenouft, Religieufe ; Jean Angenouft & Marguerite Angenouft.

PIECES JUSTIFICATIVES.

I. Copie collationnée en 1620 des Lettres de provifions de l'Office de Confeiller au Parlement de Paris, en faveur de Mre. Jean Angenouft, du 21 Septembre 1461.

II. Procuration en parchemin paſſée devant Notaire au Chatelet de Paris, le 24 Octobre 1486, par Jean Angenouſt, Conſeiller du Roy en ſa Cour de Parlement de Paris, & Catherine Angenouſt, ſa ſœur, heritiere de Noble perſonne Mre. Jean Angenouſt, vivant Conſeiller au Parlement de Paris, & de Hélene Cadiot, leur pere & mere, à Michel Angenouſt, Ecuyer, Sieur de Vignaux, leur frere auſſi, fils et heritier des dits Jean Angenouſt & Hélene Cadiot.

III. Contrat de mariage, en parchemin, de Robert Angenouſt, Ecuyer, fils de Michel Angenouſt, de ſon vivant Ecuyer, Sieur de Vignaux, & de Damoiſelle Louiſe Mauroy : avec Damoiſelle Guillemette Hennequin ; paſſé devant Notaires à Troyes, le 7 Avril 1532.

Procuration en original paſſée par devant Notaires, le 22 juin 1574, par Damoiſelle Guillemette Hennequin, veuve de Robert Angenouſt, vivant Ecuyer, Seigneur en partie de Vaubercey, à Jacques Angenouſt, Ecuyer, ſon fils ainé.

Sentence en parchemin renduë par les Commiſſaires ordonnés par le Roy au Tréſor à Paris, le 29 Juillet 1581, ſur le fait des francs-fiefs & nouveaux acquêts, entre Damoiſelle Guillemette Hennequin, veuve de Robert Angenouſt, d'une part, le Procureur du Roy en ladite Commiſſion & Mre. Pierre Legendre, Receveur, d'autre, par laquelle main-levée eſt ordonnée à ladite Damoiſelle Hennequin de ſes terres & biens ſaiſis.

IV. Contrat de mariage de Jacques Angenouſt, Ecuyer, fils de Robert Angenouſt, Ecuyer, & de Damoiſelle Guillemette Hennequin, avec Damoiſelle Marie Chifallot, par lequel il eſt préciſément porté que, nonobſtant leur nobleſſe et la coutume du Baillage de Troyes, auxquels ils dérogent pour cet égard ſeulement, leurs biens ſe partageront par moitié entre le ſurvivant & les heritiers du premier décédé ; ledit contrat paſſé devant Notaires à Troyes, le 11 May 1658.

Les proviſions de l'office de Tréſorier des Salpetres en la Province de Champagne, expediées en faveur de Mre. Jacques Angenouſt, Ecuyer, en date du dernier Janvier 1578.

V. Contrat de mariage, en parchemin, de Nicolas Angenouſt, Ecuyer, Avocat en Parlement à Paris, fils de Jacques Angenouſt, Ecuyer, Tréſorier des Salpetres de Champagne & Brie, & de defunte Marie Chifallot, avec Damoiſelle Marguerite Daré ; paſſé pardevant Notaires à Troyes, le 5 Novembre 1606.

Arrêt de la Cour de Parlement, du 27 Avril 1627, rendu entre le Prevôt Juge ordinaire de Troyes, ſur le fait de la tutelle des enfants mineurs de Edouard Angenouſt, appelant d'une ſentence renduë par le Lieutenant particulier du Baillage de ladite ville, d'une part, Marguerite Gombault, ſa veuve, Mre. Claude Angenouſt, elû en l'Election de Troyes, intimés, ledit Lieutenant particulier, intimé en ſon nom, d'autre ; & encore Mre. Jacques Angenouſt, Secretaire du Roy ; Jacques Angenouſt, Lieutenant en l'Election de Troyes ; Nicolas Angenouſt, Conſeiller au Baillage ; Jean Angenouſt, Tréſorier des Poudres & Salpetres en Champagne, intervenants ; le dit Prevot de Troyes prétendant que le dit Lieutenant particulier avoit entrepris ſur ſa juridiction faiſant procéder à la tutelle des dits mineurs qu'il diſoit être roturiers, & ledit Lieutenant particulier ayant ſoutenu au contraire & que le dit deffunt Edouard Angenouſt étant Noble, la tutelle de ſes enfants & la confection de l'inventaire étoit de la compétence du Bailli de Troyes ou ſon Lieutenant, comme Juge des cauſes & différens des Nobles, la Cour auroit déclaré ledit Lieutenant particulier follement intimé, & condamné l'appelant aux dépens.

Enquête faite par Me Jean Goureau, Conſeiller en la Cour des Aydes de Paris, à la requête de Nicolas Angenouſt, Conſeiller au Préſidial de Troyes & conſors, allencontre du Sieur Procureur général en ladite Cour, et Me Jean de Servoize, Fermier des Aydes, le 14 Aouſt 1630, par laquelle il eſt prouvé que les dits Angenouſt étaient iſſus de Noble et ancienne race, et qu'ils vivoient noblement.

Arrêt de la Cour des Aydes, du 19 Septembre 1634, contradictoirement rendu entre le dit Servoize, Fermier des Aydes, d'une part, ledit Nicolas Angenouſt, Mre. Claude Angenouſt, élu, & Jean Angenouſt, Tréſorier des Poudres, par lequel les dits Angenouſt ſont déclarés Nobles et de Noble race, & ordonné qu'eux et leur poſtérité née & à naître en légitime mariage, jouiraient des priviléges & immunités dont jouiſſent les autres Nobles du royaume.

Contrat de mariage, en parchemin, paſſé devant Notaires à Troyes, le 14 Novembre 1654, entre Nicolas Angenouſt, Ecuyer, Seigneur du Bailly, premier Conſeiller Aſſeſſeur Criminel, Lieutenant particulier au Bailliage & Siége Préſidial de Troyes, d'une part, & Damoiſelle Marie de Picault, d'autre.

Certificat du Curé de l'Egliſe de Ste-Marie-Magdeleine de Troyes, du 24 Juin 1667, que Mre. Nicolas Angenouſt, vivant Eſcuyer & Doyen des Conſeillers audit Bailliage & Siége Préſidial de Troyes, a été inhumé le 12 Janvier 1666 en la dite egliſe.

VI. Contrat de mariage, en parchemin, de Jacques Angenouſt, Avocat en Parlement, fils de Mre. Nicolas Angenouſt, Conſeiller du Roy au Préſidial de Troyes, & de Damoiſelle Marguerite Daré, ſa femme, avec Damoiſelle Marie Gautier, paſſé devant Notaires à Troyes, le 14 May 1636.

Autre contrat de mariage, en parchemin, paffé devant Notaires audit Troyes, le 30 Novembre 1645, entre Jean Daubeter, Ecuyer, Seigneur de Villechetif, avec Damoifelle Marie Angenouft, fille de Nicolas Angenouft, Ecuyer, Confeiller du Roy au Bailliage & Siége Préfidial de Troyes.

Tranfaction en parchemin paffée devant Notaires audit Troyes, le 20 Janvier 1655, entre Jacques Angenouft, Ecuyer, Avocat en Parlement; Noble perfonne Meffire Odart Angenouft, Chanoine en l'Églife St-Étienne de Troyes; Damoifelle Marguerite Angenouft, veuve de François de Marify, Ecuyer; Jean Daubeter, Ecuyer, Seigneur de Villechetif; Damoifelle Marie Angenouft, fon époufe; tous enfants de Nicolas Angenouft, Ecuyer, & Damoifelle Marguerite Daré, fa femme.

Autre tranfaction en parchemin paffée entre les dites parties, devant Notaires audit Troyes, le 1 Fevrier 1655.

VII. Contrat de mariage, en parchemin, de Jean Angenouft, Ecuyer, fils de Jacques Angenouft, Ecuyer, Avocat au Parlement, & de déffunte Damoifelle Marie Gautier, fa femme, avec Damoifelle Marie de Ville-prouvé; paffé devant Piquet & Maffey, Notaires audit Troyes, le 25 Juillet 1658.

Lettres d'honneur accordées par Sa Majefté audit Nicolas Angenouft, à la charge de Confeiller au Préfidial de Troyes, par lui refigné à Mre Jean Angenouft, fon petit-fils, du 13 Mars 1654.

Certificat que Denis Agenouft, fils de Mre Nicolas Angenouft, Confeiller au Préfidial de Troyes, eft décédé au camp de Caftellet le 7 Septembre 1638, au fervice du Roy dans le regiment des Gardes.

Autre certificat des Officiers commandant le regiment de Navarre, que Nicolas Angenouft, Capitaine audit regiment, fils de Nicolas Angenouft, Ecuyer, premier Confeiller au Préfidial de Troyes, avoit été malheureufe-ment affaffiné à Loudun, en la quatorzieme année de fon fervice, du 6 Fevrier 1664.

Arrêt du Confeil d'Etat du 3 Juin 1671, rendu en faveur de Jacques & Jean Angenouft, pere et fils; ledit Jean Angenouft, Confeiller du Roy au Préfidial de Troyes; contre Mre Jacques Duret, Commis à la recherche des ufurpateurs de titre de nobleffe, par lequel ils ont été maintenus & gardés, leurs fucceffeurs, enfants & poftérité, nés & à naitre en legitime mariage, en la qualité de Noble et d'Ecuyer, & a été ordonné qu'ils jouiront de tous les privileges honneurs & exemptions dont jouiffent les Gentilshommes du royaume, faifant Sa Majefté defenfe audit Duret & à tout autre de les y troubler tant qu'ils vivront noblement, & à cet effet que les dits Jacques & Jean Angenouft feroient infcrits dans le Catalogue des Gentilshommes du royaume, fuivant l'arrêt du 22 Mars 1666.

Extrait des regiftres baptiftaires de l'Eglife paroiffiale de Sainte-Marie-Magdelaine de Troyes, du 10 Avril 1662, bien et dûment figné & légalifé, par lequel apparoît que Marguerite Angenouft, fille de Noble homme Jean Angenouft, Écuyer, Avocat au Parlement, & de Damoifelle Marie de Villeprouvé, fa femme, a été baptifée le dit jour.

Autre extrait des regiftres baptiftaires de la même paroiffe, du 6 août 1664, auffi figné & de même légalifé, par lequel apparoît que Odart Angenouft, fils de Jean Angenouft, Confeillier du Roy au Bailliage & Préfidial de Troyes, & de Damoifelle Marie de Villeprouvé, fa femme, a été baptifé le dit jour.

Acte de tutelle des dits Marguerite & Odart Angenouft, enfants mineurs de Jean Angenouft, Ecuyer, Confeiller au Bailliage & Préfidial de Troyes, & de Damoifelle Marie de Villeprouvé, fa femme, fait par devant le Lieutenant General de Troyes, le 4 Decembre 1671.

Contrat de mariage, en parchemin, de Jean Angenouft, Ecuyer, Seigneur du Bailly, Confeiller du Roy au Bailliage & Préfidial de Troyes, & de Damoifelle Marie Daubeterre, paffé par devant Cligny & Langlois, Notaires au dit Troyes, le 26 Novembre 1673.

Extrait des regiftres baptiftaires de l'Eglife paroiffiale de Sainte-Marie Magdeleine de Troyes, du 26 Juillet 1677, figné & legalifé, par lequel apparoît que Odart, fils de Jean Angenouft, Ecuyer, Seigneur du Bailly, Confeiller au Bailliage & Siége Préfidial de Troyes, & de Damoifelle Marie Daubeterre, fon époufe, a été baptifé le dit jour.

Autre extrait des regiftres baptiftaires de la même Eglife paroiffiale, du 15 Juin 1678, auffi figné & légalifé, par lequel apparoît que Marie-Marguerite, fille de Jean Angenouft, Ecuyer, Seigneur du Bailly, Confeiller au Bailliage & Préfidial de Troyes, & de Damoifelle Marie Daubeterre, a été baptifée ce jour.

Autre extrait des regiftres baptiftaires de la même paroiffe, du 13 Octobre 1681, a uffi figné & légalifé, par lequel apparoît que Jean, fils de Jean Angenouft, Ecuyer, Seigneur du Bailly, Confeiller au Bailliage & Préfidial de Troyes, & de Damoifelle Marie Daubeterre, fon époufe, a été baptifé ce jour.

Autre extrait des regiftres baptiftaires de la même paroiffe, du 7 Avril 1693, auffi dûment figné & légalifé, par lequel apparoît que Marguerite, fille de Jean Angenouft, Ecuyer, Seigneur d'Affenfières, Villechetif & le Mefnil-Seillier, Confeiller du Roy au Bailliage & Siége Préfidial de Troyes, & de Dame Marie Daubeterre, fon époufe, a été baptifée le dit jour.

D'ANGLAS,

EN CHAMPAGNE. FAMILLE ORIGINAIRE DE BRIE.

Genealogie produite pardevant M. de CAUMARTIN*.

D'or, au Lévrier paffant de fable, accollé d'argent.

I. FRANÇOIS DANGLAS, Efcuyer, Seigneur de Boisfray, paroiffe de Villeneufve-la-Lyonne; Huguette Noël, fa femme, 1552.

II. HERCULES Danglas, Efcuyer, Seigneur dudit Boisfray; Judith de Roche, fa femme, 1597.

III. FRANÇOIS Danglas, Efcuyer, Sieur dudit Boisfray; Claude des Fourneaux, fa femme, 1629.

IV. ANTOINE Danglas, Efcuyer, Sieur de Boisfray, non marié; ALEXANDRE Danglas, ABRA-HAM Danglas, enfans defdits François Danglas & de Claude des Fourneaux.

PIECES JUSTIFICATIVES.

I. Une fentence en parchemin, du 11 Aouft 1552, rendue par les efleus de Sezanne, par laquelle François Danglas eft qualifié Efcuyer, & en cette qualité eft rayé du rolle des tailles du village de Villeneuve-la-Lyonne, auquel rolle il avait efté impofé par les Collecteurs, & eft déclaré exempt de la dite taille tant & fy longuement qu'il vivra noblement.

Une enquefte faite en l'election de Sezanne, le 30 Mars & 13 Avril 1581, à la requefte de la dite Huguette Noël à l'encontre des habitans de Villeneuve-la-Lyonne.

II. Deux certificats de fervices donnés audit Sieur Hercules Danglas par le Sieur Marquis de la Chapelle des Urfins, en date des 27 Septembre & 18 Octobre 1597.

Contract de mariage dudit Hercules Danglas, Efcuyer, Seigneur dudit Boisfray, avec ladite Judith de Roche, eftant en parchemin, paffé par devant Melchior Frontigny & Auger Frontigny, Notaires Royaux a Chaftillon-fur-Marne, le 23 Decembre 1597.

Une enquefte faite le 11 Octobre 1599, à la requefte dudit Hercules Danglas, contre le Procureur du Roy en

* Cette généalogie a été reproduite d'après une copie manufcrite, contenue dans l'exemplaire de la Bibliothèque impériale.

l'election d'Efpernay, par laquelle eft juftifié que le dit Hercules Danglas eft fils dudit François Danglas & de ladite Huguette Noël, & qu'ils ont vefcu noblement.

Une fentence rendue en l'election d'Efpernay le 10 Decembre 1599, par laquelle ledit Hercules Danglas eft declaré Noble & extrait de noble lignée.

Un partage en papier; fait entre ledit Hercules Danglas, Efcuyer, & Prudant Cafgnon, des biens de la fucceffion de ladite Huguette Noël, en date du 26 Novembre 1603.

Trois contraéts d'aquifitions, faits par ledit Hercules Danglas, le 15 Janvier, 9 Mars & 9 May 1609, le premier en papier, les deux autres en parchemin, par lefquels ledit Hercules Danglas eft qualifié Efcuyer.

Deux fentences en parchemin, rendues au fiege préfidial de Meaux, le 8 Juin 1608 & 8 May 1609, entre ledit Hercules Danglas, d'une part, & Louis Guerin, dit Saint-Ville, par lefquelles deux fentences ledit Hercules Danglas eft qualifié Efcuyer.

III. Un contraét de mariage, en parchemin, paffé par devant Charles Petit, Notaire royal à Chaftillon-fur-Marne, préfents tefmoins, le 2 Janvier 1629, entre ledit François Danglas, Efcuyer, fils dudit Hercules Danglas, Efcuyer, Sieur de Boisfray, qui étoit fils dudit François Danglas & de ladite Huguette Noël, d'une part, & de Damoifelle Antoinette de Chartogne, d'autre part.

Trois certificats de fervices & de congé donnés audit François Danglas les 30 Avril 1624, 28 Septembre 1635 & 3 Oétobre 1636.

Un aéte de prefentation faite par ledit François Danglas à la convocation de ban & arriere-ban du baillage de Chafteau-Thiery, le 26 Juillet 1685.

Une fentence en parchemin, rendue par M. de Gremonville, Intendant en Champagne, & les Commiffaires deputez par Sa Majefté le 13 Mars 1641, par laquelle il eft ordonné que ledit François Danglas jouyra des privileges accordés par Sa Majefté à la Nobleffe de fon Royaume.

IV. Un extrait baptiftaire du 29 Juillet 1631, donné par le Sieur Curé de la paroiffe de Cuchery, par lequel eft juftifié que ledit Antoine Danglas eft fils dudit François Danglas & de Claude des Fourneaux.

Un aéte paffé pardevant Notaires a Chaftillon-fur-Marne le 27 Mars 1658, par lequel Meffire Robert le Pheliponnat, Procureur du Roy audit Chaftillon, attefte avec lefdits Notaires que ledit Antoine Danglas, Efcuyer, Sieur de Boisfray, eft fils dudit François Danglas & de Damoifelle Claude des Fourneaux.

D'ANGLURE,

Marquis de Coublans & de Sy, & Comtes de Bourlémont

EN CHAMPAGNE.

Genealogie dreffée par M. d'Ho{zier, fur les Memoires de M. l'Abbé le Laboureur & fur une autre genea-logie qu'il a compofée de cette Maifon, & produite pardevant Vous Monfeigneur de CAUMARTIN, Intendant en Champagne, au mois d'Avril 1670.

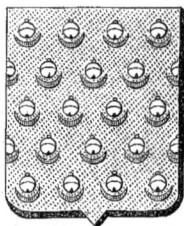

D'or, femé de Sonnettes d'argent, foûtenuës de Croiffans de gueules.

La maifon d'Anglure doit fon nom à l'ancienne coûtume des Nobles de France de prendre celuy de leur principalle terre, car elle s'appelloit auparavant de Saint-Cheron, & c'eft dans cette maifon qu'on en remonte la fource jufqu'au douziéme fiécle, que vivoit

I. ANGORBRAN, Seigneur de Saint-Cheron, qualifié *Angorbrannus, miles de Sancto Ka-rauno,* dans l'accord moyenné, le 10 de Mars 1195, par Marie, Comteffe de Cham-pagne, entre luy & l'abbé de Pontigny, fur le differend qu'ils avoient enfemble à caufe du bois de Saint-Loup.

GAUCHER de Saint-Cheron, fon fils aîné, eut un rang fi confidérable au Parlement tenu par Blanche, Comteffe de Champagne, l'an 1212, pour régler la fucceffion des fiefs entre les filles des maifons Nobles, qu'il eft nommé auparavant Guillaume de Gar-lande, Eude des Barres, Henry de Bar, Clérembaut de Chappes, le Vicomte de Saint-Florentin, le Comte de Grand-Pré, le Comte de Saint-Pol, Garnier de Trainel, Guy de Dampierre, Erard de Brienne, Simon de Joinville & Gautier de Vignorry. De luy fortirent les Seigneurs de Saint-Cheron.

II. OGER de Saint-Cheron I, fon frére, Chevalier, Seigneur de Marfangy & du Mefnil, affifta l'an 1215 avec le Comte de Saint-Pol, Garnier de Trainel, Robert de Milly, Guy des Chappes & Raoul de Pons, à une fentence renduë en faveur des Religieux de Vauluifant, qui eft dans les Chartes du Roy; &

III. OGER de Saint-Cheron, fecond du nom, Chevalier, Seigneur de Marfangy & du Mefnil aprés fon pére, fut le premier qui poffeda la terre d'Anglure, dont la pofterité prit le nom. Elle luy fut apportée en mariage par Helvide, Dame d'Anglure, veuve de luy l'an 1256, comme il paroiſt par le regiſtre intitulé *Feoda Campaniæ*, qui la qualifie *Domina Helluys de Angleura, relicta Domini Ogeri de Sancto Karauno*. C'eſt à cet Oger icy contemporain du Roy Saint-Louis qu'on peut donner la gloire de cet avantage remporté outre-mer ſur un chef des Sarrazins, nommé Saladin, qui donna lieu aux Seigneurs d'Anglure, ſes deſcendans, d'ajouter ſi fréquemment à leur nom celuy de Saladin, pour marque d'une action ſi mémorable. Pluſieurs ont voulu dire que ce Saladin avoit ſon cheval caparaçonné de Croiſſans & de Sonnettes, & ils dérivent de là les armes de la maiſon d'Anglure; mais M. l'abbé le Laboureur a découvert par tous les ſceaux anciens qu'il a vûs, que ce n'eſtoient point des Croiſſans qui ſoutenoient les Sonnettes, mais des découpeures en angles, qui faiſoient des armes parlantes, leſquelles n'ont eſté changées en Croiſſans que depuis moins de trois cens ans. Cette Dame Helvis d'Anglure fut mére de Jean de Saint-Cheron & avoit encore des enfans mineurs ſous ſa garde, l'an 1256, comme il paroiſt par cet article du regiſtre de Saint-Juſt en la Chambre des Comptes : *JEAN, fils de Monſeigneur Ogier de Saint-Caran, lige des choſes qu'il a à Maſſangy & au Maiſnil, ſauf le droit de ſa mere ſur le bail de ſes enfans.*

IV. JEAN de Saint-Cheron, Seigneur d'Anglure, de Marſangy & du Maiſnil, l'an 1254, joüiſſoit auſſi des bois de Saint-Loup en Othe, qui appartenoient l'an 1195 à Angorbran de Saint-Cheron, ſon biſayeul. Cela ſe juſtifie par l'ordinaire de Champagne qui porte que l'an 1304 le Seigneur d'Anglure paya à la recepte generalle 90 livres pour le denier ſixiéme d'une vente de bois de Saint-Loup, dite la vendüe au Bouchelet. Ce payement doit avoir eſté fait par la Dame d'Anglure, ſa veufve, laquelle fut gratifiée par le Roy, la méme année, d'une ſomme de 30 livres, & il devoit eſtre mort dés avant l'an 1301 que le Roy Philippes le Bel entretenoit aux écolles Ancelin d'Anglure, l'un de ſes fils.

OGER de Saint-Cheron, l'ainé, fut Seigneur d'Anglure.

SALADIN d'Anglure, Chevalier, Seigneur de Chainſy & de Chantenay, ſervoit Oger d'Anglure, ſon frére, aux guerres de Flandres l'an 1314, comme il ſe voit par une quittance de Perrinet d'Yerval, Eſcuyer, à Pierre Remy, Maiſtre d'Hoſtel du Roy de Navarre & Maiſtre de la Chambre aux deniers du Roy, donnée à Doüay, le dimanche après l'Exaltation Sainte-Croix, de la ſomme de 40 livres, ſur les gages de Monſeigneur Ogier d'Anglure & Monſeigneur Salehadin, ſon frére, & de cinq Eſcuyers en l'Oſt de Flandres. Il fut auſſi Capitaine & Gouverneur de la ville de Troyës, comme il ſe juſtifie par cet article du compte de l'exécution teſtamentaire du Roy Philippes, pour la ſomme de 319 livres 5 ſols 8 deniers : *Saladinus d'Anglure, Miles pro expenſis in cuſtodia Trecenſi ;* & eut de ſa femme Beatrix de Joinville : OGER, Saladin, Anceau & Jeanne d'Anglure, qualifiés enfans de Monſeigneur Salhadin d'Anglure, jadis Seigneur de Chainſy & de Chantenay, dans le compte du domaine de Champagne de l'an 1345, à cauſe du don qui leur avoit eſté fait, le 9 Juin 1339, par le Roy Philippes de Valois, de la moitié de ſept vingts quinze livres, 9 ſols obole, dües par Huart Barré, Prevoſt de Vitry.

OGER d'Anglure, Seigneur de Chainſy, allié l'an 1348 à Marie la Bouteillere, dite de Senlis, veuve de Renaud de Saint-Maard, Chevalier, Seigneur de Vineuil & de Bertecourt, & fille de Guy le Bouteiller de Senlis, Seigneur d'Ermenonville, & de Blanche de Chauvigny, Dame de Levroux, mourut ſans enfans de cette Dame; laquelle, eſtant demeurée veuve l'an 1370, eut procés contre Robert & Guy d'Anglure, fes heritiers, & fut inhumée aux Cordeliers de Meaux, avec fon mary, l'an 1383.

V. OGER III, Seigneur d'Anglure, fervit le Roy Philippes le Bel contre les Flamands, & fut un des Seigneurs de Bourgogne & de Champagne qui fe liguérent l'an 1314 pour la confervation de leurs priviléges. Il eftoit mort l'an 1343 que le Roy remit à Oger d'Anglure, fon fils, & à fes fréres, qualifiés enfans de deffunt Mre. Oger, Seigneur d'Anglure, Chevalier, une amende de 60 livres parifis pour fol appel. Beatrix d'Effé, fa femme, le furvécut, & vivoit l'an 1348 lors que Oger, Robert, Guy & Pierre d'Anglure, fes enfans, partagérent les biens de leur pére, qui portoit encore le nom de Saint-Cheron l'an 1313 qu'il vendit aux executeurs du teftament du Cardinal le Moine 74 livres 16 fols 9 deniers, & maille de terre amortie pour 1870 livres 9 fols 6 deniers. Robert d'Anglure, Seigneur de Gueudes & de la Selle, fervoit le Roy avec deux Efcuyers l'an 1355. Guy d'Anglure, Seigneur de Ponthion, fut Capitaine de Provins & combattit avec Robert d'Anglure & Jacques de Rofoy, l'an 1368, fous la bannierre de Gaucher, Sire de Chaftillon, Souverain Capitaine de Champagne. Pierre d'Anglure, Chevalier, fut Seigneur de Gizaucourt, de Grange-fur-Aube & de la Celle-fous-Chantemefle. Beatrix d'Anglure, leur fille, époufa Jean, Seigneur des Chenets; &

VI. OGER IV, Seigneur d'Anglure, aîné, fervit en l'Oft de Bovines & de Buironfoffe avec trois Chevaliers Bacheliers & 24 Efcuyers, l'an 1339 & 1340, en la bataille de Philippes III, Roy de Navarre, Comte d'Evreux; fut retenu pour l'un des quatre Chevaliers d'honneur, par l'ordonnance de la Maifon du Roy & du Duc d'Orleans, faite l'an 1350; fut encore avec un Chevalier & 8 Efcuyers dans l'armée commandée par le Comte de Tancarville, Lieutenant de Roy en Champagne, Bourgogne & Languedoc, l'an 1361, & commis par le Roy Charles VI, avec Guillaume du Plaiffié & Jean de Chauvigny, Chevaliers, fur la vifitation des forts de Champagne, l'an 1367; & après s'eftre remarié fans enfans à Catherine d'Ailly, alliée depuis à Jean, Sire de Foffeux, & fille de Robert, Seigneur d'Ailly, & de Marie d'Auxy, il laiffa feulement de Marguerite de Conflans, fa premiére femme, fille d'Euftache de Conflans, Seigneur d'Eftoges, Advoüé de Theroüenne : Marguerite d'Anglure, alliée à Guy de Pontallier, Chevalier, Seigneur de Talemey; &

VII. OGER V, Sire d'Anglure & d'Eftoges, Avoüé de Theroüenne & Chevalier Banneret retenu à 20 hommes d'armes des ordonnances, le 27 Juillet 1380, qui rendit de grands fervices aux Rois Charles V & Charles VI, fervit à la bataille de Rofebecque gagnée fur les Flamands l'an 1382, & avec 4 Chevaliers & 45 Efcuyers à la prife de Bourbourg, l'an 1383; mourut le dimanche avant la Saint-Simon, Saint-Jude, la méme année, & fut inhumé aux Jacobins de Troyes. Ifabelle de Chaftillon, fa veuve, fille de Jean, Sire de Chaftillon, Grand Maiftre de France, & d'Ifabelle de Montmorency, fe remaria l'an 1385 à Simon de Sarrebruche, Damoifeau de Commercy, & mourut le 31 Janvier 1413, mére : d'OGER VI, Sire d'Anglure; de JEAN d'Anglure, Seigneur d'Eftoges, & de Gaucher d'Anglure, Seigneur de Rocourt, Chevalier dés l'an 1403 & Capitaine de Reims, qui fe trouva l'an 1413 au fiége de Bourges, avec 9 Efcuyers, fous le Duc de Bourgogne, & eft encore nommé dans un arreft du Parlement de l'an 1415.

SUITE DES SIRES D'ANGLURE.

OGER VI, Sire d'Anglure, dont il fit hommage à l'Evefque de Troyes, en qualité de Noble et puiffant homme et Seigneur, le 10 Juin 1387, Advoüé de Theroüenne & Chevalier Banneret, eut d'Alix de Tocy, Dame de Bazerne & de Mont-Saint-Jean, fille de Louis de Tocy, Seigneur de Bazerne, l'an 1376 : Jean, dit Saladin d'Anglure, Chevalier, Seigneur de Vaux, Capitaine de Noyers pour le Duc de Bourgogne, & marié l'an 1414 à Guye de Flavigny, felon les regiftres du Parlement; Ambroife d'Anglure; Guye d'Anglure, femme de Pierre, Seigneur de Dyo; Antoinette d'Anglure, femme de Guillaume de Grancey, puis de Hebaut de Lugny, Chevaliers; Alix d'Anglure, dont le premier mary fut Philbert de Salins, & le fecond, Claude de Beauvoir, Seigneur de Chatelus, Marefchal de France pour le party bourguignon; & Eftienne, Sire d'Anglure, dont il rendit hommage à l'Evefque de Troyes, le 16 Mars 1412 & l'an 1428, Advoüé de Théroüenne, Chevalier l'an 1415, & l'un des principaux chefs du party de Bourgogne, qui époufa Jeanne, Dame de Choifeul, veuve l'an 1440 & remariée fucceffivement à Jean de Blaify et à Jacques de Loüan, & fille d'Amé, Sire de Choifeul & de Claude de Grancey, Dame de Chaffenay, & laiffa d'elle : Oger d'Anglure, Religieux et Abbé de Laigny l'an 1475; Guye d'Anglure, femme de Claude de Rochebaron, Seigneur de Berzé; &

ANTOINE, Sire d'Anglure, qu'il reprit en hommage de l'Evefque de Troyes, l'an 1441, Advoüé de Theroüenne, & marié à Jeanne de Rochebaron, fille d'Antoine, Seigneur de Berzé, Efcuyer Trenchant de Philippes le Bon, Duc de Bourgogne, et de Philippes, fille naturelle de Jean, Duc de Bourgogne. Ses enfans furent : FRANÇOIS d'Anglure, Seigneur de Rimaucourt; une fille Religieufe; et Guillaume, Sire d'Anglure, Advoüé de Theroüenne l'an 1462 et 1477, qui prit alliance avec Jeanne de Vergy, fille de Jean, Seigneur de Richecourt, Marefchal de Bourgogne, & de Catherine de Haraucourt, et mére de Marguerite d'Anglure, Dame de Conantes, qu'elle porta en mariage à Guillaume de Chaumont, Seigneur de Rigny-le-Féron; de deux autres filles, alliées l'une au Seigneur de Tais & l'autre au Seigneur de Valery, du nom de Vélu; & de Jacques, Sire & Baron d'Anglure, Chevalier, Advoüé de Theroüenne l'an 1519, marié en fecondes nôces à Marguerite de Vélu, remariée l'an 1529 à Michel de Poifieux, Seigneur de Valery, & dont la première femme Nicolle de Loüan, fille de Jean, Seigneur de Nogent-l'Artaut, le fit pére de

JEAN-SALADIN, Baron d'Anglure, duquel et d'Aimée de Chavange, Dame de Chapelaine, remariée l'an 1575 à Philippes de Marconville, Seigneur du Ménil-la-Comteffe, & fille de Jean de Chavange & de Louife de Saint-Privé, fortirent : Charlotte d'Anglure, mariée le 2 May 1575 à François de la Rochette, Seigneur de Sercey; Marie d'Anglure, femme de Philippes de Gand, Seigneur de Blacy; une autre Marie d'Anglure, Abbeffe de Paigney, prés Abbeville; &

ESTIENNE-SALADIN, Baron d'Anglure, Seigneur de Chapelaine, qui ne laiffa de Cléophile de Béthune, remariée avec Henry d'Anglure, Seigneur de Bonnecourt, & fille d'Oger de Béthune, Seigneur de Congy, & d'Anne Journée, que : Nicolas-Saladin d'Anglure, Seigneur de Longeville, mort aprés l'an 1616, fans pofterité; Antoine d'Anglure, Chevalier de Malthe & Commandeur de Nancy; Helène d'Anglure, Dame à Remiremont; & Charlotte d'Anglure, Dame de Chapelaine, qu'elle porta, par fon mariage du 17 Octobre 1613, à Thomas Cauchon, Baron de Champlaft & du Terrier, & Seigneur Chaftelain de Neuflife.

SEIGNEURS DE BONNECOURT ET DE GUYONVELLE.

FRANÇOIS d'Anglure, fecond fils d'Antoine, Sire d'Anglure, & de Jeanne de Roche-baron, & Seigneur de Molain & de Rimaucourt, à caufe de Marie, fille de Gillequin de Choifeul, Seigneur de Challevraine, eut de cette alliance : Jacques d'Anglure, Seigneur de Bonnecourt & de Ravénefontaine, l'an 1490, qu'il tranfigea avec Jean de Domma-rien, Efcuyer, Sieur de Pailly; époufa Louife de Vienne, puis Béatrix le Bœuf, Dame de Guyonvelle; laiffa pour fucceffeurs : Jean d'Anglure, qui vivoit l'an 1537; ANTOINE d'Anglure, Seigneur de Bonnecourt; Catherine d'Anglure, femme de Philippes de Tref-tondan, Seigneur de Percey l'an 1561; Louife d'Anglure, morte l'an 1561, femme de Jean de Choifeul, Chevalier, Seigneur de Brouvilliers; Ifabelle d'Anglure, Religieufe; & Bonaventure d'Anglure, mariée le 6 Aouft 1537 à François, fils d'Adrien de Vy, Efcuyer, Seigneur de Longenelle, en faveur de quoy Jean et Antoine d'Anglure, fes fréres, lui donnerent 1700 livres des fucceffions de Jacques d'Anglure, fon pére, & de Damoifelle Beatrix le Bœuf, fa mére, & promirent de luy faire payer encore 200 livres par frére Guy le Bœuf, Chevalier de l'ordre Saint-Jean de Hierufalem & Comman-deur de la Romagne; & eut auffi un fils naturel que les tiltres appellent Mengin de Nui-fement, Efcuyer, allié à Jeanne de Chavange, veuve l'an 1561, & fille de Philippes de Chavange, Seigneur de la Colombierre, & de Marguerite de Saint-Martin, en confide-ration de quoy, Jean d'Anglure, qui confentit à ce mariage, promit avec Pierre de Gra-chaut, Efcuyer, de le faire ratifier par Jacques d'Anglure, fon pére, & lui donna en fon nom 100 écus d'or, le 6 Juin 1524.

ANTOINE d'Anglure, Seigneur de Bonnecourt l'an 1538, prit pour femme Jeanne de Saux, remariée avec Hubert de Fauquier, Seigneur de Chauvirey, & fille de Girard de Saux, Seigneur de Ventoux, & de Jeanne de Saint-Seigne, de laquelle fortirent : PHI-LIPPES, Gafpard & Jean d'Anglure, qui étoient l'an 1561 fous la tutelle de Jean de Choi-feul, leur oncle, Seigneur de Valeroy.

PHILIPPES d'Anglure, Seigneur de Bonnecourt & de Guyonvelle l'an 1564, Chevalier de l'ordre du Roy, Bailly & Gouverneur de Chaumont en Baffigny, Capitaine d'une compagnie d'ordonnances, & auquel Jeanne de Mailly, fa feconde femme, fille d'A-fricain de Mailly, Seigneur de Villers-l'Efpaux, & Huguette de Senailly, la troifiéme, fille de Jean de Senailly, Seigneur d'Humberville, & de Claude d'Anglure, ne donnerent point d'enfans, eut feulement de Jeanne Foucher de Faverieux, la premiére : Anne d'Anglure, mariée avec Africain de Mailly, Seigneur de Clinchamp; Catherine d'An-glure, alliée à Guillaume de Montarbis, Seigneur de Vaucourt; & .

FRANÇOIS d'Anglure II, Seigneur de Guyonvelle, Capitaine de Chevaux-Legers pour le fervice du Roy, & duquel & de Louife Merlin, fille de Jean, Seigneur de Heronville, Préfident du Barrois, & de Claude Godet de Reyneville, font iffus : Jeanne d'Anglure, femme de Nicolas le Begue, Seigneur de la Tour de Nonfart; Philippes d'Anglure, Seigneur de Guyonvelle, Lieutenant-Colonel du regiment des Salles, mort au fiége de Montbelliart, aprés avoir époufé Adrienne des Erard, fille de Georges, Seigneur de

Fleury, & d'Agnés Avrillot, & mére de Louife d'Anglure, femme de Georges de Stainville, Seigneur de Beurey, en Barrois; & Jean-François d'Anglure, Seigneur de Guyonvelle, cy-devant fucceffivement Capitaine de Chevaux-Legers au fiége de Dole, l'an 1636,
Commandant le regiment de Coaflin à la bataille de Lens, l'an 1648, Marefchal de
Camp & Marefchal general des Logis de la Cavalerie de France, qui n'a point eu d'enfans de Françoife de l'Eglife, fille de Charles, Me. des Comptes à Bar, & de Marie le
Bégue.

GASPARD d'Anglure, Seigneur de Bonnecourt, deuxiéme fils d'Antoine d'Anglure &
de Jeanne de Saux, & dont la premiére femme, Chriftine de Ligneville, fille de Jacques,
Seigneur de Tumejus, Capitaine general de l'Artillerie de Lorraine, & de Gillette du
Pleffis, ne luy laiffa que deux filles : l'une alliée au Seigneur de Plantade, de la maifon
de Damas; époufa en fecondes nôces Barbe de Ludres, fille de Jean, Seigneur de Ri-
chardménil, & d'Eve de Lignéville, & fut pére : de Gafpard d'Anglure, Gouverneur de
Jametz, Grand Me. & Chef des Finances de Lorraine, & marié à Charlotte de Ga-
lean, fille d'Orphée, Seigneur de Sauffeure, & d'Antoinette d'Arquille, dont enfans; & de
HENRY d'Anglure, ainé, Seigneur de Bonnecourt, Confeiller d'Eftat & Gentilhomme
de la Chambre d'Henry, Duc de Lorraine, l'an 1616, & vivant l'an 1613 avec Cléophile
de Bethune, fa feconde femme, veuve d'Eftienne, Baron d'Anglure, ayant eu auparavant de Marguerite de Lalain, la premiére, veuve de Georges, Seigneur de Chafteau-
brehaim & d'Epepart, en Lorraine, & fille d'Antoine de Lalain, Comte d'Hoocftrate,
Chevalier de la Toifon, & d'Eleonore de Montmorency : Philippes d'Anglure, Seigneur
de Bonnecourt; Alexandre d'Anglure, mort Jefuite, & Elifabeth d'Anglure, Dame à Remiremont, puis Religieufe à Sainte-Claire à Bar.

SEIGNEURS D'ESTOGES.

VIII. JEAN d'Anglure; Chevalier, Seigneur d'Eftoges, qu'il eut de la fucceffion d'Ifabelle de
Chaftillon, fa mére, femme d'Oger V, Sire d'Anglure, dont il eftoit le fecond fils, fut
auffi Seigneur de Bourlémont & de Donjeux, à caufe de fon mariage avec Jeanne, Dame
de Bourlémont, veuve de luy l'an 1403, remariée l'an 1405 à Pierre de Belloy, dit le
Baudrain, Chevalier, & fille heritiere d'Henry, Seigneur de Bourlémont, & de Beatrix
de Joinville, Dame de Donjeux. Marguerite d'Anglure, leur fille, Dame de Nogent-le-
Rotrou & de Dracy l'an 1407, étoit auffi Dame d'Anglure l'an 1415 & veuve l'an 1463
de Jean de Toulonjon, Seigneur de Traves; &
IX. SIMON d'Anglure, dit Saladin, leur fils unique, Chevalier, Seigneur d'Eftoges, Confeiller & Chambellan du Roy, Grand Me. d'Hoftel & Chambellan du Duc de Bretagne,
& mort l'an 1485, allié dés l'an 1432 avec Ifabeau du Chaftelet, Dame de Melay &
d'Effey, fille de Renaud, Baron du Chaftelet, & de Jeanne de Chaufour, Dame de Deüilly,
fut pére : de JEAN d'Anglure, Seigneur de Donjeux; de SALADIN d'Anglure, Seigneur
d'Eftoges; de COLART d'Anglure, Seigneur de Bourlémont; de Renaud, Seigneur d'Anglure, & de Conantes l'an 1463, depuis Evéque de Marfeille & Abbé de Saint-Victor
de la même ville; d'Anne d'Anglure, femme de Balthafar, Seigneur de Hauffonville,
mort l'an 1460; de Jeanne d'Anglure, Dame de Germainvilliers, Religieufe à Remiremont, l'an 1463; & de Thibaud d'Eftoges, fils naturel, Protonotaire Apoftolique,
l'an 1480.

SUITE DES SEIGNEURS D'ESTOGES.

SALADIN d'Anglure, Seigneur d'Eftoges & d'autres terres que Simon d'Anglure, fon pére, luy donna pour fon partage, le 15 Mars 1463, fut Confeiller & Chambellan de René, Roy de Sicile, qui le fit auffi Chevalier de fon ordre du Croiffant & luy donna, par lettres des 30 Mars 1470 & 9 Novembre 1473, la terre de Chaftel-fur-Mozelle, les Baronnies de Bourfaut & de Givry, & encore la ville, château & Prevofté de Gondré-court, en recompenfe des grands, notables & continuels fervices qu'il luy avoit rendus. Il époufa Jeanne de Neufchaftel, Vicomteffe de Blaigny, dont il rendit aveu au Roy le 18 Septembre 1462, mourut le 21 Aouft 1499, & laiffa de fa femme, qui étoit encore veuve de luy le 25 May 1508, & fille d'Humbert de Neufchaftel, Baron de Plancy, & de Charlotte d'Aunoy, remariée à Miles de Dampierre : Ifabelle d'Anglure, mariée à Jean-Antoine de Lafcaris, Comte de Tende; Jeanne d'Anglure, femme de Jean de Bethune, Seigneur de Mareüil, l'an 1480; &

René d'Ánglure, Chevalier, Vicomte d'Eftoges & de Blaigny, l'an 1517, Seigneur de Pont-Sainte-Maixance & de Ferechampenoife, Confeiller & Chambellan du Roy, Capi-taine de 100 hommes d'armes, Lieutenant au Gouvernement de Dauphiné, Grand Me. de Savoye, & mort l'an 1529, aprés s'eftre fignalé aux batailles de Ravenne & de Pa-vie, & avoir efté allié, le 6 mai 1485, à Catherine de Bouzey, fille de Jean, Seigneur de Saint-Germain, & de Marguerite de Brion, Dame de Givry en Argonne, de laquelle for-tirent : Françoife d'Anglure, mariée, le 15 Juillet 1518, à Girard de Haraucourt, Sei-gneur de Dombale, Senéchal de Lorraine; Marguerite d'Anglure, auffi mariée, le 31 Jan-vier 1513, avec Antoine de Geréme, Seigneur du Pré du But; &

François d'Anglure, Vicomte d'Eftoges, Baron de Bourfaut & de Givry, Confeiller & Chambellan du Roy, Capitaine des ville & chafteau de Sainte-Manehould, l'an 1539, Gouverneur de Mouzon la méme année, de Pierrefons, de Stenay, de Montmédy, de Sedan & de Luxembourg, Capitaine de la Porte & de 50 hommes d'armes, Lieutenant general de la frontiére & Colonel de 2000 hommes de la Légion de Champagne, mort le 21 Septembre 1544. Anne du Bec, fa premiére femme, fille de Jean du Bec, Seigneur de Boury, & de Marguerite de Roncherolles, ne luy donna qu'une fille appellée Ifabelle d'Anglure, Dame de Manneville, laquelle, étant veuve de François de Baudoche, Sei-gneur de Molin, qu'elle avoit époufé le 7 Octobre 1539, fe remaria à Charles de Coutes, Seigneur de Pavant, Chevalier de l'ordre du Roy & Lieutenant de la compagnie de Genfdarmes de François, Duc de Lorraine; mais Marie de Véres, avec laquelle il vivoit l'an 1531, veuve de Louis, Seigneur de Brichanteau, & fille heritiere de Jean de Véres, Seigneur de Beauvais, de Nangis & de Tancarville en Brie, & de Marie de Coutes, le fit pére : de Claude d'Anglure, Vicomte d'Eftoges, mort fans pofterité le 6 Decembre 1554; de Saladin, d'Antoine & de Sufanne d'Anglure, morts jeunes; de René d'An-glure, Seigneur de Givry; & de

Jacques d'Anglure, ainé, Vicomte d'Eftoges, Gouverneur d'Auxerre, Chevalier de l'ordre du Roy, Capitaine de la ville de Dunkerke, l'an 1554, Capitaine de 50 hommes d'armes, & Gentilhomme de la Chambre du Duc d'Anjou l'an 1572, marié, le 6 Oc-tobre 1551, en premiéres nôces avec Antoinette de Conflans, fille de Jean, Seigneur de Vieilmaifon, & de Madeléne Lucas de Courcelles, & lequel, n'ayant eu de Vandeline de Nicey, fa feconde femme, fille de Jean, Seigneur de Nicey, & d'Yoland du Mayet, qu'une fille unique appelée Antoinette d'Anglure, qu'il maria, le 24 Avril 1572, à Chrétien de Savigny, Seigneur de Rône, Chevalier de l'ordre du Roy, Capitaine de cinquante hommes d'armes, Chambellan de François, Duc d'Alençon, & Gouverneur pour ce Prince de Chafteau-Thierry, de Meaux, de Provins & de Sezanne, puis Meftre de camp de la cavalerie legere de l'armée commandée par Charles, Duc de Lorraine, l'an 1587, Gouverneur de Chaalons, de Paris & de l'Ifle de France, & Marefchal de France pour le party de la Ligue, d'où il paffa en celuy du Roy d'Efpagne, pour lequel il fut Marefchal de camp, General de fes armées en Flandres, & mourut au fiége de Hulft contre les Hollandois, l'an 1596 : il adopta, par fubftitution des 25 & 27 Aouft 1574, CHARLES-SALADIN de Savigny, fon petit-fils, & fe remaria encore à Louife Piédefer, fille de François, Seigneur de Bazoches, & de Marguerite de Voré, laquelle n'eut point d'enfans de luy, non plus que de Louis de Rochechoüart, fon fecond mary, Seigneur de la Broffe. Ceux qui fortirent de l'alliance de Chrétien de Savigny & d'Antoinette d'Anglure, furent : Nicolas de Savigny, Baron de Rône, tué l'an 1603 en Flandres; Blanche de Savigny, morte avant fon mariage accordé avec le Comte de Bucquoy; Antoinette de Savigny, mariée l'an 1603 à Jean de Monceau, Seigneur de Tignonville, & remariée l'an 1611 à Lancelot de la Taille, Seigneur de Bondarroy; Anne de Savigny, Religieufe au Moncel, prés Sainte-Maxence; &

CHARLES-SALADIN de Savigny, dit d'Anglure, Vicomte d'Eftoges, Baron de Rône, Comte de Tancarville, & allié, le 23 Fevrier 1602, à Marie Babou, fille de Georges, Seigneur de la Bourdaiziere, Comte de Sagonne, Chevalier des ordres du Roy, Capitaine de cinquante hommes d'armes, & de Madeléne du Bellay; defquels font iffus : Anne d'Anglure de Savigny, mariée l'an 1623 à Charles de Livron, Marquis de Bourbonne, Chevalier des ordres du Roy & l'un de fes Lieutenans au Gouvernement de Champagne; Gabrielle d'Anglure de Savigny, femme de Jofeph de Boniface, Seigneur d'Hectot 'an 1640; &

ANTOINE-SALADIN d'Anglure de Savigny, Comte d'Eftoges, Marquis du Bellay & Prince d'Ivetot, par la fubftitution déclarée ouverte à fon profit, Baron d'Anglure & de Rône, cy-devant Meftre de camp de cavalerie & Marefchal de camps és armées du Roy, qui époufa, le 11 Avril 1640, Louife-Angelique Braux, Dame d'Anglure, fille de Cofme Braux, Seigneur de Florent, Prefident des Treforiers de France à Chaalons, dont il a eu : Marc-Antoine-Saladin d'Anglure, Marquis du Bellay; Charles-Nicolas d'Anglure de Savigny, Seigneur de Braux, Capitaine aux Gardes; Claude-François d'Anglure de Savigny, Chevalier de Malthe; Louife-Marie de Savigny d'Anglure, femme de Charles, Comte d'Autry; Anne-Angélique de Savigny, qui n'eft pas mariée; & Gabrielle-Françoife de Savigny, Religieufe à Andecy.

SEIGNEURS DE GIVRY.

RENÉ d'Anglure, Seigneur de Givry, Baron de Bourfaut, Comte de Tancarville, & le dernier des fils de François d'Anglure & de Marie de Véres, fut fucceffivement Efcuyer d'efcurie du Roy, Capitaine de 100 Chevaux-Legers l'an 1554, & de 50 hommes d'armes, Chevalier de l'ordre & Gentilhomme ordinaire de la Chambre de Sa Majefté l'an 1560, & eftant mort fort jeune à la bataille de Dreux l'an 1562, il ne laiffa de Jeanne

Chabot, qu'il avoit époufée le 1ᵉʳ Juin 1560, remariée à Claude de la Chatre, Gouverneur d'Orleans & Marefchal de France, & fille de Louis Chabot, Seigneur de Jarnac, Gouverneur de la Rochelle & du païs d'Aunis, Chevalier de l'ordre, & de Louife de Piffeleu, qu'Anne d'Anglure, Baron de Givry, Meftre de camp de la cavalerie légere, nommé à l'ordre du Saint-Efprit, & tüé au fiége de Laon, l'an 1594, aprés avoir époufé, le 20 Janvier 1593, Marguerite Hurault, fille de Philippes, Comte de Chiverny, Chancelier de France, & d'Anne de Thou, & mére d'Anne d'Anglure, mort l'an 1595.

SEIGNEURS DE DONJEUX.

X. JEAN, dit Saladin d'Anglure, Seigneur de Donjeux, qu'il eut avec plufieurs autres terres comme fils aîné de Simon d'Anglure, par fon partage de l'an 1465, eftoit marié dés l'an 1445 à Marguerite de Ville, Voüée d'Efpinal, veuve l'an 1480, & fille de Jean, Seigneur de Ville, & de Catherine de Saint-Loup, Dame de Jours en Auxois, veuve auffi la méme année de Pierre, Seigneur de Beaufremont & de Rup, Chevalier. Il eut pour enfans : Liebaut d'Anglure, mort l'an 1503 fans alliance; Nicolas d'Anglure, Seigneur de Donjeux aprés fon frére, & que Jeanne de la Paluë fit pére de Françoife d'Anglure, qui porta les terres de Donjeux & de Bouleufe à Aimé de Miremont, Vicomte de Rômay, fon premier mary, & qui eftoit veuve de Renaud de Boffut, le fecond, Seigneur de Lierval & Bailly de Vermandois, l'an 1571 ; Arnoul d'Anglure, Seigneur de Coublans; &

SEIGNEURS DE JOURS.

SIMON d'Anglure, Seigneur de Jours, allié l'an 1480 à Guillemette de Darbonnay, fille & heritiere de Claude, Seigneur de Roches, & de Claude, Dame de Hangeft & de Buffyle-Repos, veuve l'an 1518. De ce mariage fortirent : Saladin d'Anglure, Seigneur d'Autricourt; Catherine d'Anglure, femme d'Antide de Grandmont, Seigneur de Villechevreux, au Comté de Bourgogne; Jeanne d'Anglure, Abbeffe de Saint-Pierre de Reims; & Claude d'Anglure, aîné, Baron de Jours l'an 1518, Seigneur de Ricey & de Châtillonfur-Seine, Gentilhomme de la Maifon du Roy l'an 1551, Chevalier de fon ordre, Gentilhomme ordinaire de fa Chambre, & Colonel des Legionnaires de Champagne & de Bourgogne, mort l'an 1565, ayant eu de fa premiére femme Françoife de Dinteville, fille de Gaucher, Seigneur d'Efchenets & de Polify, Chevalier de l'ordre & premier Meftre d'Hoftel du Roy, Gouverneur de M. le Dauphin, & d'Anne du Pleffis-Liancourt : Anne d'Anglure, morte avant l'an 1565, femme de Foucaut de Joyeufe, Comte de Grand-Pré; & d'Ifabelle de Joyeufe, la feconde, veuve de Robert d'Averhoult, Seigneur de Guillancourt, Lieutenant de la compagnie d'ordonnances de Robert de la Marck, Seigneur de Sedan, l'an 1543, & fille de Robert de Joyeufe, Comte de Grand-Pré, & de Marguerite de Barbançon : Jeanne d'Anglure, mariée l'an 1565 à Nicolas de Boffut, Comte de Dampierre & Baron de Bazoches, puis à Laurent de Corbie, Seigneur de Jaigny; Germaine d'Anglure, alliée à Jean d'Ancienville, Seigneur de Verteüil-fur-Marne; Perronne d'Anglure, mariée l'an 1571 à François de Lettes, Baron d'Aubonne, au canton de Berne en Suiffe; Marguerite d'Anglure, femme de Charles de Hericourt, Seigneur du Caftelet; & Ifabelle d'Anglure, Dame de Ricey, l'an 1591.

SEIGNEURS D'AUTRICOURT.

SALADIN d'Anglure, Seigneur d'Autricourt l'an 1518, & fecond fils de Simon d'Anglure, Seigneur de Jours, époufa Jeanne d'Autry, Dame de Courcelles, mére : de Claude
d'Anglure, veuve l'an 1574 de Jean de Senailly, Chevalier, Seigneur d'Humberville;
& de Valeran d'Anglure, Chevalier, Seigneur d'Autricourt, Guidon de la compagnie
d'ordonnances & Gentilhomme de la Chambre d'Henry, Duc d'Orléans, l'an 1565; de
l'alliance duquel avec Guillemette d'Averhoult, Dame de Tourteron, l'an 1571, fille de
Guillaume d'Averhoult, Seigneur de la Lobbe, & de Blanche de Barbançon, fortirent :
Catherine d'Anglure, femme de Charles de Hericourt, Seigneur de Balaftre; Ifabelle
d'Anglure, femme de François de la Foffe, Seigneur de la Riorie en Brie; Anne
d'Anglure, Dame à Poulangy; & Jofias d'Anglure, Seigneur d'Autricourt, marié, dés
l'an 1591, à Philberte du Chaftelet, fille d'Antoine, Seigneur de Chafteauneuf, Bailly de
Nancy, & d'Anne de Beauveau, Dame de Paffavant, dont il eut : Gafpard d'Anglure,
Seigneur d'Autricourt, mort, aprés l'an 1642, fans enfans de Catherine de Savigny,
veuve d'Henry de Ligneville, Baron de Villars, Gouverneur d'Hatton-Chaftel & Commandant deux regimens de cavalerie entretenus pour le fervice du Roi en Hollande,
remariée en troifiémes nôces à Pierre de Sommievre, Comte de Lignon, & fille de Jean,
Seigneur de Savigny & de Ferrieres en Rethelois, Confeiller d'Eftat & Chambellan
d'Henry, Duc de Lorraine, & de Sufanne de Gournay; Charles & Antoine d'Anglure,
tous deux d'Eglife; Jacques d'Anglure, Chevalier de Malthe & Commandeur de Chaalons; Claude d'Anglure, alliée, le 22 Octobre 1613, à Charles-Emmanuël de Grillet,
Comte de Saint-Trivier; & Madeléne d'Anglure, Dame à Remiremont.

SEIGNEURS ET MARQUIS DE COUBLANS.

XI. ARNOUL d'Anglure, Seigneur de Charmes auprés de Toul, deuxiéme fils de Jean d'Anglure, Seigneur de Donjeux, & de Marguerite de Ville, fut auffi Seigneur de Saint-Loup
& de Coublans, par le mariage qu'il fit avec Bonne de Saint-Loup, Dame encore des
Seigneuries du Maaft, de Grandchamp, de Grenant & de Balémes; elle eftoit veuve de
luy l'an 1513, & fille de Ferry, Seigneur de Saint-Loup, & de Catherine de Treftondan,
& aprés fa mort, arrivée l'an 1524, Jeanne d'Anglure, fa fille, eftant lors Dame à Remiremont, Jean & Pierre d'Anglure, Chevaliers, fes deux fils, partagérent fa fucceffion,
avec celle de leur pére, de laquelle celuy-cy eut les terres de Saint-Loup & d'Aillevil-
liers pour fa part; &
XII. JEAN Anglure, l'ainé, fut Seigneur de Granchamp & de Coublans, puis Baron de Saint-
Loup, & laiffa de Catherine d'Autry, avec laquelle il vivoit l'an 1547, & veuve l'an
1573 : Françoife d'Anglure, Dame de Saint-Loup, qu'elle porta, le 10 Decembre 1591,
à Chrétien de Choifeul, Baron de Beaupré, fon mary; &
XIII. FRANÇOIS-SALADIN d'Anglure, Marquis de Coublans, Baron de Saint-Loup, Gentilhomme de la maifon du Roy & Capitaine de 50 hommes d'armes l'an 1584, qui époufa
Marguerite, fœur de Philiberte du Chaftelet, femme de Jofias d'Anglure, Seigneur d'Autricourt, & eut d'elle : Antoine-Saladin d'Anglure, Seigneur de Coublans, vivant encore
l'an 1613; Charles, Marguerite & Renée d'Anglure, morts avant l'an 1608; &

XIV. RENÉ-SALADIN d'Anglure, Marquis de Coublans, Souverain de Saint-Loup & Seigneur de Pié-Pape, duquel & de Françoife du Chaftelet, fille de Philippes, Baron de Bulgné-ville, Gentilhomme de la Chambre de Charles, Cardinal de Lorraine, Evéque de Metz, & de Madeléne de Nogent, font iffus : Antoine, Elifabeth-Louife, Jeanne-Claude & Marie d'Anglure, morts fans alliance; & .

XV. ARNOUL-SALADIN d'Anglure, Marquis de Coublans, Garde de la fouveraineté de Saint-Loup, Seigneur de Pié-Pape, Capitaine-Lieutenant d'une compagnie de Chevaux-Legers de la garde de M. de Lorraine, & qui a époufé Chrétienne du Chaftelet, fille d'Antoine, Marquis de Trichâteau, Marefchal de Lorraine, & d'Elifabeth de Haraucourt.

MARQUIS DE SY ET COMTES DE BOURLÉMONT.

X. NICOLAS d'Anglure, dit Colart, Seigneur de Bourlémont, Efcuyer d'efcurie du Roy & Gouverneur de Montigny, mort le 25 Juillet 1516, & marié l'an 1471, par Simon d'Anglure & Ifabelle du Chaftelet, fes pére & mére, defquels il eftoit le troifiéme fils, à Marguerite de Montmorency, Dame de Conflans-Sainte-Honorine, morte le 29 Septembre 1498, fille de Jean II, Seigneur de Montmorency, Chambellan des Roys Charles VII & Louis XI, premier Baron & Grand Chambellan de France, & de Marguerite d'Orgemont, Dame de Chantilly, & tante d'Anne de Montmorency, Conétable de France; laiffa feulement de cette alliance :

XI. SALADIN d'Anglure, Baron de Bourlémont & Capitaine de Montigny l'an 1537, dont la premiére femme Heléne de Mailly, fille d'Adrien, Seigneur de Conty, & de Jeanne de Bergues, mourut fans enfans, mais que Marguerite Dame de Lignéville, de Tantonville, la feconde, fille d'Henry, Seigneur de Lignéville, Chevalier, Confeiller & Chambellan de René, Duc de Lorraine, Bailly des Vofges, & de Marguerite Wiffe de Gerbeviller, fit pére : de René d'Anglure, Baron de Bourlémont; de Jean d'Anglure, Chevalier de Malthe, Commandeur de Robecourt & de la Neufville, Bailly & Gouverneur de l'Evefché de Metz, Chambellan de Charles II, Duc de Lorraine, l'an 1578, & Bailly de la Morée ; de Claude d'Anglure, Abbé de Mureaux, mort avant l'an 1546 ; d'Antoinette & de Françoife d'Anglure, Religieufes ; de Jeanne d'Anglure, femme de Jean d'Amoncourt, Seigneur de Piépape ; & d'Henry d'Anglure, fecond fils, Seigneur de Melay, Grand Meftre & Chef des Finances de Lorraine, Gouverneur de la Motte, & allié, le 17 Aouft 1540, à Claude de Mailly, fille d'Adrien, Seigneur d'Efcots, Bailly de Dijon, & d'Anne de Meligny, de laquelle il eut : René d'Anglure, Seigneur de Lignéville, Sous-Lieutenant de la compagnie de 100 hommes d'armes d'ordonnances de Charles II, Duc de Lorraine, fon Confeiller & Chambellan, & Gouverneur de la Motte l'an 1578, & mort fans enfans de Perrette de Girefme, veuve de Nicolas de Vienne, Seigneur de Vauvillars, & fille d'Antoine, Seigneur de Girefme, & de Marie Raguier ; Charles d'Anglure, Seigneur de Melay & Gentilhomme de la Chambre de Charles de Lorraine, Evéque de Metz, l'an 1578 ; Renée d'Anglure, Dame de Lignéville, mariée, le 17 Fevrier 1593, à Gafpard de Lignéville, Comte de Tumejus & de l'Empire, Senechal du Barrois, Gouverneur de Bitch, Gentilhomme de la Chambre de François de Lorraine, Comte de Vaudemont, & General de l'artillerie pour les princes catholiques d'Allemagne, l'an 1620 ; & Claude d'Anglure, femme de Jean Damas, Seigneur de Saint-Rieran, Gouverneur de Beaune.

XII. RENÉ d'Anglure, Baron de Bourlémont & de Conflans-Sainte-Honorine, Pannetier du Roy l'an 1541, l'un de fes Echançons ordinaires, Capitaine de Montigny l'an 1546 & Chevalier de l'ordre, époufa Antoinette d'Afpremont, Princeffe d'Amblife, Vicomteffe de Forets & Dame de Bufancy, fille de Jean d'Afpremont, Gouverneur de Rhetelois, & d'Antoinette de Brandebourg, Dame de Lumes ; de ce mariage vinrent : Jacqueline d'Anglure, femme de François de Mailly, Seigneur de Clinchamp ; Jeanne d'Anglure, fille d'honneur de la Reine & femme de Gabriel, Seigneur de Bonneval en Limoufin ; Françoife d'Anglure, femme en premiéres nôces de Pierre de Saux, Seigneur de Torpes, & remariée l'an 1598 à Pierre le Genevois, Baron de Blaigny, Chevalier de l'ordre du Roy & Enfeigne de la compagnie d'ordonnances d'Henry de Lorraine, Comte de Chaligny ; &

XIII. AFRICAIN d'Anglure, Baron de Bourlémont, Prince d'Amblife, Chambellan du Roy & Guidon de la compagnie de 100 hommes d'armes de Charles II, Duc de Lorraine, tué au fiege de Beaumont en Argonne l'an 1592, aprés avoir efté marié à Marguerite de la Baume, Baronne de Corgenou, veufve d'Aimé de Poupet, dit de la Baume, Seigneur de Crevecœur, & fille de François de la Baume, Baron de Mont-Saint-Sorlin, Bailly d'Amont, Gouverneur de Befançon, Capitaine-Lieutenant d'une compagnie d'ordonnances fous M. de Savoye, & fon Lieutenant general en fes païs de Breffe, Beugey & Varromey, & de Françoife de la Baume, Comteffe de Montrevel, Dame d'honneur de Louife de Lorraine & de Catherine de Medicis, Reines de France, & veufve de François de Kernevenois, Seigneur de Carnavalet, Chevalier de l'ordre, Lieutenant general & Chef du Confeil d'Henry, Duc d'Anjou, depuis Roy de France. Ils eurent pour enfans : René d'Anglure, Seigneur d'Amblife, mort fans pofterité ; Gabriel-Saladin d'Anglure, Chevalier de Malthe ; Charlotte d'Anglure, femme de Balthazar de Fiquémont, Seigneur de Malatour ; &

XIV. CLAUDE d'Anglure, Prince d'Amblife, Marquis de Sy, Comte de Bourlémont, Vicomte de Forefts & Baron de Bufancy, duquel & d'Angelique Diacéte, fille de Louis, Comte de Châteauvilain, Baron d'Orge, Chevalier de l'ordre du Roy, & d'Anne d'Aquavive d'Arragon, Ducheffe d'Atry & d'Amalfi, & Princeffe de Melfe & de Cazette, au Royaume de Naples, font iffuo : Louis-Charles d'Anglure, Abbé de la Créte, de Béchamp & de Saint-Pierremont, fucceffivement Evéque d'Aire & de Caftre, & mort le 25 Novembre 1669 Archevéque de Touloufe ; Ferdinand-Saladin d'Anglure, Chevalier de Malthe, tué l'an 1624 au combat des galeres à Meffine ; Scipion d'Anglure, Chevalier de Malthe, mort Commandeur de Robecourt & de la Neufville ; Henry d'Anglure, auffi Chevalier de Malthe, Commandeur de Robecourt aprés fon frére & prefentement Commandeur de Chaalons ; Chrétien d'Anglure, Baron de Bufancy, & Sebaftien d'Anglure, Baron de Rimaucourt, tués à Arras ; Louis d'Anglure, Abbé de Saint-Pierremont, Auditeur de Rote, & à prefent Evefque de Lavaur ; Nicolas d'Anglure, Comte de Bourlémont ; Geneviefve d'Anglure, Dame à Remiremont, puis Carmélite à Verdun ; &

XV. FRANÇOIS d'Anglure, ainé, Prince d'Amblife & Marquis de Sy, qui a laiffé de fa premiére femme Antoinette des Marins, fille de Louis, Seigneur de Villeneufve & de Mongenou en Brie, & d'Anne de Béthune : Anne d'Anglure, Dame de Congis, mariée le 3 May 1649, veufve de Charles l'Argentier, Vicomte de Neufchaftel, à Louis du Bellay, Baron de Chevigny, Lieutenant pour le Roy au gouvernement de Stenay ; & d'Angelique d'Afpremont, la feconde, fille de Jean d'Afpremont, Seigneur de Vendy, Gouverneur de Toul, & d'Innocente de Marillac : LOUIS-ABSALON d'Anglure, Marquis de Sy & Prince d'Amblife; Charles-Henry & Jean-Henry d'Anglure.

XV. NICOLAS d'Anglure, Comte de Bourlémont, Marquis de Bufancy & Seigneur des Armoifes, Meftre de camp de deux regiments d'infanterie & de cavalerie, Confeiller du Roy en fes Confeils, Lieutenant general en fes armées, Bailly, Grand Gruyer & Gouverneur de la ville & citadelle de Stenay, & frére de François d'Anglure, Marquis de Sy, a de fon mariage avec Anne de Thibaud, fille de Philippes, Baron de Saint-Huruge, Marefchal des camps & armées du Roy, Gouverneur de Stenay, & de Philberte de Marcilly : Henry d'Anglure, Marquis de Bufancy & Capitaine au regiment de Monfeigneur le Dauphin; François d'Anglure, Abbé de la Crefte; Louis d'Anglure, Prieur de Mamme; Marie-Angelique d'Anglure, Religieufe à la congregation à Verdun, & Françoife-Scolaftique d'Anglure.

PIECES JUSTIFICATIVES.

V. Partage, du mercredy 30 Decembre 1348, paffé pardevant Jean le Drapier, Garde du fcel en la Prevofté de Sezanne, entre Nobles hommes Meffire Ogier, Sire d'Anglure, & Meffires Robert, Guy & Pierre d'Anglure, fes fréres, Chevaliers, des biens de la fucceffion de feu Meffire Ogier de Saint-Cheron, jadis Sire d'Anglure, & de Noble Dame Madame Beatrix d'Effe, leurs pére & mére.

VI. Aveu & denombrement de la terre d'Anglure & de la ville de Férechampenoife, rendu au Roy, le 5 Juillet 1376, par Meffire Oger, Sire d'Anglure, Avoüé de Theroüenne.

VII. Extraits des preuves de l'hiftoire de la maifon de Chaftillon, page 250, contenant un hommage rendu à l'Evefque de Troyes, de la terre & feigneurie d'Anglure, l'an 1380, par Noble & puiffant homme Meffire Oger, Seigneur d'Anglure, en préfence d'Oger d'Anglure, le jeune, fon fils.
Autre hommage de la mefme terre d'Anglure, rendu à l'Evefque de Troyes, le 4 Fevrier 1385, par Noble Seigneur Meffire Simon de Sarrebruche, Chevalier, Seigneur de Commercy, à caufe de Dame Ifabelle de Chaftillon.

VIII. Hommage rendu à l'Evefque de Troyes pour la terre d'Anglure, le 23 Juin 1384, par Noble Dame Dame Ifabelle de Chaftillon, en préfence de Noble homme Meffire Jean d'Anglure, fon fils.
Renonciation du 15 Mars 1432, fignée Betancourt, Preftre, Tabellion en la Prevofté d'Andelot, faite par Noble Dame Madame Jeanne de Bourlémont, Dame de Donjeux, veuve de Noble Seigneur Meffire Pierre de Belloy, dit le Baudrain, Chevalier, de plufieurs acquifitions qu'elle avoit faites au profit de Noble Seigneur Meffire Simon d'Anglure, fon fils, Chevalier, Seigneur d'Eftoges, & de Madame Ifabelle du Chaftelet, fa femme.

IX. Contraĉt de vente, du 3 Juillet 1446, figné de Norroy, Tabellion à Chaftenoy, faite à noble Seigneur Meffire Simon d'Anglure, Chevalier, Seigneur d'Eftoges & de Donjeux, par Noble homme Georges de Boulach, Efcuyer, de tout ce qui appartenoit à Damoifelle Jeanne de Ligneville, fa femme, en plufieurs chafteaux, terres & feigneuries qui luy eftoient echuës de la fucceffion de feu Meffire Guillaume de Ligneville, Chevalier, & de Dame Agnés de Joinville, fes pére & mére, fille de feu Meffire André de Joinville, Chevalier.
Reception faite par le Receveur ordinaire pour le Roy au Bailliage de Chaumont, le 27 Juin 1464, d'une foy-hommage renduë à Sa Majefté entre les mains de Geoffroy de Saint-Belin, Chevalier, Seigneur de Saxefontaine, Confeiller & Chambellan du Roy & fon Bailly de Chaumont, par Noble Seigneur Meffire Simon d'Anglure, Chevalier, Seigneur d'Eftoges & de Bourlémont, pour la moitié de la feigneurie de Frebécourt, & de ce qui y eftoit tenu par Meffire Jacques de Haraucourt, Chevalier, & par Didier de Ludres, Efcuyer.

X. Partage, du 15 Mars 1463, figné de Semoine & de Sauffet, Notaires à Vertus, fait par haut & puiffant Seigneur Monfeigneur Simon d'Anglure, Chevalier, Seigneur d'Eftoges & de Donjeux, & par Noble & puiffante Dame Madame Ifabeau du Chaftelet, fa femme, à Nobles Efcuyers Jean, Saladin, Colart & Maiftre Renaud d'Anglure, leurs enfans, par lequel ils donnent, fçavoir : audit Jean d'Anglure, leur fils ainé, le chaftel & la ville de Donjeux & celle de Paroye, la moitié de la terre & feigneurie de l'Efchelle, les droits qu'ils avoient dans les villes de Rouvroy & d'Arville-fur-Marne, & à Humbecourt, la Tour d'Effey devant Nancy, & tout ce qui leur appartenoit dans la terre & feigneurie de Pagney; avec un muid & demy de fel à prendre tous les ans dans la faline de Roziére ; à Saladin d'Anglure, leur fecond fils, la feigneurie d'Eftoges, les deux parts de la Juftice de Loify, les feigneuries de Ferebriange & d'Efcury-le-Repos, le moulin & l'eftang de Lanharey, la troifiéme partie de la feigneurie de Ferechampenoife, la fomme de trente livres de rente fur la feigneurie d'Anglure, la moitié de celle de Coizard, celles de Pierre Morains, des Grangettes & de Givry, la moitié de celle de Nogent-fur-Aube & les deux parts des grandes dixmes de Chaintry ; à Colart d'Anglure, leur troifiéme fils, la feigneurie de Bourlé-mont, celles de Frebécourt, de Charmes devant Toul, du Vaux de Serécourt, de Bréchaincourt, de Villers-aux-Cloyës, de Rubeville & de Braincourt, les droits qu'ils avoient dans la feigneurie de Mélay, un muid de fel fur la faline de Roziére, & la feigneurie de Germainvilliers, aprés la mort de Madame Jeanne d'Anglure, fa fœur, Religieufe en l'Abbaye de Remiremont ; & à Renaud d'Anglure, leur dernier fils, la feigneurie d'Anglure, aprés le deceds de Madame Marguerite d'Anglure, fa tante, avec celles de Conantes & de Cierge.

BRANCHE DES SEIGNEURS ET MARQUIS DE COUBLANS.

Acte du 6 May 1480, figné Pierre & Regnaud, Notaires à Vitry, par lequel Dame Catherine de Saint-Loup, veuve de Meffire Pierre, Seigneur de Beffroymont & de Rup, Chevalier, donne à Simon d'Anglure, Damoifeau, fon petit fils & fils de Madame Marguerite de Ville, fa fille, Voüereffe d'Efpinal, veuve de Noble Seigneur Meffire Jean d'Anglure, Chevalier, Seigneur de Donjeux, les terres & feigneuries de Jours en Auxois, de Récey, de Colomiers & de Sougney, en préfence de Meffire Jean du Chaftelet, Abbé de Saint-Urbain, de Thibaut d'Eftoges, Protonotaire Apoftolique, & d'honoré Efcuyer Jean de Béthune, Seigneur de Mareüil, Procureur de Noble homme Saladin d'Anglure, Seigneur d'Eftoges, & tuteur crée audit Simon d'Anglure par Noble homme Thierry, Seigneur de Lénoncourt, Confeiller & Chambellan du Roy & fon Bailly de Vitry, pour parvenir au mariage futur d'entre luy & Mademoifelle Guillemette de Darbonnay, fille de feu Claude de Darbonnay & de Mademoi-felle Claude, Dame de Hangeft & de Buffy-le-Repos.

XI. Permiffion donnée par Michel, Evefque & Duc de Langres, Pair de France, le 19 Octobre 1513, à Da-moifelle Bonne de Saint-Loup, veuve d'Arnoul d'Anglure, Efcuyer, Seigneur de Saint-Loup & de Coublans en partie, & ayant la garde-noble de fes enfans, de fe mettre en poffeffion d'une partie de ladite feigneurie de Cou-blans, du Maaft, de Grandchamp, de Grenant & de Batefmes, qu'elle avoit acquife de Damoifelle Jeanne de Saint-Oüain, femme de Claude de Choilley, Efcuyer, à condition des foy-hommages qu'elle eftoit obligée de luy faire.
Quittance du 9 Mars 1521, fignée Bertout, Preftre, Notaire en Officialité & au Bailliage de Langres, donnée par Bonne, Dame de Saint-Loup & de Coublans, en préfence de Jean & de Pierre d'Anglure, fes enfans, à Pierre de Treftondan, fon coufin, Efcuyer, Seigneur de Percey-le-Petit, d'une fomme de cent livres que luy devoit feu Pierre de Treftondan, fon oncle, & pour la feureté de laquelle il avoit vendu à feu Arnoul d'Anglure, fon mary, une rente de huit livres fur la feigneurie de Percey.

XII. Partage, du 14 Mars 1524, paffé pardevant Guy Pignard, Bailly de Langres, & reçû par André Bertout, Preftre, & Nicolas Bertout, Clerc, Notaires en l'Officialité & au Bailliage de Langres, fait en préfence de Nobles Seigneurs Pierre de Treftondan, Efcuyer, Seigneur de Percey-le-Petit & Guillaume de Treftondan, fon frére, Efcuyer, Seigneur de Génevrieres, entre Nobles Seigneurs Jean d'Anglure, Efcuyer, & Meffire Pierre d'Anglure, fon frére, Chevalier, des biens qui leur étoient échus par la mort de Noble Seigneur Arnoul d'Anglure, Efcuyer, & de Noble Damoifelle, Damoifelle Bonne de Saint-Loup, leurs pére & mére, Seigneur & Dame de Saint-Loup d'Aillevilliére-Fontennes, prés de Luxeuil, Tremonfel, Mignoncourt, Coublans, Grandchamp, Sales, Grenant, Charmes auprés de Toul, Frafnes, Ligneville, & Ville-fur-Ylon en partie.
Acte du 2 Juin 1547, figné Durandin, par lequel Damoifelle Catherine d'Autry, en l'abfence de Jean d'An-glure, fon époux, Baron & Seigneur de Saint-Loup, de Coublans, de Villemenant, de Charmes, de Grandchamp, de Sales & de Pernant en partie, met fous fa garde un de fes habitants de Charmes, avec fa femme & fa famille, fuivant la coûtume dudit Charmes.

XIII. Acte de création de tutelle fait le 30 Mars 1565 par Jean Regnier, Efcuyer, Lieutenant général au Bailliage de la Montagne, Duché de Bourgogne, figné Jaulpy, Greffier, à Damoifelles Jeanne, Germaine, Pe-ronne, Marguerite & Ifabeau d'Anglure, filles de haut & puiffant Seigneur Meffire Claude d'Anglure, Cheva-lier de l'ordre du Roy, Colonel des Legions de Brie & de Champagne, Gentilhomme ordinaire de fa Chambre, Seigneur de Jours en Bourgogne, de Recey, de Coulemiers-le-Haut & le Bas, de Buffy-le-Repos & de Chaftil-lon-fur-Seyne, & de haute & puiffante Dame, Dame Ifabeau de Joyeufe, en préfence de Meffire Foucaut de Joyeufe, fon frére, Chevalier, Comte de Grand-Pré, époux de feuë Dame Anne d'Anglure, fille ainée dudit feu

Sieur de Jours; de Waleran d'Anglure, Chevalier, Seigneur d'Autricourt, Recey-le-Haut & de Courcelle, Guidon de la compagnie de tres-haut & illuftriffime Prince, Monfeigneur Duc d'Orleans, & Gentilhomme de fa Chambre; de François d'Anglure, Efcuyer, Sieur de Coublans & Baron de Saint-Loup, neveu dudit feu Sieur de Jours; de Jean de Sénailly, Chevalier, Sieur d'Humberville, & de Claude de Chandio, Efcuyer, Seigneur de Crefpan, coufins & parens dudit Sieur de Jours; d'Antoine de Joyeufe, Efcuyer, Sieur d'Ampilly fils de ladite feuë Dame Anne d'Anglure; de Claude de Brefche, Seigneur de Meneftreux; d'Antoine, Seigneur de Crecy & de Venarrey; de Philbert de Janly, Seigneur de Dracy; de Noble perfonne frére Guillaume de Brefche, Prieur de Coullant, Seigneur de Motloy, & Cuifinier de l'Abbaye de Saint-Seigne; & de Jean de Fouchier, Efcuyer.

Commiffion du 24 Janvier 1573, fignée Beretin, donnée par Jean Valthier, Efcuyer, Doɛteur és drosit, Confeiller du Roy & Lieutenant particulier à Langres, pour affigner pardevant luy, à la requefte de Damoifelle Catherine d'Autry, veuve de Jean d'Anglure & ayant la garde-noble de Damoifelle Françoife d'Anglure, fa fille, & de François d'Anglure, Baron & Seigneur de Saint-Loup, de Coublans & de Grandchamp par moitié, le nommé Courtet, foy difant Procureur de Philippes de Treftondan, Seigneur pour l'autre moitié dudit Grandchamp, pour repondre du trouble qu'il avoit apporté à l'execution de la Juftice.

Procuration du 9 Novembre 1581, fignée Tournois & Normant, Notaires au Bailliage de Langres, donnée par François d'Anglure, Baron de Saint-Loup, Seigneur de Coublans, Gentilhomme ordinaire de la Chambre du Roy & Lieutenant de 50 hommes d'armes de fes ordonnances, pour eftre defchargé de la curatelle de Damoifelle Ifabeau d'Anglure, Dame de Recey en partie, fille de feu Meffire Claude d'Anglure, Seigneur de Jours, Chevalier de l'ordre du Roy & Colonel des Legions de Champagne & de Brie.

. Contraɛt de mariage, du 10 Decembre 1591, paffé fous le fcel de Jean Rouffat, Confeiller du Roy & Lieutenant particulier à Langres, entre haut & puiffant Seigneur Meffire Chretien de Choifeul, Chevalier, Sieur & Baron de Beaupré, affifté de haut & puiffant Seigneur Meffire François de Choifeul, Chevalier de l'ordre du Roy, Capitaine de cent hommes d'armes des ordonnances de Sa Majefté, Seigneur de Meuze, de Richecourt, Poüilly & de Brennenville-fous-Choifeul, & de Meffire Maximilien de Choifeul, Seigneur & Baron de Meufvy; & Damoifelle Françoife d'Anglure, fille de feu haut & puiffant Seigneur Meffire Jean d'Anglure, Chevalier, Seigneur & Marquis de Coublans, & affiftée de Dame Catherine d'Autry, fa mere, Dame de Villemenant; de haute & puiffante Dame Margueritte du Chaftelet, fondée de procuration de haut & puiffant Seigneur Meffire François d'Anglure, Chevalier, Seigneur & Marquis de Coublans, Baron de Saint-Loup, Gentilhomme ordinaire de la Chambre du Roy, Lieutenant de 50 hommes d'armes de fes ordonnances & frére de ladite Françoife d'Anglure; de haute & puiffante Dame Philiberte du Chaftelet, femme de haut & puiffant Seigneur Meffire Jofias d'Anglure, Chevalier, Seigneur d'Autricourt; de Damoifelle Claude du Chaftelet, Dame à Remiremont; de Damoifelle Chrétienne du Chaftelet; de Damoifelle Elifabeth d'Anglure, Dame de Ricey; de Damoifelle Marie de la Hayë, femme de Meffire Claude de Roucy, Chevalier, Seigneur d'Origny, Gentilhomme ordinaire de la Chambre du Roy; de Phœbe du Chaftelet & de Leonore de Thomaffin.

XIV. Aɛte d'emancipation à Anne-Saladin d'Anglure, Marquis de Coublans, & de creation de tutelle & de garde-noble à René d'Anglure, fon frére, enfans de feu Meffire François d'Anglure, Chevalier, Marquis dudit Coublans, Baron de Saint-Loup, & de Dame Marguerite du Chaftelet, fait au fiege royal de Langres, le 10 Avril 1608, en prefence de Meffire René de Rochebaron, Comte de Berzé, Chevalier des ordres du Roy, Gentilhomme ordinaire de fa Chambre, Capitaine de 50 hommes d'armes de fes ordonnances, Seigneur & Baron de Joüy, Brenne, Licey, Saint-Sorlin, Saint-Clement, la Motte, Germigny, Vieuchamp, Chevilliers, Monftreux, Crecey, Germaines, Arbot, Chamerry & Rochetaillé, & Lieutenant de Monfeigneur le Prince & Duc de Bar; de Meffire René de Choifeul, Chevalier, Sieur & Baron de Clémont, Andelot, Perouffe, Buffiere, Cuves, Rocemont, Aufigney, Ormoy, la Mancienne, Maifoncelles, Heüillecourt, Forcez, Montigny-le-Comte & Noyers; de Meffire Jofias d'Anglure, Chevalier, Seigneur d'Autricourt, Bertes, Pompierre & Lemérecourt; de Meffire Claude de Senailly, Seigneur & Baron de Rimaucourt & d'Humberville; & de Meffire Philippes de Choifeul, Chevalier, Seigneur de Precigny, Quefelle, Valleroy, Montreul & Pierrefaite.

Contraɛt de mariage, du 5 May 1627, reçû par Lerget & Tournon, Notaires à Saint-Mihiel, entre haut & puiffant Seigneur Meffire René d'Anglure, Chevalier, Marquis de Coublans, Souverain de Saint-Loup & Seigneur de Piépape, affifté de haut & puiffant Seigneur Meffire Ferry de Ligneville, fon coufin, Chevalier, Comte du Saint-Empire, Seigneur de Tantonville, de Graux, de Bazoncourt & de Joüy, Confeiller d'eftat de fon Alteffe, & d'honoré Seigneur Claude de Thiédric, Sieur de Saint-Aubert; & Damoifelle Françoife du Chaftelet, fille de deffunt haut & puiffant Seigneur Meffire Philippes du Chaftelet, Chevalier, Baron de Bulgneville, Gentilhomme de la Chambre de feu Monfeigneur le Cardinal de Lorraine, & de haute & puiffante Dame Madeléne de Nogent, lors femme de haut & puiffant Seigneur Meffire Jean de Ligneville, Chevalier, Comte de Bey, Seigneur de Dombrot, de Faucompierre, du Ban de Vaudicourt & de la baffe Volge, Grand Veneur de Lorraine & du

Barrois, Gouverneur & Bailly du Marquifat de Hattonchaftel, & Gentilhomme de la Chambre de Monfeigneur le Duc de Lorraine; affiftée de haut & puiffant Seigneur Nicolas de Nogent, fon oncle, Seigneur de Neuflotte, de Forcelles & de Mazerot; d'honorés Seigneurs : Antoine de Gouffy, Seigneur de Charey; Bernard de Kare-court, Seigneur de Gilvecourt, & de Jean de Muffey, Efcuyer, Confeiller d'eftat de'Son Alteffe, fes coufins; en faveur duquel ladite Dame Madeléne de Nogent tranfporte à fa fille tout ce qui lui appartenoit aux lieux de Ville-en-Voivre, Briey, Muraumont, Genaville, Avril, Montoy & Monftier, & les deniers venans de la donation teftamentaire faite à ladite Françoife du Chaftelet par honorée Dame Jeanne de Ville, fon ayeulle, comme pour la même confideration haute & puiffante Dame Marguerite du Chaftelet, veuve de haut & puiffant Seigneur Meffire François d'Anglure, Chevalier, Seigneur & Marquis de Coublans, Baron & Seigneur Souverain de Saint-Loup, céde audit Meffire René d'Anglure, fon fils, tous fes biens, à la réferve d'une penfion & de fes droits fur les feigneuries de Paroye, de Conflans & des forefts de Paffavant.

XV. Foy & hommage, du 13 Juin 1664, fignée Moris, Greffier de la Juftice de Coublans, rendue à haute & puiffante Dame Françoife du Chaftelet, veufve de haut & puiffant Seigneur Meffire René-Saladin d'Anglure, Chevalier, Marquis de Coublans, garde de la fouveraineté de Saint-Loup, Seigneur des Granges, de Piépape & de Longeau, & à haut & puiffant Seigneur Meffire Arnoul-Saladin d'Anglure, Chevalier, Marquis dudit Coublans, par Meffire François le Mercier, Chevalier, Seigneur d'Aubonne, & par Dame Renée de Jaucourt, fa femme, pour la terre & feigneurie de Rivierre-le-Bois, acquife fur François de Riviere, Efcuyer.

MARQUIS DE SY ET COMTES DE BOURLÉMONT.

X. Contract de mariage, du 26 Juin 1471, figné Satrin & le Maire, Notaires au Chaftelet de Paris, entre Noble homme Colart d'Anglure, Efcuyer, Seigneur de Bourlémont, fils de Noble & puiffant Seigneur Monfeigneur Simon d'Anglure, Chevalier, Seigneur d'Eftoges, & de Noble Dame Madame Ifabelle du Chaftelet; & Noble Damoifelle Margueritte de Montmorency, fille de Noble & puiffant Seigneur Monfeigneur Jean, Seigneur & Ba-ron de Montmorency, & de Madame Marguerite d'Orgemont, par lequel ledit Colart d'Anglure affigne la terre & feigneurie de Germainvilliers pour le doüaire de fa femme, à laquelle fes pére & mére donnent en faveur de fon mariage les terres & feigneuries de Vitry, de Feularde en Brye & de Conflans-Sainte-Honorine, & la fomme de cent livres parifis de rente, fur la Baronnie de Montmorency, rachetables quatre ans aprés, de la fomme de mil livres.

Extrait des preuves de l'hiftoire de la maifon de Montmorency, fol. 979, contenant des Lettres du 24 Janvier 1474, par lefquelles Noble homme Nicolas d'Anglure, dit d'Eftoges, Efcuyer d'efcurie du Roy, Seigneur de Bourlémont, & Damoifelle Margueritte de Montmorency, fa femme, tranfportent la terre & feigneurie de Dam-ville à Noble homme Guy Pot, Bailly de Vermandois, Seigneur de la Prune, & à Dame Marie de Villiers, fa femme, en échange de la terre & feigneurie de Neuvic-le-Pailloux en Berry, tenuë en fief de Meffire Guy de Chauvigny, Seigneur & Baron de Châteauroux.

XI. Contract de mariage, du 29 Decembre 1507, figné de Nourroy, Tabellion à Chaftenoy, entre Noble homme Saladin d'Anglure, fils de Noble homme Nicolas d'Anglure, Efcuyer, Seigneur de Bourlémont, & de feuë Da-moifelle Marguerite de Montmorency; & Damoifelle Marguerite de Ligneville, fille de'feu honoré Seigneur Mef-fire Henry, Seigneur de Ligneville, Chevalier, Bailly de Vofges, & de Dame Margueritte Wiffe de Gerbeviller, & affiftée de Meffire Ferry de Ligneville, Chevalier, Seigneur de Tantonville, & d'Orry Wiffe, Seigneur de Gerbeviller & de Bauzemont, Efcuyer, fes oncles; de Meffire Henry de Gironcourt, Chevalier; d'Aloph de Beau-vau, de Ferry de Savigny, d'Henry de Lecey & de Georges de Lyocourt, Efcuyers.

XII. Contract de mariage, du 9 Octobre 1534, figné l'Official, Notaire en la Prevofté de Sainte-Menehould, entre René d'Anglure, Baron de Conflans-Sainte-Honorine, fille de Meffire Saladin d'Anglure, Chevalier, Ba-ron de Bourlémont, & de Dame Marguerite de Ligneville; & Damoifelle Antoinette d'Afpremont, fille de feu Meffire Jean d'Afpremont, Prince d'Amblife, & affiftée d'honorez Seigneurs : Jean d'Afpremont, fon frére, Sei-gneur de Bufancy & de Lumes; de Meffire Jean d'Afpremont, fon coufin, Chevalier, Seigneur de Sorcy; & de Nicolas de Roucy, Sieur de Manre.

Tranfaction du 5 Fevrier 1541, fignée Befchefer & Hartot, Notaires en la Prevofté de Sainte-Menehould, entre honoré Seigneur Meffire Jean d'Afpremont, Chevalier, Prince d'Amblife, Seigneur de Bufancy, de Lumes & de Forefts, Confeiller & Chambellan de l'Empereur, & Madame Marie Rheingraff, fa femme; & René d'An-glure, Efcuyer, Seigneur de Bourlémont, Pannetier ordinaire du Roy, & Damoifelle Antoinette d'Afpremont, fa femme, fur les differens de la fucceffion de deffunt Enguerran d'Afpremont, leur frére, Efcuyer.

Sentence rendue par Jacques Barat, Prevoft de Montigny-le-Roy, le 29 Janvier 1546, fignée Befançon, portant condamnation à honoré Sieur René d'Anglure, Baron de Bourlémont, Echançon ordinaire du Roy & Capitaine de fon château de Montigny, au nom d'Henry d'Anglure, fon frére, Efcuyer, Sieur de Melay, & de Dame Marguerite de Ligneville, leur mére, veufve d'honoré Sieur Meffire Saladin d'Anglure, Chevalier, Baron & Sieur dudit Bourlémont, d'indemnifer Noble Sieur Philippes de Salles, Sieur de Gombervaux, de plufieurs fommes de deniers dont il leur avoit répondu, apres qu'elles leur avoient efté adjugées par fentence du Bailly de Sens, pour la reparation & les interefts de la mort de Meffire Claude d'Anglure, Abbé de Mureaux, & qu'ils avoient reçeuë par les mains de René de Malain, Efcuyer, Sieur de Digoine, & de Damoifelle Nicolle du Chaftelet, fa femme, heritiere de feu Erard du Chaftelet, Sieur de Cirey.

Ratification du 24 Aouft 1554, fignée Rynel & Vougny, Notaires en la Prevofté d'Andelot, faite par Noble Seigneur René d'Anglure, Chevalier, Seigneur & Baron de Bourlémont & Capitaine de Montigny, & Henry d'Anglure, fon frére, Sieur de Melay, du partage fait entr'eux des biens de deffunt Meffire Saladin d'Anglure, leur pére, Chevalier, Baron de Bourlémont & Capitaine de Montigny.

XIII. Contraƈt de mariage, du 14 Decembre 1578, figné Fieu & Chevalier, Notaires au Bailliage d'Aval, entre Meffire Africain d'Anglure, Chevalier, Guidon d'une compagnie de cent hommes d'armes des ordonnances du Roy, fous la charge de Monfeigneur le Duc de Lorraine, & fon Chambellan, fils unique de haut & puiffant Seigneur Meffire René d'Anglure, Chevalier de l'ordre du Roy, Seigneur & Baron de Bourlémont, de la principauté d'Amblife & de Buzancy, & Vicomte de Forefts, & de haute & puiffante Dame Dame Antoinette d'Afpremont, & affifté d'honoré Seigneur frére Jean d'Anglure, Chevalier de l'ordre Saint-Jean de Hierufalem, Commandeur de Robecourt, de Thors & de la Neufville, Bailly & Gouverneur de l'Evefché de Metz, Confeiller & Chambellan de Monfeigneur le Duc de Lorraine ; de haut & puiffant Seigneur Meffire René d'Anglure, Chevalier, Seigneur de Ligneville, fous-lieutenant de ladite compagnie d'ordonnances du Duc de Lorraine, fon Confeiller & Chambellan & Gouverneur de la Motte ; de Charles d'Anglure, Sieur de Melay, Gentilhomme de la Chambre de Monfeigneur Charles de Lorraine, Evéque de Metz, fes coufins ; d'honoré Seigneur Pierre le Genevois, fon beaufrére, Baron de Blaigny, Enfeigne d'une compagnie de cent hommes d'armes d'ordonnances, fous la charge de Monfeigneur le Comte de Chaligny ; de Horace de Bonneval, Gentilhomme ordinaire de Monfeigneur le Duc d'Anjou ; de Jean de Mailly, Baron de Clinchamp, Guidon de ladite compagnie d'ordonnances du Comte de Chaligny, fes coufins ; de Pierre de Vornay, Sieur de Brechainville, Lieutenant des Gardes du Roy, & Gentilhomme ordinaire de fa maifon ; & de Philippes, Seigneur de Rarecourt, Gentilhomme ordinaire dudit Seigneur Duc de Lorraine ; & Damoifelle Margueritte de la Baume, veuve de Noble Seigneur Aimé de Poupet, dit de la Baume, Seigneur de Crevecœur, & fille de feu haut & puiffant Seigneur Meffire François de la Baume, Chevalier, Comte de Montrevel, Baron & Seigneur de Mont-Saint-Sorlin, de Prefilly, de Beauregard, de Beaulieu, de Bernantois, d'Ugny, de Valay, de Chaftenoy & de Broye, Bailly d'Amont en la Franche-Comté de Bourgogne, Capitaine pour leurs Majeftez Imperiale & Catholique en la cité de Befançon, Lieutenant general & Gouverneur pour l'Alteffe de Monfeigneur le Duc de Savoye, en fes pays de Breffe, Beugey & Varomey, Capitaine & Lieutenant d'une compagnie d'ordonnances, fous la charge dudit Seigneur Duc de Savoye, & de haute & puiffante Dame Françoife de la Baume, Comteffe de Montrevel, Dame de Carnavalet, de Noyen, de Pefmes, du Fay, de Marboz, de l'Abbergement, de Bon-Repos de Saint-Eftienne, de Saint-Martin-le-Chaftel, de Saint-Martin-le-Frefne, de Foiffy, de la Bieulliere & de la Feaule, l'une des Dames de la Reyne regnante & de la Reyne Mere defunte, & veuve de feu haut & puiffant Seigneur Meffire François de Carnavanois, Chevalier de l'ordre du Roy, Seigneur de Carnavalet, Lieutenant general & Chef du Confeil du Roy de France & de Pologne regnant, & affiftée d'illuftriffime Seigneur Meffire Claude Cardinal de la Baume, fon oncle, Archevéque de Befançon, Prince du Saint-Empire Romain, Commandataire perpetuel des Abbayes de Noftre-Dame de Charlieu, Prieur de Saint-Juft, d'Arbois, de Saint-Pierre de Joux, de Saint-Pierre de Chaux au Diocéfe dudit Befançon, & de Saint-Pierre de Mantua, pays de Breffe, Confeiller & Meftre aux Requeftes de l'Hoftel du Roy Catholique & dans fes Parlemens ; d'illuftres & genereux Seigneurs Meffire Antoine de la Baume, Comte dudit Montrevel, premier Gentilhomme & Chambellan de Monfeigneur le Prince de Savoye ; d'Emmanuel-Philbert de la Baume, Gentilhomme de Sa Majefté Catholique ; de Profper de la Baume, Protonotaire du Saint-Siege Apoftolique & Chanoine en l'Eglife Metropolitaine dudit Befançon ; & de Meffire Pierre de la Baume, Evéque & Seigneur de Saint-Flour, Abbé Commandataire & perpetuel des Abbayes de Bigard en Bretagne & de Boisaubry en Touraine, Confeiller & premier Aumônier du Roy & Grand Aumônier de la Reyne regnante de France.

XIV. Contraƈt de mariage, du 23 Oƈtobre 1600, reçu par Nicolas Maillart, Tabellion au Comté de Châtelvillain, entre haut & puiffant Seigneur Meffire Claude d'Anglure, Chevalier, Sieur de la principauté d'Amblife, Vicomte de Forefť & de la Malmaifon, de Buzancy, de Tantonville, & Baron de Bourlémont, fils de feu haut & puiffant Seigneur Meffire Africain d'Anglure, Chevalier, Sieur dudit Amblife, & de haute & puiffante Dame Dame Marguerite de la Baume, Dame & Baronne de Courgenou & de Saint-Sorlin au Comté de Bourgogne, &

affifté de haut & puiffant Seigneur Meffire Pierre de Blégny, fon oncle, Chevalier de l'ordre du Roy, Baron dudit Blégny, de Tremilly, de Bouffaincourt & de Magnifouchart; de haute & puiffante Dame Dame Françoife d'Anglure, fa tante; de Claude de la Planche, Efcuyer, Sieur de Taillancourt & de Barbage; de Louis de Beauvais, Efcuyer, Sieur d'Efcly & d'Autruche; de Georges de l'Efpine, Efcuyer, Sieur du Parc & de Mandre; & de Jean de la Piotiere, Efcuyer; & Damoifelle Angelique de Diacéte, fille de haut & puiffant Seigneur Meffire Louis de Diacéte, Chevalier de l'ordre du Roy, Comte de Châteauvilain, Baron d'Orge & de Creancey, & de Dame Anne d'Aquavive, tutrice de haut & puiffant Seigneur Meffire Scipion d'Aquavive, fon fils, Chevalier, Comte dudit Châteauvilain, & affiftée de Meffire Octavien Dony, Chevalier, Sieur d'Atichy, Confeiller du Roy en fes Confeils d'eftat & privé.

XV. Contract de mariage, du 16 May 1655, reçû par du Mont & Adam, Notaires à Vendy, entre haut & puiffant Seigneur Meffire François d'Anglure, Chevalier, Marquis de Sy, Comte de Bourlémont & Baron de Bufancy; & Damoifelle Angelique d'Afpremont, fille de feu haut & puiffant Seigneur Meffire Jean d'Afpremont, Chevalier, Seigneur de Vendy, Gouverneur de Toul, & de haute & puiffante Dame Dame Innocente de Marillac, & affiftée de Meffire Chriftophle de la Tranchée, Chevalier, Baron de Broye, fondé des lettres de procuration de haut & puiffant Seigneur Meffire Abfalon-Claude d'Afpremont, Chevalier, Marquis de Vendy, Marefchal des Camps & Armées de Sa Majefté, Meftre de Camp general des Carabins de France, en fon nom, & comme Pr. de haut & puiffant Seigneur Meffire Louis de Rochechoüart, Chevalier de l'ordre du Roy, Comte de Maure, Confeiller de Sa Majefté en fes Confeils, Grand Senechal & Lieutenant de Roy en la Senéchauffée de Guyenne, & de haute & puiffante Dame Dame Anne Deny d'Attichy, fa femme; en prefence de haut & puiffant Seigneur Meffire Jean de Joyeufe, Baron de Saint-Jean, Marefchal de Camps & Armées du Roy, & Meftre de Camp d'un regiment de cavalerie; de Damoifelle Anne de la Tranchée de Roches, & de Pierre du Lorin, Efcuyer, Seigneur de Muifon.

XV. Contract de mariage, du 3 Mars 1642, figné Flomel & Blanchart, Notaires à Sathenay, entre Meffire Nicolas d'Anglure, Chevalier, Baron de Bufancy, fils de haut & puiffant Seigneur Meffire Claude d'Anglure, Chevalier, Comte de Bourlémont, Marquis de Sy, Baron dudit Bufancy, Seigneur des grandes & petites Armoifes, Confeiller du Roy en fes Confeils d'eftat & privé, & de deffunte haute & puiffante Dame Angelique de Diacéte, & affifté de Meffire Henry d'Anglure, fon frére, Chevalier de l'ordre Saint-Jean de Hierufalem, Capitaine d'une compagnie de Chevaux-Legers & Major dans le regiment de Lenoncourt; de Robert de Henriet, Efcuyer, Seigneur de la Sommeraine, Confeiller du Roy, Lieutenant general au Bailliage dudit Sathenay; & d'Antoine du Mefnil, Efcuyer, Confeiller en la Cour fouveraine & Lieutenant general au Bailliage de la fouveraineté d'Arche; & Damoifelle Anne de Thibault, fille de Meffire François de Thibault, Chevalier, Baron de Saint-Hurage, Seigneur de Saint-Simon & de Brugny, Marefchal des Camps & Armées du Roy, Gouverneur des ville & citadelle de Sathenay, & de Dame Philiberte de Marcilly.

Provifions de Lieutenant general dans les Armées du Roy, données par Sa Majefté au Sieur de Bourlémont, Marefchal & Meftre de Camp d'un regiment d'infanterie & d'un autre de cavalerie, le 18 Octobre 1655.

ANTHOINE,

Seigneurs de la Villeneufve-au-Frefne, &c.

ORIGINAIRES DE CHAMPAGNE.

Genealogie produite pardevant Vous Monfeigneur de CAUMARTIN, Intendant en Champagne, au mois d'Octobre 1670.

D'or, à trois Efcreviffes de gueulles.

I. JEAN ANTHOINE, Efcuyer, Seigneur de la Villeneufve-au-Frefne, Capitaine de Waffy, qui eftoit fils de Gerard Anthoine, Efcuyer, & de Damoifelle Gillette de Leutract de la Barre, époufa Damoifelle Anne de Mortant, dont font iffus entr'autres enfans : JEAN Anthoine, qui fait la branche des Anthoine de la Villeneufve-au-Frefne ; Guillaume Anthoine, qui fait la branche des Anthoine de Defaulnoy & de Pancey, & Catherine, mariée à Claude Tondeur, Efcuyer, Capitaine du chafteau de Waffy, apres ledit Jean Anthoine premier.

II. JEAN Anthoine II, Efcuyer, Seigneur de la Villeneufve-au-Frefne, époufa en premieres nopces Damoifelle Madeleine Rinel, dont n'y a eu enfans, & en fecondes nopces époufa Damoifelle Nicolle de Montangon : ont eu NICOLAS.

III. NICOLAS Anthoine, Efcuyer, Seigneur de la Villeneufve-au-Frefne, époufa Damoifelle Claude Defchamps, fille de David Defchamps, Efcuyer, & de Damoifelle Jeanne de Maubuiffon : ont eu CLAUDE & Suzanne.

IV. CLAUDE Anthoine, Efcuyer, Seigneur de la Villeneufve-au-Frefne, époufa Damoifelle Gerarde d'Andreffon : eft iffu FRANÇOIS.

V. FRANÇOIS Anthoine, Efcuyer, Seigneur de la Villeneufve-au-Frefne & du Mefnil-Fouchart en partie, y demeurant, produifant, a époufé Damoifelle Yoland le Pery, fille de Claude le Pery, Efcuyer, Seigneur de la Chauffie & dudit Mefnil-Fouchart en partie, & de Damoifelle Margueritte Brifon, fes pere & mere : font iffus Antoine Anthoine, qui eft au fervice, Marie & Anne.

PIECES JUSTIFICATIVES.

I. Eft juftifié par un contract de bail à cens amphiteotique, en parchemin, du 7 Fevrier 1547, fait par Jean

Anthoine, Efcuyer, Seigneur de la Villeneufve-au-Frefne en partie, au profit des particuliers y denommez, de quelques heritages, paffé pardevant Gillot & Lugnier, Notaires Royaux à Bar-fur-Aube.

Aveu & denombrement en parchemin, du 7 Juillet 1549, de la terre & feigneurie de la Villeneufve-au-Frefne, mouvante du Roy, à caufe de fon chaftel de Bar-fur-Aube, donné par Jean Anthoine, laifné, Efcuyer, Seigneur dudit lieu de la Villeneufve-au-Frefne, figné enfin Licot, Auditeur des Comptes, dont la minutte eft demeurée en la Chambre des Comptes à Paris.

II. Sentence en parchemin, renduë en la Prevofté de Bar-fur-Aube, le 29 Septembre 1554, portante main-levée de la faifie feodalle faite de moitié de la terre & feigneurie de la Villeneufve-au-Frefne, mouvante du Roy, à caufe de fon chaftel de Bar-fur-Aube, au profit de Jean Anthoine, Efcuyer, Seigneur dudit lieu de la Ville-neufve, à lui écheu par le deceds de Jean Anthoine, laifné, vivant fon pere.

Contraĉt en papier, du 15 Juin 1556, portant échange fait entre Jean Anthoine, Efcuyer, Seigneur de la Ville-neufve-au-Frefne, d'une part, & Claude Tondeur, Efcuyer, Capitaine de chafteau de Waffy, & Damoifelle Catherine Anthoine, fa femme, & fœur dudit Jean Anthoine, d'autre part, paffé pardevant de Rinel & Bongny, Notaires Royaux, par lequel lefdits Tondeur & fa femme ont donné en échange audit Jean Anthoine leur part & portion en ladite terre & feigneurie de la Villeneufve, d'eux écheuë par le deceds de Jean Anthoine, vivant Efcuyer, Seigneur dudit lieu, leur pere; auquel contraĉt Damoifelle Nicolle de Montangon, femme dudit Jean Anthoine fecond, eft intervenuë.

III. Sentence du Bailliage de Chaumont, du 1 Decembre 1572, portante main-levée de la faifie feodalle de la dite terre & feigneurie de la Villeneufve, enfuitte des Lettres obtenues en la Chambre des Comptes, le 13 Juin audit an, renduë au profit de Claude Tondeur, Efcuyer, Capitaine de Waffy, tuteur & curateur de Nicolas An-thoine, fils mineur & heritier univerfel de deffunt Jean Anthoine, vivant Efcuyer, Sieur de la Villeneufve en partie, figné enfin de Gondrecourt, Ronnot & Simon.

Sentence en parchemin, du 17 Decembre 1574, de main-levée de la faifie feodalle, faite des fept parts, les douze faifans le tout, en la terre & feigneurie de la Villeneufve-au-Frefne, appartenant à Nicolas Anthoine, fils mineur & feul heritier de feu Jean Anthoine, vivant Efcuyer, Seigneur en partie dudit lieu de la Villeneufve, renduë au profit de Claude Tondeur, Efcuyer, Capitaine de la ville de Waffy, au nom & comme tuteur dudit Nicolas Anthoine.

Contraĉt de mariage, en parchemin, de Nicolas Anthoine, Efcuyer, Sieur de la Villeneufve-au-Frefne en partie, affifté de Damoifelle Nicolle de Montangon, veuve de feu Jean Anthoine, vivant Efcuyer, Sieur dudit lieu, fa mere, ayant la garde noble dudit Nicolas Anthoine, avec Damoifelle Claude Defchamps, fille de David Def-champs, Efcuyer, & de Damoifelle Jeanne de Maubuiffon, paffé pardevant Briffon & Aubry, Notaires Royaux à Chaumont.

Partage du premier Fevrier 1577, fait entre Damoifelle Bernarde de Rynel, veuve de feu Jean Huguenot, vivant Efcuyer, Enquefteur au Bailliage & fiege Prefidial de Chaumont d'une part, & Nicolas Anthoine, Efcuyer, Sieur de la Villeneufve-au-Frefne, heritier feul & univerfel de deffunt Jean Anthoine, vivant Efcuyer, Sieur du-dit lieu d'autre part, des heritages & biens echeus par le deceds de deffunte Damoifelle Marie de Rynel, vivante femme en premieres nopces dudit Jean Anthoine fecond, & fœur de ladite Bernarde de Rynel, fait en la juftice de Rouvre.

Contraĉt en forme de traité fait entre Nicolas Anthoine, Efcuyer, Seigneur de Villeneufve-au-Frefne, & Da-moifelle Claude Defchamps, fa femme, d'une part, & les habitans & communautez dudit lieu de la Villeneufve, d'autre part, paffé pardevant le Bœuf & Brotte, Notaires Royaux à Colombe, le 7 Janvier 1586, par lequel ledit Nicolas Anthoine eft reconnu Seigneur dudit lieu.

IV. Extraiĉt du regiftre baptiftaire de la paroiffe de Rouvre, delivré fous la fignature du Sieur de Grifelle, Preftre Curé dudit lieu, depofitaire dudit regiftre, par lequel il appert que Claude Anthoine, fils de Nicolas Anthoine, Efcuyer, Seigneur de la Villeneufve-au-Frefne, & de Damoifelle Claude Defchamps, fes pere & mere, a efté baptifé le 14 Avril 1578, en l'eglife & paroiffe de Rouvre.

Contraĉt en parchemin, du 6 Juin 1596, de vendition faite par Damoifelle Claude Defchamps, veuve de feu Nicolas Anthoine, vivant Efcuyer, Sieur de la Neufville-au-Frefne en partie, y demeurant, d'une piece de pré y mentionnée, au profit de Margueritte Taraft, veuve de feu Sebaftien Bailly, ftipulante par Nicolas Collet, fon gendre, paffé pardevant Odochon & Bailly, Notaires Royaux à Bar-fur-Aube, enfin duquel eft l'aĉte de retro-ceffion qui en a efté faite par ledit Collet, donataire de ladite Taraft, au profit de ladite Damoifelle Claude Def-champs, pardevant Morand, Notaire Royal audit Bar-fur-Aube, le 3 Juillet 1617.

Contract en parchemin, du 3 Juillet 1608, d'acquifition faite par Claude Anthoine, Efcuyer, Sieur de la Villeneufve-au-Frefne, tant pour luy que pour Damoifelle Gerarde Dandreffon, fa femme, des heritages y mentionnez, pardevant Baudry & fon compagnon, Notaires Royaux à Colombey-aux-deux-Eglifes.

Requefte prefentée au Juge de la Villeneufve, le 30 Decembre 1610, par Damoifelle Suzanne Anthoine, fille de feu Nicolas Anthoine, vivant Efcuyer, Sieur dudit lieu de la Villeneufve en partie, & de Damoifelle Claude Defchamps, veuve doüairiere dudit deffunt, afin d'eftre émancipée·pour joüir de fes droits, par laquelle il fe void que Claude Anthoine eftoit fon fils, & enfin eft le decret du Juge dudit lieu.

Minutte de l'acte d'émancipation de François Anthoine, fous la curatelle de Claude Anthoine, Efcuyer, Sieur de la Villeneufve, fon pere, apres le deceds de Damoifelle Gerarde Dandreffon, fa mere, fait en la juftice dudit lieu, le 22 Septembre 1622, auquel acte eft fait mention que Damoifelle Claude Defchamps, ayeulle dudit François Anthoine, y eftoit prefente.

V. Employ dudit acte à emancipation cy-deffus, du 22 Septembre 1622, dudit François Anthoine, fous la curatelle de Claude Anthoine, fon pere, apres le deceds de Damoifelle Gerarde Dandreffon, fa mere.

Contract en parchemin, du 12 Juillet 1633, du mariage de François Anthoine, Efcuyer, Sieur de la Villeneufve-au-Frefne, fils de deffunt Claude Anthoine, Efcuyer, & de Damoifelle Gerarde d'Handreffon, fes pere & mere, avec Damoifelle Yoland le Pery, fille de deffunt Claude le Pery, vivant Efcuyer, Sieur de la Chauffie & du Mefnil-Fouchart en partie, & Damoifelle Marguerite Brifon, fes pere & mere, paffé pardevant Fenel & Guinemant, Notaires au Bailliage de Vandeuvre.

Sentence en parchemin, renduë en l'Eflection de Bar-fur-Aube, le 27 Juin 1634, par laquelle a efté octroyé acte audit François Anthoine, de la reprefentation qu'il auroit fait de fes tiltres de nobleffe, & ordonné qu'il joüyroit des privileges attribuez aux Nobles du Royaume.

Certifficat des Officiers de la Juftice du Mefnil-Fouchart, du 15 Juin 1639, donné à François Anthoine, Efcuyer, Sieur de la Villeneufve-au-Frefne en partie, demeurant audit Mefnil, comme il avoit efté au ban & arriereban convoqué en ladite année.

Jugement rendu par Meffire de Gremonville, le 17 Avril 1641, au proffit de François Anthoine, par lequel il a efté ordonné qu'il joüyroit des privileges accordez aux Nobles du Royaume, comme Noble & iffu de Noble race; figné Cayet.

D'AOUST,

Seigneurs de Coolus,

EN CHAMPAGNE.

Genealogie produite pardevant Vous Monfeigneur de CAUMARTIN, Intendant en Champagne, au mois de Mars 1668.

De gueules, à la Tourterelle d'argent, tenant en fon bec une branche d'Olivier d'or.

I. JACQUES D'AOUST, Efcuyer, a époufé Damoifelle Jeanne Langault, dont il a eu JEAN & Jacques d'Aouft.

II. JEAN d'Aouft, Efcuyer, Seigneur de Coolus, a époufé Damoifelle Marie Befchefer, dont il a eu DANIEL & Jacques d'Aouft.

III. DANIEL d'Aouft, Efcuyer, Seigneur de Coolus, a époufé Damoifelle Nicolle Lallement, dont il a eu JACQUES & André d'Aouft.

IV. JACQUES d'Aouft, Efcuyer, Seigneur de Coolus, a époufé Damoifelle Jeanne Lequeux, dont il a eu PIERRE d'Aouft laifné & PIERRE d'Aouft le jeune, produifants :

V. PIERRE d'Aouft laifné, Efcuyer, Seigneur de Coolus, a époufé Damoifelle Françoife de Salvert, dont il a Marguerite d'Aouft, agée de 7 ans.

VI. PIERRE d'Aouft le jeune, Efcuyer, Seigneur de Coolus, cadet dans le regiment de Duras.

PIECES JUSTIFICATIVES.

I. Une fentence, rendüe en l'efleftion de Chaalons, du 9 Novembre 1536, en bonne & deuë forme, fignée de Champagne, par laquelle, après que ledit Jacques d'Aouft, premier du nom, & le Sieur Pierre Lallemant, y denommez, auroient fait apparoiftre des titres juftificatifs de la nobleffe de leurs anceftres, les lettres par eux obtenues en Chancellerie, en forme de relief ou rehabilitation, reprefentées & énoncées en ladite fentence, foubs la datte du 7 Septembre 1535, auroient efté entherinées avec le Procureur du Roy en l'Efleftion de Chaalons ; le Procureur Sindic des habitans dudit Chaalons & le Fermier des quatriefme, & ce faifant ordonné que, nonobftant leur dérogeance & que ledit Meffire Jacques d'Aouft exerçaft la profeffion d'Avocat poftulant, ils uferoient & joüiroient des privileges de Nobleffe, & feroient rayez & biffez des roolles defdits Fermiers, & qui foient en deffence de les empefcher de joüyr defdits privileges.

Un jugement du 28 Novembre 1555, figné le Gendre & fcellé, par lequel il fe voit que fur lefdites lettres & jugement de confirmation, lefdits Sieurs Commiffaires auroient declaré ledit Jacques d'Aouft exempt des droits de francs fiefs comme eftant Noble & de Noble extraftion.

II. Un autre jugement fouverain, figné le Gendre, avec paraphe, rendu par lefdits Sieurs Commiffaires des francs fiefs & nouveaux acquets, au profit de Meffire Jean d'Aouft, Sieur de Coolus, fils de Meffire Jacques d'Aouft, par lequel, fur les mefmes titres juftificatifs de la Nobleffe des familles des d'Aouft, il auroit efté comme Noble declaré exempt des droits de francs fiefs & nouveaux acquets.

Un autre jugement en parchemin, du 24 Aouft 1573, figné auffi le Gendre, rendu par lefdits Sieurs Commiffaires, par lequel ledit Jean d'Aouft auroit efté dechargé des droits de francs fiefs & nouveaux acquets, à caufe de fa Nobleffe.

Un exploit de fignification dudit jugement du mefme jour, 14 Aouft 1523, figné Dubut, aux particuliers y denommez, qui avoient efté eftablis Commiffaires au regime & gouvernement dudit fief de Coolus.

Une coppie collationnée fur l'original, du 6 Juillet 1565, fignée par Meffire Jacques Beaupere, Greffier de cette Commiffion, en vertu de voftre ordonnance, en prefence de mondit Sieur Procureur du Roy & dudit Duret, qui contient un extrait de l'adjudication de moitié de la terre & feigneurie de Coolus, *fol.* 29 *verfo*, où il eft fait mention que prudent homme Meffire Jean d'Aouft, Efcuyer, Licencié és Loix, Seigneur dudit Coolus, auroit fait un remont de cinquante livres aux encheres de ladite moitié de Seigneurie au Bailliage de Vermandois à Chaalons.

Des lettres d'inftitution, du 25 Aouft 1568, fignées enfin d'Aouft, & fcellées, du nommé Arnouft en la charge de Procureur fifcal dudit Coolus, à luy octroyez par Jean d'Aouft, Efcuyer, Licencié és Loix, Seigneur dudit Coolus.

III. Un acte de notariat, du 6 Septembre 1593, figné Laguille, concernant un retrait cenfuel, exercé par ledit Daniel d'Aouft, conjointement avec Damoifelle Marie Befchefer, fa mere, laquelle eftoit veuve de deffunt Jean d'Aouft, vivant Efcuyer, Seigneur de Coolus, enfin de laquelle piece eft une quittance du prix de la chofe retirée, payée par ledit Noble homme Meffire Daniel d'Aouft, Sieur de Coolus, Grenetier à Chaalons, figné Vaffe & l'Abbé, avec paraphe.

Un contract de mariage, du 8 Fevrier 1579, de Noble homme Jacques d'Aouft, Licencié és Loix, qui à caufe de ce prenait quelquefois la qualité de Noble homme & non celle d'Efcuyer, par lequel il appert auffi que ladite Damoifelle Marie Befchefer eftoit veuve dudit deffunt Jean d'Aouft, vivant Efcuyer, Sieur de Coolus.

Un acte de la juftice de Coolus, du dernier Juin 1588, rendu entre Damoifelle Marie Befchefer, demandereffe en faifie, d'une part, comparant par Daniel d'Aouft, fon frere, contre les nommez Thomas, deffendeurs.

IV. Un acte du 14 Juillet 1620, figné enfin Horguelin & de Bezançon, receu par Notaires Royaux à Chaalons, qui contient une indemnité paffée par Noble homme Meffire Daniel d'Aouft, Sieur de Coolus, au profit de Jacques d'Aouft, fon fils, Efcuyer, auffi Sieur dudit Coolus.

Une obligation paffée pardevant Notaires à Chaalons, le 6 Fevrier 1622, fignée Dauphin & le Febvre, par Noble homme Jacques d'Aouft, Sieur de Coolus en partie, au profit de Noble homme Meffire Daniel d'Aouft, fon pere, Sieur de Coolus, demeurant à Chaalons, de la fomme de mil livres & autres chofes y mentionnées.

Un cahier contenant une ratification du 3 Janvier 1626, faite par Meffire Charles Cuiffotte & fa femme, d'un contract de conftitution de rente paffé par Noble homme Meffire Daniel d'Aouft & Jacques d'Aouft, fon fils, le 2 Septembre 1623, & un autre acte de notariat, du 8 Janvier 1626, qui porte une reconnoiffance faite par lefdits Cuiffotte & fa femme, qu'ils eftoient deteurs de ladite rente, en confequence de quoi lefdits d'Aouft, pere & fils, en font dechargez.

Deux arrefts, des 7 Juin & 20 Juillet 1628, fignez Delaiftre, obtenus par ledit deffunt Jacques d'Aouft, Efcuyer, Seigneur de Coolus, allencontre des habitans dudit lieu, & du nommé Claude Daras, par lefquels la qualité d'Efcuyer lui auroit efté confervée avec amende & defpens contre ledit Daras ; par lefquels auffi la fentence rendüe en l'election de Chaalons, le 5 Janvier audit an, au profit dudit Jacques d'Aouft, auroit efté confirmée.

Un acte de prefentation, du 17 Aouft 1635, de la perfonne dudit Jacques d'Aouft, Efcuyer, Sieur de Coolus, à l'arriereban convoqué en ladite année, par lequel il paroift qu'il eftoit employé dans l'artillerie par le Treforier Général d'icelle.

Lettre du Seigneur de Nethancourt de Vaubecourt, du 8 Aouft 1638, & audit Sieur de Coolus, de fe trouver au rendès-vous général de la Nobleffe, que ledit Seigneur de Nethancourt avoit ordre d'affembler à Suippe, par les raifons mentionnées en ladite lettre.

V. Un acte du Bailliage & Siége Préfidial de Chaalons, du 15 Avril 1649, figné Parifet, qui contient l'émancipation de Pierre d'Aouft, laifné, & Pierre d'Aouft, le jeune, par le fuffrage de leurs parents, dans lequel acte il appert qu'ils font enfans de deffunt Jacques d'Aouft, vivant Efcuyer, Sieur de Coolus, & de ladite Damoifelle Jeanne Lequeux.

Un contract de mariage en forme authentique, du 23 Fevrier 1659, figné enfin le France & Huart, receu par

Notaires Royaux au Chaftelet de Paris, dudit Pierre d'Aouft, laifné, Efcuyer, Seigneur de Coolus, fils de deffunt Jacques d'Aouft, vivant Efcuyer, Seigneur dudit Coolus, & de Damoifelle Jeanne Lequeux, d'une part,
avec Damoifelle Françoife de Salvert, fille de deffunt Réné de Salvert, vivant Efcuyer, Seigneur de l'Ifle, Confeiller à un Préfidial de Tours, & Damoifelle Marguerite Quiton, fa femme.

Un certificat du Sieur Commandant la compagnie de Son Eminence Monfieur le Cardinal Mazarin, du
12 Mars 1656, figné Monart, Caillart, par lequel il attefte du fervice dudit Pierre d'Aouft, laifné, en qualité
de Chevau leger dans ladite compagnie, pendant trois campagnes.

Un congé du 18 May audit an 1656, donné audit Pierre d'Aouft, laifné, par ledit Sieur Commandant.

Un paffeport du 18 Juillet an fuivant, donné par ledit Sieur Commandant audit Sieur d'Aouft, laifné.

D'ARBAUD,

EN CHAMPAGNE. ORIGINAIRES DE PROVENCE.

*Genealogie produite pardevant Vous Monfeigneur de CAUMARTIN, Intendant en Champagne,
au mois de Juillet 1668.*

D'azur, à un Chevron d'argent; au Chef d'or, chargé d'une Eftoille de gueules.

L'hiftoire de Provence de Cefar de Noftradame (*a*) eft affés remplie du nom d'Arbaud &
des perfonnes illuftres qui l'ont porté, pour ne pas ignorer qu'il paffe dans cette province pour
un de ceux qui y tiennent quelque rang, puis qu'il paroift que Barthelemy d'Arbaud, qui a
donné l'origine à cette famille, fleuriffoit dès l'an 1320 parmy les plus fameux jurifconfultes
de fon païs, du nombre defquels eftoient lors Bertrand de Grace, Seigneur d'Albaron, Chevalier & Viguier de Marfeille; Raimond d'Agoult, Chevalier, Seigneur de Saulx, & plufieurs
autres rapportés par cet autheur; & que de luy fortit Bertrand d'Arbaud, Seigneur d'Aups,
pere de Guillaume d'Arbaud, qui tefta l'an 1400, & qui laiffa pour fucceffeur Arbaud d'Arbaud,
Seigneur d'Aups, nommé parmy les Nobles de Tharafcon, en 1428, & dont la femme, Sufanne
de Caftellanne, le rendit pere de Guillaume d'Arbaud II, Seigneur de Brefc, nommé dans le
teftament de fon pere, en 1445, & marié avec Deganne d'Efperel, de laquelle il eut Jean d'Arbaud, Seigneur de Bargemont, duquel fortent Meffieurs de Penier & feu Monfeigneur l'Evefque de Sifteron; Melchior d'Arbaud, Seigneur de Brefc, &

I. PIERRE D'ARBAUD, mentionné au teftament de fon pere du 21 Janvier 1505, & qui
       époufa en premieres nopces Margueritte de Pontevés, & en fecondes Honorade Borga-

(*à*) III° partie, fol. 358, & V° partie, fol. 561.

relle, dont il eut Jacques d'Arbaud, qui a fait la branche de Meſſieurs de Rognac, & Jacques & Honoré d'Arbaud, Avocat general en la Cour des Comptes, Aides & Finances de Provence.

II. JACQUES d'Arbaud, Seigneur des Porcheres, épouſa Margueritte, fille de François d'Eſcalis, Docteur és Droits & Avocat au Parlement de Provence, & laiſſa de ſon mariage Jacques II, Marc-Antoine & Alexandre d'Arbaud, tous Seigneurs des Porcheres.

III. JACQUES d'Arbaud II, Seigneur des Porcheres, épouſa Anne, fille de Jean d'Almaric, Avocat au Parlement de Provence, & de Nicolle de Begue, de laquelle il eut Jean d'Arbaud, Seigneur des Porcheres, Gentilhomme ordinaire de la Chambre du Roy, & Capitaine & Viguier de la ville de Saint-Maximin en Provence, pere des Meſſieurs de Porcheres d'aujourd'huy ; & François & Françoiſe d'Arbaud, femme de Gabriel Frefquienne.

IV. FRANÇOIS d'Arbaud, Seigneur de Porcheres & de la Chapelle-lés-Senevoy, épouſa Roſe de la Font, fille de Leonard, Seigneur de la Chapelle, & de Magdeleine de Saux, & laiſſa d'elle Alexandre, Antoine & Françoiſe d'Arbaud.

V. ANTOINE d'Arbaud, Seigneur de Porcheres & de la Chapelle-lés-Senevoy, a épouſé Claude-Angelique l'Argentier, veuve en premieres nopces de Jean de Moreau, Seigneur des Vinets, Lieutenant-Colonel du regiment de Florainville, & en ſecondes d'Alexandre de Romecourt, Seigneur de Suzemont, & fille de Jean l'Argentier & d'Anne le Seure, dont elle a François, Antoine & Claude-Magdelene d'Arbaud.

PIECES JUSTIFICATIVES.

I. Contract de mariage, du dernier Octobre 1541, ſigné Gautier, Notaire Royal en la ville d'Aix, entre Noble Jacques Arbaud, fils de Noble Pierre Arbaud, de la ville de Saint-Maximin, & d'Honorade Borgarelle, & Noble Margueritte d'Eſcalis, fille de Noble homme Meſſire Maiſtre François d'Eſcalis, Docteur és droits en la ville d'Aix & Avocat en la Cour Souveraine du Parlement de Provence, & de Noble Adrienne Matienne.

Tranſaction, du 30 Octobre 1553, ſignée Gautier, Notaire à Aix, entre Nobles perſonnes Jacques & Honoré d'Arbaud, freres, ſur les differens qui eſtoient entr'eux à cauſe de la ſucceſſion de feus Nobles perſonnes Pierre d'Arbaud & Honore Borgarelle, leurs pere & mere.

Sentence, du 2 Mars 1565, ſignée Legier, rendüe par le Seneſchal d'Aix, par laquelle il declare Jacques d'Arbaud, Eſcuyer, de la ville de Saint-Maximin, eſtre de qualité a porter ſon eſpée & ſa dague, comme font ordinairement les autres Gentilshommes du pays, & comme tel ne devoir eſtre compris aux deffenſes portées par l'Edit du Roy ſur le port des armes.

II. Contract de mariage, du 19 Avril 1582, ſigné Boiſſiere & Aineſſy, Notaires au lieu du Luc, entre Noble Jacques d'Arbaud, Eſcuyer, fils de Noble Jacques d'Arbaud, Sieur des Porcheres, Eſcuyer de la ville de Saint-Maximin, & aſſiſté de Monſieur Me. Honoré d'Arbaud, ſon oncle, Conſeiller & Avocat general du Roy en ſa Cour des Comptes, Aydes & Finances, & Damoiſelle Anne Almaric, fille de Meſſire Jean Almaric, Avocat au Parlement de Provence, & de Damoiſelle Nicollaine de Begue, de la ville de Marſeille.

Partage, du 10 Juin 1586, ſigné Fauqueſte, Notaire en la ville de Saint-Maximin, entre Nobles Jacques & Marc-Antoine d'Arbaud, freres & Sieurs de Porcheres, & Noble Alexandre d'Arbaud, leur frere, auſſi Sieur de Porcheres, des biens qui leur eſtoient écheus par la mort de Noble Jacques d'Arbaud, Sieur de Porcheres, leur pere.

III. Extrait des regiſtres baptiſtaires de l'egliſe de Brignolles, du dernier Octobre 1616, contenant que François d'Arbaud, fils de Jacques & de Damoiſelle Anne d'Almaric, fut baptiſé le vingt-ſixiéme Decembre 1590.

Tranſaction, du 7 Octobre 1624, ſignée Malherbe, Notaire en la ville de Saint-Maximin, entre Noble homme Jean d'Arbaud, Sieur de Porcheres, Gentilhomme ordinaire de la Chambre du Roy, Viguier & Capitaine pour

Sa Majefté en ladite ville de Saint-Maximin, & Noble François d'Arbaud, Efcuyer, Cadet de Porcheres, pour raifon des fucceffions de deffunts Noble Jacques d'Arbaud, Seigneur de Porcheres, & de Damoifelle Anne d'Almaric.

Contraɕ de mariage, du 2 May 1634, figné Durand & Tolleron, Notaires au Chaftelet de Paris, entre François d'Arbaud, Efcuyer, Sieur de Porcheres, & Damoifelle Rofe de la Font, fille de Leonard de la Font, Efcuyer, Sieur de la Chapelle-lez-Senevois en partie, & de Damoifelle Magdelene d'Effaux.

Foy-hommage, du trentiéme Juillet 1638, figné Petit-Jean, Notaire au Bailliage de Tonnerre, renduë à Meffire Charles-Henry, Comte de Clermont & de Tonnerre, par François d'Arbaud, Efcuyer, Sieur de Porcheres, pour les biens qu'il avoit acquis aux terres de Senevoy & de la Chapelle.

IV. Teftament du 5 May 1640, figné du Tartre, Notaire au Bailliage de Tonnerre, de François d'Arbaud, Efcuyer, Sieur de Porcheres & de la Chapelle en partie, par lequel il legue à Antoine d'Arbaud, fon fils aifné, la maifon où il faifoit fa demeure ordinaire, & donne à chacun de fes autres enfans nez & à naiftre, à caufe de la groffeffe de Mademoifelle Rofe de la Font, fa femme, la fomme de cent livres, & prie haut & puiffant Seigneur Gilbert de Bigny, Seigneur de Preverange, d'accepter la charge de curateur de fefdits enfans.

Aɕe de creation de tutelle & de garde-noble, du 10 May 1640, figné Alexandre, à Antoine & Françoife d'Arbaud, enfans de deffunt François d'Arbaud, Efcuyer, Sieur de Porcheres, & de Damoifelle Rofe de la Font.

Contraɕ de mariage, du 19 Septembre 1660, figné le Pault, entre Antoine d'Arbaud, Efcuyer, Seigneur de Porcheres & de la Chapelle-lez-Sennevoy en partie, fils & heritier de deffunt François d'Arbaud, Efcuyer, Seigneur defdits lieux, & de Damoifelle Rofe de la Font, lors femme de Jacques de Rotaux, Efcuyer, Seigneur de la Chapelle-lez-Sennevoy en partie, & Damoifelle Claude-Angelique Largentier, veuve d'honoré Seigneur Alexandre de Rommecourt, Efcuyer, Seigneur de Suzemont.

D'ARGILLIERE,

EN CHAMPAGNE. ORIGINAIRES DE PICARDIE.

Genealogie produite pardevant Vous Monfeigneur de CAUMARTIN, Intendant en Champagne, au mois de Janvier 1668.

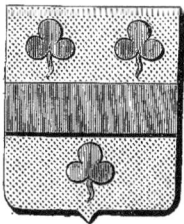

D'or à la Fafce de gueules accompagnée de trois Trefles de mefme, avec la devife : *Me decet auguftum pignus virtutis avorum.*

I. JEAN D'ARGILLIERE, Efcuyer, Sieur de Valefcourt, Saint-Rimault, Monceaux & Bruflevert, a époufé Damoifelle Louife de la Bretonniere, dont font iffus entr'autres enfans : Charles, Claude & Sebaftien; ledit Sebaftien Chevalier & Commandeur de l'ordre Saint-Jean de Hierufalem.

II. CHARLES d'Argilliere, Efcuyer, Sieur de Monceaux, Confeiller du Roy aux Eaux & Forefts, & Table de Marbre à Paris, a époufé Damoifelle Margueritte de Gentien, dont font iffus : PIERRE, Jean & Louis d'Argilliere; ledit Louis Chevalier de Malthe, Commandeur de la Croix en Brye, grand Hofpitalier & grand Croix, & envoyé par le Roy de France en 1586 à Conftantinople commander une galere.

III. PIERRE d'Argilliere, Efcuyer, Seigneur de Monceaux, Confeiller du Roy & General de fes Monnoies à Paris, y demeurant, a époufé Damoifelle Marie Hannequin, dont font iffus : CHARLES-ANTOINE, Louis-Edme, Jean & Pierre.

IV. ANTOINE d'Argilliere I du nom, Efcuyer, Seigneur de la Bretonniere, d'Abecourt, Frenoy & autres lieux, a époufé Damoifelle Charlotte de Gand, dont font iffus : JEAN, ESTIENNE, ANTOINE, CHARLES-HENRY, PIERRE & HENRY.

V. JEAN d'Argilliere, Efcuyer, Seigneur de la Court-Saint-Phal, Capitaine d'infanterie au regiment de Meffire de Sainte-Maure, & depuis Capitaine de Chevaux Legers au regiment dudit Sieur de Sainte-Maure, & fon aide de camp, tué au fiege de Sainte-Manehould, pour le fervice du Roy, le 10 Novembre 1653.

ESTIENNE d'Argilliere, Efcuyer, Seigneur d'Abecourt, Capitaine d'infanterie & Major dans le mefme regiment, mort.

ANTOINE d'Argilliere II du nom, Efcuyer, Seigneur dudit d'Argilliere & de Courgerenne, Capitaine d'infanterie au mefme regiment, produifant, a époufé Damoifelle Anne d'Aulnay, dont eft iffu Charles, âgé de quatre mois.

CHARLES-HENRY d'Argilliere, Efcuyer, Seigneur de Frefnoys, auffi produifant.

PIERRE d'Argilliere, Efcuyer, Seigneur d'Abecourt & de Morambert, auffi produifant.

HENRY d'Argilliere, Efcuyer, Seigneur de Courgerenne & de Villetard, prefentement au fervice de Sa Majefté, auffi produifant.

PIECES JUSTIFICATIVES.

I. Tranfaction du 19 Juillet 1496, fignée enfin Vigneron & Maizieres, Auditeurs des Lettres de la Baillye du Comté de Clermont, entre Jean d'Argilliere, Efcuyer, Seigneur de Valefcourt & Saint-Rimault, & Damoifelle Louife de la Bretonniere, fa femme, d'une part, & Damoifelle Margueritte de la Forge, veuve de feu Jean de la Bretonniere, Efcuyer ; ledit contract figné enfin defdits Vigneron, Maizieres, & fcellé.

Contract de rente fonciere, conftituée au profit de Jean d'Argilliere, Efcuyer, Sieur de Saint-Rimault, pardevant Vigneron & Sellier, Auditeurs des Lettres de la Baillye du Comté de Clermont, du 30 Aouft 1496, figné enfin defdits Vigneron, Sellier, & fcellé.

Procuration du 17 Juillet 1507, paffée pardevant Notaires audit Comté de Clermont, fignée enfin de Bilois & Jacobé, & fcellée, par Jean d'Argilliere, Efcuyer, Sieur de Vallefcourt, & Damoifelle Louife de la Bretonniere, fa femme, pour faire pour eux & en leurs noms les foy & hommage du fief des Marets, autrement nommé les Plantes d'Abecourt, à eux appartenant.

L'acte de foy & hommage, fait en vertu de la procuration le 22 Juillet audit an 1507, pour ledit fief des Plantes, pardevant Monfieur le Lieutenant general au Baillage de Beaumont, par Antoine Lefpy, au nom & comme procureur de Nobles perfonnes Jean d'Argilliere, Efcuyer, Seigneur de Valefcourt, & Damoifelle Louife de la Bretonniere, fa femme.

Contract d'acquifition faite pardevant Cuvillieres & de Maizieres, Auditeurs jurez des Lettres de la Baillye du Comté de Clermont, figné enfin defdits Cuvillieres, Maizieres, & fcellé, par Noble homme Jean d'Argillere, Efcuyer, Seigneur de Valefcourt, le 6 May 1517.

II. Tranfaction en forme de partage, du 2 Juin 1520, pardevant Cuvillier & Jean Petit, Notaires jurez au Comté de Clermont, figné enfin Plony, faite entre venerable & difcrette perfonne Meffire Nicol d'Argilliere, Preftre Chanoine de l'eglife de Beauvais, & Damoifelle Louife de la Bretonniere, veuve de Noble homme & fage Meffire Jean d'Argilliere, vivant Efcuyer & Lieutenant general de Monfieur le Gouverneur audit Comté; tant en fon nom, que comme ayant la garde noble de François, Charles, Claude & Sebaftien d'Argilliere, enfans dudit Jean d'Argilliere, Efcuyer, des terres, fiefs & feigneuries de Bruflevert & Vallefcourt.

Procuration paffée pardevant Nicolas Brahier, Notaire Royal au Comté de Clermont, le 12 Juillet 1548, fignée enfin dudit Brahier, par Noble homme Meffire Charles d'Argilliere, Efcuyer, Seigneur de Valefcourt & des Plantes d'Abecourt, portant pouvoir de faire faifir & arrefter les fiefs mouvans defdites terres & feigneuries, faute de foy & hommages rendus par les vaffaux.

Aĉte de foy & hommage fait par ledit Charles d'Argilliere, Efcuyer, à caufe de fes fiefs de Vallefcourt & Abecourt, le 8 Mars 1551, figné Bergeon & Godart, Notaires au Chaftelet de Paris.

Contraĉt paffé pardevant Notaires Royaux en la ville & chaftellenie de Chambly, le 18 Fevrier 1559, figné enfin de la Motte, où ledit Charles d'Argilliere eft en qualité d'Efcuyer.

Tranfaĉtion du 22 Oĉtobre 1565, fignée enfin Daré & la Motte, Notaires en la ville & chaftellenie de Chambly, faite entre Charles d'Argilliere laifné, Efcuyer, Sieur de Monceaux, fils de Jean d'Argilliere, Efcuyer, Sieur de Vallefcourt, & Charles d'Argilliere le jeune, Efcuyer, Sieur dudit Vallefcourt, fon neveu, pour raifon des partages & fucceffions communes, à eux efcheuës par le deces de deffunts Jean d'Argilliere, Efcuyer, Sieur de Bruffevert, Vallefcourt & Monceaux, & Damoifelle Louife de la Bretonniere, fa femme, pere & mere dudit Charles d'Argilliere laifné, Efcuyer, & les fucceffions collaterales de deffunts Meffire Claude d'Argilliere, Chanoine de Beauvais, & de frere Sebaftien d'Argilliere, Efcuyer, Chevalier & Commandeur de l'ordre Saint-Jean de Jerufalem, duquel eft parlé dans l'Hiftoire de Malthe, compofée en langue italienne, par *Jacques Bofio*, en la troifieme partie imprimée *In Roma, appreffo Guglielmo Facciotti, MDCII,* & particulierement lib. 19 de ladite partie, page 397, eft fait mention que ledit Sebaftien d'Argilliere a eu de grands employs en la guerre contre les Turcs.

Sentence de partage, du 22 Oĉtobre 1566, fignée enfin Villenet, pardevant le Lieutenant general au Baillage & Comté de Clermont, entre ledit Charles d'Argilliere, Efcuyer, Seigneur de Monceaux, & autres fes coheritiers, és fucceffions collaterales defdits Claude, & Sebaftien d'Argilliere, Commandeur de l'ordre Saint-Jean de Jerufalem.

Teftament de Damoifelle Marguerite de Gentien, veuve de feu Noble homme Meffire Charles d'Argilliere, Efcuyer, Seigneur de Monceaux, Confeiller du Roy aux Eaux & Forefts & Table de Marbre à Paris, paffé pardevant Allou, Notaire Royal au Baillage & gouvernement du Comté de Clermont, le 17 Juillet 1579, figné enfin Macqueron.

III. Partage, du dernier Juin 1582, paffé pardevant Macqueron & Billohet, Notaires au Baillage & Comté de Clermont, entre Meffire Pierre Lancelot de Veniffe, Efcuyer, Seigneur du Metz, & Damoifelle Margueritte Gentien, fa femme en fecondes nopces, auparavant veuve de Charles d'Argilliere laifné, Efcuyer, Seigneur de Monceaux; ledit Veniffe tuteur & curateur de Louis & Jean d'Argilliere, Efcuyers, enfans mineurs dudit deffunt Charles d'Argilliere & de ladite Damoifelle Gentien, d'une part, & de Meffire Pierre d'Argilliere, Efcuyer, Seigneur dudit Monceaux, fils aifné dudit defunt, & Damoifelle Magdeleine d'Argilliere, fa fœur, d'autre part.

Autre partage, du 29 Novembre 1585, fait pardevant Macqueron & Allou, Notaires audit Baillage & Comté de Clermont, entre Meffire Pierre d'Argilliere, Efcuyer, Seigneur de Monceaux, Confeiller du Roy & General de fes Monnoyes à Paris, d'une part, & Damoifelle Magdeleine d'Argilliere, fa fœur, des biens à eux écheus par le deceds de Charles d'Argilliere, Efcuyer, Seigneur dudit Monceaux, leur pere.

Autre partage noble en bonne forme, fait pardevant Notaires au Chaftelet de Paris, le 16 Septembre 1595, figné enfin du Monthenault & Herbin, entre Pierre d'Argilliere, Efcuyer, Seigneur de Monceaux, Confeiller du Roy & General de fes Monnoyes à Paris, fe faifant & portant fort de Meffire Louis d'Argilliere, Chevalier de l'ordre Saint-Jean de Jerufalem, Commandeur de la Croix en Brye, fon frere, Jean & Magdeleine d'Argilliere, Efcuyer, leur frere & fœur, heritiers de defunĉts Charles d'Argilliere, Efcuyer, Sieur de Monceaux, & de Damoifelle Marguerite de Gentien, leur pere & mere, par lequel partage les deux tiers dans les fiefs font laiffez audit Pierre d'Argilliere, Efcuyer, pour fon preciput & droits d'aifneffe, fuivant la coûtume.

Plufieurs bulles expediées par le grand Prieur de France, de l'Ordre Saint-Jean de Jerufalem à Malthe, fignées & fcellées du fceau dudit ordre, & un paffeport & fauvegarde donné par le Roy Henry à Louis d'Argilliere, Chevalier dudit ordre, frere dudit Pierre d'Argilliere, prepofé à la conduite d'une galere, envoyée par Sa Majefté du cofté de Conftantinople & pour autres affaires importantes à l'Eftat & Ordre de Saint-Jean de Jerufalem; lefdites bulles & commiffions expediées és années 1585, 1586 & 1587.

IV. Tranfaĉtion du 7 Oĉtobre 1618, paffée pardevant Dupuis & Valet, Notaires au Chaftelet de Paris, entre Antoine d'Argilliere, Efcuyer, Sieur de la Bretonniere, Edme, Pierre & Jean d'Argilliere, Efcuyers, fes freres, enfans & heritiers beneficiaires de Pierre d'Argilliere, Efcuyer, Sieur d'Abecourt, & heritiers purs & fimples de Damoifelle Marie Hennequin, leur mere.

Partage, du 22 Fevrier 1619, pardevant Perrier & Creffé, Notaires au Chaftelet de Paris, entre Pierre d'Argilliere, Efcuyer, Sieur de la Bretonniere; Edme, Antoine & Louife d'Argilliere, fes freres & fœur, heritiers defdits defunĉts Pierre d'Argilliere, Efcuyer, & Damoifelle Marie Hennequin, leurs pere & mere, d'une part, & autres parties dénommées au contraĉt de partage, d'autre part.

Sentence de partage noble, faite pardevant le Mayeur des Juftices haute, moyenne & baffe de Blynes, & de la

Cour Saint-Phal, le 24 May 1622, figné enfin Bareton, entre Antoine d'Argilliere, Efcuyer, Sieur de la Bretonniere & de la Cour Saint-Phal, Pierre, Efcuyer, & Louife d'Argilliere, fes freres & fœur, heritiers de defunct Pierre d'Argilliere, Efcuyer, Sieur d'Abecourt, leur pere, par lequel partage le preciput & droit d'aifneffe dans les fiefs eft refervée audit Pierre d'Argilliere, Efcuyer, Sieur de la Bretonniere, & entre autres chofes fa maifon feigneuriale de la Cour Saint-Phal, avec les foffes d'alentour, hors part avec fefdits freres & fœur.

Contract de mariage, paffé pardevant Duval & Collet, Notaires Royaux en la chaftellenie de Rumilly, le 26 Novembre 1623, figné enfin Collet, d'Antoine d'Argilliere, Efcuyer, Sieur de la Bretonniere & de la Cour Saint-Phal, avec Damoifelle Charlotte de Gand, fille d'Eftienne de Gand, Efcuyer, Seigneur de la Mothe; ledit Antoine d'Argilliere affifté de Jean & Pierre d'Argilliere, Efcuyers, fes freres.

Autre partage, du 7 Juin 1631, pardevant le Mayeur en la Juftice de la Cour Saint-Phal & Blynes, figné enfin Bareton, fait entre Antoine, Jean, Edme & Pierre d'Argilliere, Efcuyers, enfans de Pierre d'Argilliere, Efcuyer, & de Damoifelle Marie Hannequin.

Plufieurs lettres de paffeports & certificats de fervices, donnés par les Capitaines & Commandans és troupes du Roy, à Antoine d'Argilliere, Efcuyer, Seigneur de la Bretonniere, és annés 1603, 1610, 1611 & 1612.

V. Accord fait pardevant le Lieutenant en la Juftice & Mairie Royale de Chauffon, le 3 May 1660, figné enfin Laurent, entre Eftienne, Antoine, Charles, Pierre & Henry d'Argilliere, Efcuyers, touchant le droit d'aifneffe dudit Eftienne és fucceffions d'Antoine d'Argilliere, Efcuyer, & Damoifelle Charlotte de Gand, leurs pere & mere.

Lots de partages faits en ladite Juftice & Mairie Royale de la Cour Saint-Phal, le 5 Novembre 1663, entre Eftienne, Antoine, Charles-Henry, Pierre & Henry d'Argilliere, Efcuyers, des fucceffions & biens d'Antoine d'Argilliere, Efcuyer, Sieur de la Bretonniere & de ladite Cour Saint-Phal, leur pere.

Contract de mariage d'Antoine d'Argilliere, Efcuyer, Seigneur dudit lieu, fils d'Antoine d'Argilliere, Efcuyer, Seigneur de la Bretonniere, la Cour Saint-Phal & autres lieux, & de Damoifelle Charlotte de Gand, avec Damoifelle Anne d'Aulnay, fille de Claude d'Aulnay, Efcuyer, Seigneur de Reges, pardevant François Rouffeau, Notaire Tabellion au Bailliage du Chapitre Saint-Eftienne de Sens, le 8 Juin 1664, figné dudit Rouffeau.

Quatre commiffions en forme de lettres patentes, fignées Louis, contrefignées de Lomenie, & fcellées, des charges de Capitaine de chevaux legers & d'infanterie, de l'année 1661, accordées par le Roy à Jean, Eftienne & Antoine d'Argilliere, Efcuyers, avec plufieurs lettres de cachet & mandemens des Commandans & Generaux de l'armée du Roy, addreffantes aufdits Sieurs les d'Argilliere, pour l'execution des ordres de Sa Majefté.

D'ARGY,

ORIGINAIRES DE CHAMPAGNE.

Genealogie produite pardevant Vous Monſeigneur de CAUMARTIN, Intendant en Champagne, au mois de Septembre 1667.

D'or au Lion de ſable armé & lampaſſé de gueules.

I.   AGRAN DARGY, Eſcuyer; eſt iſſu :
      CHARLES Dargy, Eſcuyer; eſt iſſu :
      HENRY Dargy, Eſcuyer; eſt iſſu :
II. ESTIENNE Dargy, Eſcuyer, a épouſé Damoiſelle Anne Legaſcon; ſont iſſus : Jean & Guillaume.
III. JEAN Dargy, Eſcuyer, Seigneur de Haudrecy, a épouſé Damoiſelle Margueritte Darras, auparavant veuve de feu Jacques de Villelongue, vivant Eſcuyer; ſont iſſus : Regnault, Jean, Thomaſſe, Jacqueline & Marie.
IV. REGNAULT Dargy, Eſcuyer, a épouſé Damoiſelle Françoiſe Deſcannevelle; ſont iſſus : Antoine, Jean & Nicolle.
V. ANTOINE Dargy, Eſcuyer, a épouſé Damoiſelle Charlotte de Beuffroy; ſont iſſus : Charles, Charles & Nicolle.
VI. CHARLES Dargy, laiſné, Eſcuyer, a épouſé Damoiſelle Joachine de Bournonville.
· VI. CHARLES Dargy, puiſné, Eſcuyer, a épouſé Damoiſelle Charlotte Darras.

PIECES JUSTIFICATIVES.

I. Employ d'un contraĉt en forme, portant vendition de baſtimens & heritages par Garlache de Brandebourg, Chevalier, Seigneur de Lumier & de Mouhon, à Henry Dargy, Eſcuyer, demeurant à Maiziers, ſigné Lambert & Perin, Notaires au Comté de Rethelois, datté du 2 Juillet 1497, à charge entr'autres de payer aux heritiers de Mareſſon Baudeſſon quatre ſeptiers froment par chacun an; produit par Louis Dargy, Eſcuyer, Sieur de Villerzy & d'Herbigny en partie.
    Employ d'un contraĉt en parchemin, portant échange de baſtimens & heritages, fait entre Henry Dargy, Eſcuyer, homme d'armes des ordonnances du Roy, d'une part, & Jean Bourguignon, d'autre part; par lequel ledit Dargy a baillé en eſchange une moitié de maiſon & choſes en dependantes, ſize à Maiziers, à luy eſcheuë par

le decés de Charles d'Argy, vivant Efcuyer, fon pere, & pour l'autre moitié, où feu Meffire Agrand Dargy, fon grand pere faifoit fa demeure; figné Lambert & Robert, Notaires au Comté de Rethelois, datté du 10 Novembre 1500; produit par ledit Louis Dargy.

II. Employ d'un contraƈt en parchemin, produit par ledit Louis Dargy, portant vendition faite par Jean Bourguignon, le jeune, à Eftienne Dargy, Efcuyer, Capitaine de Warcq, Gruyer des Eaux & Forefts de Moncornet en Ardenne, & homme d'armes des ordonnances du Roy, de quatre feptiers froment, à prendre fur la ferme de Tourne, que feu Henry Dargy, fon pere, vivant Efcuyer, avoit achepté de Garlache de Brandebourg, aux charges defdits quatre feptiers par an; figné du Han & Mary, Notaires, & datté du 9 Mars 1549.

III. Employ d'un partage fait entre les heritiers de deffunt Jacques de Villelongue, vivant Efcuyer, produit par coppie collationnée pardevant vous Monfeigneur, par ledit Louis Dargy, dont la groffe eft produite par Pierre de Villelongue, Efcuyer : datté du 29 Juin 1555, par lequel apert que Damoifelle Margueritte Darras avoit époufé en premieres nopces ledit deffunt Jacques de Villelongue, & en fecondes, Jean Dargy, Efcuyer, qui avoit la garde noble de Charles de Villelongue, fils mineur dudit deffunt Jacques de Villelongue & de ladite Darras; paffé pardevant Barilly & Richart, Notaires Royaux à Donchery.

Employ d'un contraƈt en parchemin, produit par ledit Louis Dargy, portant efchange fait entre Jean Dargy, Efcuyer, Sieur de Haudrecy, & Damoifelle Margueritte Darras, fa femme, d'une part, & Pierre Richart & Jeanne Dargy, fa femme, d'autre part, datté du 17 Juillet 1569, de plufieurs heritages y mentionnés, provenans de la fucceffion de deffunt Eftienne Dargy, vivant Efcuyer, pere dudit Jean Dargy, par lequel lefdits Dargy & fa femme ont cedé & abandonné ce qui leur pouvoit appartenir és lieux de Chaumont & Glaire par le decés de Damoifelle Anne le Gafcon, mere dudit Jean Dargy.

Employ d'un contraƈt d'acquifition faite par Jean Dargy, Efcuyer, Seigneur de Haudrecy, de Guillaume Dargy, Efcuyer, Sieur de Chaftillon en Ardenne, fon frere, de ce qui appartenoit audit Guillaume Dargy au village de Tourne, provenant de la fucceffion de feu Eftienne Dargy, leur pere, & de Damoifelle Anne le Gafcon, leur mere; figné Sourye & Savart, Notaires, du 19 Juillet 1572, eftant en parchemin, produit par ledit Louis Dargy.

Employ d'une tranfaƈtion eftante en parchemin, produite par ledit Louis Dargy, faite entre Jean Dargy, Efcuyer, Seigneur de Haudrecy, & Damoifelle Margueritte Darras, fa femme, d'une part, & Charles de Villelongue, Efcuyer, d'autre part, touchant la geftion & adminiftration des biens que lefdits Jean Dargy & Margueritte Darras, fa femme, avoient eu en qualité d'ayans la garde noble dudit Charles de Villelongue; figné Franfquin & Chaftelain, Notaires, datté du 23 Oƈtobre 1574.

IV. Un contraƈt en parchemin, portant acquifition faite par Regnault Dargy, Efcuyer, Capitaine d'une compagnie de chevaux legers, tenant garnifon en la ville de Maizieres, pour luy, Damoifelle Françoife Defcannevelle, fa femme, fes hoirs & ayant caufe, des heritages y mentionnez de Jean de Huis & Anne Philippes, fa femme, paffé pardevant Cahart & Androüet, Notaires au Duché de Rethelois, demeurans à Maizieres, le 18 Mars 1593.

Employ d'un contraƈt en parchemin, portant vendition faite par Damoifelle Margueritte Darras, veuve de feu Jean Dargy, vivant Efcuyer, demeurant à Tourne, tant en fon nom que comme ayant la garde noble de Damoifelle Jacqueline & Marie les Dargy, filles mineurs dudit deffunt & d'elle; Jean Dargy, Efcuyer, demeurant à Mezancel-les-Dommery; Gilles de Beguet, comme mary de Damoifelle Thomaffe Dargy, enfant & heritiere defdits deffunts lefdits Dargy & de ladite Darras, au profit de Regnault Dargy, Efcuyer, Capitaine de cinquante chevaux-legers, fils aifné dudit deffunt & de ladite Damoifelle Margueritte Darras; paffé pardevant Richard, Notaire au Baillage de Rethelois, le 30 Oƈtobre 1595; produit par ledit Louis Dargy.

Employ d'un contraƈt en forme de partage, fait des biens de Damoifelle Margueritte Darras, femme de Jean Dargy, Efcuyer, Seigneur d'Haudrecy du vivant de ladite Darras, en confequence de l'abandonnement par elle fait de fes biens à fes enfans, entre Regnault Dargy, Efcuyer, Enfeigne d'une compagnie de cinquante hommes d'armes, aifné, Jean Dargy, Efcuyer, demeurant à Charmonville, puifné, & confors, pardevant Thoury, Notaire demeurant à Launoy, le 29 Decembre 1604, eftant en parchemin; produit par ledit Louis Dargy.

Un aƈte de creation de tutelle aux enfans mineurs de deffunt Nicolas Dargy, Efcuyer, Sieur de Haudrecy, & Damoifelle Margueritte de Beuffroy, rendu au Baillage de Rethel, le 14 May 1627, dans lequel Regnault Dargy, Efcuyer, Sieur dudit Haudrecy, Gouverneur de la ville & Prevofté de Warcq, demeurant à Tourne, ayeul paternel defdits mineurs, & Antoine Dargy, Efcuyer, font denommez.

V. Un contraƈt de mariage, en parchemin, d'Antoine Dargy, Efcuyer, Seigneur de Mareffal & de Haudrecy, affifté d'honoré Seigneur Regnault Dargy, Seigneur dudit Haudrecy, Capitaine de la ville & Prevofté de Warcq, fon pere; Damoifelle Françoife d'Efcannevelles, fon efpoufe; Jean Dargy, Efcuyer, frere du-dit Antoine Dargy; Jean Dargy, Efcuyer, & autres Gentilshommes, avec Damoifelle Charlotte de Beuffroy ; paffé pardevant Lavigeon & Franfquin, Notaires Royaux, demeurans en la Prevofté de Sainte-Manehould, le 27 Juillet 1625.

Lettres de provifions de la charge de Capitaine de la ville & Prevofté de Warcq, octroyée par Marie & Anne de Gonzagues de Cleves, Princeffes de Mantoüe & Montferrat, Ducheffes de Nivernois & Rethelois, à Antoine Dargy, Efcuyer, Seigneur de Mareffal & de Haudrecy, dont eftoit pourveu Regnault Dargy, Efcuyer, vivant fon pere; dattées du dix-huit Octobre 1638, fignées, Marie de Gonzague de Cleves, & Anne de Gonzague de Cleve, & fcellées.

Partage en forme d'abandonnement de biens, eftant en parchemin, fait par Antoine Dargy, Chevalier, Seigneur de Mareffal, demeurant à Tourne, à Charles Dargy, Chevalier, Seigneur de Pavant, fon fils aifné, Charles Dargy, Chevalier, Seigneur dudit lieu, fon fils puifné, & Damoifelle Nicolle Dargy, auffi fa fille, tous demeurant à Tourné, paffé pardevant de la Lobbe, Notaire Royal en la Prevofté de Sainte-Manehould, demeurant à Remilly, prefens témoins, le neuf Janvier 1666.

VI. Un contract de mariage de Charles Dargy, Efcuyer, Seigneur de la Greve, du fief de Pavant, de Haudrecy en partie, demeurant à Tourne, affifté & authorifé d'Antoine Dargy, Chevalier, Seigneur de Mareffal, Capitaine des ville & Prevofté de Warcq, fon pere, & autres Gentilshommes, avec Damoifelle Joachim de Bournonville; paffé pardevant Sauvigeon, Notaire Royal demeurant à Lenny, le 9 Aouft 1660, eftant en parchemin.

Employ du contract de partage cy-deffus, du neuviéme Janvier 1666.

VI. Un contract de mariage de Charles Dargy, Efcuyer, Sieur du fief de Pavant, demeurant à Tourne, fils de Meffire Antoine Dargy, Efcuyer, Sieur de Mareffal, & de Damoifelle Charlotte de Beuffroy, fes pere & mere, avec Damoifelle Charlotte Darras; affifté dudit Antoine Dargy, fon pere, de Charles Dargy, Efcuyer, fon frere aifné, & autres Gentilshommes; paffé pardevant Payot, Notaire Royal demeurant à Neufville, le 23 Juillet 1665, eftant en papier fous la fignature de Godele, Notaire Royal, & tefmoins pour la mort dudit Payot.

Employ dudit contract de partage cy-deffus, du 9 Janvier 1666.

Plufieurs certificats de fervices & commiffions.

DEUXIEME BRANCHE DE LA FAMILLE D'ARGY.

I.   AGRAND DARGY, Efcuyer; eft iffu ·
     CHARLES Dargy, Efcuyer; eft iffu :
     HENRY Dargy, Efcuyer; eft iffu :

II. ESTIENNE Dargy, Efcuyer, a époufé Damoifelle Anne Legafcon; eft iffu :

III. JEAN Dargy, Efcuyer, Seigneur de Haudrecy, a époufé Damoifelle Margueritte Darras, auparavant veuve de feu Jacques de Villelongue, vivant Efcuyer; font iffus : Regnauld & JEAN Dargy.

IV. JEAN Dargy, Efcuyer, Seigneur d'Armonville, a époufé Damoifelle Claude de Beguet; eft iffu :

V.   GILLES Dargy, Efcuyer, Seigneur d'Armonville & d'Herbigny, a époufé Damoifelle Eleonor de Muret; eft iffu :

VI. LOUIS Dargy, Efcuyer, Seigneur de Villerzy & d'Herbigny, en partie, a époufé Damoifelle Marie-Claire de Lifongne; ont pour enfans : Charles, Louis & Pierre Dargy, Efcuyers.

PIECES JUSTIFICATIVES.

I. Un contract en forme portant vendition de baftimens & heritages, fait par Garlache de Brandebourg, Chevalier, Seigneur de Lumier & de Mouhon, à Henry Dargy, Efcuyer, demeurant à Maiziers, figné Lambert & Perin, datté du deux Juillet 1497, à charge entre autres de payer aux heritiers de Mareffon Baudeffon quatre feptiers froment par chacun an.

Un contract en parchemin, portant efchange de baftimens & heritages, fait entre Henry Dargy, Efcuyer, homme d'armes des ordonnances du Roy, d'une part, & Jean Bourguignon, d'autre part, par lequel ledit Dargy a baillé en efchange une moitié de maifon & chofes en dependantes fcize à Maiziers, à lui efcheue par la mort de Charles Dargy, vivant Efcuyer, fon pere, & pour l'autre moitié où feu Meffire Agrand Dargy, fon grand pere, faifoit fa demeure, figné Lambert & Robert, Notaires, datté du 10 Novembre 1500.

II. Un contract en parchemin, portant vendition faite par Jean Bourguignon, le jeune, à Eftienne Dargy, Efcuyer, Capitaine de Warcq, Gruyer des Eaux & Forefts de Montcornet en Ardenne, & homme d'armes des ordonnances du Roy, de quatre feptiers froment à prendre fur la ferme de Tourne, que feu Henry Dargy, fon pere, vivant Efcuyer, avoit achepté de Garlache de Brandebourg, aux charges defdits quatre feptiers ; figné du Han & Mary, Notaires, & datté du 9 Mars 1549.

III. Un partage, fait entre les heritiers de deffunt Jacques de Villelongue, vivant Efcuyer, produit par Pierre de Villelongue, Efcuyer, datté du   1555, par lequel appert que Damoifelle Margueritte Darras avoit époufé en premieres nopces ledit deffunt Jacques de Villelongue, & en fecondes Jean Dargy, Efcuyer, auquel a efté donné la garde noble de Charles de Villelongue mineur, pardevant Barilly & Richart, Notaires Royaux à Donchery.

Une tranfaction eftante en parchemin, faite entre Jean Dargy, Efcuyer, Seigneur de Haudrecy, & Damoifelle Margueritte Darras, fa femme, d'une part, & Charles de Villelongue, Efcuyer, d'autre part, pour la geftion & adminiftration des biens que lefdits Jean Dargy & Margueritte Darras, fa femme, avoient eu en qualité d'ayans la garde noble dudit Charles de Villelongue; fignée Franfquin & Chaftellain, dattée du 23 Octobre 1574.

Un contract d'efchange fait entre Jean Dargy, Efcuyer, Sieur de Haudrecy, & Damoifelle Margueritte Darras, fa femme, d'une part, & Pierre Richart & Jeanne Dargy, fa femme, d'autre part, par lequel lefdits Dargy & fa femme ont cedé & abandonné tout ce qui leur pouvoit appartenir és lieux de Chaumont & Glaive par le deceds de Damoifelle Anne le Gafcon, mere dudit Dargy; datté du 17 Juin 1569.

Un contract d'acquifition fait par Jean Dargy, Efcuyer, Seigneur de Haudrecy, de Guillaume Dargy, Efcuyer, Sieur du Chaftellet en Ardenne, fon frere, de ce qui appartenoit à Guillaume Dargy au village de Tourne, provenant de la fucceffion de feu Eftienne Dargy, leur pere, & de Damoifelle Anne le Gafcon, leur mere; figné Sourye & Savart, datté du 19 Juillet 1572, eftant en parchemin.

IV. Un contract de mariage en parchemin, de Jean Dargy, Efcuyer, Capitaine d'une compagnie de gens de pied, fils de Jean Dargy, Efcuyer, Sieur de Haudrecy, avec Damoifelle Claude de Beguet, fille de Pierre de Beguet, Efcuyer, demeurant à Domery; datté du 25 Octobre 1592, delivré par Thourry, Notaire, comme eftante la minutte entre fes mains, ayant fuccedé à l'eftude de fon pere.

Un paffeport donné par Monfeigneur le Duc de Bouillon, Prince de Sedan, figné de fa main, avec fon cachet & fes armes, au Sieur Dargy, laifné, pour aller à Domery chez le Sieur Beguet avec fes filles aux nopces & feftin de fon fils; datté du mois de Novembre 1592.

Un denombrement donné par Jean Dargy, Efcuyer, Sieur d'Armonville, de la maifon forte d'Armonville & autres chofes y mentionnées, à Meffire Nicolas le Clerc, Commiffaire du Roy en fa Cour de Parlement à Paris, Prieur & Seigneur de Thin-le-Monftier ; datté du premier Aouft 1606, figné Dargy & fcellé de fes armes, & receu par les Officiers dudit Sieur le 28 dudit mois d'Aouft.

V. Un contract de mariage de Gilles Dargy, Efcuyer, Seigneur d'Haudrecy & d'Armonville, affifté de Jean Dargy, Efcuyer, Sieur defdits lieux, fon pere; Regnault Dargy, Efcuyer, Sieur dudit Haudrecy, Gouverneur de la ville de Warcq, demeurant à Tourne, fon oncle : avec Damoifelle Eleonor de Muret, Dame d'Auge, affiftée de Louis de Muret, Efcuyer, Seigneur d'Auge & de Villerzy, fon frere, & de plufieurs autres Gentilshommes; paffé pardevant Pafquier, Notaire Royal, le 9 May 1618, figné Pafquier.

Un certificat, du 11 Octobre 1635, donné par le Sieur de Margival, Efcuyer, Seigneur de Saulez, Commandant la Nobleffe du Baillage de Vermandois, à Gilles Dargy, Efcuyer, Seigneur de Villerzy & autres lieux, demeurant à Juftine, comme ledit Dargy s'eft prefenté au Ban & arriere-Ban convocqué par le commandement du Roy, & a fervy; figné de Saulez.

VI. Un contract de mariage, eftant en parchemin, de Louis Dargy, Efcuyer, Seigneur de Villerzy, Capitaine d'une compagnie de gens de pied, affifté de Gilles Dargy, Efcuyer, Seigneur d'Herbigny & autres lieux, fon pere, & Maiftre Charles Remy Dargy, Confeiller & Aumofnier ordinaire du Roy, Abbé de l'Abbaye de la Val-dieu, fon oncle : avec Damoifelle Marie Claire de Lifongne, fille de feu Nicolas de Lifongne, vivant Efcuyer, & de Damoifelle Louife de Cigne, fa mere; paffé pardevant Regnard, Notaire, le 6 May 1647.

Un acte de foy & hommage rendus par Louis Dargy, Efcuyer, Seigneur d'Herbigny, demeurant à Juftine, à Monfieur le Prince de Portien, à caufe de la part qu'il a és feigneries d'Herbigny & Sery, comme luy eftant efcheus par la fucceffion de deffunt Gilles Dargy, vivant fon pere; datté du 15 Fevrier 1652, figné Curatte.

Les fervices des Dargy font juftiffiez par quantité des certificats, commiffions de lever des gens de guerre, provifions de gouvernemens & autres pieces.

D'ARNOULT,

ORIGINAIRES DE CHAMPAGNE.

Genealogie produite pardevant Vous Monfeigneur de CAUMARTIN, Intendant en Champagne, au mois d'Aouft 1667.

D'argent au Chevron de gueules, accompagné de trois Cœurs de mefme, deux en chef, l'autre en pointe.

I. JEAN D'ARNOULT, Efcuyer, Seigneur de Fleury, a époufé en 1485 Damoifelle Louife de la Rotiere. Duquel mariage eft iffu GEORGES d'Arnoult.

II. GEORGES d'Arnoult, Efcuyer, Sieur de Fleury, a époufé en premieres nopces en 1529 Damoifelle Remye de Haucourt; & en fecondes nopces, Damoifelle Marie Bricette. Duquel premier mariage eft iffu FRANÇOIS d'Arnoult.

III. FRANÇOIS d'Arnoult, Efcuyer, Sieur de Fleury, a époufé en 1557 Damoifelle Peronne du Hauval. De leur mariage font iffus : CLAUDE & Jacques d'Arnoult.

IV. CLAUDE d'Arnoult, Efcuyer, Seigneur de Fleury, a époufé en premieres nopces en 1574 Damoifelle Claude de Tronffon; & en fecondes nopces, Damoifelle Françoife d'Arras. Duquel premier mariage eft iffu CONSTANTIN d'Arnoult, & du fecond, LIZANDRE d'Arnoult.

V. CONSTANTIN d'Arnoult, Efcuyer, Seigneur de Fleury, a époufé en premieres nopces en 1612 Damoifelle Catherine de Sault ; & en fecondes nopces, Damoifelle Bonaventure Parifot. Duquel premier mariage eft iffu FRANÇOIS d'Arnoult; & du fecond : CLAUDE, Scipion & Pompée d'Arnoult.

VI. CLAUDE d'Arnoult, Efcuyer, Sieur de Fleury, a époufé Damoifelle Margueritte de Blond.

VII. FRANÇOIS d'Arnoult, Efcuyer, Sieur de Salon, produifant, a époufé Damoifelle Anne de Harlus.

DEUXIEME BRANCHE DE LA FAMILLE D'ARNOULT.

V. LIZANDRE d'Arnoult, Efcuyer, Seigneur de Fleury-la-Riviere & Vignauru, Capitaine au regiment de Nanteüil, a époufé Damoifelle Anne le Gaftelier, produifante. De leur mariage font iffus : Alexandre, Antoine, Alexis, Claude, Françoise, feconde du nom, & Anne d'Arnoult.

V. BLANCHE-MARIE d'Arnoult, Damoifelle, fille de Claude, veuve de Louis de Brune-teau, Seigneur de Choüilly, Capitaine & Major au regiment du Sieur de Saint-Eftienne, auffi produifante.

VI. ALEXANDRE d'Arnoult, Efcuyer, Seigneur de Raday & Fleury-la-Riviere, produifant, a époufé Damoifelle Marie Maulgué.

VI. ANTOINE d'Arnoult, Efcuyer, Seigneur de Fleury, & Alexis d'Arnoult, Efcuyer, Sei-gneur de Raday, Claude, Françoise & Anne d'Arnoult, non mariées, freres & fœurs d'Alexandre.

PIECES JUSTIFICATIVES.

I. Sentence en parchemin, renduë par le Bailly d'Efparnay, entre le Procureur fifcal du comté d'Angoulefme, ayant pris fait & caufe pour le Receveur dudit comté, d'une part, & Jean d'Arnoult, Efcuyer, d'autre, par la-quelle, apres avoir veu & examiné les tiltres de la nobleffe dudit Jean d'Arnoult, il auroit efté declaré franc du droit des deux fols pretendus par ledit Receveur; ladite fentence du 17 Janvier 1485, fignée Laguille.

Acte de foy & hommage, fait à Jean d'Arnoult, Efcuyer, en qualité de Seigneur de Mitry, fief fitué dans l'eftenduë de la feigneurie dudit Fleury, par Damoifelle Jacqueline de Verfaille, Vicomteffe de Flavigny, paffé pardevant Jean d'Aouft, Juré Royal au Baillage de Vermandois, le 29 Decembre audit an 1485, figné d'Aouft.

II. Sentence en parchemin, renduë en l'Election de Reims, le 27 Mars 1549, entre le Subftitut de Monfieur le Procureur general de ladite Election & les collecteurs des tailles de la paroiffe de Fleury, d'une part, & Georges d'Arnoult, Efcuyer, d'autre, par laquelle fe juftifie que Georges d'Arnoult eftoit fils dc Jean d'Arnoult, & qu'il a efté dit que comme Noble il jouiroit des privileges de nobleffe, ce faifant, qu'il feroit rayé & diftrait des rooles des tailles de ladite paroiffe.

Bail en parchemin, paffé pardevant Forget & le Grand, Notaires Royaux à Reims, le 27 Avril 1554, par Georges d'Arnoult, Efcuyer, Sieur de Fleury, de la terre & feigneurie dudit Fleury & autres chofes y mention-nées, au proffit de Gerard de Corbye & Edmond Parmentier.

Arreft de la Cour de Parlement, du 15 Avril 1559, figné le Torneur, donné entre Georges d'Arnoult, Efcuyer, Seigneur de Fleury, d'une part, & Maiftre Claude Pepin, Maiftre des Eaux & Forefts d'Efparnay, d'autre, & encor Bagnary, Blancot, Talon & confors y denommés, par lequel entre autres chofes, la Cour en executant un premier arreft du 16 Octobre 1557, auroit caffé, refcindé & annulé tous les baux qui avoient efté faits par ledit Pepin aufdits Bagnory, Blancot & autres, des heritages fituez au dedans de ladite terre de Fleury, en ce que lefdits particuliers eftoient chargés de cens ou autres devoirs envers ledit Pepin, & fait deffences à iceluy Pepin de bailler aucuns heritages fcituez au dedans de ladite feigneurie de Fleury, à la charge de cens ou autre devoir.

III. Coppie collationnée par Mothé & Havetel, Notaires Royaux, d'une donation faite par Georges d'Arnoult, Efcuyer, Sieur de Fleury, à François d'Arnoult, fon fils du premier lit, en faveur de mariage, d'une cenfe ap-pellée la Benguete & autres chofes y mentionnées, en datte du 6 Juillet 1537.

Coppie collationnée d'un acte de foy & hommage, fait par François d'Arnoult, Efcuyer, fils de Georges d'Arnoult, auffi Efcuyer, & de Damoifelle Remie de Haucour, à Hubert Furet, Efcuyer, Sieur de Montlaurent, de la feigneurie de Fleury, du premier Juin 1569.

Tranfaction en parchemin, faite entre Damoifelle Peronne du Hauval, veuve de feu François d'Arnoult, vivant Efcuyer, d'une part, & Jean d'Arnoult, auffi Efcuyer, & confors, d'autre, pour raifon de la fucceffion commune & des conventions de ladite du Hauval, comme ayant la garde noble de fes enfans; paffée pardevant Garnier & Gillot, Notaires Royaux en la Prevofté de Chaftillon, dont la datte n'eft pas bien lifible.

IV. Employ d'une tranfaction qui eft la piece precedente, par laquelle fe voit que Damoifelle Peronne du Hauval, veuve de François d'Arnoult, Efcuyer, avoit la garde noble des enfans de luy & d'elle, & fpeciallement de Claude d'Arnoult, leur fils.

Contract de mariage de Claude d'Arnoult, Efcuyer, avec Damoifelle Claude de Tronffon, du 20 Avril 1574, figné Huguier.

Aveu baillé par Claude d'Arnoult, Efcuyer, Sieur de Fleury, au Sieur Vidame de Chaalons, de la cinquieme partie de la haute juftice, terre & feigneurie de Fleury, & autres chofes y mentionnées, du 9 Avril 1600, figné de Thomaffin & le Comble.

Acte de foy & hommage, baillé par Damoifelle Françoife d'Arras, feconde femme de Claude d'Arnoult, Efcuyer, Sieur de Fleury, tant en fon nom que comme ayant la garde noble des enfans mineurs dudit deffunt & d'elle, au Sieur Comte de Trefme, de la terre & feigneurie dudit Fleury, du 22 May 1613, figné Dauphin.

Donation faite par Damoifelle Françoife d'Arras audit Claude d'Arnoult, Efcuyer, Seigneur de Fleury, des chofes y mentionnées, en faveur du mariage qui fe devoit faire entre eux.

V. Coppie deuëment collationnée pardevant le Blanc & Sommefoubs, Notaires Royaux à Sezanne, du contract de mariage de Conftantin d'Arnoult, Efcuyer, Seigneur de Thaas, l'Hermite & les Granges, du 3 Juillet 1601, en confequence de la procuration de Claude d'Arnoult, fon pere, Efcuyer, Sieur de Fleury, paffée pardevant Gaillart & Garnier, Notaires Royaux à Damery, le premier Juillet audit an 1601, avec Damoifelle Bonaventure Parifot.

Contract en parchemin, paffé pardevant Prevoft & le Blanc, Notaires Royaux en la Prevofté de Sezanne, le 16 Novembre 1612, & figné d'eux, de la vendition qui a efté faite à Conftantin d'Arnoult, Efcuyer, Sieur de Fleury & l'Hermite, de tous les acquefts que Claude d'Arnoult, auffi Efcuyer, Sieur de Fleury, fon pere, avoit acquis durant & conftant le mariage d'entre luy & deffuncte Damoifelle Claude de Tronffon, fa mere.

Quittance & defcharge baillée par Conftantin d'Arnoult, Efcuyer, Sieur de Fleury & l'Hermite, à Damoifelle Françoife d'Arras, veuve en fecondes nopces de Claude d'Arnoult, vivant Efcuyer, Sieur de Fleury & l'Hermite, de la tutelle dudit Conftantin d'Arnoult, Efcuyer; du 4 Juin 1612, fignée Garnier & Gaillart.

Tranfaction paffée pardevant Simon & Cadet, Notaires Royaux à Sezanne, le 24 Fevrier 1629, & fignée d'eux, entre François d'Arnoult, Efcuyer, Sieur de Thaas, fils du premier lit de Conftantin d'Arnoult, & Damoifelle Catherine de Sault, fa premiere femme, d'une part, & Bonaventure Parifot, feconde femme dudit Conftantin d'Arnoult, comme tutrice & ayant la garde noble de fes enfans mineurs, & Claude d'Arnoult, Efcuyer, fils du fecond lit, qui pour lors eftoit majeur d'ans, d'autre part.

Aveu & denombrement en parchemin, du 22 May 1602, donné à Meffire Jufte de Pontallier, Chevalier, Baron de Pleure, par Conftantin d'Arnoult, Efcuyer, au nom & comme tuteur & curateur de François d'Arnoult, fils mineur de luy & de deffuncte Damoifelle Antoinette-Catherine de Sault, fa femme en premieres nopces, à caufe de la feigneurie de Thaas.

Huit pieces des 16 Mars & dernier Avril 1606, & autres jours, font certificats, commiffions & ordres, qui font foy des fervices rendus par ledit Conftantin d'Arnoult, Efcuyer, Sieur de Fleury, au Roy dans fes armées.

VI. Sentence en parchemin, renduë en l'Election de Sezanne, le 20 Juin 1634, fignée Symart, par laquelle a efté ordonné que Claude d'Arnoult, Efcuyer, Sieur de Fleury, Thaas & l'Hermite, & Damoifelle Bonaventure de Parifot, fa mere, veuve de Conftantin d'Arnoult, vivant Efcuyer, Sieur dudit Fleury, Thaas & l'Hermite, jouiront de l'exemption de la taille, comme ils avoient jouy auparavant.

Contract de mariage de Claude d'Arnoult, Efcuyer, Sieur de Fleury, Thaas & l'Hermite, avec Damoifelle Marguerite le Blond, fille de Charles le Blond, auffi Efcuyer, Sieur de Heurtebife, par lequel apert que Claude eft fils de Conftantin & de ladite Damoifelle Bonaventure de Parifot; du 26 Septembre 1634, figné Niverd & fcellé.

Quatre commiffions, des 11 Juin 1632, 27 Fevrier & 3 Mars 1652, juftificatives des fervices rendus par ledit Claude d'Arnoult, Efcuyer, Sieur de Fleury, à Sa Majefté dans fes armées.

VII. Contract de mariage en parchemin, de François d'Arnoult, Efcuyer, Sieur de Salon, fils de Claude d'Arnoult, Efcuyer, & Damoifelle Margueritte le Blond, affifté de Meffire Pompée d'Arnoult, Chevalier, Seigneur de Fontenay, fon oncle: avec Damoifelle Anne de Harlus, fille de Meffire Brice de Harlus, Chevalier,

Seigneur de Vertilly & autres lieux ; paffé pardevant Notaires au Baillage de Pize, le 5 Novembre 1662, figné le Roufleau.

Autre contraɛt de mariage de Pompée d'Arnoult, Efcuyer, Sieur de Fontenay, Capitaine au regiment de cavallerie de Monfieur le Duc de Mercure, fils de deffunt Conftantin d'Arnoult, Efcuyer, Sieur de Fleury, & Damoifelle Bonaventure Parifot.

V. Extraɛt baptiftaire, eftant en parchemin, du 13 May 1634, des enfans de Claude d'Arnoult, Efcuyer, & Damoifelle Françoife d'Arras, par lequel Lizandre d'Arnoult y eft defnommé comme laifné defdits enfans.

Le contraɛt de mariage de Lizandre d'Arnoult, Chevalier, Seigneur de Fleury, avec Damoifelle Anne le Gaftelier, fille de René le Gaftelier, Efcuyer, Sieur de la Vanne, Confeiller du Roy & Auditeur en fa Chambre des Comptes à Paris, par lequel il eft dit fils de Claude d'Arnoult, Chevalier, Seigneur de Fleury, & de Françoife d'Arras; du 8 Juillet 1625, figné Chevallier, Notaire & Tabellion en la Chaftellenie de Coulommier.

Lot de partage fait entre Damoifelle Françoife d'Arras, veuve de feu Claude d'Arnoult, Efcuyer, Lizandre d'Arnoult, Efcuyer, & autres enfans de leur mariage, mefme ladite d'Arras, comme ayant la garde noble d'Alexandre & Blanche d'Arnoult, en datte du 2 Juin 1626, figné enfin Lizandre d'Arnoult, de Payen & Gaillart.

Jugement du Bailly de Senlis, du 22 Avril 1626, par lequel Lizandre d'Arnoult, Efcuyer, a efté defchargé de la taxe & contribution pour l'arriereban, en confequence du certificat de fervice & autres pieces y mentionnées.

Autre jugement du Bailly de Chafteau-Thierry, du 27 Novembre 1636, portant main-levée de la faifie qui auroit efté faite, pour raifon de ce, du revenu de la terre de Fleury.

Deux jugemens, des 8 Juillet 1634 & 12 Mars 1641, par lefquels Lizandre d'Arnoult, Efcuyer, a efté maintenu en fa noblefle.

Aɛte du Baillage de Chafteau-Thierry, du 24 Mars 1646, figné Moreau & fcellé, portant la declaration faite par Damoifelle Anne le Gaftellier, veuve de Lizandre d'Arnoult, Efcuyer, qu'elle prenoit & acceptoit la garde noble des enfans & pofthume dudit deffunɛt & d'elle.

Certificat de fervice & congé donné au Sieur de Fleury, Capitaine au regiment de Brye, pour le fervice de Sa Majefté, du 20 Juin 1639, figné Nanteüil.

V. Employ de l'extrait baptiftaire cy devant énoncé au tiltre de Lizandre, Efcuyer, eftant à obferver que ladite Damoifelle Marie d'Arnoult avoit efté baptifée fous le nom de Blanche, & depuis elle s'eft fait confirmer & changé le nom de Blanche à celuy de Marie.

Traité portant don mutuel, fait entre elle & Alexandre d'Arnoult, Efcuyer, premier du nom, fon frere, defnommé audit extraɛt baptiftaire comme fecond fils de Claude d'Arnoult, Efcuyer, & Damoifelle Françoife d'Arras, en datte du 7 Oɛtobre 1627, figné enfin Gaillart.

Teftament fait par Alexandre d'Arnoult, Efcuyer, par lequel il nomme & choifit pour executrice dudit teftament ladite Damoifelle Marie d'Arnoult, fa fœur; ledit teftament en datte du 17 Oɛtobre 1635, figné enfin A. d'Arnoult, J. le Court, Foffier & Frontart.

Contraɛt de mariage, paffé pardevant Gendrault & Lafnier, Notaires Royaux en la Prevofté de Chaftillon-fur-Marne, le 6 May 1640, & figné d'eux & de ladite Damoifelle Marie d'Arnoult, avec Louis de Bruneteau, Sieur de Choüilly, Capitaine & Major au regiment de Saint-Eftienne, pour lequel elle eft qualiffiée fille de Claude d'Arnoult, Efcuyer, & de Damoifelle Françoife d'Arras.

VI. Un cahier contenant plufieurs quittances données par divers particuliers à Alexandre, fecond du nom, Chevalier, Seigneur de Fleury, pour ladite Damoifelle Anne le Gaftelier, fa mere, veuve de Lizandre d'Arnoult, Efcuyer, au mois de May 1663, figné le Cat & de Tournemyne, Notaires Royaux au Chaftelet de Paris.

Contraɛt de mariage, paffé pardevant Mauvazet & le Febvre, Notaires Royaux en la Prevofté de Chaftillon-fur-Marne, le 20 Juin 1666, d'Alexandre d'Arnoult, Chevalier, Seigneur de Raday & en partie de Fleury, fils de Meffire Lizandre d'Arnoult, vîvant Chevalier, Seigneur de Raday & dudit Fleury, & de Dame Anne le Gaftelier, fes pere & mere, avec Damoifelle Marie Maulgué, fille de deffunt Antoine Maulgué, vivant Efcuyer, Sieur de Trevil, par lequel fe voit que ledit Alexandre d'Arnoult a efté affifté de Meffire Antoine d'Arnoult, Efcuyer, fon frere, tant en fon nom que comme porteur de la procuration de ladite Damoifelle Anne le Gaftelier & de plufieurs autres perfonnes nobles & de grande confideration.

D'ARRAS,

ORIGINAIRES DE CHAMPAGNE.

Genealogie produite pardevant Vous Monfeigneur de CAUMARTIN, Intendant en Champagne, au mois d'Aouft 1667.

D'argent au Chevron d'azur, furmonté en chef de deux Blairiers affrontés de fable, becqués & pattés de gueules.

I.   JEAN DARRAS, Efcuyer, Seigneur d'Haudrecy, Gouverneur de Montcornet en Ardenne, a époufé Damoifelle Jeanne de Thamifon, dont il a eu CHARLES Darras & Margueritte Darras, mariée à Jacques de Villelongue, Efcuyer.

II.   CHARLES Darras, Efcuyer, Seigneur d'Haudrecy, a époufé en premieres nopces Damoifelle Ifabeau Mauguin, dont il a eu JEAN, Charles & Poncette Darras; & en fecondes, Damoifelle Françoife Arnoul.

III. JEAN Darras, Efcuyer, Seigneur d'Haudrecy, a époufé Damoifelle Joachine de l'Efcuyer, dont il a eu ROBERT Darras & Margueritte Darras.

IV   ROBERT Darras, Efcuyer, Sieur d'Haudrecy, a époufé Damoifelle Françoife de Nepoux, dont il a eu : ACHAM & Margueritte Darras, Anne Darras, mariée à Jean de Villelongue, Efcuyer, Seigneur de Chevriere; Jeanne, Adrienne & Charlotte Darras.

V.   ACHAM Darras, Efcuyer, Seigneur d'Haudrecy, produifant, a époufé en premieres nopces Damoifelle Charlotte de Montbeton, dont il a Robert Darras, Efcuyer, Vicomte de Pronilly, & Jean Darras, produifans; & en fecondes, Damoifelle Adrienne Mathé, veuve de deffunt Meffire Charles Belot, Chevalier, Seigneur de Quincy : dont il a deux filles.

PIECES JUSTIFICATIVES.

I. Une feuille qui contient une requefte fignée Maury, avec paraphe, prefentée par ledit Acham Darras à Noffeigneurs de la Chambre des Comptes à Paris, le 10 Avril 1663, pour avoir coppie d'un dénombrement rendu au Roy par Meffire Philippe de Croüy, Duc d'Afcot, Comte de Portien, le 6 Juin 1509, receu & verifié en ladite Chambre le 12 Decembre audit an, portant que Jean Darras, Efcuyer, Sieur d'Haudrecy, tenoit en fief dudit Sieur Duc d'Afcot, à caufe de fon chafteau de Moncornet, la terre & feigneurie d'Haudrecy; au haut de laquelle requefte font les arrefts, par lefquels ladite requefte auroit efté entherinée, & enfin eft la coppie dudit denombrement & le procez verbal de collation dudit denombrement fait en vertu defdits arrefts.

Un acte de foy & hommage, en parchemin, du 12 Juin 1514, signé en fin Philippes de Croüy, & scellé, de ladite terre d'Haudrecy, rendus audit Seigneur Duc d'Ascot, Comte de Portien, par Jean Darras, Escuyer, Seigneur d'Haudrecy.

Une procuration en bonne forme en parchemin, du 15 Aoust 1529, signée en fin Docol & Fontaine, Notaires au Comté de Braine, passée par Messire Charles de Croüy, Comte de Portien, Seigneur de Montcornet, par laquelle il constituë pour procureur, au fait y mentionné, Jean Darras, Escuyer, Seigneur d'Haudrecy.

Un contract d'acquisition en papier, du 26 Novembre 1529, signé Guillemet & Bourguignon, Notaires au Comté de Rethelois, demeurans à Maizieres, faite par Jean Darras, Escuyer, Seigneur d'Haudrecy, & Damoiselle Jeanne de Thamison, sa femme.

Un ordre du Seigneur Duc de Guise, en parchemin, du 18 Juin 1536, Gouverneur de Champagne, audit Sieur Jean Darras, de faire garder le chasteau de Montcornet par les habitans des villages dependans dudit lieu.

II. Un partage, en forme authentique, des biens delaissez par Jean Darras, Escuyer, Sieur d'Haudrecy, fait pardevant Mary & Duhan, Notaires Royaux au Bailliage de Vitry, entre Charles Darras, Escuyer, d'une part, & Damoiselle Margueritte Darras, sa sœur, veuve de defunt noble homme Jacques de Villelongue, enfans & heritiers de defunt Jean Darras, vivant Escuyer, Sieur d'Haudrecy, par lequel le preciput de Noblesse est conservé audit Charles Darras, comme estant Gentilhomme.

III. Un acte du Bailliage de Vitry, du 10 & 12 May 1562, signé Martin, avec paraphe, qui contient une declaration faite par Charles Darras, Escuyer, Seigneur d'Haudrecy, tant en son nom que comme ayant la garde-noble de Jean, Charles & Poncette Darras, ses enfans mineurs & de defunte Damoiselle Isabeau Mauguin, du revenu annuel de la terre d'Haudrecy.

Un partage en parchemin, du 24 Avril 1581, signé en fin Quiniart, avec paraphe & scellé, fait entre Jean Darras, Escuyer, Seigneur dudit lieu, Joachine de l'Escuyer, sa femme, Robert de Saint-Quentin, aussi Escuyer, Seigneur de la Loge, & Damoiselle Poncette Darras, sa femme, d'autre part, des biens delaissez par leur pere & mere, & de ceux de Charles Darras, leur frere, dans lequel partage il est dit que ladite terre d'Haudrecy est chargée de doüaire envers Damoiselle Louise Arnoul, veuve de defunt Charles Darras, pere des copartageans.

Un contract de mariage, en bonne forme, dudit Jean Darras, Escuyer, Seigneur d'Haudrecy, assisté de parens Nobles, avec Damoiselle Joachine de l'Escuyer, fille de Nicolas de l'Escuyer, Sieur de Paradis, dont elle est assistée, & d'autres parens Nobles, passé pardevant Savart & Bourie, Notaires Royaux au Bailliage de Vermandois à Reims, & scellé, le 13 Novembre 1570.

Un acte en parchemin, du 3 Mars 1576, signé Blanchart, du Bailliage de Vitry, qui porte dispense de l'arriereban en faveur dudit Jean Darras, Escuyer, Sieur d'Haudrecy, au sujet du service personnel qu'il rendoit au Roy, en qualité d'homme d'armes de ses ordonnances en la compagnie de Monsieur le Duc de Guise.

Un autre acte aussi en parchemin, du 1 Aoust 1587, signé Depinteville, dudit Bailliage de Vitry, portant dispense de l'arriere-ban en faveur dudit Jean Darras, Escuyer, Sieur d'Haudrecy, à cause du service qu'il rendoit au Roy actuellement, en qualité d'homme d'armes de ses ordonnances, sous la charge de Monsieur de la Vieville.

Un contract de mariage, en parchemin, du 24 Juin 1593, signé en fin Savigeon, & scellé, d'Antoine de Vignancourt, Escuyer, fils de Claude de Vignancourt, Escuyer, Sieur de Warnecourt, avec Damoiselle Margueritte Darras, fille de Jean Darras, Escuyer, second du nom, & de ladite Damoiselle Joachine de l'Escuyer, assistez de parens Gentilshommes.

Un acte du Bailliage de Vitry, aussi en parchemin, du 18 Aoust 1597, signé de Marolle, par lequel ledit Jean Darras, Escuyer, Seigneur d'Haudrecy, a esté deschargé du service personnel de l'arriere-ban, attendu son incommodité, procedant des blessures qu'il auroit receues au service du Roy.

IV. Un contract de mariage, en bonne forme, du 15 Juin 1609, signé Salzart & Doucet, Notaires Royaux au Bailliage de Vitry, & scellé, de Robert Darras, Escuyer, Seigneur d'Haudrecy, assisté de Jean Darras, son pere, Escuyer, Seigneur dudit lieu, & Damoiselle Joachine de l'Escuyer, ses pere & mere, avec Damoiselle Françoise de Nepoux, fille de Jean de Nepoux, Escuyer, Sieur de la Fais, son pere, en presence de leurs parens, Gentilshommes qualifiez.

Un partage, du 13 Fevrier 1610, signé en fin Corrigeux, Doucet & Fransquin, Notaires Royaux au Bailliage de Vitry, entre Antoine de Vignancourt, Escuyer, Seigneur de Warnecourt, & Damoiselle Margueritte Darras, sa femme, d'une part, & Robert Darras, Escuyer, Seigneur d'Haudrecy, des biens à eux escheus par le deceds de ladite Damoiselle Joachine de l'Escuyer, leur mere, ensemble de ceux dudit Jean Darras, second du nom, leur pere, suivant le consentement qu'il auroit presté audit partage, aux clauses y contenuës, par lequel partage les preciputs de Noblesse sont conservez audit Robert Darras, comme estant Noble, suivant la coustume.

Un contraЄt en bonne forme, du 24 Decembre 1614, figné Menart & Demas, Notaires au ChaЄtelet de Paris, qui contient la vendition faite à Sa MajeЄté, acceptant par Monfieur le Chancelier de Brullart, par lefdits Robert Darras, Efcuyer, Seigneur d'Haudrecy, & Françoife de Nepoux, fa femme, & confors, des parts & portions à eux appartenantes en la ville de Rocroy.

Un aЄte de foy & hommage, du 7 Decembre 1616, figné Charles, fur le feply par Monfeigneur du Bofc, de la terre & feigneurie d'Haûdrecy, rendu au Seigneur Duc de Nivernois, en qualité de Marquis de Montcornet, par Robert Darras, Efcuyer, Seigneur d'Haudrecy.

Une quittance en papier, fignée de Lalain, du 10 Juin 1625, du Receveur du Domaine du Roy, de la fomme de 4 livres à laquelle le fief d'Haudrecy auroit eЄté taxé pour les frais faits par le Sieur Marquis de Buffy, deputé de la Nobleffe, pour aller aux EЄtats qui fe devoient tenir en la ville de Paris.

Un certificat du 8 Juillet, dudit Sieur Comte de Vaubecourt, par lequel il atteЄte qu'il auroit donné permiffion à Robert Darras, Efcuyer, Seigneur d'Haudrecy, qui s'eЄtoit rendu à l'arriere-ban, de fe retirer en fa maifon, attendu fon indifpofition.

Sept pieces, qui font des certificats de differentes dattes, depuis le 5 AouЄt 1635, jufques au 2 Juillet 1642, des Sieurs de Banteville, Lieutenant general pour Sa MajeЄté en fes villes, terre & ProvoЄté de Mouzon & Beaumont en Argonne, du Bailly de Vitry, Gouverneur de Champagne, des Seigneurs de Saint-Simon, de Saint-Paul, & de Grammont, Marefchal, avec un ordre de Sa MajeЄté, qui juЄtifient que ledit Robert Darras fe feroit trouvé dans toutes les occafions d'honneur, & qu'il auroit eЄté choify pour commander la milice du pais & s'oppofer aux entreprifes des ennemis, comme eЄtant reconnu vaillant, experimenté & affeЄtionné aux intereЄts de la couronne.

V. Un contraЄt de mariage, du 3 Mars 1642, figné Roger & Clocquet, Notaires Royaux au Bailliage de Vermandois à Reims, en forme authentique, de Meffire Acham Darras, Chevalier, Seigneur d'Haudrecy, Capitaine au regiment de Buffy-Lamé, affiЄté de Meffire Robert Darras, fon pere, tant de fon chef que comme Procureur de Damoifelle Françoife de Nepoux, fa mere, d'une part, avec Damoifelle Chârlotte de Montbeton, fille de deffunt Meffire Jacques de Montbeton, vivant Chevalier, Sieur de Selles, & de Dame Renée de Saint-Paul; affiЄtée de Meffire Jean de Rabutin, fon beau frere, en prefence de plufieurs de leurs parens, Gentilshommes les plus qualifiez de la province.

Un contraЄt du fecond mariage, du 17 Fevrier 1655, figné & fin Thineau & Lefebvre, Notaires Royaux à Nogent, dudit Acham Darras, Chevalier, Seigneur d'Haudrecy, affiЄté de parents Nobles, avec Damoifelle Adrienne Mathé, veuve de deffunt Meffire Charles Belot, vivant Chevalier, Seigneur de Quincey, auffi affiЄté de parents Nobles.

Un partage, en forme authentique, du 2 May 1660, figné en fin Pajot, & des mefmes Notaires Royaux au Bailliage de Vitry, des biens delaiffez par deffunt Meffire Robert Darras, Chevalier, Seigneur d'Haudrecy, le ChaЄtelet & Rimogne, Neufmaifon, Maudigny, Von & Penuant en partie, & de Dame Françoife de Nepoux, fait entre ledit Acham Darras, Chevalier, Seigneur dudit lieu, Damoifelle Margueritte Darras, Meffire Jean de Villelongue, Chevalier, Seigneur de Chevriere, & Dame Anne Darras, fon epoufe, Jeanne, Charlotte & Adrienne les Darras, enfans & heritiers defdits defunts Robert Darras & Damoifelle Françoife de Nepoux, par lequel les preciputs de Nobleffe font confervez audit Acham Darras, comme eЄtant de famille Noble.

Un aЄte de foy & hommage, en papier, du 4 Janvier 1662, figné en fin Grimblot, de la terre d'Haudrecy, rendu au Seigneur de Montcornet, dont elle eЄt mouvante, par Acham Darras, Chevalier, Seigneur dudit Haudrecy, qui auroit déclaré que ladite terre & feigneurie luy eЄtoit efcheuë par le trefpas de Meffire Robert Darras, fon pere, Chevalier, Seigneur dudit lieu.

Une commiffion de Capitaine d'infanterie dans le regiment de Buffy, que le Roy luy auroit accordée en fes jeunes années, apres avoir donné des marques de fon courage & de fa conduite; ladite commiffion en parchemin, fignée Louis, le Roy, Phelippeaux, & fcellée du grand fceau.

Un aЄte du Bailliage de ChaЄtillon-fur-Marne, en forme authentique, du 14 Septembre 1648, figné Hudie, par lequel la garde-noble defdits Robert & Jean Darras, Chevaliers, Seigneurs d'Haudrecy, Bobigny, ChaЄtelet, Rimogne & autres lieux, enfans dudit Acham Darras, & de defunЄte Dame Charlotte de Montbeton, auroit eЄté deferée audit Sieur Acham Darras, leur pere, par le confentement defdits enfans, en prefence de leurs parens Gentilshommes, qui y eЄtoient prefens.

D'ARTIGOITY,

EN CHAMPAGNE, ORIGINAIRES DE BISCAYE.

Genealogie produite pardevant M. de CAUMARTIN, Intendant en Champagne.

D'azur à une Anille d'argent.

I. MESSIRE PIERRE D'ARTIGOITY, Chevalier, Seigneur dudit lieu & de Gorriteps en Bifcaye, lequel eftoit fils de Pierre Arnault, & petit-fils de Periffant d'Artigoity, Chevaliers, Seigneurs defdits lieux; paffa en France, en 1557, au fervice du Roy Henry II, qui l'honora en la mefme année des charges de Gentilhomme ordinaire de fa Chambre & de Capitaine d'une compagnie de chevaux-legers; il mourut environ 1562, eftant Grand Chambellan & Gouverneur des Ducs de Lorraine. Il avoit époufé, auparavant que de paffer en France, Dame Bonaventure de Corbon, Dame d'honneur ordinaire de la Chambre de la Reine Catherine de Medicis & Gouvernante des Princeffes de Lorraine, iffuë de l'illuftre famille de Corbon Saint-Leger, originaire de Xaintonge; laquelle convola en fecondes nopces avec hault & puiffant Seigneur Meffire Africain, Baron de Hauffonville, &c., premier Pair de l'Evefché & Comté de Verdun, Marefchal de Lorraine, &c. Du mariage defdits Seigneur d'Artigoity & Dame de Corbon fortirent : CHRESTIEN d'Artigoity & Dame . . . . . . d'Artigoity, efpoufe de Monfieur le Baron de Beauvau, premier Gentilhomme de la Chambre de fon Alteffe.

II. MESSIRE CHRESTIEN d'Artigoity, Chevalier, Seigneur d'Artigoity & de Gorriteps en Bifcaye, Baron de Courgivault & d'Ys en Baffigny, Confeiller d'Eftat de fon Alteffe, premier Gentilhomme de la Chambre de Monfeigneur le Cardinal de Lorraine, Gouverneur de Marfal, Meftre de camp d'un regiment d'infanterie, &c. Il a époufé Dame Magdelaine de Nicey, fille de Meffire Jean de Nicey, Chevalier des ordres du Roy, Seigneur dudit Nicey, &c.; duquel mariage font iffus : Regnault, depuis nommé ARNOULT au Sacrement de Confirmation, & qui a fait fes preuves pour eftre Chevalier de l'ordre de Saint-Jean de Hierufalem; Charles-Chreftien, François, Alexandre, & Henriette d'Artigoity, qui a efté femme de Charles de Longis, Seigneur dudit lieu.

III. MESSIRE ARNOULT d'Artigoity, Chevalier, Baron d'Artigoity, d'Ys, de Courgivault,

& de Meuze, Seigneur du haut Nogentel, Ragecourt, Nottes, Capitaine d'une compagnie de chevaux-legers, Meftre de camp d'un regiment d'infanterie. Il a époufé en premieres nopces Dame Anne-Gabrielle de Ragecourt, fille de hault & puiffant Seigneur Meffire Nicolas de Ragecourt & de Dame Catherine de Ligneville, Seigneur & Dame de Ragecourt, Clayeure, Gironcourt, Faucompierre, &c.; & en fecondes nopces, Dame Marie-Françoife de Choifeüil, fille de hault & puiffant Seigneur Meffire François de Choifeüil, Chevalier, Baron de Meuze, &c., & de Dame Catherine-Margueritte de Florinville.

PIECES JUSTIFICATIVES.

I. Commiffion en parchemin, de Capitaine de cent hommes de guerre à cheval, appelez Chevaux-Legers, donnée au Sieur d'Artigoity par le Roy Henry II, expediée à Saint-Germain en Laye le 3 Novembre 1557, fignée fur le reply, par le Roy, de Laubefpine.

Ordre du Roy Henry II, du 4 Novembre 1557, figné & fcellé, comme la Commiffion precedente, & donné en execution d'icelle au Sieur d'Artigoity pour la conduite de la compagnie de Chevaux-Legers y énoncée.

Provifions en parchemin, données par Charles, Duc de Lorraine, à Pierre d'Artigoity, Gentilhomme de la bouche & de la Venerie du Roy, de la charge de Gentilhomme ordinaire de la Chambre & Meftre de la Garde-robe, données à Paris le 28 Juin 1559, fous-fignées Charles, fur le reply, par Monfeigneur le Duc, Merlin, *regiftrata* Fournier, & fcellées en placart de cire rouge.

Teftament olographe, expedié en parchemin par Aymé, Tabellion demeurant à Nancy, figné de luy & fcellé en placart de cire verte, de Meffire Pierre d'Artigoity, Seigneur dudit lieu & de Belfunce, pays de Bifcaye, Gentilhomme ordinaire de la Chambre du Roy, grand Chambellan & Maiftre de la Garde-robe de Monfeigneur le Duc de Lorraine, par lequel il nomme pour executeurs Dame Bonaventure de Corbon, fa femme, & Monfieur de la Salle, Capitaine de Saint-Germain en Laye, pour fes biens au pays de Bifcaye, du 5 Janvier 1562.

Extraiĉt de l'épitaphe de Meffire Pierre d'Artigoity, grand Chambellan de Son Alteffe Charles III, Duc de Lorraine, gravé en marbre, & pofé en l'églife de Nancy, tiré par Perin & Guillaume, Notaires, és coftez duquel épitaphe, compofé en vers françois, font empreintes les armes & blafons de fa maifon, famille & alliance, fçavoir au droit *Artigoity, Jourgain, la Salle, Achato,* & au gauche *Armandarin, Belfunce, Luce & Alfavety*, maifons illuftres & reconnuës pour les plus nobles du pays de Bifcaye.

Commiffion en parchemin fous-fignée de Neuville, en forme de provifions de la charge de Gentilhomme ordinaire de la Chambre, accordées par le Roy au Sieur Chreftien d'Artigoity, fils du feu Sieur d'Artigoity, du 12 Avril 1569.

Brevet en parchemin de quinze mil francs, oĉtroyé par Madame Claude de France, Ducheffe de Lorraine, à la Dame d'Artigoity, Bonaventure de Corbon, l'une de fes Dames d'honneur, pour recompenfe de fervices, fous-figné Claude, à cofté par Madame la Ducheffe, Merlin, fcellé & datté du 21 Decembre 1573, auquel brevet eft attaché fous le fceau fecret un autre brevet de Charles, Duc de Lorraine, portant confirmation du don cy-deffus, fait par feüe Madame Claude de France, efpoufe dudit Seigneur Duc, à Dame Bonaventure de Corbon, auparavant veuve du Sieur d'Artigoity, & pour lors femme de Meffire Africain, Baron d'Hauffonville, Chambellan & Marefchal de Baroys; ledit dernier brevet, fous-figné Charles, & plus bas, par Monfeigneur le Duc, Henrÿ, & fcellé.

Autre brevet de Catherine, Reyne de France, Mere du Roy, de retenuë de la Dame d'Hauffonville en l'eftat de l'une de fes Dames ordinaires, fous-figné Catherine, fur le reply, par la Reyne Mere du Roy, Chantreau, & fcellé en placart de cire rouge.

Trois brevets de Charles, Duc de Lorraine, fous-fignés de luy, contre-fignez de la Ruelle, & fcellez, dattez de 1600, 1602 & 1608, de dons faits à la Dame d'Hauffonville, gouvernante des Princeffes, filles dudit Seigneur Duc.

Copie en papier, fous la fignature de Jeannot, Tabellion, expediée le 15 Oĉtobre 1619, du teftament de Dame Bonaventure de Corbon, lors veuve de haut & puiffant Seigneur Meffire Africain, Baron d'Hauffonville, Orne Saint-Georges, &c., premier Pair de l'Evefché de Verdun, par lequel, après quelques difpofitions à Mademoifelle Henriette d'Artigoity, fa petite-fille, d'une fomme de quatre mil francs & de fes pierreries, elle nomme Meffire d'Artigoity, fon fils, pour executeur de fon teftament, qui eft datté du 21 Fevrier 1610.

II. Employ du brevet, cy-devant produit, du 12 Avril 1569, de retenuë de Meffire Chreftien d'Artigoity en l'eftat de Gentilhomme ordinaire de la Chambre du Roy.

Lettres de naturalité & don de finances accordées par le Roy Charles IX à Metz, au mois de Mars 1569, à Chreſtien d'Artigoity, fils de feu Pierre d'Artigoity, vivant Chevalier, Gentilhomme ordinaire de la Chambre de Sa Majeſté, & de Dame Bonaventure de Corbon, lors qu'il eſt paſſé en France, & par leſquels il a eſté habilité & diſpenſé; leſdites Lettres ſous-ſignées Charles, par le Roy, de Laubeſpine, *Viſa contentor,* Thiellement, expediées, regiſtrées en la Chambre des Comptes, le 4 Mars 1570, ſcellées en placart de cire verte, en lacs de ſoye rouge & verte.

Commiſſion de Charles, Duc de Lorraine, adreſſant au Sieur d'Artigoity, premier Gentilhomme de la Chambre de ſon fils, Eveſque de Metz, pour lever & commander un regiment de dix compagnies de deux cens hommes d'infanterie, chacune ſous-ſignée Charles, ſur le reply, par Monſeigneur le Duc, Bonnet, *regiſtrata* Fournier, dattée du 9 Octobre 1587, & ſcellée.

Brevet en parchemin de Charles, Duc de Lorraine, du 2 Janvier 1589, ſigné, regiſtré & ſcellé, comme le precedent, d'aſſignat de penſion au Sieur Chreſtien d'Artigoity, premier Gentilhomme de la Chambre de Monſeigneur l'Eveſque de Metz, pour recompenſes des ſervices y mentionnez.

Proviſions en parchemin octroyées par Son Alteſſe de Lorraine, à Chreſtien-Charles d'Artigoity, ſon Conſeiller d'Eſtat, &c., de commander en qualité de Lieutenant au gouvernement, ville & cité de Verdun, ſignées, contreſignées, regiſtrées & ſcellées comme les precedentes.

Contract en parchemin paſſé pardevant Bongny & Foiſſy, Notaires Royaux en la Preyoſté Dandelot, entre Meſſire Chreſtien d'Artigoity, Chevalier, Seigneur dudit lieu, Dame Magdelaine de Nicey, ſon eſpouſe, & les autres parties y denommées, concernant les biens de famille des de Nicey, delivré en forme ſous la ſignature de Malingre, Greffier, & ſcellé.

Aveu & denombrement en parchemin donné par Meſſire Chreſtien d'Artigoity, Baron de Courgivault, Seigneur d'Ys en Baſſigny, des dependances de ladite ſeigneurie d'Iſſe à luy provenante du chef de Dame Magdelaine de Nicey, ſon eſpouſe, du 12 Fevrier 1603; ſigné de luy, ſcellé du cachet de ſes armes en cire rouge, reconnu pardevant Florentin & Clement, Notaires, & receu par le Sieur Doyen d'Ys.

Procuration en papier ſous les ſignatures de le Royer & Contiſſe, Notaires, paſſée par Meſſire Chreſtien d'Artigoity aux y denommés, pour les affaires y contenues, & ſpecialement pour retirer par rachapt les terres & ſeigneuries alienées dans le Vicomté de Soulle d'Artigoity, & de Gorriteps, tant par luy que ſes predeceſſeurs.

Brevet de Son Alteſſe de Lorraine, ſigné de luy & ſous-ſigné de Plaiſance, portant mandement de fournir au Sieur d'Artigoity quatre mil francs, pour une année de ſa penſion.

Jugement en parchemin, donné au Bailliage de Sainte-Manehould, le 14 Janvier 1611, par lequel Meſſire Chreſtien d'Artigoity, Chevalier, Baron & Seigneur d'Ys, de Courgivault, Malancourt, Haulcourt, &c., eſt receu à rendre les foy & hommages de la terre de Malancourt & Haulcourt à luy eſcheuë par le deceds de Dame Bonaventure de Corbon, ſa mere; ſous-ſigné Dorigny.

III. Proces verbal en papier, des preuves de Nobleſſe pourſuivies & faites par Meſſire Chreſtien d'Artigoity, Chevalier, au nom de Regnault d'Artigoity, Eſcuyer, ſon fils, & de feuë Dame Magdeleine de Nicey, pour parvenir à l'ordre de chevalerie de Sainct-Jean de Hieruſalem; duquel proces verbal reſulte non ſeulement la preuve de l'ancienne Nobleſſe de la maiſon d'Artigoity, & des alliances aux quatre degrez paternels & maternels en tel cas requis, mais ſurabondamment d'une preuve plus haulte & plus antienne, qui ſe tire des certificats regiſtrez audit proces verbal, ſigné des Sieurs Commandeurs de l'ordre Saint-Jean de Hieruſalem, à ce deputez, & de leur Greffier.

Contract de tranſaction paſſé pardevant Baudot & Mollot, Notaires, expedié ſous la ſignature dudit Mollot, du 18 May 1624, entre Meſſire Charles d'Artigoity, Vicomte de Liguieres, Seigneur d'Ys en partie, & Meſſire Arnoult d'Artigoity, Chevalier de l'ordre de Saint-Jean de Hieruſalem, freres, ſur le loyer de quelques biens provenans de la ſucceſſion de feu Monſieur d'Artigoity, leur pere.

Contract en parchemin, du 8 Aouſt 1624, entre Meſſire François d'Artigoity, Chevalier, Baron de Courgivault, &c., Charles, Arnoult & Charles-Chreſtien d'Artigoity, ſes freres, d'une part, & Dame Henriette d'Artigoity, femme authoriſée par juſtice de Charles de Longys, Eſcuyer, Seigneur dudit lieu, par lequel ils tranſigent ſur leurs differens procedans des biens de la ſucceſſion de Dame Magdeleine de Nicey, leur mere commune, pardevant Menart & Baudouin, Notaires au Chaſtelet de Paris, ſigné d'eux & ſcellé.

Acte en papier, donné en la juſtice du Bailliage de Choiſeüil, par lequel Meſſire Arnoult d'Artigoity, Baron dudit lieu & de Courgivault, Seigneur d'Ys en partie, tant pour luy que pour Meſſire Charles-Chreſtien d'Artigoity, ſon frere, fait les foy & hommage des portions de ladite terre d'Ys à eux eſcheues par le deceds de Meſſire Charles & François d'Artigoity, leurs freres.

Ordre du Sieur de Vaubecourt, Mareſchal des camps & armées du Roy, pour le deſlogement de la compagnie du Sieur d'Artigoity, Capitaine au regiment de Serigny, du 27 Juin 1630.

Commiffion en parchemin, du 30 Octobre 1630, au Capitaine Artigoity, de commander la premiere compagnie du regiment de Nicey, fignée Louis, par le Roy, du Vivien, & fcellée.

Lettre du Roy au Sieur d'Artigoity, du 2 Septembre 1635, fignée Louis, & plus bas, du Vivien.

Copie levée aux regiftres des infinuations du Bailliage de Sezanne du contract de mariage de Meffire Arnoult d'Artigoity, Chevalier, Baron dudit lieu, &c., fils de hault & puiffant Seigneur Meffire Chreftien d'Artigoity & de Dame Magdeleine de Nicey, avec Damoifelle Anne-Gabrielle de Ragcourt.

Deux commiffions, l'une fignée Louis, par le Roy, Sublet, & fcellée, au Sieur Baron d'Artigoity, de Capitaine d'une compagnie de Chevaux-Legers au regiment de Lenoncourt, & l'autre de Louis de Valois, Comte Dalets, Colonel general de la cavalerie de France, deuement fignée, contrefignée & fcellée, au Sieur d'Artigoity, de la charge de Sergent major au regiment de Bourlemont; la premiere dattée de 1639, & la feconde de 1646.

Copie en papier, collationnée fur la groffe par Remy & Floriot, Notaires, le 8 Juillet 1659, du contract de mariage en fecondes nopces de Meffire Arnoult d'Artigoity, &c.. avec Damoifelle Marie-Françoife de Choifeüil, fille de Meffire François de Choifeüil, Chevalier, Baron de Meuze, &c., & de Dame Catherine-Margueritte de Florinville, datté du quatre May 1656.

Denombrement en parchemin, fourny par Meffire Arnoult d'Artigoity, Baron de Courgivault, Seigneur d'Ys, des biens dependans de la feigneurie d'Ys, à luy efcheuz, comme heritier de Dame Magdeleine de Nicey, fa mere, figné de luy & fcellé du cachet de fes armes, reconnu, affermé pardevant Guyot & fon compagnon, Notaires, le 10 Juillet 1665, & receu en Chambre du domaine du Roy à Chaalons le 14 Aouft de la mefme année.

D'ASPREMONT,

Marquis de Vendy & Seigneurs de Laubrefle, en Champagne.

ORIGINAIRES DE LORRAINE.

Genealogie produite pardevant Vous Monfeigneur de CAUMARTIN, Intendant en Champagne, au mois de Janvier 1670.

De gueules à la Croix d'argent.

Feus Meffires de Sainte-Marthe ont traité avec tant de recherche la genealogie de cette Maifon (a), qu'en attendant que l'hiftoire en paroiffe au jour, il fuffit de marquer icy fuccinctement que

I.   GOBERT I, Sire d'Afpremont, en Lorraine, vivant l'an 1136, avec Hadwide de Joigny, fa femme, fut pere de :

(a) Cette Genealogie eft imprimée tout du long dans un ramas d'autres Genealogies copiées par un Auguftin Déchauffé, qui a tiré celle-cy de l'Hiftoire compofée par lefdits Sieurs de Sainte-Marthe.

II.   GOBERT II, Sire d'Afpremont, l'an 1170, & mort l'an 1191, marié avec Ide, fille d'Albert, Comte de Chiny, & d'Agnés de Bar; dont il eut :

III. GEOFFROY I, Sire d'Afpremont, l'an 1198, qu'il fit une donation à l'eglife de Verdun, du confentement d'Ifabeau de Dampierre, fa femme, fille de Guillaume I, Sire de Dampierre, & d'Hermengarde de Saint-Dizier. Jean d'Afpremont, leur fils, Evêque de Verdun l'an 1217, mourut depuis Evêque de Metz, &

IV.   GOBERT III, Sire d'Afpremont & de Dun, fon frére aîné, aprés avoir époufé Julienne de Rofoy, Dame de Chaumont en Porcean, fille de Roger, Seigneur de Rofoy, & d'Alix d'Avefne, mourut l'an 1263, dans l'Abbaye de Villiers en Brabant, où il s'eftoit fait Religieux. Les enfans qu'il laiffa de fon mariage furent : Geoffroy II, Sire d'Afpremont, mort aprés l'an 1243, fans enfans de fa femme Lorette, fille de Simon II, Comte de Sarrebruche, & de Lorette de Lorraine; GOBERT IV, Sire d'Afpremont; Jean d'Afpremont, Prevoft de Montfaucon; Guy d'Afpremont, tüé à l'affaut de Thunes l'an 1274, & Jeanne d'Afpremont, alliée avec Simon III, Comte de Sarrebruche.

V.   GOBERT IV, Sire d'Afpremont & de Dun, ayant fait le voyage de la Terre Sainte l'an 1242, avec le Sire de Joinville, fon coufin, mourut l'an 1279, & eut d'Agnés de Coucy, fon époufe, fille de Thomas de Coucy, Seigneur de Vervin, & de Mahaud de Rethel : GEOFFROY III, Sire d'Afpremont, & Adele d'Afpremont, femme de Wautier III, Baron de Linange.

VI.   GEOFFROY III, Sire d'Afpremont, de Dun & de Kievrain, à caufe d'Ifabelle de Kievrain qu'il époufa, fille de Nicolas, Seigneur de Kievrain, en Haynault, & de Julienne de Los, Dame d'Amblife, mourut l'an 1305. Pére de Gobert V, Sire d'Afpremont, & de Henry d'Afpremont, Evêque de Verdun, l'an 1312.

VII. GOBERT V, Sire d'Afpremont & de Dun, allié l'an 1319 avec Marie, fille de Thibaud II, Comte de Bar, & de Jeanne de Tocy, laiffa d'elle :

VIII. GEOFFROY IV, Sire & Baron d'Afpremont & de Dun, auquel l'Empereur Charles IV accorda, l'an 1357, le privilege de faire des Nobles, legitimer des bâtards, créer des Notaires, & de battre monnoye. Il fe maria l'an 1358 avec Ifabeau, fille de Philippes, Seigneur de Jonvelle-fur-Saône, & de Guillemette de Charny, & fut pére de :

IX.   GEOFFROY V, Sire & Baron d'Afpremont, mort l'an 1391, aprés avoir eu de Jeanne de Saux, fa femme, fille de Jean de Saux, Seigneur de Cervon, & de Jeanne de Vouziéres : GOBERT VI d'Afpremont, Seigneur de Bufancy, & Jeanne d'Afpremont, qui tranfporta cette baronnie dans la maifon d'Autel, par fon mariage avec Huë, Sire d'Autel, duquel elle paffa aux Comtes de Linange.

X.   GOBERT VI d'Afpremont, Seigneur de Bufancy & d'Amblife, époufa l'an 1392 Jacqueline, fille de Renaud de Coucy, Seigneur de Vervin, & de Guillemette de Novian, & laiffa d'elle :

XI.   EDOUART d'Afpremont, Prince d'Amblife & Seigneur de Bufancy, l'an 1450, dont la femme Beatrix d'Haraucourt le rendit pére de : GEOFFROY VI d'Afpremont, Seigneur de Sorcy, & de Gobert VII d'Afpremont, Seigneur de Bufancy & d'Amblife, lefquelles terres pafferent depuis dans la maifon d'Anglure, par le mariage d'Antoinette d'Afpremont, fa petite-fille & heritiere, avec René d'Anglure, Seigneur de Bourlémont.

XII. GEOFFROY VI d'Afpremont, Seigneur de Sorcy & de Nanteüil, à caufe de Michelle de Sufanne, fon époufe, fille de Jean de Sufanne, Seigneur de Cerny, & d'Ifabeau de Montmal, eut de ce mariage : GUILLAUME d'Afpremont, Seigneur de Vendy, & JEAN

d'Afpremont, aîné, Seigneur de Sorcy, allié l'an 1520 avec Anne de Ville, mére de
CHARLES d'Afpremont, Baron de Nanteüil, qui laiffa de Sufanne d'Haranges : ABSALON
d'Afpremont, Baron de Nanteüil, dont le fils, & de Claude d'Y, Dame de Novian, ap-
pelé CHARLES II, Comte d'Afpremont, n'a eu de fon mariage avec Marie-Françoife de
Mailly-Coucy, que Marie-Louife d'Afpremont, alliée l'an 1665 avec Charles III, Duc
de Lorraine.

XIII. GUILLAUME d'Afpremont, Seigneur de Vendy, fecond fils de Geoffroy d'Afpremont,
Seigneur de Sorcy, & de Michelle de Sufanne, époufa en premieres nôces Blanche de
Boham, mere de JEAN d'Afpremont, Seigneur de Vendy, & eut encore de Margueritte
de Recourt, fa feconde femme, GUILLAUME d'Afpremont, Baron de Saint-Loup.

XIV. JEAN d'Afpremont, Seigneur de Vendy, Chevalier de l'ordre du Roy & Gouverneur
de Soiffons l'an 1561, époufa Jeanne de Sugny, & en eut :

XV. RENÉ d'Afpremont, Seigneur de Vendy, qui laiffa de fon alliance avec Louife, fille de
Foucaut de Joyeufe, Comte de Grand-Pré, & d'Anne d'Anglure :

XVI. JEAN II d'Afpremont, Seigneur de Vendy & Gouverneur de Toul, duquel & d'Innocente
de Marillac, fa femme, font fortis : René-Louis d'Afpremont, Abbé de Landéves ;
Henry d'Afpremont, dit le Chevalier de Vendy ; Caterine d'Afpremont, dite Mademoifelle de Vendy, Dame d'honneur de Mademoifelle Ducheffe de Montpenfier ; Angelique
d'Afpremont, veufve de François d'Anglure, Comte de Bourlémont, &

XVII. ABSALON-CLAUDE-JEAN-BAPTISTE d'Afpremont, Marquis de Vendy, fucceffivement Colonel d'infanterie l'an 1638, Commandant à Flifche, en Catalogne, l'an 1644,
Gouverneur de Jamets l'an 1646, Marefchal de camp l'an 1649, Gouverneur de Dam-
villiers & du Caftelet l'an 1650, Meftre de camp general des Carabins de France l'an
1651, Lieutenant general des armées du Roy l'an 1654, & fait Gouverneur de Montmédy l'an 1657.

BARONS DE SAINT-LOUP.

XIV. GUILLAUME d'Afpremont, Baron de Saint-Loup, fils du fecond lit de Guillaume I
d'Afpremont, Seigneur de Vendy, & de Marguerite de Recourt, époufa Jeanne, fille
de François d'Orgeau, Seigneur d'Hauteville, & de Margueritte de Sailly, & eut d'elle :

XV. PIERRE d'Afpremont, Baron de Saint-Loup, duquel & de Charlotte de Billy, fa femme,
font fortis : JEAN d'Afpremont, Seigneur de Laubrefle, & Caterine d'Afpremont, remariée à Jean de Pellart, Seigneur de Servigny, Commandant au chafteau de Sedan,
veufve d'Hector de Saint-Blaife, Seigneur de Baricourt.

XVI. JEAN d'Afpremont, Baron de Saint-Loup & Seigneur de Laubrefle, a laiffé de fon mariage avec Madelene de Fabert, niéce d'Abraham, Marquis de Fabert, Marefchal de
France :

XVII. ABRAHAM-JEAN-LOUIS d'Afpremont, Seigneur de Laubrefle, & Jean, Charlotte,
Anne-Louife & Innocente d'Afpremont.

PIECES JUSTIFICATIVES.

XI & XII. Contract de mariage, du 8 Novembre 1476, figné Baudart, Notaire à Laon, de Geoffroy d'Afpremont, Efcuyer, Seigneur d'Amblife, de Tulin, de Rombife & du Saulfoy, en Haynault, fils de Nobles perfonnes Meffire Edoüart d'Afpremont, Chevalier, & de Madame Beatrix d'Haraucourt, & affifté de Gohart d'Afpremont, fon frere, Efcuyer, Sieur de Bufancy, avec Damoifelle Michelle de Suzanne, fille de Noble & puiffant
Seigneur Jean de Suzanne, Seigneur de Cerny & de Haraucourt, & de Damoifelle Ifabeau de Montmal.

www.ingramcontent.com/pod-product-compliance
Lightning Source LLC
Chambersburg PA
CBHW060615290326

41930CB00051B/2254